Couverture supérieure manquante

Librairie GUILLAUMIN et Cie

EXTRAIT DU CATALOGUE

SYSTÈMES GÉNÉRAUX D'IMPOTS

RENÉ STOURM

ANCIEN INSPECTEUR DES FINANCES
PROFESSEUR A L'ÉCOLE DES SCIENCES POLITIQUES

SYSTÈMES GÉNÉRAUX
D'IMPOTS

IMPOT SUR LE CAPITAL. — IMPOT SUR LE REVENU.

IMPOT UNIQUE, EN NATURE, CAPITATION. — TARIFS PROGRESSIFS.

SYSTÈMES SOCIALISTES ET RADICAUX.

DROITS SUR LES SUCCESSIONS. — MONOPOLE DE L'ALCOOL.

IMPOTS SUR LE LUXE, SUR LES VALEURS MOBILIÈRES ET FONCIÈRES,

DIRECTS ET INDIRECTS, DE RÉPARTITION ET DE QUOTITÉ, ETC.

IMPOTS SUR LES OBJETS DE PREMIÈRE NÉCESSITÉ.

PARIS

LIBRAIRIE GUILLAUMIN ET Cie

Éditeurs de la Collection des principaux Économistes, du Journal des Économistes,
du Dictionnaire de l'Économie politique,
du Dictionnaire universel du Commerce et de la Navigation.

14 RUE RICHELIEU.

1893

PRÉFACE

Les questions d'impôt acquièrent malheureusement, dans ce dernier quart de siècle, une importance anormale, dont la cause première doit être attribuée au développement désordonné des dépenses publiques. En vain, certains pays essayent-ils de pourvoir temporairement à ce débordement de dépenses au moyen d'emprunts plus ou moins déguisés, de tels procédés ne sauraient se prolonger. Force est donc de se résigner tôt ou tard, et d'autant plus largement qu'on recule davantage, à relever le montant des impôts au niveau des dépenses, c'est-à-dire, à désorganiser le système fiscal existant par une succession de créations et de retouches généralement incohérentes.

Corrélativement, le mouvement des idées sociales, surexcité d'ailleurs par la situation que nous venons d'indiquer, se lance plus que jamais dans la voie des projets radicaux de réformes d'impôts. Ces projets, à l'ordre du jour dans tous les pays, prétendent substituer au régime actuel condamné sans merci un régime entièrement nouveau, où régnera désormais

a

la mise en pratique sincère de la véritable justice démocratique.

Il ne s'agit plus, alors, comme précédemment, de remaniements partiels effectués au jour le jour. Le bloc même des contributions existantes doit disparaître d'un seul coup, et faire place d'emblée au merveilleux système sortant tout agencé du cerveau de ses promoteurs.

La fantasmagorie d'un tel changement à vue, malgré son invraisemblance, n'en séduit pas moins la masse du public. Il suffit, pour s'en convaincre, d'avoir parcouru, en août 1893, les diverses communes de France, où s'étalaient sur tous les murs les professions de foi des candidats aux élections générales.

Sauf de courageuses exceptions, la grande majorité parmi ces professions de foi, et les plus avidement lues, se confondaient en promesses hyperboliques de dégrèvements universels, accablant d'épithètes intransigeantes et dogmatiques le système actuel, dont la chute était considérée comme imminente. Voici quelques échantillons pris sur le fait :

— *Parmi les réformes, la plus urgente, et sans laquelle la plupart des autres seraient irréalisables, c'est la réforme financière. Il faut, de toute nécessité, commencer par substituer aux impôts existants, tous improportionnels, et tous plus ou moins iniques, qui pressurent les petits au profit des gros, l'impôt progressif sur la fortune, en prenant pour base le capital et le revenu... »*

— *Il faut mettre à la charge du capital improductif, qui absorbe sans produire, tous les impôts actuellement payés par le travail, l'agriculture, l'industrie et le commerce. Il faut débarrasser nos forces productives des charges qui les écrasent. Il faut,*

en un mot, aborder le problème de front, résoudre la question
d'ensemble, et après avoir supprimé tous les impôts destructifs
assis sur les besoins, s'adresser directement à ceux qui possèdent,
demander de l'argent là où il y en a.

— Je demande la refonte de notre système financier, la sup-
pression complète des impôts de toute nature, iniques, impropor-
tionnels, et leur remplacement par l'application du principe de
l'égalité en rapport avec la fortune de chacun et basé sur le ca-
pital et le revenu.

Par ce moyen, arriver à la suppression des octrois, à l'éta-
blissement de caisses de retraites pour les ouvriers des villes et
des campagnes et à l'organisation de l'assistance publique (1).

Évidemment, si les candidats s'accordent pour risquer de
telles élucubrations, c'est que leurs électeurs s'y complaisent.
Là est le grave danger, le danger permanent. Car autrement
on pourrait supposer que les programmes électoraux ne survi-
vront pas plus longtemps aux élections que les affiches en papier sur lesquelles ils sont imprimés.

Mais le public conservera vraisemblablement les sentiments
irréfléchis qu'attisent périodiquement ses courtisans. Ces sentiments, d'ailleurs, en dehors de la période électorale, trouveront leur aliment toujours renouvelé dans les discours des
orateurs de clubs, la propagande des comités locaux, les
articles de journaux, les travaux des législateurs. De sorte
que, sous la pression de l'opinion publique, mal conseillée et
grisée d'illusions, les revendications radicales seront ca-

---

(1) *Par le moyen* des suppressions d'impôts, *arriver à* l'augmentation des
dépenses! curieuse association d'idées empruntée textuellement à l'affi-
che rouge d'un candidat radical.

pables, un jour ou l'autre, de prendre corps et d'envahir le budget des recettes.

En présence de telles conjonctures, l'intérêt actuel des études fiscales n'a pas besoin d'être longuement démontré.

C'est bien le moins qu'on cherche à reconnaître méthodiquement le terrain sur lequel on s'avance à si grands pas.

Là réside l'idée originelle de ce livre.

De même qu'autrefois nous avons jugé opportun de dégager les règles destinées à ramener l'ordre et la clarté dans les budgets en publiant la partie de notre Cours professé à l'École des sciences politiques intitulée *le Budget*, de même actuellement nous croyons le moment venu de faire paraître en volume une autre partie de ce Cours, intitulée *Systèmes généraux d'impôts* (1).

Le fait seul d'emprunter le plan de cet ouvrage à des leçons d'école (2) prouve notre désir de rester didactique.

La fiscalité, en effet, est une science qui, avant toute ques-

---

(1) Le programme du *Cours de finances*, à l'École des sciences politiques, divise les matières relatives aux impôts en deux parties.

La première partie embrasse les théories générales, les combinaisons de taxes, les grandes divisions fiscales, les systèmes généraux d'impôts.

Une autre série de leçons pénètre dans le détail des impôts et traite successivement ce qui concerne l'assiette, le tarif, le mode de recouvrement, la réglementation, etc., etc., de chacun d'eux.

Le présent ouvrage reproduit seulement la première de ces deux séries de leçons, tout en empruntant quelques développements à la seconde.

(2) En outre, le *Dictionnaire d'économie politique*, publié sous la direction

tion d'application, comporte, par son essence même, des études didactiques.

Ce titre de *science* ne saurait lui être refusé ; elle en possède
tous les caractères : principes généraux, déductions logiques,
constatations de vérités d'ordre universel.

Ainsi, démontrerons-nous successivement au cours de cet
ouvrage : la nécessité de l'impôt et, par conséquent, sa légitimité dans les sociétés modernes ; — que l'impôt, quoi qu'on
fasse, constituera toujours une souffrance, en prélevant une
part des facultés du contribuable ; — que son seul rôle consiste en celui de *pourvoyeur* du Trésor ; — que des règles précises, qu'Adam Smith et divers autres auteurs ont formulées, président à son établissement ; — que son incidence réelle
dépasse les limites visibles de son assiette et se répartit de mille
manières sans qu'il soit possible de suivre exactement ses
mouvements ; — que les taxes directes se différencient des
taxes indirectes par un ensemble de qualités et de défauts parfaitement définis ; de même pour les taxes de quotité et de
répartition ; pour les taxes sur la propriété et les consommations ; — que tout impôt, en fin de compte, retombe sur les
revenus, à moins qu'il ne les ait épuisés ; — que, s'il en arrive
à cette extrémité, la nation, entamant son capital, s'appauvrit
et se ruine ; — etc.

Ce sont là, à titre d'exemple, les fondements mêmes de

---

de M. Léon Say, a bien voulu accueillir notre article *Impôt*, où se trouve
résumée une partie des considérations que développe ce volume.

Notre nouveau livre procède ainsi de deux sources particulièrement
techniques, un cours de finances, et un article de dictionnaire.

l'édifice qu'il faut, en tout état de cause, commencer par asseoir le plus solidement possible.

Mais, en matière d'impôt, *l'art* succède promptement à la *science*. Des leçons de pure théorie ne suffiraient plus pour résoudre les problèmes fiscaux contemporains. Jamais, d'ailleurs, la formule d'une législation unique n'a pu spécifier irrévocablement le meilleur système d'impôts. Dès lors, après avoir posé les principes généraux, après avoir proclamé les vérités d'ordre universel, devons-nous descendre aux délicates questions d'application seules susceptibles de conduire à des conclusions effectives.

Ces délicates questions d'application se résument dans la suivante : Quelles natures de contributions conviennent le mieux à la situation d'un peuple ou d'une époque déterminés ?

L'impôt, en effet, pénètre trop profondément dans la vie même des sociétés pour ne pas se modeler à leur empreinte. Interpeller annuellement tous les propriétaires, tous les industriels et commerçants, tous les consommateurs, etc., pour leur demander une part de leur fortune, c'est toucher au cœur même du pays. L'impôt met à l'épreuve non seulement les intérêts, mais en outre — chose plus grave! — les habitudes, les caractères et les sentiments personnels. Si le fait de payer crée déjà de significatives distinctions entre les populations industrieuses, économes, riches, par conséquent, d'une part, et les populations arriérées et pauvres, d'autre part, la série des formalités qui précède ou accompagne les diverses classes de perceptions constitue un criterium bien autrement caractéristique du degré de sagesse, de patience, d'honnêteté scrupuleuse, de dignité civique, propres à chaque nation.

Tel peuple, en raison de son tempérament rassis, de son respect traditionnel des devoirs sociaux, de son intelligence des nécessités publiques, etc., se soumettra patriotiquement aux recherches, aux inquisitions, aux déclarations fiscales, rendues légères, d'ailleurs, par ces qualités mêmes, que tel autre peuple d'un tempérament revêche, brouillon ou craintif, insuffisamment préparé à la vie politique, enclin à la fraude, refusera de supporter, ou fera dégénérer spontanément en vexations intolérables. Ici, le passé sera rassurant; là de funestes traditions effrayeront les esprits. Ici, la politique ne risquera pas d'empiéter sur le domaine de la fiscalité; là, au contraire, les partis s'apprêteront à transformer l'impôt en instrument de combat et d'oppression. Enfin, certains budgets sagement aménagés, modérés en dépenses, seront en mesure de choisir avec discernement les meilleures sources de recettes, tandis que d'autres, accablés de besoins, contraints, pour y faire face, de lever le ban et l'arrière-ban des taxes de toute qualité, en arriveront fatalement aux pires.

La constitution de chaque système fiscal, dans le milieu où il opère, résulte, en résumé, des diverses influences suivantes :

1° Degré de la richesse publique;

2° Tempérament, mœurs et habitudes locales;

3° Antécédents et traditions;

4° État politique;

5° Situation budgétaire.

Dès lors, pour déterminer la nature et l'étendue des meil-

leurs impôts qu'un peuple peut supporter, il faudrait dresser
le bilan des origines de ce peuple, reconnaître de quelle argile
il a été pétri, analyser les qualités composant son héritage, discuter son caractère, son tempérament, son genre de vie, ses
habitudes, ses mœurs, ses aspirations, etc., etc. Travail
colossal, dira-t-on, que la puissance d'esprit d'un Hippolyte
Taine pourrait seule entreprendre et faire aboutir ! Sans
doute. Mais, travail analogue à celui qu'exige toute étude,
toute recherche, tout projet dans l'ordre politique, administratif, religieux, ou autre. Il n'est pas plus permis, à l'occasion des questions fiscales, qu'à l'occasion des questions constitutionnelles, électorales, sociales, confessionnelles, etc., de
faire abstraction de l'état d'esprit actuel d'un pays. Heureusement, d'ailleurs, que, sans avoir besoin de rédiger les admirables volumes des *Origines de la France contemporaine*, on
parvient, au moyen de connaissances beaucoup plus modestes, à découvrir, soit intuitivement, soit expérimentalement,
ce qu'est un pays, quels antécédents l'inspirent, quelles passions animent ses habitants, quel idéal les séduit, quel régime,
par conséquent, y peut le mieux fleurir.

Nous savons, par exemple, que notre système d'impôts
français date de la Révolution, qu'il a été créé au moment
même de l'expansion des idées nouvelles, corrélativement à
l'ensemble des institutions modernes politiques et sociales.
Malgré l'énormité de la tâche qu'elle embrassait alors, l'assemblée constituante, loin de reléguer les questions financières au second plan, leur attribua, au contraire, une place
prépondérante dans ses délibérations. La solution qui leur fut

donnée représente ainsi le plus pur effort des hommes de la
Révolution. Pourquoi le répudier aujourd'hui ? N'est-ce pas
une œuvre nationale ?

D'autant que tous les matériaux utilisables de l'ancien
régime furent soigneusement remployés par l'assemblée constituante, et que, depuis le début du siècle, les gouvernements
successifs n'ont cessé de remettre sur le métier le canevas
fiscal de 1789, pour en élargir ou resserrer les mailles suivant
les besoins budgétaires et les progrès de l'esprit public. De
sorte que ce système, relié par une chaîne ininterrompue aux
origines de la nation, associé à ses vicissitudes, transformé
avec elle, ayant vécu de sa vie, se trouve aujourd'hui fidèlement refléter son image.

Est-il devenu pour cela intrinsèquement parfait? Certainement non. Mais nous-mêmes le sommes-nous davantage ?
Nos impôts, en définitive, sont ceux que nous ont mérités nos
fautes et nos gloires, nos vertus et nos défaillances, nos bonnes et mauvaises passions, nos préjugés et nos généreux sentiments, nos révolutions et nos étonnantes résurrections.

Si la taxe unique sur les revenus, par exemple, n'existe pas
en France comme dans d'autres pays, c'est un peu d'abord
parce que les souvenirs de la *Taille* de l'ancien régime
épouvantent encore les esprits; puis surtout parce que nos divisions politiques, insuffisamment apaisées, rendent redoutable
la partialité des taxateurs, parce que notre individualisme de
fraîche date s'insurgerait contre la violation du secret des fortunes personnelles, etc. Les procédés fiscaux choisis autrefois
librement, en pleine connaissance de cause, continuent donc,

pour les mêmes raisons qui les ont fait adopter, à justifier nos préférences.

Peu à peu, d'ailleurs, ces procédés se sont laissé perfectionner. Déjà, beaucoup de revenus nouveaux, notamment parmi ceux des valeurs mobilières, sont venus prendre leur place longtemps inoccupée au sein du réseau fiscal primitif, lequel, avec le temps et le concours de l'opinion publique, finira par englober peut-être un jour tous les revenus sans exception. Mais le temps seul, secondé par le mouvement général des idées du pays, accomplira cette grande œuvre de transformation.

Nous savons aussi que la succession de gloires militaires et d'infortunes sociales qui caractérise notre bilan national pèse, d'une manière singulièrement onéreuse, sur nos budgets, lesquels, d'un autre côté, continuent à subir la surcharge de dépenses considérables, essentiellement inhérentes, assure-t-on, à l'état démocratique dont nous avons fait choix.

Il en résulte que, pour payer les dettes du passé et les prodigalités du présent, une série d'impôts multiples et excessifs devient indispensable. Par quel moyen, dans de telles conditions, les bien recruter? De ce côté, une nouvelle fatalité, créée et aggravée par nous exclusivement, commande donc encore notre système fiscal.

Si, dès lors, à première lecture, nous semblons émettre des appréciations trop favorables aux impôts français, ou trop leur ménager nos critiques, ce n'est pas faute de connaître leurs imperfections et leurs lacunes. Depuis longtemps, par la grâce de nos anciennes fonctions, nous avons été à même, au contraire, de constater de près le détail de ces imperfections et de ces lacunes, que les divers chapitres de ce livre ne manquent pas de faire ressortir dans un ordre d'idées plus générales.

Sans contredit, le régime français offre un aspect très peu symétrique. Composé d'éléments hétérogènes, fait de pièces et de morceaux, incessamment retouché, réparé, agrandi par les gouvernements les plus contradictoires, il manque d'unité apparente. Mais par là même il s'adapte d'aussi près que possible aux diverses formes de la nation sur lesquelles il s'est successivement moulé, et devient préférable aux rigides et corrects aménagements des projets tout faits qu'on voudrait lui substituer.

Avant de réformer le régime des impôts, avons-nous dit, il faut réformer les institutions, les mœurs, les tendances, les aspirations dont ce régime découle, au sein desquelles il se meut, qui l'influencent et le dominent.

Tant que la France sera ce qu'elle est, ou plutôt ce qu'elle était en 1789, tant qu'en outre le flot des dépenses ne suspendra pas son cours, ou mieux ne reculera pas, toute innovation fondamentale constituera une entreprise téméraire.

Voilà pourquoi, en dépit de la faveur aveugle qui s'attache aujourd'hui aux idées radicales et de la popularité qui entoure leurs partisans, nous n'hésitons pas à les combattre (1).

D'autant que la fiscalité française jouit d'un dernier mérite

---

(1) Bien entendu, nous ne préconisons en aucune façon le *statu quo*. Au contraire, les modifications que les derniers chapitres de ce livre réclament dans l'assiette de diverses contributions eussent suffi, en d'autres temps, pour nous faire taxer d'audacieux réformateur.

pratique, susceptible, mieux que tout raisonnement, de la défendre, encore longtemps peut-être, contre la pioche des démolisseurs : nous voulons parler de sa surprenante productivité. Trois milliards de taxes environ s'appesantissent, chaque année, sur le contribuable français. Aucun peuple ne subit d'aussi lourdes charges. Cependant, en fin d'exercice, ces trois milliards rentrent intégralement au Trésor, ou peu s'en faut; la faible proportion des retards semble même invraisemblable et comble d'étonnement nos voisins moins favorisés.

Nouvel argument incident, à l'appui des démonstrations précédentes : car si les taxes subsistant en France contredisaient le sentiment national, d'aussi heureux phénomènes n'illustreraient pas nos statistiques.

En plus de sa productivité normale au cours des années prospères, la fiscalité française n'a cessé de faire preuve aux époques de crise d'une élasticité merveilleuse. En 1814, en 1816, comme en 1871, après le premier et le second Empire, le vieux fonds d'impôts constitué au début du siècle put, presque à lui seul, rien que par l'exhaussement de ses tarifs, sans qu'aucune innovation de quelque importance l'ait renforcé, subvenir aux frais d'une liquidation désastreuse.

Aussi chaque régime politique se glorifie-t-il, tour à tour, de cette facilité de rendement, de cette progression spontanée; dernièrement encore le ministre des finances récapitulait avec un juste orgueil le mouvement ascendant des recettes fiscales depuis la fondation de la république.

L'instrument capable de tirer de la sorte, chaque année, trois milliards des contribuables, sans plaintes exceptionnelles, sans aucuns retards, sans non-valeurs appréciables, avec progression continue, possède évidemment, dans le pays où il opère, des qualités qui, d'elles-mêmes, plaident en sa faveur, et qui, en tous cas, lui méritent le respect de ses plus ardents adversaires, dès qu'ils sont au pouvoir.

Nous étonnerons maintenant beaucoup, sans doute, les auteurs de projets radicaux en résumant nos griefs contre eux par la simple accusation de confondre la *science* et l'*art*, tels qu'ils viennent d'être définis plus haut. Cette confusion d'apparence technique constitue bien cependant le vice primordial de leurs conceptions. Ils s'obstinent à proclamer comme vérités d'ordre universel des vérités d'ordre contingent; ils tracent sur le papier des plans qu'ils déclarent intrinsèquement admirables, sans vouloir tenir compte du milieu où ces plans doivent recevoir leur exécution; ils considèrent, en un mot, comme dogme ce qui n'est que combinaison, comme science ce qui n'est qu'art.

Que ne réservent-ils leur amour des dogmes et de la science pour les grands principes fiscaux, réellement dotés de caractères universels, trop méconnus aujourd'hui, dont nous avons énuméré les principaux précédemment! Là seulement la science serait véritablement à sa place.

Qu'importe que leurs utopies (1) revêtent des formes plus ou moins séduisantes, qu'elles soient agrémentées d'arguments et de citations plus ou moins topiques, du moment que la possibilité de leur application demeure incertaine? Un archi-

(1) Si l'on veut apprécier à leur juste mérite les utopies radicales, il suffit, avant tout autre examen, de leur faire subir l'épreuve de cette seule question : dans un pays déterminé pris pour objectif, quelle possibilité d'exécution leur sera réservée ?

tecte sort-il jamais de ses cartons, même les mieux étudiés parmi ses projets de constructions, sans avoir, au préalable, reconnu la solidité du sol qui doit les supporter?

Peut-être, s'il s'agissait de légiférer pour le royaume de Salente, où Mentor, accompagné de *Télémaque*, fit régner l'abondance, la paix, la vertu, la candeur même, où Cérès prodiguait ses épis, où Bacchus transformait l'eau des ruisseaux en vin plus doux que le nectar, où les magistrats demeuraient inconnus parce que la propre conscience des habitants suffisait à les juger, etc., pourrait-on ne pas s'inquiéter des moyens d'exécution! Vraisemblablement, ces naïfs citoyens allaient d'eux-mêmes déposer dans un tronc public leurs offrandes volontaires. Mais, depuis longtemps, l'âge d'or a cessé de régner sur la terre et les populations contemporaines ont perdu l'habitude de porter pieusement au Trésor commun le juste tribut de leurs épargnes. Bien heureux, maintenant, quand elles se laissent arracher ce tribut sans révolte! Dès lors, obligé de courir sus aux contribuables, le fisc ne peut plus réussir à les atteindre que sur leur propre terrain, en diversifiant sa poursuite au gré de leurs modes particuliers de tentatives d'évasion.

Vouloir créer de toutes pièces aujourd'hui une législation fiscale identique pour des hommes idéaux, ce serait rééditer la légende de Salente.

Ce livre s'est donc efforcé de mettre en ordre les matières fiscales, de les classer méthodiquement, d'y introduire la plus grande somme de clarté possible, afin d'amener les hommes de bon sens et de bonne volonté à discerner spontanément la vérité. Nous souhaitons profondément que la lumière de cette vérité illumine les esprits et découvre à tous les yeux les graves dangers dont l'avènement, même partiel, des théories radicales, destructives de la productivité de nos recettes budgétaires, menacerait le pays.

Nos charges sont trop lourdes, nos dettes trop sacrées pour que de telles expériences soient permises. D'autant moins que la simple étude des questions fiscales, envisagées impartialement dans leur théorie et leur application, suffit, dès maintenant, à faire explicitement reconnaître la seule voie salutaire, celle des progrès rationnellement poursuivis par étapes successives.

Bercenay-en-Othe, septembre 1893.

SYSTÈMES GÉNÉRAUX D'IMPOTS

INTRODUCTION

HISTOIRE, DÉFINITION ET QUALITÉS DE L'IMPOT

CHAPITRE PREMIER

REVUE HISTORIQUE DES PUBLICATIONS SUR L'IMPOT

L'impôt, ce mot suggestif, qui a causé tant de souffrances, fait verser tant de larmes, qui, d'un autre côté, a pu, ou plutôt aurait pu, se transformer en si belles œuvres, puisque, suivant l'expression de Vauban, il est le soutien de l'État (1), l'impôt, depuis sa naissance, a toujours provoqué, non seulement les doléances des contribuables, mais les profondes méditations des économistes, philosophes et hommes d'État. Tous les esprits préoccupés des intérêts de la chose publique se sont efforcés de définir sa nature, de détailler ses qualités, de déterminer les lois de son assiette et surtout ont ardemment recherché les moyens de perfectionner sa ré-

---

(1) Vauban dit textuellement : « Un Etat ne peut se soutenir si ses sujets ne « le soutiennent. Or, ce soutien comprend tous les besoins de l'Etat auxquels, « par conséquent, tous les sujets sont obligés de contribuer. » (*Maximes fondamentales.*)

Plus loin, Vauban reprend : « Il y a impossibilité manifeste qu'un Etat puisse « subsister si les sujets qui le composent ne l'assistent et ne le soutiennent par « une contribution de leurs revenus capable de satisfaire à ses besoins. » (*Dîme royale*, II⁰ partie, chap. XI.)

1

partition. Jamais cependant ces études et ces recherches n'ont été
poussées aussi loin qu'aujourd'hui ; jamais la matière fiscale
n'a été creusée avec autant de pénétration et de science que dans
les travaux modernes. Un rapide examen des principaux écrits
sur le sujet va nous en convaincre.

§ 1. — *Sully, Jean Bodin, Montchrétien.*

Sans remonter au delà de la fin du seizième siècle, où nous ne
pourrions guère rencontrer que les récriminations des États généraux et des assemblées des notables, contentons-nous de débuter par
les *Œconomies royales* de Sully. Ces mémoires révèlent à chaque
page les nobles sentiments du ministre de Henry IV envers la classe
la plus humble de la nation, marchands, artisans, laboureurs et
pasteurs, qu'il s'efforce de protéger contre les entreprises des exacteurs, traitants, partisans et gens de cour. Il fait rendre gorge à
beaucoup de *larrons et larronaux*, sachant bien, d'ailleurs, que
les grands voleurs et brigands échappent le plus souvent ; il défend le Trésor contre les rapacités des favoris et maîtresses du roi,
s'attache à faire exactement rentrer l'intégralité des deniers des
collecteurs à l'épargne, rétablit la régularité dans les perceptions
et dans les comptes. Mais le désordre, dont il triomphe sans doute,
absorbe une trop grande part de son temps et de ses facultés, obs-
curcit trop son horizon, pour lui permettre de concevoir les grandes lignes d'un système théorique d'impôt. D'ailleurs, le défaut
d'uniformité de la constitution fiscale du pays s'oppose *a priori*
à toute combinaison d'ensemble, à toute éclosion de réformes
d'un caractère général. Chaque province a ses privilèges, chaque
pays d'États a ses assemblées locales qui, après avoir réparti les
taxes à leur guise, en versent seulement le don gratuit au Trésor.
Rien d'étonnant, dès lors, qu'au sein de cette diversité, exclusivement occupé de la réforme d'innombrables abus, Sully ait sagement évité de se perdre dans la chimère d'une transformation
radicale.

Vers le même temps, un précurseur en économie politique,

Jean Bodin, dans les six livres de *la République* (1), attaquait, avec d'excellentes intentions, les privilèges de la noblesse et du clergé, la vénalité des charges, les exactions de toute sorte, les taxes assises sur les objets dont le peuple ne peut se passer, etc. Mais l'échantillon suivant suffit à révéler le caractère embryonnaire de la science financière à cette époque :

« Si on demande les moyens de lever impôts qui soient à l'hon-
« neur de Dieu, au profit de la République, au souhait des gens
« de bien, au soulagement des pauvres, c'est de les mettre sur des
« choses qui ne servent sinon à gâter et corrompre les sujets,
« comme sont toutes friandises, et toutes sortes d'affiquets, par-
« fums, draps d'or et d'argent, soies, crêpes, cannetilles, ouvrages
« d'or et d'argent, et toutes sortes de vêtements superflus, et cou-
« leurs d'écarlate, cramoisi, cochenille et autres semblables. »
Ces lieux communs n'ont plus cours aujourd'hui (2).

Au commencement du dix-septième siècle, le livre d'un autre précurseur, *Traité de l'économie politique*, par Montchrétien, livre laissé en oubli sans doute par ses contemporains, mais récemment réédité avec honneur comme une œuvre « renfermant la doc-
« trine la plus complète qui ait jamais paru, (3) » ne contient cependant, au sujet des impôts, que peu de passages saillants. Il se borne à conseiller au roi d'entreprendre le dénombrement des richesses du pays, ou *censure*, dans le but vraisemblable d'aboutir à quelque impôt proportionnel aux revenus, sans que ce projet parvienne à revêtir une forme précise. Les intentions seules, comme chez l'auteur précédent, sont excellentes. Elles tendent à « pourvoir
« aux justes doléances des pauvres contre les riches, lesquels,
« comme les fortes parties du corps, se déchargent toujours sur les
« plus faibles et font porter leur propre fardeau à ceux qui déjà

(1) *La République*, publiée à Paris, en 1576.
Les six livres de la République de Jean Bodin, 4ᵉ édition, 1579.
(2) Voir le chapitre VIII, relatif aux impôts sur le luxe, où nous combattons les partisans de ces doctrines surannées.
(3) M. Th. Funck-Brentano vient de rééditer et d'annoter l'ouvrage de Montchrétien, qu'il a fait précéder d'une belle préface où toute l'histoire économique de l'ancien régime est largement passée en revue (Un vol. in-8°. 1889). Nécessairement, M. Funck-Brentano professe une admiration quasi-paternelle pour l'œuvre qu'il s'est si bien attaché à remettre en lumière.
Le *Traité de l'Economie politique* a paru en 1615.

« succombent ailleurs ». Malheureusement, ces idées générales ne sont appuyées d'aucun plan effectif (1), d'aucune combinaison fiscale étudiée et pratique.

§ 2. — *Boisguillebert, Vauban, Dutot, Melon, Forbonnais.*

A la fin du dix-septième siècle, et aux débuts du dix-huitième, l'excès des maux résultant de la surcharge des impôts et de leur mauvaise répartition provoqua des récriminations beaucoup plus précises de la part de Boisguillebert. Le *Détail de la France* et le *Factum de la France* (2) contiennent la description complète des taxes existantes, de leur assiette, de leur mode de perception, description poussée au noir, sans doute, écrite dans un style souvent incorrect, toujours passionnée, revêtant, dès lors, les apparences de l'exagération, mais ne s'écartant peut-être pas beaucoup de la réalité.

Quant aux remèdes proposés, ce sont en général des remèdes pratiques, terre à terre pour ainsi dire, exempts d'utopie et de radicalisme. Boisguillebert cherche à corriger plutôt qu'à transformer. L'inégalité de l'impôt lui paraît le premier mal à réparer, le mal fondamental dont souffrent les finances (3). Les privilèges et les

(1) Montchrétien développe cependant avec complaisance les résultats idéaux de ce plan dont il ne donne pas le secret : « Vous pouvez par là, Sire, faire « cesser toutes rumeurs, appaiser tous murmures, assoupir tous mouvements.... « abolir les concussions de plusieurs officiers, asséeurs, collecteurs et autres qui « distribuent et égallent les tailles, subsides et imposts........ chasser hors « de la ruche les guespes et freslons qui mangent le miel des abeilles, banir les « vagabons, fainéans, voleurs, pipeurs, batteurs de pavés, ruffiens , maquereaux « et autres tels opprobres qui sont parmi les gens de bien comme loups entre « brebis... » Evidemment ce sont là de belles espérances, mais encore faudrait-il indiquer le moyen de les réaliser.

(2) Le *Détail de la France* a été publié en 1695, et le *Factum de la France*, en 1706.

(3) « Cette ruine de proportion entre des personnes qui doivent également « contribuer aux charges publiques fait le même effet dans un Etat qu'une voi- « ture de 2.000 pesants qui exigerait 40 chevaux et qu'on chargerait sur 3 seu- « lement de Paris à Lyon, lesquels succombant à la première journée, en en « usant de même à l'égard de 3 autres, et continuant jusqu'au bout, il est certain « que tous périraient à moitié chemin, sans qu'on pût accuser l'excès du far- « deau, mais la disproportion de le partager aux bêtes de somme suivant leurs « forces. » (*Détail de la France.*)

exemptions, en conséquence, doivent tout d'abord disparaître. Le
mode de collecte des taxes est profondément vicieux et onéreux:
il faut lui en substituer un autre plus régulier qui amène sans
exactions, sans dilapidations, sans vexations, les deniers de l'État
des poches des contribuables dans les caisses publiques. Les droits
d'aides, de traites, de péages, de sortie, contiennent des formalités et des prélèvements destructeurs de la richesse, odieux au
peuple, qu'il faut supprimer. A leur place, une capitation payable
en argent, égale pour tous, procurera des sommes considérables.
En un mot, favoriser le développement de la fortune publique, au
lieu de continuer à ruiner le pays par des abus de toutes sortes (1),
telle doit être la nouvelle politique financière du royaume, laquelle
suffira à rendre l'impôt productif (2).

Les principes fiscaux n'ont rien à objecter à un tel programme.
Bien au contraire! Boisguillebert en poursuit la mise en pratique
avec une remarquable rectitude. Un économiste moderne placé au
sein de ce milieu désordonné, malgré toutes les lumières de la science
actuelle, n'aurait, sans doute, pas découvert de meilleurs conseils
à donner aux gouvernements d'alors que ceux que renferme chacun des chapitres successifs du *Détail et du Factum de la France*.
Il aurait évité, comme l'a fait l'auteur de ces ouvrages, de substituer d'emblée, au système existant, un système nouveau sorti tout
armé de son cerveau; il se serait abstenu d'émettre des théories de
transformation radicale, alors sans application possible. En un mot,
à l'exemple de Boisguillebert, il se serait borné à passer en revue
l'un après l'autre les impôts en vigueur, à montrer leurs vices,
à indiquer les rectifications partielles que chacun d'eux comportait.
C'était là la seule conduite pratique pour l'époque. Boisguillebert

---

(1) « L'autre maxime générale qu'il faut tirer de ces mémoires est que la pre-
« mière et la principale cause de la diminution des biens de la France vient de
« ce que, dans les moyens tant ordinaires qu'extraordinaires qu'on emploie pour
« faire trouver de l'argent au roi, on considère la France comme un *pays en-
« nemi*, qu'on ne reverra jamais, dans lequel on ne trouve pas extraordinaire
« qu'on abatte et ruine une maison de 10.000 écus pour vendre 20 ou 30 pisto-
« les de plomb ou de bois à brûler. » (*Détail de la France.*)

(2) « Pour satisfaire à tous les besoins de l'Etat et remettre les peuples dans
« leur ancienne opulence il n'est point nécessaire de faire des miracles, mais
« seulement de cesser de faire une continuelle violence à la nature. » (*Détail de
« la France.*)

s'y attacha avec beaucoup de perspicacité et de droiture d'esprit.

Pour réussir dans cette entreprise, pour sa renommée même, une seule chose lui manqua : l'autorité personnelle. Cette autorité se trouva compromise chez lui par les incorrections de son style, les écarts de son langage, les excès apparents de ses affirmations, la pompe ridicule de ses préambules, sans parler du peu de crédit dont il jouit parmi ses contemporains.

Sous un jour tout différent apparaît l'auteur de *la Dîme royale*, lorsqu'à la fin de sa glorieuse carrière, comblé d'honneurs, plein d'expérience, après avoir parcouru pendant 40 ans le royaume en tous sens et vu de près la *partie basse du peuple*, il s'adonne à la soulager en composant son grand projet de réforme fiscale.

« Je ne suis ni lettré, ni homme de finance, dit-il, mais je suis « Français et très affectionné à ma patrie. »

C'est le seul sentiment de l'amour du bien public, en effet, et la courageuse proclamation en termes magnifiques du principe de l'égalité des charges, en pleine cour de Louis XIV, qui constituent la grandeur durable de l'œuvre de Vauban. Autrement, au point de vue exclusivement financier, sa conception ne mériterait guère de survivre. L'idée de l'impôt en nature est une chimère étayée seulement sur de généreuses intentions et de belles maximes ; les autres *fonds* de la Dîme royale ne comprennent que les reliquats des impôts existants. Le plan de l'ouvrage ne repose, en somme, sur aucune base scientifique.

Après Vauban, la question demeura délaissée pendant de longues années, en raison des troubles financiers de la fin du règne du grand roi et de la régence, qui absorbèrent les esprits dans la recherche des *affaires extraordinaires*, des moyens de trésorerie, des opérations sur les monnaies et dans le triste spectacle des péripéties du système de Law.

Ainsi, en 1738, l'économiste Dutot, réfutant son prédécesseur Melon, dans ses *Réflexions politiques sur le commerce et sur les finances*, s'abstient absolument de parler d'impôts.

Bientôt cependant Forbonnais publie ses célèbres *Recherches et considérations sur les finances de la France de 1595 jusqu'en 1721*, contenant un curieux exposé historique du fonctionnement des taxes en France depuis Henry IV. Forbonnais aborde son sujet plutôt en érudit qu'en économiste. D'excellentes réflexions accompagnent sa précieuse collection de documents statistiques. Mais ces réflexions, très sages, très pratiques, quelquefois cependant inspirées par ses préjugés, s'élèvent rarement au-dessus du niveau commun (1). Il fut un compilateur méritant, un travailleur obstiné et non pas un philosophe à larges vues réformatrices. Du reste, sa collaboration au court ministère de Silhouette donne la mesure de sa nature d'esprit.

§ 3. — Les Physiocrates, Necker, la Révolution.

Avec les Physiocrates surgit, au milieu du dix-huitième siècle, une race d'hommes bien autrement généralisateurs, qui entrevoient les vérités modernes et proclament d'avance les principes destinés à triompher au siècle prochain.

Les noms de Quesnay, Turgot, Du Pont de Nemours, Gournay, etc., suffisent à mesurer la hauteur d'idées qui dorénavant va dominer les sujets économiques (2).

(1) On peut juger du mérite très réel, du bon sens de Forbonnais, en même temps que de la facilité avec laquelle il glisse dans l'erreur, par la citation du passage suivant de ses *Recherches et considérations* : « Pour que la rentrée des « revenus soit exacte et facile, il faut que les impôts ne portent pas tous sur un « seul objet. Pour que toutes les classes du peuple se soulagent et se sou- « tiennent mutuellement, il faut que toutes payent une partie des tributs.

« Le poids de l'imposition ne décourage pas autant les classes industrieuses « que l'arbitraire de son assiette, l'incertitude de la propriété et la crainte con- « tinuelle de paraître industrieux.

« Il y a des hommes qui n'ont d'autre revenu que celui de leur journée ; il ne « faut pas que ces hommes payent au delà de la proportion de leur salaire.

« Mais il ne convient peut-être pas qu'il n'aient pas besoin de travailler tous « les jours,... car l'habitude d'une grande pauvreté nous engourdit quelquefois « sur le bien-être et nous conduit à l'oisiveté.

« Il est important au bien de l'agriculture et au bon marché des salaires que « l'imposition dans les villes soit plus forte que dans les campagnes. Comme il « doit nécessairement y avoir des pauvres et des artisans dans les villes, il con- « vient, pour la sûreté et l'agrandissement du commerce, que l'imposition y « tombe principalement sur les riches. » (3e vol., pp. 176-177.)

Les dernières de ces propositions, spécialement celle qui attribue aux impôts le mérite de faire travailler le peuple tous les jours, ne découlent évidemment pas d'un esprit fortement trempé dans l'orthodoxie. Nous ne parlons pas, d'ailleurs, des préjugés relatifs à la balance du commerce et des panégyriques de la protection dans lesquels Forbonnais s'est obstinément complu.

(2) On ne peut mieux faire, pour saisir la portée de la doctrine des Physio-

Malheureusement, dans la matière spéciale des impôts, les Physiocrates se heurtent dès l'abord à un sophisme fondamental, celui de la prépondérance exclusive des produits de la terre, sophisme dont leurs théories fiscales vont se trouver irrémédiablement entachées.

Le passage suivant montre avec quelle rigueur, avec quelle intransigeance, l'école avait coutume de formuler ce sophisme (1).

« La terre est la source unique de tous les biens propres à la « subsistance des hommes et à remplir leurs divers besoins de « nécessité, de commodité et de jouissance.

« La terre étant le seul fonds productif, le travail de la culture « est le seul travail productif.

« Les travaux postérieurs à la culture sont très nécessaires, « très utiles, mais absolument *stériles*.

« Il n'y a donc d'impôt régulier que celui qui est assis directe- « ment sur le produit net de la culture et exigé des propriétaires.

« Tout autre impôt est irrégulier, car il est hors de sa base « naturelle. » (*De l'administration provinciale et de la réforme de l'impôt*, par Le Trosne).

Cette erreur originelle, partagée par tous les membres de l'école (2), enlève à leurs déductions fiscales l'autorité et la hauteur

crates, que de lire les ouvrages de M.G. Schelle, *Du Pont de Nemours et l'école physiocratique*, et l'article *Physiocrates* dans le nouveau dictionnaire d'économie, politique.

(1) Nous pourrions emprunter à tous les écrits des Physiocrates des citations analogues. C'est la théorie générale, essentielle même de l'école. Si nous avons choisi spécialement Le Trosne, c'est parce que, venu un des derniers, il la résume d'une manière particulièrement expressive, et l'inscrit, sous forme de maximes, en tête de son livre.

Condorcet, vers la même époque que Le Trosne, composa, sur le même sujet que lui, un *Essai sur la constitution et les fonctions des assemblées provinciales*, dont le second volume, spécialement consacré aux questions d'impôts, débute aussi par cet aphorisme : « L'impôt n'est réellement payé que par le « produit net des terres. »

Condorcet, bien qu'il avoue avoir lu Adam Smith, aboutit expressément, en vertu de ces prémisses, à la proposition de la constitution d'un impôt territorial unique, remplaçant tous les autres impôts. « Vingt-quatre ou trente ans, « dit-il, suffiraient tout au plus pour produire cette révolution totale dans la forme « des impôts. C'est alors que l'on pourrait enfin proscrire à jamais, par un acte « solennel, toute autre imposition qu'un impôt territorial direct. »

(2) Nous avons omis de mentionner, en parlant des Physiocrates, le livre

de vues qu'ils auraient été capables d'y faire prévaloir, comme dans les autres parties de la science économique.

La Révolution, inspirée par les idées des Physiocrates, répudia, comme eux, les taxes de consommation.

Cependant, peu de temps avant la réunion des États généraux, un ouvrage célèbre de Necker. *De l'administration des finances de la France*, avait répandu sur la matière les plus saines notions. Ce livre, trop oublié aujourd'hui, peut-être parce qu'il fut alors trop exalté, réfute sans passion les théories exclusives des économistes et montre que les impôts indirects de consommation sagement aménagés et réformés entrent nécessairement pour une part importante dans la composition de tout régime financier rationnel (1).

d'un de leurs célèbres adeptes, la *Théorie de l'impôt*, du marquis de Mirabeau, dont le titre seul appelle ici l'attention. Mais l'obscurité prolixe des phrases, la diffusion et l'enchevêtrement des idées, nous ont depuis longtemps renoncer à en aborder l'analyse. Théories physiocratiques sur le revenu net de la terre, projet d'un impôt territorial unique, justification à certaines pages et condamnation à d'autres des privilèges fiscaux, suppression des fermes, liberté absolue du commerce intérieur et extérieur, appel aux Etats généraux pour légitimer l'établissement des taxes, etc., en somme mélange de bonnes idées quelquefois heureusement exprimées et d'idées erronées, les unes et les autres présentées sans ordre ni clarté, tel est le bilan de ce livre étrange et presque illisible. On ne comprend pas comment les censeurs royaux réussirent à y découvrir les éléments d'une poursuite contre son auteur, qui aboutit à son internement à la Bastille. Sans doute quelques mots jetés çà et là, tels que « autorité arbitraire « et dissolue du Roi » — « intrigues de femmes » — « ministres intéressés à l'i- « gnominie des fermes générales » suffirent, sans plus ample examen, à provoquer la lettre de cachet.

(1) Necker porta la discussion beaucoup plutôt sur le terrain pratique des nécessités budgétaires que sur celui de la doctrine pure, ce qui aurait dû d'autant mieux lui concilier la faveur des législateurs.

Voici les principales raisons qu'il indique en faveur des impôts sur les consommations : « Quant aux droits sur les consommations, ce n'est pas à un jour « désigné qu'on y est soumis, c'est, pour ainsi dire, la volonté du contribuable « qui l'approche du fisc et, au moment où il paye sa part de cette espèce de tri- « but, il se croit déterminé librement par ses besoins et ses convenances.

« Qu'on réfléchisse encore sur les considérations suivantes.

« Les impôts sur les productions sont une avance demandée aux propriétai- « res. Les droits sur les consommations sont une restriction ordonnée dans les « dépenses.

« La richesse de ceux qui payent les impôts sur les productions n'est com- « posée que des revenus des propriétaires de terre. — La richesse de ceux qui pa- « yent les droits sur les consommations est composée des revenus de tous les « habitants du royaume et même des revenus des étrangers qui y séjournent. »

Necker aborde ensuite l'objection des Physiocrates qui prétendent « qu'en der- « nière analyse tous les impôts, de quelque manière qu'on les modifie, retom-

Mais l'assemblée trouva dans les inspirations inverses de l'école physiocratique un prétexte trop opportun de capituler devant les injonctions de la populace pour qu'elle le laissât échapper. L'incendie des barrières, la destruction des bureaux des aides, l'émeute, appuyée sur l'apparence d'une théorie déjà démodée, suffirent à interrompre le cours de l'œuvre de reconstitution financière entreprise par la Constituante. Dès lors, impuissante à assurer l'équilibre des budgets, obligée de se lancer dans les émissions d'assignats, la notion d'un système général d'impôt lui échappa absolument.

Ainsi avortèrent les travaux commencés sous de si heureux auspices par tant d'hommes éclairés, La Rochefoucauld, Montesquiou, Rœderer, du Pont de Nemours, Lebrun, Talleyrand, Mirabeau, etc.

§ 4. — *Adam Smith, Jean-Baptiste Say, Ricardo, Sismondi, Mac-Culloch, John Stuart Mill, Bastiat, Rossi.*

Arrivés, de proche en proche, aux débuts même du dix-neuvième siècle, nous n'avons pas encore rencontré l'expression scientifique d'une théorie fiscale complète. Toujours, pour une raison ou pour une autre, l'œuvre est demeurée imparfaite. Tant que l'ancien régime a subsisté, le morcellement des taxes, la division du territoire, les privilèges des pays d'États, la masse même des abus obscurcirent la vue des réformateurs. Puis, quand l'aurore de l'unité permit de mieux embrasser l'horizon, de malheureuses erreurs, ou des faiblesses inhérentes à l'esprit révolutionnaire, entravèrent l'essor des conceptions nouvelles.

D'ailleurs, malgré le progrès des idées, l'état social n'avait pas encore reçu les développements nécessaires pour qu'une théorie perfectionnée de l'impôt pût s'installer sur des bases définitives. La prédominance à peu près exclusive des valeurs foncières, la situation arriérée de l'industrie reléguaient forcément au second plan les questions les plus délicates et les plus ardues de la science financière.

« bent sur les productions de la terre, cette origine première de tous les biens » Il la combat surtout en montrant combien les phénomènes de la répercussion des taxes sont lents à se produire, ce qui risquerait de rendre très dangereux pour les propriétaires fonciers l'imposition unique qui pèserait sur eux.

Aussi, jusqu'au milieu de ce siècle, vit-on la plupart des traités d'économie politique ne consacrer au sujet de l'impôt qu'un nombre restreint de chapitres, où la discussion des phénomènes de l'incidence occupe, en général, toute la place.

Il serait injuste, évidemment, de contester aux travaux d'Adam Smith, de Jean-Baptiste Say, de Ricardo, de John Stuart Mill, de Sismondi, de Mac-Culloch, de Bastiat (1), de Rossi (2), etc., la part de gloire qui leur revient. Ce sont nos maîtres. Chaque jour, malgré la marche du temps, l'esprit se retrempe encore dans le sein des vérités dont ils furent les initiateurs. Nous avons cité les immortels axiomes d'Adam Smith. Les chapitres du *Cours complet d'économie politique* de Jean-Baptiste Say intitulés : *Assiette de l'impôt, Des impôts qui ne rapportent rien au fisc, De l'esprit de fiscalité*, etc., resteront éternellement vrais (3).

Mac-Culloch, un des seuls de cette période, a consacré aux questions d'impôt un ouvrage tout entier *sur la taxation*, dont nous aurons l'occasion de citer les sages idées relativement à l'impôt sur le capital et sur le revenu, au mode d'imposition des revenus professionnels, etc., sans omettre inversement certains passages où l'auteur réclame des taxes sur la nourriture des classes pauvres, lesquelles, dit-il, n'ont pas plus le droit que les hautes classes d'être exemptées de contributions.

(1) Bastiat n'a pas composé de traité spécial sur la question de l'impôt. Il n'en a parlé qu'incidemment. Cependant, de l'ensemble de ses œuvres, se dégagent des principes qui permettent de le classer parmi les maîtres en la matière.

(2) Les treize leçons consacrées à l'impôt dans le *Cours d'Economie politique* de Rossi n'ont pas été écrites par l'auteur lui-même; elles ont été recueillies seulement par ses élèves.

(3) Jean-Baptiste Say, avec la rigueur quelque peu intransigeante de son esprit, n'a jamais pu pardonner à l'impôt d'avoir trop souvent servi d'instrument d'abus et d'exaction dans les mains des gouvernements passés. Aussi l'accable-t-il d'épithètes injurieuses qui nuisent au mérite de ses développements scientifiques. Ici, il le compare au cauchemar des rêves; là, il l'accuse de ruiner l'industrie, de favoriser les superstitions, de provoquer au mensonge, de dépraver les mœurs, d'inciter à la paresse, de ramener le paysan à la vie des brutes, etc.

Sans doute, il ajoute quelquefois que ces conséquences ne sont pas universelles : souvent même il spécifie nommément l'impôt qu'il qualifie si durement. Mais, en somme, aucun d'eux ne trouve grâce à ses yeux; tous sont successivement englobés dans sa réprobation. Il en résulte, comme nous le disions, que les chapitres de son *Cours d'économie politique* consacrés aux questions fiscales, malgré leur mérite et leur rectitude, perdent de ce fait une partie de leur autorité. (Voir spécialement la VIIIe partie, ch. VIII et XI.)

Sismondi, au cours de sa *Richesse commerciale*, a traité le sujet des impôts en précurseur, comprenant, par avance, les funestes effets des impôts de consommation sur les objets de première nécessité lorsque le salarié ne parvient pas à en rejeter le poids sur son employeur.

John Stuart Mill, dans ses *Principes d'économie politique*, étudie avec une originalité toujours nouvelle les bases de l'égalité en matière d'impôt, les droits sur les consommations, les droits sur les successions, etc.

Mais, comme nous le disions, les sujets fiscaux n'occupent le plus souvent qu'une place secondaire dans l'ensemble de l'œuvre de ces économistes. En outre, le point de vue de l'incidence y prédomine, en général, d'une manière excessive. Voulant marcher sur les traces d'Adam Smith, chaque auteur, après lui, fait presque exclusivement consister la science fiscale en amplifications à perte de vue sur ce thème de l'incidence : c'est à qui dépassera ses prédécesseurs dans la recherche décevante de l'introuvable dernier contribuable, véritablement et définitivement atteint par l'impôt. Est-ce le propriétaire ou le fermier, le producteur ou le consommateur, le marchand ou l'intermédiaire, le capital ou le revenu, le patron ou le salarié, qui supportent, en fin de compte, le poids des taxes ? Questions insolubles, à propos desquelles mille hypothèses ingénieuses et contradictoires sont en vain superposées. Ricardo, spécialement, excella dans cette série de phrases commençant par des *si*, ou des *supposons que*, passant en revue tous les cas possibles sans jamais en rencontrer aucun qui, d'une manière précise, fournît la réponse demandée. Aujourd'hui on renonce à ces subtilités.

D'ailleurs, les faits nouveaux, auxquels nous avons déjà fait allusion, dominent maintenant les préoccupations.

D'une part, en effet, les valeurs mobilières ont pris un développement inconnu jusque-là. D'autre part, les progrès industriels mettent plus que jamais en présence le capital et le travail. L'impôt, sans doute, n'a pas pour mission d'intervenir dans la lutte des valeurs foncières contre les valeurs mobilières, ni du travail contre le capital. Mais il ne saurait non plus s'en désintéresser. Chaque

parti comprenant l'égalité à sa manière, chacun prétendant inter-
préter la proportionnalité à son profit, le rôle de l'impôt, au milieu
de ces conflits et de ces exigences, devient forcément scientifique.
La recherche de la véritable égalité, la détermination de la réelle
proportionnalité exigent maintenant des enquêtes, des connaissances, des études d'une étendue toute nouvelle, embrassant l'ensemble même des questions sociales. Les théories fiscales acquièrent ainsi une ampleur qu'elles ne pouvaient posséder autrefois.

Les véritables problèmes de l'impôt, à peine posés au siècle
dernier, n'ont donc fait qu'agiter vaguement les esprits dans la
première moitié de ce siècle, et les auteurs cités plus haut n'ont
pu que les pressentir.

§ 5. — *Proudhon, de Parieu, Joseph Garnier, Baudrillart,
Paul Leroy-Beaulieu, Léon Say. Projets parlementaires
dans les divers pays.*

L'époque actuelle, au contraire, comme il vient d'être dit, s'est
trouvée dans la nécessité d'asseoir la science fiscale sur de plus
larges bases.

Depuis la *Théorie de l'impôt* de Proudhon, en 1860, jusqu'au
Traité de la science des finances de M. Paul Leroy-Beaulieu,
et aux *Solutions démocratiques de la question des impôts* de
M. Léon Say (1), jamais tant d'esprits éclairés n'ont apporté à
ces questions techniques le tribut d'une aussi vive lumière.

La matière, d'ailleurs, n'est pas seulement creusée aujourd'hui

---

(1) Nous nous abstenons de citer et d'analyser les œuvres de tous les auteurs
modernes, précisément en raison de la trop grande étendue que l'importance
conquise par les sujets d'impôts donnerait à ce travail. D'ailleurs, il est toujours délicat de parler d'auteurs contemporains. Cependant, nous ne pouvons
omettre de nommer, tout au moins, les six volumes du grand ouvrage de M. de
Parieu, *Traité des impôts*, publié en 1862, le *Traité des finances* de M. Joseph
Garnier, les articles remarquables, qu'on devrait bien réunir en volume, de Baudrillart sur l'*Impôt radical*, et les systèmes fiscaux modernes, dans le *Journal
des Economistes* et la *Revue des deux mondes*, les nombreux passages
des rapports et discours de Thiers relatifs aux impôts, ainsi que son livre sur
la *Propriété*, les ouvrages de Paul Boiteau, de M. du Puynode, et de
Mme Clémence Royer, l'*Histoire des impôts*, de M. Clamageran, le livre de
M. Denis, l'*Impôt*, récemment publié à Bruxelles, divers articles des diction-
naires de finances et l'économie politique, etc.

dans les livres des savants, dans les journaux et dans les revues ; elle se trouve encore inscrite à l'ordre du jour de tous les parlements. En France, les projets de *Réforme générale de l'impôt* signés par un quart environ des membres de la Chambre des députés provoquent les études d'une commission spéciale. Beaucoup d'autres propositions de même nature longuement motivées émanent de l'initiative parlementaire. Chaque session voit un grand nombre de séances consacrées à leur discussion. Si la sagesse de la majorité nous épargne les dangers de quelque expérience radicale, ce ne sera pas faute d'élucubrations préparatoires.

En Autriche, le gouvernement ne craint pas de demander lui-même une répartition plus égale des taxes sur le revenu entre les différentes classes de contribuables au prix d'un tarif légèrement progressif. En Hollande, l'innovation d'un impôt d'État sur le capital vient d'être effectivement réalisée. En Suisse, le monopole sur l'alcool fonctionne depuis quelques années dans un intérêt à la fois hygiénique et budgétaire. En Prusse, les projets de M. Miquel, ministre des finances, tendent à superposer aux impôts sur le revenu un impôt sur le capital qui ne laissera plus désormais échapper aucune sorte de richesse, et surtout qui permettra de traiter les produits viagers des salaires, traitements, émoluments, gains et pensions avec plus de ménagements que la fortune consolidée. Ces projets règlent, en outre, la distribution des taxes entre l'État et les localités, non plus d'après les anciens usages empiriques, mais d'après des lois rationnelles déduites de la nature même de chaque catégorie de produits.

On voit combien l'horizon de la théorie de l'impôt s'est étendu depuis les siècles précédents, et même depuis la première moitié de siècle. Mais ces progrès, dont nous pouvons nous glorifier à juste titre puisqu'ils découlent d'un état social plus avancé et des conquêtes de la science, ne sont pas sans dangers. Car l'agitation des esprits est toujours redoutable au sein d'une matière tellement sensible et délicate, surtout quand les idées sociales se mêlent incessamment, comme elles le font maintenant, aux idées fiscales. Un jour ou l'autre, dans un domaine théorique à ce point agrandi, les déviations du point de départ risqueront d'exagérer d'une manière inquiétante l'écart des conclusions.

Dès lors, s'il est vrai, comme nous l'avons indiqué au début, que jamais l'impôt n'a fait en aucun temps l'objet d'études aussi nombreuses et aussi approfondies qu'aujourd'hui, jamais non plus il ne semble aussi nécessaire de rechercher didactiquement les véritables principes sur lesquels repose sa théorie.

CHAPITRE II

§ 1. — *L'impôt n'a pas toujours existé.*

Le fonctionnement de toute organisation sociale exige l'emploi de certaines ressources. Mais ces ressources ne proviennent pas nécessairement de l'impôt. Elles peuvent avoir une autre origine et beaucoup de pays, pendant certaines périodes tout au moins, n'ont pas connu l'impôt.

Ainsi, en Angleterre, après la conquête, le revenu territorial des rois normands suffisait à faire marcher la chose publique. Guillaume le Conquérant, dit David Hume, « était devenu propriétaire « universel de l'Angleterre et, dans la distribution qu'il fit des terres « entre ceux qui l'avaient suivi, il retint la propriété de 1.422 fiefs « qui lui payaient une rente en argent, en blé, en bestiaux et autres « productions du sol. Les parlements, dès lors, n'autorisaient que « la levée de subsides temporaires, dans des cas de nécessités ex- « traordinaires. »

Les taxes permanentes et régulières n'apparaissent en Angleterre que vers la fin du xvii° siècle. La taxe sur les maisons date de 1609; le *land-tax* de 1692. « L'impôt du timbre est très ancien, « dit un des derniers rapports des commissaires du revenu intérieur, « on en trouve des exemples dès 1694. » C'est, en effet, au règne de la reine Anne, seconde fille de Jacques II, que remontent les origines du système fiscal anglais.

En France, de même, sous les premiers Capétiens, le produit des domaines, enrichi des fiefs considérables que Huges Capet (1),

---

(1) Hugues Capet réunit à la couronne les fiefs de Bourgogne, Champagne, Orléanais, Perche, Touraine, Maine et Anjou, etc.

Le patrimoine royal s'appauvrit plus tard, parce que le souverain jugea néces-

le plus puissant des vassaux d'alors, réunit à la couronne fournit longtemps, à lui seul, le revenu ordinaire de l'État (1).

Cependant, les circonstances extraordinaires telles que guerres, fléaux, mariages princiers, etc., ne tardèrent pas à donner naissance, d'une manière intermittente, à l'impôt. Philippe-Auguste, par exemple, leva la *dîme saladine* (dixième des biens meubles et immeubles de tous ceux qui ne partaient pas pour la croisade) (2). Saint Louis réglementa la taille pour les quatre cas où elle peut être perçue. Avec Philippe le Bel, le revenu territorial cesse manifestement de suffire aux dépenses normales des services publics. Sous prétexte de besoins extraordinaires qui se renouvelaient incessamment, on voit se succéder les taxes sur les marchandises, sur le sel, la traite foraine, le feuage, le treizième des prix des vins. Les malheurs de la guerre de Cent ans, notamment la captivité et la rançon du roi Jean, ne justifièrent que trop la continuation de ces levées exceptionnelles. Enfin, en 1444, Charles VII institua les milices et, corrélativement, la taille perpétuelle.

---

saire de distribuer une partie de ses biens aux grands du royaume, en exigeant d'eux foi et hommage. Mais, au moment des premières croisades, alors que la noblesse, entraînée vers l'Orient, vendait à vil prix ses possessions pour s'équiper, la royauté trouva moyen de reconstituer son domaine à bon compte.

(1) C'est pour cela que nous voyons les comptes de recettes de l'époque arrêtés à la *Chandeleur*, à l'*Ascension* et à la *Toussaint*, termes habituels des fermages et redevances seigneuriales.

(2) Dès le règne de Philippe-Auguste, M. Ernest Legouvé met dans la bouche d'un personnage de ses drames les vers suivants :

LE JONGLEUR :

Mais cela va de soi ! C'est la loi de l'impôt !
L'impôt ressemble fort au chiendent ! Dans un pot,
En plein champ au soleil, au froid, à la rafale,
Il prospère partout... grandit partout... s'étale
En toute climature !... Un ennemi survient ?
L'impôt monte ! L'on part pour la croisade ?
Impôt... On en revient ! Impôt !... Le temps malade
Fait tout sécher ? Impôts ! Fait tout moisir ? Impôts !
Guerre ! inondation ! grand trouble ! grand repos !
Impôts ! Impôts ! Impôts ! Et le beau dans l'espèce
C'est qu'une fois monté, jamais l'impôt ne baisse ;
La *cessante causa* perd son droit en ce cas,
Et la cause cessant, l'effet ne cesse pas !
C'est comme une comète à lumière constante,
Ou ce qu'on nomme un arbre à feuille persistante !
Bourgeons l'été ! l'hiver ! bourgeons du haut en bas !
Les jeunes poussent, mais les vieux ne tombent pas !
Flot de sève incessante ! éternelle verdure !
Et cela dure ainsi depuis que l'État dure !
Nos ancêtres l'ont vu jadis, et nos enfants
Le reverront, je gage, encor dans cinq cents ans ! »

(*Les deux reines de France*, drame par Ernest Legouvé, 4e acte.)

2

Ces deux nécessités terribles, les armées permanentes et l'impôt, naquirent ainsi le même jour.

Pendant longtemps, néanmoins, les produits du domaine royal avaient seuls suffi à faire marcher la chose publique. L'impôt ne s'y adjoignit qu'à titre exceptionnel d'abord, puis permanent. Les phases de cette évolution sont très explicitement exposées dans les savants ouvrages de M. Vuitry (1).

Aujourd'hui, dans nos budgets, les situations réciproques du domaine et de l'impôt sont renversées. Celui-ci y occupe la place prédominante, tandis que le domaine, autrefois seul pourvoyeur des ressources royales, est relégué au second plan, à tel point que ses produits ne suffiraient plus à faire marcher la chose publique pendant quatre jours seulement (2).

(1) M. Ad. Vuitry a consacré à l'histoire des finances françaises une série d'*Etudes*, intitulées *Etudes sur le régime financier de la France avant 1789*, qui malheureusement n'ont pu être poursuivies que jusqu'en 1380. On y voit, dans les conditions les plus détaillées et les plus claires, comment, peu à peu, les produits du domaine devinrent insuffisants, comment l'impôt s'y ajouta à titre exceptionnel d'abord, puis à titre permanent. Dès Philippe le Bel, la permanence de l'impôt que Charles VII consacre officiellement demeure établie en fait. « Le fait capital, dit-il, qui caractérise la situation financière de cette « époque (1328-1380), c'est qu'il est de moins en moins possible de pourvoir « avec les seuls produits du domaine aux charges de la Couronne. L'impôt « devient indispensable comme ressource normale et permanente. » Mais jusqu'alors le domaine seul avait suffi, sauf les cas exceptionnels où *l'aide* pouvait être demandée et obtenue.

(2) Nous marchons, en effet, à raison de 8 à 9 millions par jour. Or, le domaine ne produit pas plus de 32 millions *nets*, sur un total de 3.350 millions de recettes budgétaires.

Dans d'autres pays, en Prusse notamment, la part du domaine est beaucoup plus considérable. Outre les chemins de fer, la Prusse possède des mines, des carrières, des forêts, des usines, des terres, des salines, etc.

Le produit brut de ses domaines s'élève à 1.510 millions de francs, sur un budget de 1.900 millions (il s'agit du budget de la Prusse seule, indépendamment de celui de l'Empire).

Est-ce un avantage aujourd'hui de posséder un domaine aussi important ? Le développement du domaine fiscal est-il conforme aux progrès de la civilisation ? Dès la fin du siècle dernier, Adam Smith expliquait très justement, à notre avis, que les produits budgétaires du domaine étaient non seulement devenus en général insuffisants, mais qu'ils constituaient encore presque toujours un mauvais placement. « Quoique le revenu que la Couronne tire de ses domaines fonciers, disait-il, ne paraisse rien coûter aux particuliers, c'est peut-être cependant en fait celui de tous ses revenus qui, à égalité de produits, coûte le plus « cher à la société. » (*Richesse des nations*.)

D'après Adam Smith, les revenus des domaines sont donc, à la fois, insuf-

Du reste, sans chercher dans le passé de lointains exemples, on peut encore en découvrir sous nos yeux. Ainsi, à Java, l'État hollandais, propriétaire du sol, fait cultiver pour son compte, au moyen d'une sorte de métayage, le sucre et le café spécialement, les bénéfices de cette exploitation lui permettant d'exempter à peu près complètement les indigènes d'impôts proprement dits.

Dans la principauté de Monaco, la ferme des jeux pourvoit à presque tous les besoins publics. Si la France, pour la protection de ses impôts indirects et de ses monopoles, n'avait pas obtenu, en vertu d'une convention du 9 novembre 1865, l'annexion du territoire de la principauté dans son réseau douanier, on pourrait dire qu'il n'existe à peu près aucun impôt à Monaco (1).

Héligoland, à l'embouchure de l'Elbe, tant qu'elle appartint à l'Angleterre vécut à l'abri de tout prélèvement fiscal. Les rares habitants de ce rocher s'administraient eux-mêmes, sans frais, oubliés de la métropole. Mais depuis que l'Allemagne, en 1890, y a installé ses canons et que l'empereur l'a solennellement visitée, l'île, sortie de son heureuse obscurité, possède l'honneur d'un budget et d'un système d'impôts d'État.

En résumé : 1° on peut concevoir les sociétés organisées sans impôts; 2° historiquement, l'impôt est le moyen employé par les gouvernements pour se procurer des ressources au delà des produits de leur domaine. Mais ces premières conclusions ne nous procurent pas encore la définition technique à laquelle nous voulons aboutir.

lisants et impropres. M. Paul Leroy-Beaulieu, tout en démontrant les grands avantages du domaine public mis à la disposition de tous dans les sociétés modernes, éprouve cependant au sujet du domaine fiscal de l'État les mêmes sentiments de défiance qu'Adam Smith. Lire son *Traité de la répartition des richesses*, ainsi que son *Traité de la science des finances*, et *l'État moderne et ses fonctions*.

(1) La principauté de Monaco ne connaît ni l'impôt foncier, ni les autres taxes directes. Quelques droits d'enregistrement et de mutation par décès y subsistent sous une forme très atténuée. Voir le Bulletin de statistique des finances, vol. XXII, p. 186.

§ 2. — *Définitions de l'impôt par divers auteurs.*

Pour définir l'impôt, l'embarras va consister dans le choix de la meilleure parmi les innombrables définitions mises en avant. Chaque financier, en effet, chaque économiste a voulu donner la sienne, au point qu'il s'est trouvé un auteur pour les collectionner toutes (1). Nous ne puiserons dans cette collection que quelques-unes des formules les plus célèbres.

Voici d'abord le *Dictionnaire de l'Académie française :* « Im- « pôt. Charge publique, droit imposé sur certaines choses. » L'A-cadémie, comme on le voit, ne se compromet pas. Elle se borne à définir les mots par les mots. Depuis qu'elle a eu le bon esprit d'introduire un financier dans son sein, on peut espérer mieux de sa prochaine édition.

Parmi les auteurs spéciaux, commençons par mettre à part un premier groupe.

Montesquieu dit que l'impôt est « une portion que chaque ci- « toyen donne de son bien pour avoir la sûreté de l'autre, ou pour « en jouir plus agréablement ». L'abbé Raynal le nomme « le « sacrifice d'une partie de sa propriété pour la défense de « l'autre ». Mirabeau, dans l'*Adresse aux Français* à propos de la contribution patriotique, s'exprime ainsi : « L'impôt n'est qu'une « avance pour obtenir la protection de l'ordre social. » L'assem-blée nationale, dans une de ses proclamations, nommait l'impôt : « La dette commune de tous les citoyens et le prix des avantages « que la société leur procure. »

D'après Voltaire : « Payer l'impôt, c'est mettre une partie de son « bien à entretenir l'autre. » Le marquis d'Audiffret qualifie l'im-pôt de « sacrifice demandé à la société pour la protection de son « existence, ainsi que pour le développement de sa puissance ». C'est, a dit M. du Puynode, « la part que chacun remet à la caisse « commune pour s'assurer la paisible jouissance de ses biens et le « respect de sa personne ».

Émile de Girardin aborde le même ordre d'idées plus hardiment :

(1) Charguéraud, *l'Economie politique et l'Impôt.*

« L'impôt est et ne doit être qu'une prime d'assurance payée par
« tous les membres d'une société appelée nation, à l'effet de s'as-
« surer la pleine jouissance de leurs droits, l'efficace protection de
« leurs intérêts et le libre exercice de leurs facultés. »

Enfin Proudhon n'hésite pas à déclarer explicitement que l'impôt est un échange. « L'impôt est un échange. De même que, pour
« certaines utilités, l'échange se fait de personne à personne, de
« même, pour certaines autres utilités, l'échange ne peut se faire
« que de particuliers à une personne collective qui a nom l'É-
« tat (1). »

Toute cette catégorie de définitions, sans en multiplier les extraits, revêt une idée commune et se trouve entachée d'un défaut
commun. D'après elles, en effet, l'impôt ne serait qu'une avance,
qu'une prime d'assurance, qu'un échange, représentant la contre-
partie de services rendus, ayant son équivalent exact dans les dépenses publiques.

Il y a là tout d'abord une faute au point de vue de l'art même de
la définition. Parler toujours de dépenses à propos de l'impôt, c'est
vouloir non pas le définir, mais le justifier; c'est passer par-dessus
l'objet qu'il s'agit de déterminer intrinsèquement, pour discuter sa
raison d'être; c'est ouvrir inconsidérément le champ à des disser-

---

(1) Proudhon, dans sa *Théorie de l'impôt*, débutait ainsi : « Commençons par
« désobstruer le chemin. Le moyen est de procéder à la façon des algébristes,
« par élimination. Qu'est-ce que l'impôt dans une société libre?
« L'impôt n'est pas un tribut — une redevance — un loyer — un honoraire
« — une offrande ou une oblation — une assurance.
« Revenons au sens commun : l'impôt est la quote-part à payer par chaque
« citoyen pour la dépense des services publics ! »
Voilà une définition de premier jet très correcte.
C'est en continuant que l'auteur arrive, par je ne sais quel chemin, à la
théorie de l'impôt-échange. Proudhon sait merveilleusement se retourner ainsi
et décourager ses amis d'un instant. L'impôt, dit-il bientôt, est une mise dont
chacun doit retirer une utilité proportionnelle. Chaque contribuable a droit à
un dividende proportionnel à sa contribution. Bref la définition débutant par
ces mots : *l'impôt est un échange* se substitue tout à coup à celle qui avait
d'abord réjoui l'esprit des lecteurs sages.
« L'idée de faire du gouvernement, ajoute-t-il, au point de vue de l'impôt,
« un simple échangiste, est encore assez neuve malgré nos soixante et dix ans
« de révolution ! » En 1860, il n'y avait encore, en effet, que 70 ans de révolution. Aujourd'hui il y en a plus de cent, et l'idée continue heureusement à demeurer très neuve.

tations à perte de vue sur le sujet des attributions légitimes de l'État (1).

En plus de ce vice de construction, les définitions ci-dessus sont inexactes dans leur principe même. L'impôt n'est ni un échange, ni une avance, ni une prime d'assurance, parce que l'équivalence entre les services rendus par l'État et les écus versés par les contribuables n'existe, pour ainsi dire, jamais. Ce n'est pas là ce qu'il faut chercher dans l'impôt; l'expérience suffit à le prouver.

Quels sont, en effet, les membres d'une société civilisée auxquels l'État prodigue la plus forte somme de services ? Ce sont les malades, les infirmes, les vieillards, que des hôpitaux recueillent, nourrissent, habillent et soignent ; ce sont les indigents que des bureaux de bienfaisance soutiennent ; ce sont les enfants assistés, dont la société entreprend l'éducation à ses frais, etc. En retour, que payent tous ces malheureux ? Rien, ou presque rien. Leur misère même, qui provoque les secours publics, les exempte d'impôts.

Voilà donc toute une catégorie de citoyens recevant de l'État presque l'existence même, et qui n'acquittent à peu près aucune taxe entre ses mains (1).

A d'autres degrés de l'échelle sociale, le même fait se reproduit, avec moins d'intensité : « Le cultivateur, dit Voltaire, demande « pourquoi on lui ôte la moitié de son bien pour payer des soldats. « On lui répond qu'outre les soldats il faut payer les arts et le « luxe; que rien n'est perdu; que, chez les Perses, on assignait à « la reine des villes et des villages pour payer sa ceinture, ses pan- « toufles et ses épingles. Il réplique qu'il ne sait pas l'histoire de « Perse, et qu'il est très fâché qu'on lui prenne la moitié de son « bien pour une ceinture, des épingles et des souliers; qu'il les « fournirait à bien meilleur marché... On lui fait entendre raison « en le mettant dans un cachot. S'il résiste, on le fait pendre, et « cela rend ses voisins infiniment plus accommodants. » *(Diction-*

(1) Remarquons, d'ailleurs, incidemment que tous les textes précédents s'attachent à rapetisser, autant que possible, le rôle de l'État en le circonscrivant exclusivement à la protection matérielle des propriétés et des citoyens. C'est qu'au regard de l'impôt personne n'ose aller plus loin. Le socialisme d'État, lorsqu'il se donne carrière pour étendre indéfiniment le cercle des dépenses publiques, a bien soin de paraître oublier que l'impôt doit y pourvoir, avec son cortège de souffrances et d'injustices forcées.

naire philosophique, v° *Impôt*.) Essayez donc de persuader à ce paysan que l'impôt n'est pour lui qu'un échange.

Quant au riche, il paye souvent plus, non pas qu'il ne doit, mais qu'il ne coûte à la société : sa protection exige proportionnellement peu de frais. Comme dit Proudhon :

« Est-ce que la vie et la liberté du riche coûtent plus à défendre « que celle du pauvre? Est-ce que l'ordre est plus menacé par le « bourgeois que par l'artisan et le compagon? Mais la police a « plus à faire avec quelques centaines d'ouvriers sans travail qu'a- « vec vingt-mille gros électeurs! Est-ce enfin que le gros rentier « jouit plus que le pauvre des fêtes nationales, de la propreté des « rues, de la beauté des monuments? Mais quand le riche veut se « réjouir, il fuit les mâts de cocagne!... »

Tout au plus pourrait-on dire qu'il y a échange collectif, que le total des impôts de tout le monde équivaut au total des dépenses publiques. Mais alors il faudrait encore admettre que les services rendus par l'État possèdent toujours une valeur égale à l'ensemble de ses perceptions, et que les gouvernements ont oublié l'art de prendre beaucoup pour rendre peu.

La définition dont nous avons besoin doit donc être demandée à un autre groupe d'auteurs, qui envisagent la question sous son véritable jour, en l'abordant beaucoup plus simplement.

M. Paul Leroy-Beaulieu, dans son *Traité de la science des finances*, écrit : « Si l'on veut une formule simple, on doit se con- « tenter de celle-ci : L'impôt est la contribution exigée de chaque « citoyen pour sa part dans les dépenses du gouvernement. » Voilà, en effet, une excellente formule que nous retenons pour l'utiliser bientôt.

Ricardo appelle l'impôt : « Cette portion du produit de la terre « et de l'industrie qu'on met à la disposition du gouvernement. »

D'après Rossi, « l'impôt est la demande annuelle que fait l'État « d'une portion de leur revenu à tous ceux qui sont censés en « avoir un ». Adam Smith, dans sa *Richesse des nations*, avait dit : « L'impôt est la contribution de tous les membres de la socié- « té, ou d'une partie de ses membres, aux dépenses du gouverne- « ment. »

Enfin, M. de Parieu, dans son *Traité des impôts* : « L'impôt
« est le prélèvement opéré par l'État sur les fortunes, ou sur le
« travail des citoyens, pour subvenir aux dépenses publiques. »

§ 3. — *Définition de l'impôt.*

Toutes ces définitions, douées d'un caractère commun de simplicité et de précision, éliminent, on le voit, les idées alambiquées
d'échange et d'assurance qui nous choquaient précédemment, et se
bornent à énoncer que l'impôt a pour objet de pourvoir aux dépenses publiques.

Cependant, avant de fixer notre choix, il semble encore nécessaire de revoir de plus près certaines expressions de quelques-unes
d'entre elles.

Ainsi, on ne saurait dire que l'impôt est une contribution, les deux
mots, impôt et contribution, ne pouvant se définir mutuellement(1).

Le mot « charge » semble devoir, autant que possible, être évité
comme représentant une idée de souffrance, de pénalité, dont, au
premier abord, l'impôt ne peut être gratifié.

En parlant de « quote-part » on supposerait à tort une réparti-

---

(1) Sous la Révolution, les mots impôt et contribution n'étaient pas considérés comme synonymes. On établissait, au contraire, entre eux de pompeuses
distinctions. « L'impôt, disait-on, est le terme chéri du despotisme ; tandis que
« celui de contribution appartient à une société libre. » La déclaration des
droits de l'homme répudia, en conséquence, d'une manière solennelle, le terme
d'impôt et lui substitua exclusivement celui de contribution.
Du Pont de Nemours bannit aussi le mot impôt et le remplace par celui de
revenu public.
« La plus salutaire des institutions sociales, dit-il, c'est le *revenu public* :
« car il faudra désormais bannir le mot d'*impôt* qui présente l'idée d'une
« autorité supérieure à la nation elle-même. » (Rapport de du Pont de Nemours
« sur les moyens de remplacer la gabelle, 14 août 1790.)
M. Denis, dans son ouvrage très suggestif sur l'*Impôt* (Bruxelles, 1889, 8°),
établit encore une différence entre le mot *impôt* et le mot *taxe*. Les taxes, à ses
yeux, sont la rémunération de services spéciaux rendus par l'État au public,
et payés exclusivement par ceux qui en profitent directement et individuellement. La distinction est, comme toujours, très ingénieusement commentée par
M. Denis. Mais, sans en contester le mérite, il semblerait préférable de substituer au titre de taxe, celui de *péage*, que l'auteur indique d'ailleurs lui-même.
On a si souvent besoin, dans le cours d'un exposé fiscal, d'employer le mot taxe
comme équivalent d'impôt, qu'il serait regrettable de s'en priver en lui attri-
buant arbitrairement un sens spécial.

tion strictement égale et universelle de l'impôt sur tous les membres de la société sans exception (1).

Le mot « citoyen » doit aussi être rayé, car l'impôt peut être prélevé sur les étrangers aussi bien que sur les indigènes. Les budgets de la plupart de nos colonies en fournissent l'exemple, et des projets actuels proposent de créer en France un impôt sur les étrangers.

Les termes « fortune, richesse, revenu » sont incomplets puisque l'impôt atteint souvent le travail et la personne de l'homme. On peut dire « facultés » plus exactement.

En ébranchant ainsi les formules citées en dernier lieu, on arrive à les refondre définitivement dans la suivante, sinon irréprochable, du moins aussi simple que possible :

« L'impôt est un prélèvement opéré sur les facultés individuel-« les des contribuables pour subvenir aux besoins des services « publics. »

Une fois la nature de l'impôt spécifiée, nous pouvons aborder l'étude de ses qualités.

---

(1) C'est la même raison qui nous fait éliminer le mot *cotisation*. Nous lui substituons le mot *prélèvement*, qui a l'avantage de n'engager aucune question.

CHAPITRE III

§ 1. — *Maximes d'Adam Smith.*

Les qualités essentielles de l'impôt ont été déterminées à la fin du siècle dernier par Adam Smith (1). En dépit des idées nouvelles et des auteurs nouveaux, les quatre maximes de cet ancêtre de l'économie politique demeurent et demeureront toujours prééminentes. Elles ne sont douées cependant d'aucune vertu extraordinaire; elles n'ont pas l'attrait d'une découverte. Au contraire, leur donnée paraît aussi primitive, aussi élémentaire que possible. « Le bon sens les a dictées, » dit très justement Proudhon, qui a le tort d'ajouter aussitôt : « On ne saurait y voir que les premiers « bégayements de la science. » Cette dernière réflexion est erronée. Car si les maximes d'Adam Smith n'ont, en effet, rien de quintessencié, elles possèdent, du moins, le mérite d'être indiscutables et universellement intelligibles (2). Elles constituent la *déclaration des droits des contribuables*, et sont devenues des axiomes.

Il appartient aux grands hommes de propager ainsi les idées simples, en leur donnant le sceau de leur autorité.

Les quatre maximes d'Adam Smith sont les suivantes :

1° Les sujets de chaque État doivent contribuer aux dépenses du

---

(1) *Recherches sur la nature et les causes de la richesse des nations.* Livre V, chapitre II, section 2.

(2) Adam Smith écrit lui-même : « La justice et l'utilité évidente des quatre « maximes précédentes ont fait que toutes les nations y ont eu plus ou moins « égard. Toutes les nations ont fait de leur mieux pour chercher à rendre leurs « impôts aussi également répartis, aussi certains, aussi commodes pour le « contribuable quant à l'époque et au mode de payement, et aussi peu lourds « pour le peuple, à proportion des revenus qu'ils rendaient au prince, qu'elles « ont pu l'imaginer. » (*Richesse des nations.*)

gouvernement autant que possible en raison de leurs facultés respectives, c'est-à-dire à proportion du revenu dont ils jouissent
respectivement sous la protection de l'État ;

2° La taxe imposée à chaque citoyen doit être certaineet non
arbitraire. Le temps, le mode, la quotité du payement, tout doit
être clair et net pour le contribuable ainsi que pour toute autre
personne ;

3° Toute contribution doit être levée à l'époque et suivant le
mode qui paraissent le plus convenables pour le contribuable ;

4° Toute contribution doit être établie de manière à retirer des
poches du peuple aussi peu que possible au delà de ce qu'elle fait
entrer dans le trésor de l'État.

§ 2. — *Première règle de justice: la justice ne consiste pas à
faire payer tout le monde; elle réside dans la proportionnalité.*

La première de ces maximes demande à l'impôt la qualité de
justice. Le mot, évidemment, a besoin de commentaires; car, à
lui seul, il réunirait trop aisément l'unanimité des suffrages.

En quoi consiste la justice dans l'impôt? Est-ce à faire payer
tout le monde? Si l'on considérait seulement les privilèges dont
les membres de la noblesse et du clergé jouissaient sous l'ancien
régime, on pourrait, sans hésitation, affirmer que la justice consiste bien à faire payer tout le monde, sans exception. Mais, à
l'autre extrémité sociale, apparaît une nouvelle classe de citoyens
que l'impôt ne saurait frapper sans injustice; ce sont les pauvres,
les déshérités; à leur égard, le fisc perd ses droits. La plupart des
États modernes, en conséquence, ont dégrevé, non seulement les
indigents, mais même les possesseurs de faibles revenus. Ainsi
agit l'*income-tax* en Angleterre, l'impôt sur le revenu en Prusse,
sur la richesse mobilière en Italie, etc.

Du moment que la justice ne réside pas dans l'idée aveugle de
faire payer tout le monde, sur quelle base la première maxime
d'Adam Smith la fait-elle reposer? Sur celle du revenu. On ne
demandera d'impôt qu'à ceux-là seuls qui possèdent un revenu,

et la part qui leur sera demandée devra toujours demeurer proportionnelle au montant dudit revenu. « Les sujets de chaque « gouvernement, dit Adam Smith, doivent contribuer aux dépenses « de l'État, autant que possible, à raison de leurs facultés. »

Là donc où n'existent ni revenus, ni facultés, l'impôt s'abstiendra de fonctionner. A l'égard des revenus et facultés de minime importance, son intensité restera minime aussi. Elle s'accroîtra, au contraire, à mesure que les facultés grandiront.

La justice, en un mot, réside dans la proportionnalité de l'impôt au revenu (1).

Cette première partie de la formule d'Adam Smith résout *a contrario* deux questions capitales : si l'impôt doit frapper le revenu il ne doit pas frapper le capital et si l'impôt doit être proportionnel il ne doit pas être progressif. Ces déductions complémentaires, trop importantes pour être abordées ici, trouveront leurs développements dans des chapitres spéciaux (2).

Adam Smith continue ainsi à propos de la même maxime : « La « dépense du gouvernement est, à l'égard des individus d'une même « nation, comme les frais de régie sont à l'égard des propriétaires « d'un grand domaine, qui sont obligés de contribuer à tous ces « frais à proportion de l'intérêt qu'ils ont respectivement dans ce « domaine. Observer cette maxime, ou s'en écarter, constitue ce « qu'on nomme *égalité* ou *inégalité* dans la répartition de l'im- « pôt (3). »

(1). « En matière d'impôt, dit Hippolyte Passy, il est un principe fondamental « dont on ne saurait s'écarter impunément, c'est le principe de la proportion- « nalité. Toute combinaison qui se propose d'appeler les individus à concourir « aux dépenses publiques dans une mesure autre que celle de la part même « dont ils jouissent dans le revenu général, ne peut produire que des résultats « à la fois injustes et pernicieux. »

(2) Voir chapitres V et XIV.

(3) Cette comparaison d'Adam Smith entre l'impôt et les frais communs des copropriétaires d'un grand domaine rappelle une comparaison analogue très vigoureusement mise en relief par M. Taine à propos des maisons communes d'Annecy et de Grenoble. Les grosses réparations, l'entretien du toit et des murs, tous les frais indispensables, en un mot, y sont obligatoires. Chacun en paye sa quote-part calculée d'après la valeur locative qui lui appartient. Au delà de ces frais obligatoires, M. Taine, continuant à s'appuyer sur sa comparaison, établit par des déductions saisissantes la limite des attributions de l'Etat et des pouvoirs locaux. (*Les Origines de la France contemporaine. Le régime moderne*, tome 1er, pages 358 et suiv.)

Le mot *égalité* qui termine cette citation sert à spécifier souvent, au lieu de celui de justice, la première maxime d'Adam Smith. C'est toujours, sans doute, la même idée : il ne s'agit pas plus que précédemment de l'égalité stricte et aveugle qui n'épargne personne. Cependant, le mot de justice semble, de toute façon, beaucoup mieux approprié. De même que la justice, en morale, commande de traiter chacun suivant ses mérites, de même, au point de vue fiscal, elle commande de traiter chacun suivant ses facultés.

§ 3. — Seconde règle de certitude : exclusion de tout arbitraire.

La seconde qualité recommandée par l'auteur de la *Richesse des nations* est la *certitude*. « Il faut que la taxe imposée à cha- « que contribuable soit certaine et non arbitraire. »

Chacun doit pouvoir exactement, d'avance, calculer le montant de sa cotisation, en prévoir le total et les échéances, arrêter ses dispositions en conséquence, sans jamais demeurer sous le coup d'une créance indéterminée, ni d'une surprise.

En outre, une fois les perceptions effectuées, chacun doit pouvoir reconnaître si la somme par lui payée était bien conforme à celle dont le texte de la loi autorise le recouvrement.

Donc, tarif clair, afin qu'il soit facile au contribuable, d'une part, de calculer par avance le montant des sommes à payer, d'autre part, de contrôler après coup l'exactitude des payements effectués.

Dès lors, pas d'arbitraire. L'arbitraire, en effet, constitue le plus insupportable défaut de la taxation. C'est l'arbitraire qui a stigmatisé les impôts directs de l'ancien régime et rendu le nom de la taille éternellement odieux. C'est contre l'arbitraire spécialement, que se sont élevées les récriminations des cahiers de 1789. C'est pour s'en délivrer que le système fiscal tout entier fut remanié par la Révolution.

« Un degré d'inégalité très considérable, ajoute Adam Smith, « d'après l'expérience de toutes les nations, n'est pas, à beaucoup « près, un aussi grand mal qu'un très petit degré d'incertitude. »

La seconde règle d'Adam Smith peut donc être caractérisée par ces mots : élimination de tout arbitraire dans la taxation.

§ 4. — *Troisième règle de commodité : procédés et époques de recouvrement.*

La troisième règle est celle de la commodité : « Toute contribu-« tion doit être levée à l'époque et suivant les formes qui paraissent « les plus commodes pour le contribuable. »

Cette maxime, bien qu'édictée exclusivement en faveur des contribuables, sert corrélativement, d'une manière si directe, les intérêts des gouvernements, que ceux-ci la mettent spontanément en pratique. Comme tout créancier, par intérêt personnel, ils étudient le moment opportun pour aborder leurs débiteurs. L'usurier est passé maître dans cet art. D'instinct, le fisc sait, suivant la comparaison de M. Taine, tondre son troupeau à l'époque où la laine est le plus abondante.

Ainsi, les contributions directes sont payables par petites portions mensuelles, au fur et à mesure que les contribuables réalisent les produits de leurs récoltes; les droits sur les donations, au moment où le donataire touche les libéralités faites à son profit; les droits sur les ventes, au moment où l'acquéreur débourse son prix; les droits sur les actes judiciaires et extrajudiciaires, au moment où le plaideur se met en frais ; les droits sur les boissons et autres denrées, après la vente faite; l'impôt sur les voitures publiques, en même temps que le prix des places, etc. Des crédits sont accordés aux négociants en gros qui désirent attendre l'époque des rentrées pour se libérer. Toujours et partout les administrations fiscales s'efforcent de satisfaire à la règle de commodité posée par Adam Smith.

Il semble donc superflu d'insister sur cette troisième maxime, puisque l'intérêt des contribuables se trouve ici sûrement sauvegardé par l'intérêt même du fisc.

§ 5. — Quatrième règle d'économie dans les frais de perception.

La quatrième règle prêche l'économie. Dans toute industrie, la réduction des frais d'exploitation constitue un progrès sans cesse recommandé, sans cesse poursuivi, par les entreprises bien ordonnées. Elle devient plus particulièrement nécessaire quand il s'agit d'impôts. Le public qui paye veut avec raison voir au moins son argent parvenir intact au Trésor. Il s'est toujours montré à cet égard d'une extrême sensibilité et n'a jamais toléré sans protestations l'excès des prélèvements indûment opérés par les agents de recouvrement. Les traitants, partisans, financiers, fermiers, accusés de retenir au passage une trop grosse part des deniers de l'État, ont, à diverses époques, cruellement expié leurs exactions. Le peuple s'est fait justice lui-même.

Lorsque Franklin décrivait ironiquement dans son libelle, *Règles pour faire d'un grand empire un petit*, les causes de la chute des gouvernements, il disait : « Afin de rendre les taxes « plus odieuses et mieux faites pour amener une résistance, assi- « gnez aux hommes chargés de la levée de l'impôt de larges sa- « laires. Qu'ils vivent dans un luxe insultant sur la sueur et le « sang d'un peuple laborieux; ce peuple, qu'ils le fatiguent sans « cesse, par des poursuites coûteuses... »

L'excès des frais de perception résulte de diverses causes. D'abord, de l'exagération du nombre ou des émoluments des agents chargés du recouvrement. Puis, des entraves qu'une assiette défectueuse des taxes peut apporter au développement de la richesse du pays. L'impôt maladroit coûte souvent au peuple le double, le triple de ce qu'il rapporte et va même jusqu'à anéantir les sources de la fortune nationale. Ainsi, au xviiᵉ siècle, l'*alcavala* en Espagne, droit de 10 p. 100 et de 15 p. 100 sur toutes les transactions commerciales, contribua, pour une grande part, à la décadence des manufactures du royaume (1).

(1) Voir à ce sujet une intéressante dissertation intitulée : « Des causes de la décadence de l'industrie et du commerce en Espagne, depuis le règne de Philippe II, » par Charles Weiss. Strasbourg, 1839, in-8.

En troisième lieu, les amendes, confiscations et autres peines infligées aux contrevenants risquent d'aggraver d'un poids très lourd le principal de l'impôt. Les taxes mal établies suscitent d'abord la tentation d'y contrevenir ; puis leur législation pénale s'appesantit sur ceux qui succombent à cette tentation. La gabelle, sous l'ancien régime, avec ses tarifs variant du simple au décuple de province à province, peuplait les prisons et les bagnes de délinquants de tout sexe et de tout âge.

Enfin, on doit compter comme frais de perception les gênes, les pertes de temps, dérangements, vexations qu'occasionne l'abus des formalités. Les visites réitérées des agents du fisc, leurs recensements et leurs recherches au domicile des contribuables, l'obligation de lever des expéditions, etc., constituent de véritables dépenses ; à tel point que l'Angleterre en chiffre aujourd'hui le montant, pour le restituer éventuellement à titre de drawback.

§ 6. — *Autres règles déduites de l'expérience contemporaine.*

Les quatre maximes d'Adam Smith, qui viennent d'être commentées, se résument, en définitive, dans les quatre mots essentiels suivants : justice, certitude, commodité, économie.

Il serait préférable peut-être de s'en tenir à ces principes, lesquels demeurent, en tous cas, primordiaux et classiques. Mais, depuis le commencement du siècle, des expériences ou des tentatives nouvelles ont soulevé des idées plus contingentes, plus actuelles, d'où se dégage une série nouvelle aussi de maximes ou plutôt de conseils, dont les développements peuvent servir utilement de préambule aux études sur les systèmes généraux d'impôts qui vont faire l'objet de ce livre.

Beaucoup de traités d'économie politique, par exemple, immédiatement après Adam Smith, citent Sismondi, qui recommande la modération, l'humanité, la prudence et l'habileté dans le choix et l'assiette des taxes, vertus plus modernes, plus appropriées aux circonstances que les précédentes.

Sismondi commence par déclarer que l'impôt doit porter sur le revenu et non pas sur le capital. Puis il assigne pour base à l'impôt le revenu net, et non pas le revenu brut. Il élimine, en troisième lieu, toutes les taxes qui atteignent la partie des revenus nécessaires à la vie. Enfin, il ne veut pas que l'impôt mette en fuite la richesse (1).

Ces vérités mériteraient, en effet, de figurer au frontispice de tous les traités d'impôts si elles étaient universellement reconnues. Mais comme malheureusement une telle unanimité n'existe pas en leur faveur, on n'a le droit de les y inscrire qu'après les avoir discutées et prouvées. Ce sont là non plus des axiomes, mais des conclusions. Nous les retrouverons donc à leur place, au cours des différents chapitres de cet ouvrage (2).

Quelques autres règles cependant, sans avoir l'autorité ni l'universalité de celles d'Adam Smith, semblent subsidiairement, en raison de leur caractère général et de leur évidence à peu près incontestable, pouvoir occuper un rang dans ce préambule. Nous nous bornerons, dans cet ordre d'idées, à citer et à développer les trois suivantes :

Les contacts trop fréquents et trop directs entre les employés du fisc et les contribuables doivent être évités ;

L'impôt gagne à être ancien ;

L'impôt doit demeurer exclusivement le pourvoyeur du Trésor.

(1) Voici le texte des quatre maximes de Sismondi, extraites de ses *Nouveaux principes d'économie politique*, tome II, livre 6, chapitre VIII :

1° Tout impôt doit porter sur le revenu et non sur le capital. Dans le premier cas, l'Etat ne dépense que ce que les particuliers devraient dépenser. Dans le second, il détruit ce qui devrait faire vivre et les particuliers et l'Etat;

2° Dans l'assiette de l'impôt, il ne faut pas confondre le produit brut annuel avec le revenu. Car le premier comprend, outre le second, tout le capital circulant; et ce dernier doit demeurer pour maintenir et renouveler tous les capitaux fixes;

3° L'impôt étant le prix que le citoyen paye pour ses jouissances, on ne saurait le demander à celui qui ne jouit de rien; il ne doit donc jamais atteindre la partie du revenu qui est nécessaire à la vie des contribuables;

4° L'impôt ne doit jamais mettre en fuite la richesse qu'il frappe; il doit donc être d'autant plus modéré que cette richesse est d'une nature plus fugitive. Il ne doit jamais atteindre la partie des revenus qui est nécessaire pour que ce revenu se conserve.

(2) La première maxime de Sismondi formera la conclusion des chapitres relatifs à l'impôt sur le revenu et à l'impôt sur le capital. La seconde, celle du chapitre consacré à l'impôt en nature. La troisième, celle de cet ouvrage tout entier. La quatrième sera développée à propos des impôts sur le luxe.

§ 7. — *Les contacts trop directs entre les employés du fisc et les contribuables doivent être évités.*

Les gouvernements s'efforcent en général spontanément d'éviter la trop grande fréquence et les atteintes trop directes des contacts dont il s'agit entre les contribuables et les agents du fisc. Ils comprennent, comme à l'égard de la seconde maxime de commodité formulée par Adam Smith, que, dans la circonstance, leur propre intérêt est en jeu autant que celui des contribuables. Aussi voit-on tous les pays dissimuler, avec le plus d'habileté et de réserve possible, l'intervention des collecteurs.

Une courte revue de la législation fiscale à cet égard peut paraître instructive.

Les rôles de l'impôt foncier en France sont établis, non pas par l'agent direct de l'État, mais par des délégués locaux des propriétaires, qui, sous le nom de répartiteurs, se trouvent seuls, à l'exclusion des autres contribuables, en rapport avec le contrôleur des contributions. La taxe saisit, d'ailleurs, les immeubles d'après leurs signes extérieurs seulement, constatés à ciel ouvert, sans inquisition, ni contrôle de livres ou d'écritures. Tant que l'impôt des portes et fenêtres a existé, les ouvertures n'ont pu être recensées que du dehors, quand elles donnaient sur les rues, cours et jardins; jamais il ne fut permis aux employés de pénétrer à l'intérieur des habitations. De même pour la contribution mobilière, les loyers sont estimés d'après les baux enregistrés et les valeurs locatives courantes. Les patentes s'établissent au vu des éléments les plus aisément appréciables de chaque commerce et de chaque industrie; en aucun cas, le négociant ne communique ses livres, ni ne divulgue le chiffre de ses affaires ou de ses bénéfices.

Dans les pays où fonctionne l'impôt sur le revenu, la législation fiscale a toujours soin, pour rassurer les esprits, de confier la confection des rôles primitifs non pas aux agents du pouvoir central, mais à des délégués locaux, ou des commissions de contribuables.

Les taxes de douane sur les cafés, thés, cacaos, pétrole, etc., sont payées à la frontière par les importateurs, sans que le public en

QUALITÉS DE L'IMPÔT 35

ait presque connaissance. De même pour les droits sur les bougies, les vinaigres, les matières d'or et d'argent, les cartes à jouer, le sel, le sucre, acquittés une fois pour toutes à la sortie des fabriques. De même encore les notaires, huissiers, avoués, greffiers, épargnent, la plupart du temps, au public la peine de présenter à la formalité les actes et contrats passibles de l'enregistrement. Les compagnies de chemins de fer et les entreprises de voitures publiques recouvrent personnellement sur les voyageurs l'impôt qui frappe les transports. Les banquiers retiennent, à leurs propres guichets, l'impôt des valeurs mobilières. En un mot, partout, autant qu'il le peut, le fisc masque sa main.

Lorsqu'il existe des exceptions, c'est à leur sujet que surgissent précisément les plus graves difficultés. L'octroi, par exemple, qui ne craint pas d'arrêter tous les voyageurs aux portes des villes, se voit exposé aux incessantes déclamations des réformateurs. L'exercice, que 400.000 débitants de boissons peuvent maudire en chœur, passe pour la plus impopulaire des formalités. La légion de deux millions et plus de récoltants de vins et de cidres existant en France a pu, depuis 1806, par la seule raison de son grand nombre, conquérir la franchise de sa consommation à domicile. Les bouilleurs de cru qui, dans les années d'abondance, composent une notable partie de la population rurale, sont parvenus, pour le même motif, à s'affranchir de l'exercice (1).

En 1841, comme nous le dirons plus loin, aussitôt que, sous prétexte de recensement, les contrôleurs voulurent franchir le seuil des domiciles particuliers, de graves émeutes les repoussèrent. Aussi, aujourd'hui, en France, un des plus puissants arguments invoqués contre la création d'un impôt sur le revenu réside-t-il dans la crainte d'une inquisition universelle.

Le besoin d'argent seul, en définitive, pousse certains États à braver les difficultés inévitables des contacts trop directs entre les représentants du fisc et le public. Les pays assez riches ou assez sages pour ne pas être obligés de rechercher à tout prix l'équilibre de leur budget évitent ce danger. La Belgique, par exemple, sait bien que le système de l'exercice, dans les fabriques de sucre

(1) Voir chapitre XIX.

et d'alcool, lui procurerait de plus gros revenus que son procédé
actuel de prise en charge par évaluation; cependant, tant qu'elle
le pourra, elle répudiera les formalités de l'exercice. De même, en
Angleterre, la vue des employés, sauf à la frontière et dans quelques grandes fabriques de spiritueux, se trouve à peu près complètement épargnée au public. « L'Anglais, dit John Stuart Mill,
« hait moins ce qu'il coûte à payer que l'acte même de payer. Il
« n'aime pas à voir la figure du percepteur et à être exposé à une
« demande formelle de sa part. » (*Principes d'économie politique.*)

Si la France, à force de sagesse et d'économie, pouvait un jour
se passer d'une partie des 400 millions que procure l'impôt sur les
boissons, nul n'hésiterait plus à supprimer les formalités à la
circulation et l'exercice chez les marchands en gros et les débitants.

§ 8. — *L'impôt gagne à être ancien.*

L'impôt, en second lieu, avons-nous dit, gagne à être ancien.
L'impôt nouveau, en effet, demeure forcément pendant de longues
années défectueux pour deux raisons.

D'abord, en dépit des progrès de l'art fiscal, les débuts d'une
organisation nouvelle sont toujours imparfaits.

Lorsque Pitt, en 1798, introduisit subitement l'*income-tax* dans
le système anglais, il ne sut pas, du premier coup, donner à cet
impôt la forme définitive que, plus tard seulement, en 1842, Robert Peel, profitant de l'expérience acquise à la suite de la série
des tentatives antérieures, lui attribua.

En France, après les événements de 1870-1871, les droits nouveaux établis sur les papiers, la chicorée, les allumettes, les bougies, les savons, la petite vitesse, etc., bien que ne représentant
qu'une part minime des 650 millions dont le budget avait alors besoin, suscitèrent tant d'embarras qu'au bout de peu d'années il
fallut les sacrifier presque tous. Aujourd'hui, les taxes sur les
savons, la chicorée, la petite vitesse, le papier ont cessé d'exister,

et, des diverses innovations de 1871, la taxe sur les bougies reste seule intacte.

De tels échecs incriminent-ils le génie organisateur de l'administration ? Nullement. Celle-ci ne pouvait faire mieux à l'égard d'industries qu'elle connaissait à peine au moment où sa main les saisissait pour la première fois. Le temps seul, si on eût voulu persévérer, lui aurait permis d'améliorer progressivement ses moyens d'action et d'arriver, peu à peu, à la perfection relative dans ses procédés de taxation.

En second lieu, la répercussion de l'incidence des taxes parvient à perfectionner d'une manière étonnante leur répartition, au bout d'un certain espace de temps.

Nous verrons, dans le chapitre spécial consacré à ce sujet (1), ce qu'est le phénomène de *la translation* de l'impôt, comment chacun, s'efforçant de rejeter sur son voisin le poids des taxes qui l'incommodent, finit par rendre le fardeau beaucoup moins sensible en le disséminant. Les frottements trop durs s'atténuent; les angles blessants s'arrondissent; les plaintes s'apaisent. L'habitude aidant, on supporte plus patiemment le mal qui peut encore subsister. « Quelques impôts, iniques au moment de leur établissement, dit « M. Paul Leroy-Beaulieu, ont fini par devenir presque équita- « bles au bout de longues années, parce que bien des personnes « lésées ont disparu, ou parce qu'elles ont trouvé, par quelque « moyen, tels que la hausse des salaires ou celle de l'intérêt, une « compensation. L'équilibre, cependant, est très long à se pro- « duire. »

Cette théorie, toutefois, ne peut être poussée jusqu'à l'absolu. D'abord, comme le dit M. de Parieu, il serait irrespectueux de comparer l'impôt à une paire de chaussures qui prend mieux le pied, qui cesse de blesser avec l'usage. Puis, l'impôt n'est pas forcément condamnable parce qu'il est nouveau, comme, inversement, il ne devient pas de plein droit respectable en raison de son grand âge. Dans certaines situations, d'ailleurs, en face de nécessités pressantes, il faut se résoudre, quand même, à innover. Mais ces situations et ces nécessités sont rares, elles sont extrêmes;

(1) Le chapitre XX, consacré à *l'incidence de l'impôt*, traite le sujet en détail.

l'Angleterre en a subi de telles à la fin du xviiie siècle, la France après 1870-1871. Encore, à ces deux époques, ne s'est-il agi que de créer des suppléments de ressources, en respectant l'ensemble du système existant.

Aujourd'hui, au contraire, certains projets réformateurs voudraient, non seulement expérimenter une série de taxes nouvelles, mais supprimer corrélativement toute une catégorie de taxes anciennes en pleine vigueur. L'effet de cette double épreuve ne se ferait pas attendre et la ruine de nos finances démontrerait promptement pourquoi la science fiscale condamne avec raison ces transformations radicales, et attribue à l'ancienneté de l'impôt une vertu primordiale.

§ 9. — *L'impôt ne doit être ni stimulant, ni moralisateur, ni protecteur; il doit être exclusivement le pourvoyeur du Trésor.*

Enfin, en dernier lieu, le seul rôle de l'impôt consiste à procurer les revenus nécessaires aux besoins de l'État. L'impôt doit être exclusivement le pourvoyeur du Trésor.

Ce point, incontestable au premier abord, bien tel en réalité, rencontre cependant dans la pratique de nombreux contradicteurs, parmi les partisans de l'impôt *stimulant*, de l'impôt *moralisateur* et surtout de l'impôt *protecteur*. Il importe de réfuter chacune de ces théories condamnables.

La nécessité seule, d'après certains auteurs, contraint l'homme à travailler. Dès lors, en augmentant l'intensité de cette nécessité, l'intensité du travail national se développe d'autant. Voyez, dit David Hume, Tyr, Sidon, Carthage, Venise, Athènes, Rhodes, Gênes, la Hollande, etc. ! L'insalubrité ou l'exiguïté de leur territoire a forcé les habitants de ces pays à se répandre au dehors, à conquérir au loin leurs moyens d'existence. De là découle la source de leur puissance. « Dans les années de disette, « les pauvres travaillent davantage et vivent mieux que dans les

« années d'abondance, où ils s'adonnent à la paresse et à la débau-
« che (1). » L'impôt crée donc un obstacle, et l'effort nécessaire
pour franchir cet obstacle développe les forces de la nation. Tel
est le paradoxe. Il suffit, croyons-nous, de le qualifier sans s'at-
tarder à le réfuter. Car, en dehors des comparaisons tirées de
l'art de la gymnastique, ou de l'entraînement des steeple-chases,
on reconnaît immédiatement que l'industrie ne saurait être stimu-
lée par un procédé qui consiste précisément à lui enlever une partie de ses moyens d'action (2). Du reste, David Hume s'empresse
d'ajouter, quelques lignes plus bas, que « les taxes, lorsqu'elles
« sont poussées trop loin, détruisent l'industrie et font naître le
« désespoir ». (*Discours politiques*, VII, *Des taxes*.)

D'autre part, on entend encore répéter que l'impôt est le meilleur
des placements, que l'État sait mieux que les particuliers faire emploi de leur propre fortune, qu'il donne, de gré ou de force, à leurs
écus une plus noble destination que ne le ferait leur égoïsme ou
leur sensualité.

Ainsi Renan, dans son livre sur *l'Avenir de la science*, pas-
sionné pour la diffusion de l'instruction, sans se douter peut-être
qu'il commettait une hérésie fiscale, écrit les curieuses lignes suivantes : « Les charges qu'on impose au contribuable pour les fins
« spiritualistes sont au fond un service qu'on lui rend. Il bénéficie
« d'un emploi de ses écus qu'il n'était pas assez éclairé pour vou-
« loir directement. On fournit ainsi au contribuable, souvent ma-
« térialiste endurci, l'occasion rare en sa vie de faire un acte idéa-
« liste... Le jour où il paye sa contribution est le meilleur de sa vie.
« Cela expie son égoïsme et sanctifie son bien souvent mal acquis
« et dont il fait mauvais usage. En général, l'impôt est la partie

(1) « Les exacteurs de l'ancien gouvernement de France avaient coutume de
« dire : *Il faut que le paysan soit pauvre, pour qu'il ne soit pas paresseux.* »
(J.-B. Say, *Cours d'économie politique*.)
  Dans le même ordre d'idées, un membre des Etats généraux tenus sous Charles VIII, en 1484, disait : « Je connais les mœurs des vilains. Si on ne les com-
« prime pas en les surchargeant, bientôt ils deviennent insolents. Si donc vous
« ôtez entièrement les tailles, il est sûr que tout de suite ils se montreront re-
« belles et insupportables... Pour moi, je juge que cette contribution est la
« plus forte chaîne qui puisse servir à les contenir. »
  (2) « Singulière façon de stimuler l'industrie, dit Rossi, que de lui enlever une
« partie de ses moyens ! » (*Cours d'économie politique.*)

« la mieux employée de la fortune laïque et elle sanctifie le reste...
« L'impôt employé à ces fins civilisatrices est de la sorte, par sa
« signification suprasensible, ce qui légitime la fortune des paysans
« et des bourgeois. C'en est, en tout cas, la partie la mieux em-
« ployée. De profane qu'elle est, la richesse devient ainsi quelque
« chose de sacré. L'impôt est de notre temps ce qu'était, dans les
« anciens usages, la part que chacun faisait *pour sa pauvre âme*
« à l'église et aux œuvres pies. Il faut, pour le bien même du
« contribuable, tâcher de faire cette part aussi grasse que possible,
« mais sans donner au contribuable les vraies raisons qu'il ne
« comprendrait pas. » (*L'Avenir de la science*, page 511.)

On voudrait pouvoir admirer sans réserve la forme séduisante
de ce paradoxe. Mais comment entendre dire patiemment que les
particuliers peuvent jamais avoir intérêt à se laisser confisquer
leur fortune par l'État, fût-ce pour la sanctifier. D'ailleurs, cette
sanctification même cesserait d'être méritoire pour le malheureux
contribuable spolié, du moment que l'abandon n'est pas spontané
de sa part.

Souvent, d'ailleurs, ledit paradoxe, sans aller jusqu'à qualifier
l'impôt de stimulant, se borne à le déclarer inoffensif. L'argent
pris dans la poche de l'un, dit-on, va dans la poche de l'autre; le
fournisseur gagne exactement ce que le contribuable perd : l'équilibre persiste donc dans la société, rien n'y est modifié du fait de
l'impôt.

Il semble facile d'indiquer, en quelques mots, la réfutation que
comporte cette forme plus atténuée du même sophisme.

Le fournisseur qui reçoit en payement une part de l'impôt ne
reçoit pas un don gratuit; il ne fait que toucher le prix de ses services. Il a donné son temps, sa peine, les objets de son commerce
et de son industrie; en retour, le budget lui compte une somme
d'argent; les deux valeurs se balancent : c'est une vente, un échange,
une opération complète, en un mot, définitivement soldée par elle-
même. Que reste-t-il, d'un autre côté? L'impôt payé par le contribuable, lequel demeure alors une dépense sans contre-partie, si
son produit n'est pas employé à quelque travail utile. Le travail

utile effectué par l'État, tel est, en définitive, le seul équivalent de l'impôt. A son défaut, celui-ci n'a plus ni justification, ni contre-valeur; il se résout en une perte sèche.

J.-B. Say écrivait très justement : « Quand le sacrifice du con - « tribuable n'est pas compensé par l'avantage qu'il en retire, il y « a iniquité. » Ce qui peut se résumer par cette formule : l'impôt n'a d'autre utilité que celle de son emploi.

Les impôts sur le luxe, ou plutôt *contre* le luxe, suivant la ju-dicieuse distinction de Baudrillart, sont des impôts moralisateurs. Les impôts sur les objets antihygiéniques, dangereux, corrupteurs, sont des impôts moralisateurs. L'impôt moralise en restreignant les consommations nuisibles. Dans cet ordre d'idées, un auteur du XVIIIᵉ siècle prétendit régénérer la société par l'impôt : armé de la verge du fisc, Montyon s'attacha à distinguer les actes cou-pables des actes vertueux; il voulut prévenir ou réprimer les pre-miers en les frappant durement, et encourager les seconds en les épargnant. « La finance dit : Si tu ne fais pas de ta richesse un « usage sensé et moral, la taxation pourvoira au devoir de l'hu-« manité, auquel il n'aura pas été satisfait. » Dès lors, Montyon préconise les droits contre les dépenses futiles, contre les domesti-ques mâles enlevés à l'agriculture, contre les professions malsai-nes, contre la chasse qui détruit les récoltes, etc. Il accable de sur-taxes les égoïstes célibataires; d'autre part, il favorise les maria-ges par des détaxes et la fécondité dans le mariage par des primes proportionnelles au nombre des enfants : « Sous quel auguste as-« pect se montre la finance, quand elle paraît sous ces grands et « nobles rapports! Comme elle s'élève au-dessus de cette indus-« trie fiscale qui se borne à faire entrer quelques sommes de plus « dans le trésor public! » (*Quelle influence ont les diverses espèces d'impôts sur la moralité, l'activité et l'industrie des peuples ?* par Montyon, 1808, in-8.)

La théorie, ainsi poussée à l'extrême, devient facile à réfuter. D'abord, qui pourrait se charger de classifier, au gré général, les actes de la vie sociale, de manière à ranger d'un côté ceux qui doi-vent être encouragés et de l'autre ceux qu'il faut proscrire. L'État moins que tout autre serait capable d'établir officiellement une aussi délicate répartition (1).

Quand même, d'ailleurs, on parviendrait à s'entendre pour aménager l'impôt conformément aux bonnes intentions de l'auteur, ne voit-on pas que le résultat idéal du système serait l'improductivité complète. Les tarifs excessifs auraient supprimé toutes les consommations condamnables, tandis que les dégrèvements aboutiraient à propager les consommations méritoires au point d'exempter tout le monde. De cette façon, le budget pâtirait d'autant plus que l'impôt moralisateur poursuivrait plus victorieusement sa mission. Comme le budget ne vit ni de théories sentimentales, ni d'expériences psychologiques, le triomphe de la vertu auquel il concourrait ne saurait le consoler de sa pénurie. Montyon, évidemment, se montra mieux inspiré lorsqu'il entreprit de moraliser ses concitoyens, non plus avec l'argent des contribuables, mais avec ses propres libéralités, intelligemment distribuées.

Cependant, quand l'impôt moralisateur, au lieu de se présenter sous la forme d'un système général, se cantonne à certains cas bien déterminés, il ne mérite plus à priori la même réprobation. Chaque espèce particulière doit alors être envisagée dans sa teneur spéciale. S'agit-il, par exemple, de créer des impôts nouveaux, les pouvoirs publics feront bien, à mérite égal, de donner la préférence à ceux que l'hygiène et la morale leur auront recommandés. Si les sociétés de tempérance réclament l'augmentation des droits sur l'alcool afin de restreindre les progrès de la consommation de ce funeste breuvage, le fisc ne peut que s'associer à leurs salutaires intentions. Mais il doit le faire quand même avec beaucoup de réserve, sans jamais se croire autorisé à sacrifier ses intérêts, qui sont ceux des contribuables. Il se refuserait donc justement à toute élévation excessive de tarifs lorsque, dépassant le point susceptible de procurer le rendement maximum, celle-ci

(1) Ainsi Montyon approuve et détaxe la gymnastique, la paume, la danse qui rapproche agréablement les sexes. Il proscrit et surtaxe, au contraire, les domestiques, la livrée, la chasse, les chiens qui dévorent la nourriture de l'homme, les spectacles auxquels il préfère le spectacle de la nature, etc. Évidemment, les avis seraient très partagés s'il s'agissait de voter sur cette nomenclature.

risquerait d'appauvrir le budget. En un mot, comme précédemment, les intérêts du Trésor doivent toujours prédominer.

L'économie politique ne fait pas si aisément justice de la théorie prônée par la coalition des intérêts particuliers et désignée sous le nom d'impôt protecteur, qui triomphe aujourd'hui, et prétend détourner les taxes de leur unique destination légitime, pour en faire un instrument de protection au profit de quelques-uns. C'est ainsi qu'on voit un réseau de douanes autour des frontières des différents États, à l'exception peut-être unique de l'Angleterre, s'opposer à l'introduction des marchandises étrangères. En dépit des efforts inverses de la civilisation pour abaisser les barrières, ce réseau de douanes s'attache de toutes ses forces à entraver le développement des relations industrielles et commerciales entre les peuples.

Vainement les objets les plus essentiels demandent-ils à pénétrer: ils ne le peuvent qu'à la condition de payer une taxe de protection, dont l'effet immédiat est de surélever d'autant le prix des produits similaires à l'intérieur. De sorte que les tarifs de douane retombent sur le consommateur, non pas en proportion des produits étrangers qui pénètrent, mais dans la proportion infiniment plus étendue de la répercussion des tarifs à l'intérieur. Il devient, dès lors, presque impossible de chiffrer la surcharge qu'ils imposent au pays, surcharge dont certains producteurs privilégiés profitent exclusivement, au détriment du public et du Trésor.

Le protectionnisme, du reste, ne se cantonne plus aux frontières. Il envahit le domaine de l'impôt et plusieurs taxes modernes, notamment celles qui sont établies sur le sucre et l'alcool, tendent, dans différents pays, par d'habiles combinaisons, a enrichir non seulement le fisc, mais aussi l'industriel qui fabrique ces produits.

Le cours de ce livre nous ramènera spontanément à ce sujet de la protection.

L'impôt, en résumé, ne se justifie que par sa nécessité budgétaire. Là réside sa seule raison d'être, sa seule excuse. Le droit de puiser dans nos poches, de prélever, chaque année, une part de nos revenus et de nos facultés individuelles est un droit exorbitant, par conséquent, strictement limité. Il ne saurait, sans devenir un monstrueux abus, être détourné de sa seule destination légitime, celle de pourvoir aux dépenses publiques.

PREMIÈRE PARTIE

SYSTÈMES UTOPIQUES D'IMPOTS

———

A la lumière des principes posés dans les chapitres précédents, nous allons maintenant chercher à résoudre les problèmes que soulève l'étude des divers systèmes généraux d'impôts.

Notre programme consistera simplement à prendre chacun de ces systèmes l'un après l'autre dans l'ordre suivant :

D'abord les systèmes les plus idéaux, si l'on peut ainsi parler, c'est-à-dire ceux qui semblent davantage s'écarter d'une application pratique, d'une réalisation possible.

Puis, les idées se précisant, nous entreprendrons l'analyse et la discussion des principaux systèmes à l'ordre du jour réalisés ou réalisables.

Enfin, aboutissant à la dissection des budgets actuels, nous distinguerons leurs grandes divisions intérieures, pour arriver à découvrir quels sont, dans leur sein, les progrès les plus utiles et les plus urgents à réaliser.

Les systèmes de la première série, c'est-à-dire ceux qui s'offrent à nous sous l'aspect utopique, dépourvus de possibilité de réalisation, prochaine tout au moins, vont être examinés successivement dans l'ordre suivant :

Impôt unique, Impôt sur le capital, Capitation, Impôt en nature, Impôts sur le luxe, Impôts socialistes.

CHAPITRE IV

L'IMPOT UNIQUE

§ 1. — *Séductions de l'unité.*

L'idée de l'impôt unique ne pouvait manquer de surgir dans l'esprit de quelque réformateur avide de succès facile. Rien ne séduit, en effet, plus aisément le public que la perspective de l'unité. En toute matière on peut en faire l'expérience : il suffit de répéter bien haut le mot « unité » pour ameuter autour de soi la sympathie d'une foule de badauds. Quel triomphe remporterait à coup sûr, dans une réunion publique, l'orateur qui parlerait ainsi : « Pour les peuples civilisés, l'unité de force existe déjà, « puisque tous admettent que la force du cheval-vapeur est capa- « ble de transporter un poids de 75 kilogrammes à un mètre en « une seconde. Partout aussi s'étend l'unité de rails. Pour passer « à l'état de fait accompli, l'unité de mesure et l'unité de monnaie « n'ont plus qu'un faible et dernier effort à faire. L'unité d'impôt « sera le couronnement du grand édifice élevé à la Paix et à la « Liberté ! Tout se simplifie. Le nœud serré de cet écheveau em- « brouillé qui se nomme la fiscalité se dénoue de lui-même........ « Unité ! Unité ! c'est vers ce but que marchent tous les peuples ! « L'unité qui mesure et marque les heures au même cadran à « Londres et à Constantinople, à Rome et à Moscou, à Vienne et « à New-York, à Paris et à Canton, ne s'arrêtera, dans sa course « triomphante, qu'après avoir tout assujetti à sa loi et réformé la « barbarie des impôts (1). »

Des applaudissements unanimes ne pourraient manquer d'ac-

---

(1) Ces passages sont extraits textuellement de l'ouvrage d'Emile de Girardin,

cueillir un tel préambule. Que serait-ce si, arrivant à la seconde nature d'arguments invoqués par les partisans de l'unité, l'habile discoureur décrivait l'imperfection irrémédiable des impôts multiples existant aujourd'hui. On a bientôt fait, en prenant chaque taxe l'une après l'autre, de prouver que toutes sont également injustes, odieuses, vexatoires, spoliatrices, intolérables, en un mot.

Pour assaisonner sa démonstration d'un cliquetis de mots à effet, Emile de Girardin mettait en parallèle l'impôt *inique* et l'impôt *unique*. L'impôt inique, c'était l'impôt actuel, avec ses formes diverses, toutes condamnables, que devait remplacer un jour le bienheureux impôt unique.

Les novateurs contemporains continuent l'emploi de ce procédé, d'une main moins légère : « La répartition des impôts est-elle « juste? disent-ils; assurément non. La répartition par capitation « est inique parce qu'elle frappe du même droit le riche et le pau- « vre. La répartition des impôts fonciers est-elle équitable ! Non, « parce qu'elle est inégale dans tous les départements, même « pour les terres classées à qualités égales, etc. » — « Notre « budget n'est-il pas un anachronisme ? C'est une indigne rail- « lerie de conserver les institutions les plus anti-démocratiques des « régimes qui ont été détruits... Le budget que nous votons main- « tient l'inégalité entre les contribuables... »

Les attaques contre la multiplicité des impôts existants, quel que soit leur style, n'en réussissent pas moins encore à capter les faveurs de l'auditoire vulgaire. Et lorsqu'à la suite d'une revue détaillée, bien poussée au noir, après une hécatombe en règle de tous les articles actuels du budget des recettes, se dresse, du sein de ces ruines, la figure simple et majestueuse d'un impôt unique doté de toutes les vertus dont ses prédécesseurs étaient dépourvus, l'enthousiasme ne connaît plus de bornes.

intitulé *Questions de mon temps; questions financières*, 1858, lequel ouvrage, lui-même, est composé d'articles publiés précédemment par l'auteur dans les divers journaux qu'il avait fondés. Ce ne sont donc là, en somme, que des articles à sensation de feuilles à bon marché, dont les lecteurs naïfs du milieu de ce siècle dévoraient la prose avec enthousiasme. La combinaison commerciale consistait précisément à recueillir le plus grand nombre possible de lecteurs de cette sorte, afin que la quantité des abonnés compensât l'abaissement des prix.

Telles sont donc les deux bases de l'argumentation des partisans de l'impôt unique. D'une part, le goût naturel du public
pour l'unité; de l'autre, l'antipathie que suscitent les imperfections forcées des impôts existants.

§ 2. — *Opinions invoquées en faveur de l'unité. Vauban.*
Les Physiocrates.

On prétend encore s'appuyer sur l'autorité de maîtres en économie politique, tels que Vauban et les Physiocrates, considérés
comme les illustres promoteurs de l'idée de l'impôt unique.

Vauban, sans doute, auteur de *la Dîme royale*, manifesta une
prédilection particulière en faveur de sa création. Ainsi, il débute en disant que la dîme doit « produire un revenu considé-
« rable, suffisant pour tous les besoins de l'État,... qu'elle
« pourra donner lieu à la suppression de la Taille, des Douanes
« provinciales, des Aides, des Décimes du clergé et de toutes les
« impositions onéreuses à la charge des peuples (1) ». Mais il
ajoute immédiatement : « A la réserve de la Gabelle, réduite à la
« moitié ou aux deux tiers, des Douanes, qu'il faudra reléguer à la
« frontière et beaucoup diminuer, du vieux Domaine de nos rois,
« et de tous revenus fixes et de raison. »

Ces exceptions détruisent complètement l'idée de l'unité de
l'impôt, puisque le sel est conservé pour 23.400.000 l. et les domaines et revenus fixes pour 18.000.000 l. En tout 41.000.000 l.
de recettes en dehors de la Dîme. Il suffit, du reste, de pénétrer
dans les détails du plan pour reconnaître que, sur les quatre fonds
créés, deux seulement représentent la Dîme proprement dite, les
deux autres se composant d'une collection de taxes diverses.

En somme, Vauban ne préconise nulle part l'impôt unique d'une
manière explicite. Dans aucun passage il ne s'en déclare partisan.
Ce qu'il recherche, c'est la suppression des privilèges, c'est l'éga-

---

(1) Vauban dit encore : « Il ne faut pas toutefois mêler l'impôt sur le revenu
« avec d'autres impositions, parce qu'il est censé avoir perçu tout ce qu'il était
« possible de percevoir. Autrement, ce serait s'exposer à tirer d'un sac plusieurs
« moutures. » De telles phrases considérées isolément ont pu donner le change.
Mais si, au lieu de les considérer isolément, on lit l'ouvrage dans son entier, il est facile de reconnaître le véritable sentiment de l'auteur.

lité des charges. Là réside la pensée dominante de son œuvre, à laquelle il s'attache avec une passion exclusive qui lui a mérité sa gloire persistante.

Les Physiocrates seront plus difficilement disculpés d'une propension manifeste en faveur de l'impôt unique. Pour eux, la terre étant la source unique de toute richesse, l'impôt y trouve corrélativement son assiette unique. « La terre, disent-ils, est la source « unique de toutes les richesses : le travail de la culture est seul « productif. Il n'y a donc d'impôt régulier que celui qui est assis « directement sur le produit net de la culture et exigé du proprié- « taire. Tout autre impôt est irrégulier, car il est hors de sa base « naturelle. » (*De l'administration provinciale et de la ré- « forme de l'impôt*, par Le Trosne).

Tout au plus pourrait-on objecter que les Physiocrates n'ont jamais cherché à mettre leur théorie en application (1). Turgot, en effet, dans son court ministère de 18 mois, n'eut pas le temps de songer à impatroniser l'impôt unique. Quant à La Rochefoucauld, rapporteur à l'assemblée constituante des nouveaux projets fiscaux, il s'excuse ainsi d'être obligé de proposer des impôts multiples : « Nous n'examinerons pas ici la question de l'unité de « l'impôt. Son application, possible peut-être dans un pays neuf, « serait impraticable dans un pays livré longtemps à une ad- « ministration arbitraire et variable. » (Rapport du 18 août 1790.)

Cependant, si l'on ne peut contester la tendance explicite des Physiocrates en faveur de l'impôt unique (2), au moins doit-on rap-

---

(1) On peut remarquer même que dans leurs écrits, lorsque, passant de la théorie à la pratique, les Physiocrates tracent des plans généraux de gouvernement et d'imposition, ils n'hésitent pas à utiliser le plus grand nombre des impôts existants en addition à l'impôt sur la terre. Voir spécialement l'ouvrage même de Le Trosne que nous venons de citer et l'ouvrage de Condorcet sur les assemblées provinciales.

(2) L'impôt unique et la Physiocratie sont si bien associés que Bonaparte recevant l'abbé Morellet, ancien adepte de l'école, lui adressa à brûle-pourpoint, cette boutade : « Oh ! vous êtes économiste ! Alors vous êtes partisan de l'impôt « unique ? »

Morellet raconte ainsi l'incident dans ses *Mémoires* : « Nous nous rendîmes « au palais vers les dix heures et nous trouvâmes le consul jouant un *wisk* « dont M⁽ᵐᵉ⁾ Bonaparte était... Son jeu fini, il vint à moi tout droit et me « dit brusquement : vous êtes le secrétaire de l'Académie... Vous êtes écono- « miste, n'est-ce pas ?.... Vous voulez l'impôt unique, n'est-ce pas ?—Il est vrai

peler que, dans la circonstance, leur opinion dériva directement
et exclusivement de l'erreur fondamentale qui entachait leur doctrine. Dès lors, les suivre sur ce terrain serait s'attacher malencontreusement à leurs déductions condamnées sur la prédominance
exclusive des produits de la terre, ce serait s'approprier la seule
aberration peut-être de ces maîtres de la science au XVIIIᵉ siècle.

La liste des partisans de l'impôt unique, à mesure qu'on la discute, se réduit donc singulièrement. Elle ne contiendra bientôt
plus que les noms des quelques promoteurs modernes de taxes spéciales dont nous parlerons au chapitre suivant (1).

Recherchons, d'ailleurs, les objections intrinsèques que soulève
le système.

§ 3. — *Objections contre l'impôt unique. Exagération forcée de ses imperfections et de ses tarifs.*

La première de ces objections consiste dans l'exagération d'injustices et de souffrances qu'accumulerait dans son sein un impôt
unique. Sans doute, chacun des impôts multiples existant aujourd'hui
contient, comme nous l'avons dit beaucoup d'imperfections. Mais
ces imperfections sont disséminées, réparties entre un grand nombre de personnes et d'objets divers, aussi réduites que possible,
par conséquent, dans leurs manifestations individuelles, se com-
pensant, d'ailleurs, l'une l'autre dans une certaine mesure. Que serait-ce si toutes venaient se concentrer et s'exagérer dans un seul
impôt ? Elles y atteindraient évidemment des proportions intolérables. Comme le dit très bien Proudhon, dans sa *Théorie de l'impôt* : « Tous les impôts, tous sans exception, sont entachés d'iniquité,
« aboutissent à l'iniquité. Qui ne voit donc qu'un système unique,
« dans lequel se concentrerait, par le fait de l'exclusion de tous les
« autres, la somme des iniquités fiscales, serait un impôt d'une
« iniquité prodigieuse, d'une iniquité idéale, puisqu'il aurait pour

« que je crois qu'on pourrait le demander aux seuls propriétaires, s'il était
« modéré, mais lorsqu'il est excessif, on est obligé de le dissimuler et, pour
« cela, de le prendre sous toutes sortes de formes, et de le tirer d'où l'on peut.
« — Les assistants sourirent à ma réponse. »
(1) Voir chapitre V.

« effet de mettre plus violemment en relief l'anomalie commune à
« chaque espèce d'impôt, anomalie qui se sent et se voit d'autant
« moins qu'elle s'éparpille davantage ? »

D'un autre côté, le tarif de cet impôt unique, chargé de pourvoir
à lui seul, aux immenses besoins des budgets actuels, devrait
atteindre un taux exorbitant. Or, les tarifs des meilleurs impôts ne
sont pas indéfiniment extensibles : bien au contraire ! Dès qu'ils
dépassent la mesure de la modération, le développement des évasions, des inégalités, des réclamations et des fraudes se charge de
leur indiquer très clairement, aux dépens des produits, qu'ils ont
été trop loin. Depuis longtemps, les droits sur l'alcool auraient été
rehaussés en France si le privilège des bouilleurs de cru, la difficulté de surveiller les petites distilleries, les infiltrations dans les
campagnes, n'inquiétaient très justement les réformateurs.

En Angleterre, l'*income-tax*, bien que théoriquement irréprochable, puisqu'il atteint tous les revenus proportionnellement,
conserve toujours cependant un tarif très modéré. En 1888, le
Chancelier de l'Échiquier préféra recourir à toutes sortes de remaniements fiscaux plutôt que d'augmenter son taux, qu'il réduisit
même, malgré les besoins du Trésor, de 2.90 p. 100 à 2.50 p. 100
(de 7 à 6 pences).

Au moment de la guerre de Crimée, en 1855-1856, le tarif de l'*income-tax* atteignit son niveau le plus élevé, 6.66 p. 100 (1 shel-
ling 4 pences). Jamais il n'a semblé possible d'aller plus loin.

Or, si l'*income-tax* devenait impôt unique en Angleterre, non
seulement le maximum exceptionnel de 6.66 p. 100 serait dépassé,
mais il faudrait presque le tripler, en l'élevant jusqu'à 16 p. 100, pour
équilibrer le budget (1). Alors toutes les inégalités, actuellement
déjà reprochées à cette imposition (2), s'exagéreraient tellement que

(1) Actuellement, les revenus taxés en Angleterre s'élèvent à plus de 13 milliards
et demi de francs, produisant, au taux de 2 1/2 p. 100, environ 350 millions de
francs. Pour subvenir aux 2.200 millions de francs, montant total des budgets
anglais, il faudrait appliquer aux 13 milliards et demi de revenus taxés un taux
de 16 p. 100.

(2) *The financial reform almanach* donne chaque année de nombreux exemples
à l'appui de ses critiques contre l'*income-tax*. Voir, d'ailleurs, le chapitre X,
relatif à l'impôt sur le revenu.

son institution, sans doute, ne tarderait pas à sombrer sous la réprobation publique, comme en 1816.

Aussi, tous les peuples ont-ils adopté le système des impôts multiples. Soit par la force des choses, soit par le raisonnement, tous,
depuis les Grecs et les Romains, ont préféré à l'impôt unique
l'impôt multiple. M. Hippolyte Passy, à l'article *Impôt* de l'ancien
Dictionnaire d'économie politique, disait : « Sous l'empire ro-
« main, pas une matière imposable n'échappa aux atteintes du
« fisc et vainement, l'impôt du timbre excepté, on chercherait une
« seule taxe qui n'ait pesé sur les populations des provinces. Ja-
« mais société ne fut pressurée sous des formes aussi diverses et
« aussi compliquées. »

Les savants ouvrages de M. Humbert confirment plus récemment l'exactitude de cette description (1).

Aujourd'hui, il suffit de jeter les yeux sur l'organisation financière de nos voisins, comme sur notre propre organisation, pour
y reconnaître le fait caractéristique de la multiplicité des impôts.
En Angleterre, spécialement, où la liste des taxes a été singulièrement réduite depuis cinquante ans, le fisc frappe encore les fonds
de terre, les maisons habitées, les revenus fonciers, mobiliers,
industriels, le thé, le cacao, le café, les produits chimiques, la
chicorée, le vin, la bière, les spiritueux, les successions, les assurances, les effets de commerce, les chevaux et voitures, les armoiries, les fruits, la chasse, la vaisselle d'or et d'argent, etc., en tout
25 articles environ.

En France, la nomenclature serait deux fois plus longue, car
l'impôt y revêt plus de cinquante déguisements différents.

§ 4. — *L'idée de l'unité est contraire aux progrès de la civilisation.*

C'est qu'en effet l'unité, c'est-à-dire la simplicité à outrance,
que nous avons vu les partisans de l'impôt unique célébrer avec

---

(1) Voir aussi le *Traité des impôts du peuple romain*, de Jules Boulenger,
traduit pour la première fois par Edm. Renaudin. Guillaumin, 1873, in-8°.

tant de lyrisme, se trouve, au contraire, en désaccord absolu avec les progrès de la civilisation.

Les facultés des contribuables, sur lesquelles sont assis les impôts, s'étendent à mesure que la civilisation se développe, chaque jour dans des champs plus variés, plus discontinus ; les affaires s'enchevêtrent, les relations sociales se compliquent. L'unité de l'impôt ne pourrait à la rigueur se concevoir que dans une société primitive, dans un milieu rudimentaire, quand, la possession d'un troupeau ou d'un coin de terre constituant la seule richesse individuelle, l'impôt se réduisait forcément à la dîme unique sur le bétail ou sur les fruits de la terre.

Mais dans une société avancée, où la richesse revêt mille formes diverses et incessamment variables, l'impôt, sous peine de demeurer impuissant, doit se multiplier à son tour et se diversifier comme les objets mêmes qu'il veut atteindre ; il doit suivre les évolutions de la matière imposable, devenir mobile et dissemblable comme elle. Peut-on concevoir un impôt des patentes unique, lorsque le commerce et l'industrie se répartissent en plus de quinze cents professions différentes ? Que serait un impôt d'enregistrement unique en face des actes et contrats de toute nature auxquels les besoins des affaires donnent naissance chaque jour ? Comment, en un mot, espérer saisir la richesse par une seule de ses manifestations, lorsque ces manifestations sont devenues innombrables ?

On pourrait presque dire que la perfection des impôts aujourd'hui résulte précisément de leur complication, à condition, bien entendu, que cette complication soit savamment ordonnée (1). D'une manière générale, rien n'est plus en contradiction avec le progrès que la pseudo-simplicité. C'est marcher à l'envers des faits que de vouloir emprisonner dans un moule uniforme des situations devenues diverses à l'infini. Le regretté M. Baudrillart disait avec une haute sagesse: « La méthode radicale devrait « perdre du terrain, au lieu d'en gagner. Ni la science, ni la société « modernes ne s'accommodent de cette unité abusive, de cette sim- « plicité extrême, de cette logique à outrance. Tout s'est compli-

_____

(1) « L'ordre dans nos sociétés ne saurait plus être qu'une variété savante, » dit encore M. Baudrillart, dans l'excellent article cité plus loin.

« qué en réalité. Comment vouloir réduire à l'unité absolue cette
« multiplicité qu'on trouve dans les faits accumulés par l'observa-
« tion, cette diversité de points de vue qui va parfois jusqu'à la
« contradiction ? Il s'en faut que la simplicité soit un signe de vé-
« rité. Dans les matières sociales, spécialement en matière d'im-
« pôts, il semble que ce devrait être une présomption d'erreur. »

   (*Da radicalisme en matière d'impôt. Revue des deux mondes*
du 15 novembre 1871.)

   Le simple bons sens, en résumé, aurait suffi, dès l'abord, pour
démontrer que l'impôt unique est inconciliable avec les gros budgets modernes. Mais nous avons préféré procéder à cette démonstration plus didactiquement en réfutant l'un après l'autre chacun
des arguments invoqués par les partisans de l'impôt unique.

   Car, malgré l'invraisemblance de son avènement, certains
novateurs continuent à le prôner, non pas vaguement sous sa
forme théorique, mais sous la forme d'une taxe déterminée à
laquelle ils attribuent toutes les perfections et qu'ils voudraient
voir régner exclusivement. En général, l'impôt sur le capital possède le privilège d'être choisi pour ce rôle prééminent.

   Nous nous trouvons donc maintenant amenés à étudier l'impôt
sur le capital, à titre d'impôt unique.

CHAPITRE V

IMPÔT UNIQUE SUR LE CAPITAL

L'impôt sur le capital considéré comme impôt unique (car, nous le répétons, c'est sous cette forme seule que nous l'envisageons ici, remettant à un chapitre spécial l'étude de son association à l'impôt sur le revenu) (1) possède de nombreux partisans. Il en a eu autrefois de relativement célèbres, tels qu'Émile de Girardin et Menier (2); divers législateurs contemporains lui restent encore fidèles.

Le capital, en effet, représente une base d'imposition singulièrement séduisante.

D'après les évaluations de M. de Foville, le capital possédé individuellement par les Français atteindrait environ 200 milliards (3).

(1) Les partisans de l'impôt exclusif sur le capital, dont nous nous occupons spécialement dans ce chapitre, considèrent l'impôt sur le revenu comme un rival qu'ils accablent d'anathèmes, avec lequel, en aucun cas, ils ne voudraient conclure d'alliance. Leur système diffère donc absolument du système mixte qui associe les deux taxes, comme nous le verrons ultérieurement au chapitre XII.

(2) Emile de Girardin a émis la proposition d'un impôt sur le capital en 1850 et en 1873. M. Menier, à partir de 1873, en fut le propagateur infatigable. M. Yves Guyot, dans son rapport sur *l'impôt sur le revenu*, en 1887, lui consacre un chapitre.

Les ouvrages de M. Menier sont particulièrement instructifs et très richement documentés. Les principaux portent les titres suivants :

L'Impôt sur le capital, son application, ses avantages, ses conséquences; in-8°, 1872.

Théorie et application de l'impôt sur le capital, grand in-8°, 1874.

La Société d'économie politique et l'impôt sur le capital, in-18, 1875.

(3) Certains auteurs portent le montant du capital national bien au-dessus de 200 milliards. Quelques-uns même ne craignent pas de prononcer le chiffre de 500 milliards. Mais nous nous en tenons toujours aux savantes et discrètes évaluations de M. de Foville.

Evidemment, d'ailleurs, en adoptant le chiffre évaluatif de 200 milliards, nous savons très bien qu'en aucun cas ce ne serait là un capital *imposable*. Nous ne faisons qu'indiquer les bases du calcul de certains utopistes, sans nous les approprier. Le véritable capital que l'impôt pourrait atteindre devrait subir des dé-

200 milliards de fortunes privées! Voilà, certes! une belle prise pour l'impôt! Le moindre multiplicateur devient ici merveilleusement productif, le moindre coefficient aboutit à des résultats fantastiques. Avec un tarif de 1 p. 100 on obtient 2 milliards, avec 2 p. 100 on arrive à 4 milliards : du coup, tous les budgets de l'État, des départements et des communes se trouvent alignés, toutes les dépenses publiques couvertes. L'instrument est bien fait, on le voit, pour tenter les faiseurs de projets.

Cependant, si brillantes que soient, à première vue, ces perspectives, suffisent-elles à justifier la faveur attribuée à l'impôt sur le capital? Ce n'est, en somme, qu'affaire d'apparence. Au lieu de 1 p. 100 ou 2 p. 100 sur le capital, ayez le courage de mettre 20, 30 ou 40 p. 100 sur le revenu, et le même résultat sera atteint. Comme il a été dit très justement « le capital toise le revenu ». L'un et l'autre sont corrélatifs et s'engendrent réciproquement. Quelle raison, dès lors, de s'attacher exclusivement à l'un plutôt qu'à l'autre? A peine, d'ailleurs, les distingue-t-on effectivement. Le capital ne se sépare du revenu que par sa destination (1). Or, un simple acte de la volonté de son propriétaire, sans qu'aucune modification matérielle survienne, suffit à changer cette destination (2). Pourquoi donc établir, d'une manière si tranchée, une distinction que la nature des choses méconnaît à chaque instant?

---

ductions qui le ramèneraient bien au-dessous de son niveau *statistique* quel qu'il soit.

(1) Dans le *Nouveau dictionnaire d'Economie politique*, M. Liesse définit le capital de la manière suivante : « Toute portion de richesse conservée ou « accumulée, que l'homme emploie ou destine à être employée reproductive- « ment. » Jean-Baptiste Say avait dit : « Les capitaux sont l'accumulation des « épargnes de la nation. »

(2) M. Yves Guyot, dans son grand rapport sur *l'impôt sur le revenu*, en 1887, prouve lui-même, par l'exemple suivant, combien il est difficile de reconnaître où commence le capital, où finit le revenu : « Voici un propriétaire qui, « au lieu de placer son argent, en met une partie à acheter du vin, qu'il con- « servera pendant plusieurs années. Ce vin est à coup sûr un capital. Dans les « années suivantes, il boira ce vin ; je suppose qu'il en boira pour deux mille « francs par an : c'est à coup sûr là un revenu. L'impôt ira-t-il frapper ce re- « venu produit cependant par un capital préexistant? »

§ 1. — *Mérites attribués à l'impôt sur le capital par ses partisans. Exposé et réfutation.*

Nous pénétrons ainsi dans le vif de la question, qui consiste, en somme, à rechercher quelles différences si profondes existent entre l'impôt sur le revenu et l'impôt sur le capital ? « Quelles différen- « ces il peut y avoir entre l'impôt sur le revenu et l'impôt sur le « capital ? répond Émile de Girardin. Immenses, incalculables, « vous allez voir. »

Étudions donc la nature de ces différences immenses, incalculables. Voyons par quels mérites particuliers l'impôt sur le capital justifie les préférences exclusives de ses partisans.

Ces mérites se résument dans les trois principaux suivants : 1° l'impôt sur le capital contraint les capitaux à circuler et à recher- cher des emplois lucratifs ; 2° il atteint la richesse acquise, la ri- chesse consolidée et non pas la richesse en formation ; 3° il par- vient à frapper certaines manifestations de la fortune, que l'impôt sur le revenu, par sa nature même, laisse forcément de côté.

Le caractère de « stimulant », attribué d'abord à l'impôt sur le capital, est ainsi décrit par un de ses panégyristes : « Pour base « de l'impôt, prenez le capital, c'est-à-dire la richesse accumulée ; « aussitôt, le capital qui ne circulait pas circule ; le capital qui dor- « mait se réveille ; le capital qui travaillait redouble d'efforts et sti- « mule le crédit. Le capital ne peut plus rester un seul instant oisif « et improductif. Il est condamné à l'activité forcée. Car l'impôt « sur le capital étant le même, soit qu'il produise 3 p. 100, soit « qu'il produise 6 p. 100 d'intérêt, le capital, par la première de « toutes les lois naturelles, s'applique aussitôt à chercher sans re- « lâche l'intérêt le plus élevé. » (Émile de Girardin, *Questions financières*, 1858.) (1).

(1) Émile de Girardin ajoute : « L'impôt sur le capital apprendra à l'épargne « le chemin de l'industrie, les voies du commerce, et les grandes routes de la « mer qui mène à tous les vastes marchés du monde. » L'impôt sur le capital deviendrait ainsi le meilleur manuel des spéculateurs à la Bourse. Ailleurs, il dit encore : « L'impôt sur le revenu agit comme le mors. L'impôt sur le capital agit « comme l'éperon. »

« L'impôt sur le capital, dit un autre auteur, fait la chasse aux
« capitaux oisifs et improductifs (1). »

Forcer ainsi les capitaux, le fouet de l'impôt à la main, à rechercher les placements avantageux, à se lancer dans des spéculations lucratives, ne semble pas, au premier abord, une combinaison très recommandable. En général, les gros revenus ne s'obtiennent qu'au détriment de la sécurité. Comment approuver un système qui aurait pu nous pousser, il y a vingt ou trente ans, à
échanger de la rente française contre des obligations ottomanes?
Trop de personnes déjà succombent spontanément aux appâts des
gros intérêts. Comment encourager encore de telles tendances par
une contrainte fiscale! La contrainte, d'ailleurs, en ces matières,
quel qu'en soit le but, reste toujours impuissante. Seule, la confiance, livrée à elle-même, peut réussir à « tirer de leur léthargie
« les capitaux timorés et retraités ».

Sans insister donc sur ce premier argument, passons à celui qui
attribue à l'impôt sur le capital le mérite de frapper la richesse acquise, consolidée, et non pas la richesse en formation.

L'impôt, en effet, dit-on en second lieu, ne doit pas se dresser
comme un obstacle devant le capital circulant au moment où celui
ci s'apprête à se transformer en capital fixe (2). Il ne doit rien pré-

_____

(1) « Le détenteur du capital s'efforce d'élever le produit de son capital de ma-
« nière à recouvrer l'impôt. Sachant que l'impôt ne viendra pas entraver sa
« liberté de travail, il tâchera de produire le plus possible. de tirer le meilleur
« parti possible de son capital fixe, de manière à couvrir l'impôt, non par une
« surélévation de prix de son produit, mais en donnant plus d'utilité à son ca-
« pital fixe, en produisant plus et à moins de frais. L'impôt sur le capital est
« une prime au bon marché. L'impôt sur le capital, au lieu d'entraver la con-
« sommation et la circulation, surexcitera la production. » (Yves Guyot,
Impôt sur le revenu, 1887.)

(2) Les mots *capital fixe* et *capital circulant* auraient d'abord besoin ici
d'être exactement définis. Mais une telle définition, très délicate, risquerait de
nous entraîner trop loin.

Cependant, pour la clarté du sujet, on peut se contenter des explications suivantes :

Le *capital fixe* est tout capital stable, consolidé d'une manière durable entre
les mains de son détenteur et susceptible de lui procurer des revenus permanents. Le *capital circulant* s'entend, au contraire, du capital engagé dans les
opérations commerciales et industrielles, destiné non pas à produire des intérêts annuels réguliers, mais à pourvoir aux achats de matières premières et de
marchandises, au fonds de roulement, à la reconstitution des approvisionne-

lever sur les valeurs employées à la reproduction d'autres valeurs. Lorsque le percepteur de l'impôt dit au négociant, à l'industriel : « Tu as gagné tant cette année, donne-moi une part de ton béné- « fice, » il agit comme un fléau malfaisant : car cette part de bé- néfices, multipliée par le crédit et le travail, aurait servi à dévelop- per à nouveau les affaires de la maison et celles du pays tout en- tier, si le fisc ne l'eût pas malencontreusement accaparée.

« Il en est de même pour l'agriculteur, il en est de même pour « tous les contribuables; l'impôt sur le revenu prend une part du « capital circulant. Il frappe donc la circulation d'un arrêt qui se « répercute sur la production en raison géométrique... Il frappe « le revenu où il se forme; il prélève donc toute la part qui aurait « pu être employée à la reproduction pour se convertir en capital « fixe. » (*Théorie et application de l'impôt sur le capital*, par Menier, manufacturier, 1874.) (1).

ments, au développement de l'outillage, en un mot, à la marche ou à l'extension des affaires.

Le premier s'incorpore beaucoup plus lentement que le second dans la con- sommation reproductive. Ainsi, le capital fixe d'une usine, composé de ses bâtiments, appareils, machines, etc., donne, chaque année, une part beaucoup moins grande de lui-même au profit des produits de l'usine, que le capital cir- culant composé des charbons, noir animal, engrais, fonds de roulement, etc., incessamment renouvelés et transformés.

D'après M. Menier, est capital fixe toute utilité dont le produit ne change pas l'identité.

Est capital circulant toute utilité dont le produit détruit l'identité.

La Société d'économie politique, dans sa séance du 5 mars 1875, s'est attachée à définir, aussi scientifiquement que possible, ces deux expressions. MM. Menier, Joseph Garnier, Frédéric Passy, Paul Leroy-Beaulieu, etc., ont pris part à la discussion. (Voir *l'Economiste français* du 3 avril 1875.)

D'ailleurs, voici encore la définition que Ricardo donne de ces deux sortes de capitaux : « Selon que le capital se consomme promptement et qu'il a besoin « d'être souvent reproduit, ou qu'il ne s'use que lentement, on lui donne les « noms de capital fixe ou de capital circulant. On dit d'un brasseur qui possède « des bâtiments et des machines d'une grande valeur et durable qu'il y emploie « une grande portion de capital fixe. On dit, au contraire, d'un cordonnier, dont « le capital est employé à payer les salaires de ses ouvriers, que la majeure « partie du bien du cordonnier est un capital circulant. » (*Des principes de l'économie politique et de l'impôt.*)

Plus loin, d'ailleurs, Ricardo ajoute qu'il est très difficile d'établir strictement la limite qui distingue le capital fixe du capital circulant.

(1) « En frappant le revenu, en frappant la circulation, vous imitez le méca- « nicien qui chaufferait sa machine à toute vapeur et serrerait les freins. Que « faites-vous encore en frappant la richesse en formation? Vous tuez la cou- « veuse. Je préfère, moi, ne prendre qu'un des poulets de la couvée...

« Je prétends que les impôts actuels arrêtent l'épargne en la frappant au

Au contraire, l'impôt sur le capital frappe le capital fixe, atteint la fortune acquise et consolidée, lesquels peuvent impunément supporter ses coups : tout au plus risque-t-il de troubler une jouissance oisive. « L'impôt sur le capital, dit-on, est exclusivement un « impôt sur les possesseurs ; point de capital, point d'impôt ; qui « ne possède rien, ne paye rien ; qui possède peu, paye peu ; qui « possède beaucoup, paye beaucoup. »

Ces idées mériteraient une plus longue description, en raison de l'importance qui leur est attribuée dans l'ensemble du système.

Mais un premier aperçu fait découvrir le point faible de l'argumentation. Quel singulier moyen, en effet, d'engager les capitaux à circuler que de leur montrer, dès l'abord, au bout du chemin, la perspective d'une pénalité sous forme d'impôt ! Comment espérer voir la richesse en formation tendre à se consolider si, d'ores et déjà, on la prévient qu'une lourde taxe l'atteindra au moment de son épanouissement ?

« Votre prétendu stimulant, dit Rossi, n'est qu'un retard à l'ac-« croissement du capital et, par là, à l'accroissement de la pro-« duction. »

Si jamais les projets dont il s'agit recevaient une exécution pratique, leur résultat irait à l'inverse même des prévisions de leurs auteurs. La richesse en formation, loin de se trouver favorisée, comme ils le prétendent, verrait, au contraire, son essor paralysé ; la crainte de l'avenir qui l'attendrait la rendrait inerte. Quant à l'épargne, directement atteinte, elle subirait fatalement une immédiate et irrémédiable dépression (1).

Cette dernière conséquence est vainement contestée par les partisans de l'impôt sur le capital, qui se défendent de vouloir, en aucune façon, déprimer l'épargne. Ils répudient toute idée d'amoindrir le capital national. Amoindrir le capital national, disent-ils, ce serait tuer la poule aux œufs d'or ! Rien n'est plus loin de leur pensée.

« moment où elle se forme. Pour la frapper, je veux attendre qu'elle soit « formée... » (Discours de M. Menier en faveur de l'impôt sur le capital, séance de la Société d'économie politique du 5 mars 1875.)

(1) « L'impôt du capital, c'est la peine imposée à l'épargne et à la prévoyance. « Il agirait au rebours du véritable intérêt social. » (Woloski, Discours à la Société d'économie politique, 5 mars 1875.)

D'après eux, d'ailleurs, il faut se garder de prendre en mauvaise part l'étiquette de leur système. S'ils visent le capital, ce n'est que pour toucher plus sûrement le revenu. Ils préfèrent seulement laisser celui-ci se développer, progresser, grossir en sécurité, jusqu'à ce que, transformé en capital fixe, le moment semble venu de le saisir à point. C'est une ruse de guerre, un détour habile, ramenant quand même à la véritable matière imposable, qui est le revenu.

Malheureusement, chemin faisant, au cours de ce détour habile, l'épargne se trouve exposée, en première ligne, aux atteintes du fisc. Le mal une fois fait, les répercussions de l'incidence parviendront-ils à le réparer? Sans doute, celui qui subit d'abord les prélèvements de l'impôt peut toujours espérer s'en rattraper sur autrui. Mais, provisoirement, comme il est obligé de faire l'avance de son montant, il a beaucoup de chances d'en demeurer définitivement chargé. Dès lors, on reconnaît que la plus précieuse réserve des richesses du pays, celle qui sert incessamment à reproduire toutes les autres, se trouverait effectivement appauvrie à sa source même.

Enfin, dit-on en dernier lieu, l'impôt sur le capital a l'avantage de frapper certaines valeurs que l'impôt sur le revenu est impuissant à saisir. Ainsi, toutes les richesses non productives de revenu n'offrent, — leur titre l'indique suffisamment, — aucune prise à l'impôt sur le revenu. Si l'impôt sur le capital n'était pas là, elles jouiraient d'une exemption que rien ne justifie. Voilà peut-être la seule raison irréfutable parmi les trois que nous avons citées. Voyons à quoi elle se réduit.

Quelles sont ces richesses dépourvues de revenu qui deviennent ainsi le monopole exclusif de l'impôt sur le capital? On ne saurait en découvrir d'autres que les suivantes : 1° les meubles, objets d'art, bijoux, statues, collections, tableaux, etc.; 2° les jardins, parcs, pièces d'eau et terrains d'agrément; 3° les terrains nus conservés par spéculation.

En dehors de ces trois catégories de valeurs, aucune autre, faute de revenu, ne tombe exclusivement sous les coups de l'impôt sur le capital.

Lors donc qu'on a parlé des somptueux mobiliers, des galeries de tableaux de maîtres, des collections précieuses (1), des parcs grandioses, des chasses princières, apanages des grandes fortunes, enfin, des terrains à bâtir que d'avides spéculateurs refusent de vendre dans l'espoir d'une plus-value d'avenir, on a tout dit au sujet du monopole de l'impôt sur le capital. Son domaine exclusif ne va pas au delà.

Les richesses qui viennent d'être énumérées occupent-elles une place assez importante dans l'ensemble des richesses sociales pour justifier la transformation radicale que rêvent les promoteurs de l'impôt sur le capital ?

L'impôt sur le revenu, d'un autre côté, ne parvient-il pas, dans une certaine mesure, grâce aux détours de son incidence, à saisir ces valeurs exceptionnelles ?

Tout au plus, en conséquence, conviendrait-il d'imiter les cantons suisses qui juxtaposent l'impôt sur le capital à l'impôt sur le revenu, afin d'atteindre directement, par le moyen de l'un ou de l'autre, toutes les richesses sans exception. La combinaison méritera d'être discutée dans un chapitre spécial (2). Mais il est inutile

(1) Mentionnons ici l'opinion exprimée par M. Maurice Block, au cours d'une analyse de l'article de M. Jastrow dans les *Annales de l'Economie politique* de Iéna : « Faut-il imposer les collections artistiques, les tableaux, les livres ? Sans « nous arrêter aux difficultés de l'évaluation —, et ceux qui observent les faits « savent combien elles sont grandes, — nous demanderons s'il n'y a pas là « dedans un injustifiable double emploi. M. X... a 100.000 francs de rente et paye « là-dessus le montant proportionnel d'impôts sur le revenu. Le voilà libre « d'employer le restant comme il l'entend. S'il le mange, boit, joue et qu'il ne « reste rien à la fin de l'année, tout est pour le mieux, aucune difficulté ne « s'élève entre M. X... et le fisc. Mais ce contribuable est amateur de tableaux, « il en achète, mettons pour 20.000 M. par an, ce qui fait marcher les arts, et « l'on imposerait à chaque tableau un impôt annuel ! » (*Revue des principales publications économiques à l'étranger*, par M. Maurice Block. *Journal des Economistes*, octobre 1892.)

L'opinion de M. Maurice Block mérite toujours d'être citée, surtout dans le cas présent, où elle semble favorable à notre thèse. Cependant, si l'imposition des collections artistiques et des galeries de tableaux était possible, nous n'irions pas jusqu'à la combattre par des objections préjudicielles, préférant nous en tenir à l'argument par lequel le savant économiste montre, avec beaucoup d'expérience, que ces sortes d'impôts rencontrent dans la pratique d'insurmontables difficultés d'exécution.

(2) Le chapitre XII est consacré aux impôts mixtes sur le capital et le revenu.

de s'y arrêter pour le moment, puisque les partisans de l'impôt unique sur le capital se déclarent ouvertement les ennemis nés de l'impôt sur le revenu et, par conséquent, n'accepteraient jamais d'association avec lui.

D'ailleurs, une grave objection, puisée dans l'ordre d'idées même qui nous préoccupe, se retourne maintenant contre l'impôt sur le capital. Celui-ci, en effet, comme nous le verrons plus amplement tout à l'heure, laisse échapper toutes les valeurs provenant du travail personnel de l'homme (1). Lacune d'autant plus grave que certains réformateurs radicaux s'en font gloire et déclarent ouvertement que le plus beau titre de l'impôt sur le capital à notre admiration consiste précisément dans cette exemption accordée aux gains et profits personnels. Par là, disent-ils, la taxe devient vraiment démocratique, frappant seulement celui qui possède, et non pas celui qui n'a que son travail pour vivre, épargnant la subsistance du peuple, pour s'attaquer aux réserves accumulées par les adorateurs du dieu Capital. « En attendant l'expropriation de la « classe capitaliste au profit de la nation égalitairement reconsti- « tuée », l'impôt sur le capital accomplirait donc son œuvre socia- liste de nivellement (2). Voilà qui devient clair et achève de dé- couvrir les véritables causes de la préférence que le parti lui accorde.

§ 2. — *Difficultés et dangers d'application de l'impôt sur le capital. — Exemples historiques. — Projets parlementaires.*

Restent les moyens d'exécution. Comment, en effet, procéder à l'évaluation des capitaux imposables? Déjà les revenus ne se lais- sent pas aisément découvrir. Cependant, pour ceux-ci, deux faits périodiques permettent à la rigueur de suivre leur trace : l'encais-

(1) L'homme est un capital, sans doute, le plus riche de tous souvent; mais l'impôt ne saurait se permettre de le considérer, ni surtout de le taxer sous cet aspect.

(2) Voir spécialement parmi les projets modernes dans cet ordre d'idées ceux de M. Vaillant (conseil municipal de Paris, 17 décembre 1890) et de M. Plan- teau, député (séance du 22 mars 1888).

sement aux échéances des coupons. loyers, rentes, intérêts, traitements, salaires, redevances, etc., et le montant annuel des dépenses
alimentées par lesdits revenus. Pour les capitaux, aucun indice
analogue n'existe. En dehors des incidents exceptionnels de succession, partage, liquidation, ils demeurent cachés à tous les yeux.
Tout au plus, peut-on déduire approximativement leur chiffre en
capitalisant à un taux arbitraire soit les revenus, soit les dépenses (1).
Mais alors c'est retomber dans les procédés mêmes applicables
aux revenus, par un détour qui en affaiblit les résultats (2).

On ne réussit, en somme, à saisir les capitaux dans leur véritable consistance qu'au moyen d'inquisitions directes, de recherches
personnelles, d'une sorte d'exercice des coffres-forts que tout le
monde redoute avec raison (3).

Nous voudrions appuyer ces assertions, comme nous le faisons
habituellement, de preuves tirées d'exemples historiques ou contemporains. Mais on sait déjà que l'impôt sur le capital n'a fonctionné à titre unique dans aucun pays. C'est, accolé à d'autres
taxes, spécialement aux taxes sur les revenus, qu'il se rencontre
à Florence au xve siècle, en Suisse et aux États-Unis actuellement.
Alors, n'étant plus universel, n'atteignant que certains capitaux choisis avec discernement parmi les mieux susceptibles d'un
recensement exact, il ne saurait fournir l'enseignement que nous
recherchons ici. De même, des droits sur les successions et
donations qui profitent du moment exceptionnel où les capitaux

---

(1) « Dans la plupart des cas, la valeur du capital est quelque chose de
« variable, d'hypothétique, qui ne s'obtient absolument que d'après l'impor-
« tance du revenu que ce capital donne. Quand on veut acheter une terre, que
« demande-t-on? C'est le revenu net de cette terre. Que M. Menier regarde la
« dernière page des journaux, il verra que, pour toutes ventes de maisons,
« l'élément du prix, l'indice qu'on met en avant, c'est le revenu net de la
« maison. On ne peut avoir une idée de la valeur des neuf dixièmes des capi-
« taux qu'en sachant au préalable quel est le revenu qu'ils donnent. »
(Discours de M. Paul Leroy-Beaulieu, à la Société d'Economie politique,
séance du 5 mars 1875.)

(2) « Quelles que soient les erreurs inévitables dans l'estimation et l'imposition
« des revenus, elles seraient, à coup sûr, dépassées par celles qui seraient com-
« mises dans tout essai d'estimation et d'imposition du capital. » (Mac-Culloch,
Sur la taxation.)

(3) Comme il a été dit très justement: « En fait d'exercice, je préfère encore
« celui de ma cave à celui de mon coffre-fort. »

se montrent au grand jour pour les saisir. Nous nous occuperons, d'ailleurs, bientôt de ces divers cas (1).

A défaut d'exemples tirés de la pratique effective, nous pouvons au moins rechercher comment les auteurs de projets d'impôt sur le capital, préconisé à titre unique ou prééminent, comptent faire fonctionner leur système. Immédiatement cette étude nous convainc de la réalité des difficultés d'exécution signalées plus haut. Car, malgré le libre champ laissé à la fertilité d'imagination des faiseurs de programmes sur le papier, on voit qu'aucun d'eux ne propose de combinaisons même en apparence acceptables. Tous semblent, au contraire, se récuser dès qu'il s'agit de passer de la théorie à l'application.

Tel se contente de renvoyer à un règlement ultérieur d'administration publique le soin d'indiquer le mode d'évaluation du capital des propriétés immobilières. Quant aux valeurs mobilières, il dit simplement qu'elles seront estimées, soit d'après les cours de la Bourse, soit d'après un barème proportionnel au loyer d'habitation, soit d'après la déclaration des propriétaires et détenteurs (2).

Tel autre ne trouve rien de mieux que de confier à une commission de 33 membres le soin de régler plus tard l'exécution des réformes, dont il se borne, pour le moment, à tracer le plan en trois lignes dans un seul article de projet de loi (3).

Tel autre ne se donne même pas la peine de charger un règlement d'administration publique, ni une commission législative de

---

(1) Voir le chapitre XII consacré aux impôts mixtes sur le capital et le revenu et le chapitre XIII, relatif aux droits sur les successions.

(2) Proposition de loi établissant l'impôt sur le capital, présentée par MM. Linard, de Mahy, Edouard Lockroy, etc..., députés, 18 janvier 1890.

(3) « Art. 1er. — Le budget de 1892 et années suivantes sera fixé sur l'esti-« mation des valeurs mobilières et immobilières et proportionnellement à ce « que chacun possède.

« Art. 2. — Une commission de 33 membres sera nommée pour procéder au « travail nécessaire à l'application de l'article 1er. »

(Proposition de loi tendant à fixer le budget de 1892 et des années suivantes sur l'estimation des valeurs mobilières et immobilières proportionnellement à ce que chacun possède, présentée par MM. Alfred Leconte, Gillot, etc. (32 noms), députés, 24 juillet 1890.)

Il n'est pas difficile, dans de telles conditions, de tracer, sur le papier, le plan des plus immenses réformes.

la rédaction des mesures d'exécution, qu'il passe absolument sous silence. Il crée une taxe de 5 p. 100 sur la valeur vénale des immeubles et meubles meublants, bijoux et objets d'art, appartenant aux particuliers, sans prononcer un mot des procédés d'application que comportent ces innovations radicales (1).

Un quatrième croit qu'il suffit de prescrire « tous les cinq ans, « le 1er juillet au plus tard, à tous les conseils municipaux de « France de faire connaître au gouvernement par les préfets l'avoir « immobilier de chaque propriétaire ou habitant de la commune ». Les fortunes mobilières seront déclarées *spontanément* tous les ans, à partir du 1er avril, sur des registres ouverts à cet effet chez les percepteurs. « Il ne sera fait aucune recherche pour découvrir « les dissimulations qui pourront avoir lieu de la part des impo- « sables. » Ici, au moins, on ne saurait arguer qu'il y a inquisi- tion (2).

Enfin, pour n'en pas citer davantage, un dernier projet remet aux mains des conseils municipaux l'évaluation, à peu près sans contrôle, sauf celui du conseil général, des fortunes mobilières et immobilières imposables (3). Il pousse la confiance dans la certi- tude de cette procédure élémentaire jusqu'à interdire, par un ar- ticle spécial, aux propriétaires le droit de vendre, céder ou échan- ger leurs immeubles pour un prix supérieur au chiffre de l'esti- mation officielle.

La question d'exécution devient, on le voit, l'écueil définitif des divers projets d'impôt sur le capital, écueil que leurs auteurs s'efforcent en vain d'esquiver.

(1) Proposition de loi relative à la réforme de l'impôt présentée par MM Fer- nand Rabier, etc. (4 noms), députés, 7 novembre 1890.
(2) Proposition de loi ayant pour objet de transformer tout notre système d'impôt, de façon que l'intérêt du plus grand nombre se trouve plus équitable- ment observé, présenté par M. Laroche-Joubert, député, 11 avril 1881.
(3) Proposition de loi ayant pour objet la réforme des impôts, présentée par M. Planteau, député, 22 mars 1888.
Voir à son sujet le rapport de la commission d'initiative concluant au rejet de la proposition, par M. Charles Chevalier, député, 30 octobre 1888.

§ 3. — *Avantages inverses de l'impôt sur le revenu.*

On reconnaît inversement à son concurrent, l'impôt sur le revenu, les avantages suivants, dont nous répétons l'indication déjà éparse au cours de l'exposé précédent.

1° L'impôt assis directement sur le revenu ne frappe que des valeurs certaines, effectives et actuelles ; 2° il atteint la totalité des bénéfices annuels provenant du travail personnel de l'homme ; 3° il est seul susceptible d'une application pratique.

Les revenus, du moment qu'ils existent, représentent toujours une richesse active et certaine. Les capitaux, sans doute, représentent eux aussi une richesse; mais, dans beaucoup de cas, ils ne représentent qu'une richesse inerte, oisive, dormante, coûteuse même. Ainsi en est-il des usines en chômage, des maisons sans locataires, des chemins de fer sans voyageurs, des magasins sans clientèle, des terres incultes, et autres capitaux improductifs, non-valeurs que l'impôt frapperait à faux. Au contraire, les revenus desdits établissements, usines, chemins de fer, magasins, terres, etc., dès qu'ils apparaissent, témoignent spontanément d'une exploitation fructueuse.

Encore toutefois peut-on distinguer les revenus nets des revenus bruts, que les frais, dans certains cas, absorbent ou dépassent. Mais quand l'impôt réussit à pénétrer jusqu'au revenu net, à atteindre le bénéfice définitif, disponible, toutes charges déduites, alors il devient véritablement irréprochable, puisqu'il ne s'adresse qu'à des facultés effectives essentiellement imposables.

En second lieu, avons-nous dit, l'impôt sur le revenu a le mérite d'atteindre non seulement les produits des capitaux et les fruits de la terre, mais aussi les gains et profits que l'homme retire de son travail personnel. Ces gains et profits sont considérables. Leur nomenclature détaillée comprend, en effet, les salaires des

ouvriers, les gages des employés, les traitements des fonctionnaires, les pensions de retraites, les émoluments des chefs, directeurs,
agents, commissionnaires et intermédiaires de toute nature, les
bénéfices industriels et commerciaux en dehors de la rémunération du fonds social, les gains annuels des artistes, peintres,
sculpteurs, chanteurs, avocats, écrivains, professeurs, inventeurs,
etc. Tous ces revenus du travail personnel de l'homme composent
une partie d'autant plus étendue de la richesse sociale que la civilisation féconde davantage l'activité individuelle.

Sans doute, lorsque les salaires de l'ouvrier suffisent à peine à
assurer son existence matérielle, tout impôt sur le revenu bien
ordonné doit les épargner. C'est ce que font, d'ailleurs, la plupart
d'entre eux. Mais, en dehors de cette classe de salariés susceptible
d'être respectée, quelle masse d'autres émoluments dont aucune
considération d'équité ne justifie plus l'exemption! Tels sont les
bénéfices annuels des avocats, médecins, artistes, inventeurs, fonctionnaires, chefs d'industrie à traitement fixe, employés, etc. (1).
Le dernier discours du Chancelier de l'Échiquier, en analysant les
statistiques de l'*income-tax*, montre, d'une manière très topique,
la somme immense de richesses que représentent ces produits de
l'activité individuelle : « Je ne veux pas commettre d'indiscrétion,
« dit M. Goschen, mais il y a dans les statistiques des revenus
« commerciaux des choses bien curieuses. Une place énorme y
« est tenue par des gens qui ne font guère parler d'eux. Croiriez-
« vous que l'industrie cotonnière, filature et tissage, ne donne pas
« à ceux qui l'exploitent une somme de bénéfices égale à celle des
« seules professions médicales! Croiriez-vous que les propriétaires
« de nos charbonnages, quelle qu'en soit la richesse, gagnent
« moins d'argent que nos hommes de loi?(*On rit*.) L'avocat, le mé-
« decin, dans leur cabinet, occupent moins de monde que l'indus-
« triel qui a mille ouvriers à conduire, mais la cédule D n'y perd
« rien... Les salaires des employés de toutes sortes forment aussi
« un total énorme, invraisemblable. Il y en a 350.000 qui payent

(1) « Le médecin, l'avocat, la chanteuse, qui gagnent 100.000 francs par an,
« ne payeraient donc pas, puisque vous ne considérez pas le gosier de la chan-
« teuse, le cerveau du médecin, les poumons de l'avocat comme un capital ? »
(Proudhon, *Théorie de l'impôt.*)

« l'*income-tax*, et ils gagnent ensemble 1.250.000.000 fr. (1)
« (5o millions sterling) ! »

Pour quel motif laisser de côté ces honoraires de médecins qui
dépassent les bénéfices annuels de l'industrie cotonnière, ces
épices des hommes de loi supérieurs aux produits des mines, ces
1.250 millions de traitements et d'émoluments représentant plus
de 3.500 fr. en moyenne?

Si donc l'impôt sur le capital possède le monopole de l'imposition de certaines valeurs, il voit, par contre-partie, un beaucoup
plus grand nombre d'autres valeurs, infiniment plus importantes,
lui échapper ; de sorte que le fisc se trouverait, en définitive, très
gravement lésé par le fait de son règne unique.

L'impôt sur le revenu peut seul combler ces lacunes injustifia-
bles (2).

Enfin, l'impôt sur le revenu est susceptible d'une application
pratique, puisque la grande majorité des taxes existantes repose
effectivement sur le revenu. La question de la possibilité de son
application se trouve donc résolue par l'expérience universelle,
sans avoir besoin d'être plus amplement démontrée. Nous verrons
même, dans le chapitre relatif à l'impôt sur le revenu, que le
choix est difficile parmi les divers systèmes fonctionnant actuellement dans chaque pays.

Telle n'est pas, on s'en souvient, la situation de l'impôt sur le
capital, dont les procédés d'exécution restent encore à découvrir.

Notre conclusion nous ramène ainsi à la première maxime
d'Adam Smith, qui, d'une manière générale, désigne le revenu
comme la seule base de l'impôt.

---

(1) Discours du chancelier de l'Échiquier sur le budget de 1892-1893,
11 avril 1892.

On sait que l'*income-tax* dégrève tous les petits revenus au-dessous de
10.000 francs et de 3.750 francs, et réalise par là l'exemption en faveur des
salaires dont nous signalions plus haut la nécessité.

(2) « La différence fondamentale, dit M. de Parieu, entre l'impôt sur le capi-
« tal et l'impôt sur le revenu consiste dans cette circonstance que le premier de
« ces impôts atteint des valeurs improductives épargnées par le second, et
« épargne des revenus produits sans capital, qui sont, au contraire, atteints
« par le premier. » (*Traité des impôts.*)

CHAPITRE VI

IMPOT UNIFORME DE CAPITATION

Après l'impôt unique intervient dans l'ordre des conceptions irréalisables, l'impôt uniforme, c'est-à-dire, la capitation rigoureusement égale pour tous, établie par tête, sans tenir aucun compte des facultés individuelles.

§ 1. — *La capitation absolue n'existe dans aucun pays.* *Théorie de Proudhon.*

Sous cette forme absolue, la capitation ne se rencontre guère que chez les peuplades primitives dont tous les membres sont égaux. M. de Parieu, dans son *Traité des impôts*, cite la Perse antique, la Chine avant l'avènement de la dynastie actuelle, la Grèce à l'époque du *Voyage du jeune Anacharsis*, etc., parmi les pays où semble avoir régné la capitation intégrale. « La capi-« tation, ajoute-t-il, conçue sous cette forme, appartient à l'enfance « du système des contributions. »

En effet, aussitôt qu'apparaissent les premiers rudiments de la civilisation, de telles inégalités se manifestent dans les situations individuelles que l'impôt uniforme par tête devient trop ouvertement injuste pour continuer à subsister. A plus forte raison, dans les sociétés modernes, personne ne saurait plus songer à frapper d'une même taxe l'opulence et la misère.

Cependant les théoriciens qui rêvent précisément de bouleverser les sociétés modernes et de ramener les hommes à l'égalité primitive, entrevoient corrélativement la capitation comme l'impôt de l'avenir. A ce point de vue, Proudhon s'en est fait le défenseur

attitré. « La taxe, dit-il, n'est pas répartie en raison de la force, de
« la taille, ni du talent; elle ne saurait donc l'être davantage en
« raison de la propriété. » Chacun est égal à son voisin, chacun
vaut autant que tout autre; la logique n'admet pas de différences
entre les citoyens d'une même nation: plus de riches ni de pauvres; plus de propriété. « La propriété est impossible parce qu'elle
« est la négation de l'égalité. » Une fois toutes les fortunes ni-
velées par la suppression de la propriété, l'égalité des charges
fiscales individuelles devient la conséquence logique de cette
grande réforme sociale.(Proudhon, *Contradictions économiques*.)
On voit à quelles sortes de théories se rattache aujourd'hui la capitation, érigée en système général.

Il est vrai que, dans un autre ouvrage plus spécialement consacré à l'impôt, Proudhon se charge, lui-même, de réfuter ses propres sophismes(1): « Il s'agit, conclut-il alors, de faire contribuer
« les citoyens, non seulement par tête, — la capitation ne pouvant
« être seule employée que dans le cas d'une excessive réduction
« d'impôt, — mais chacun selon ses facultés, ainsi que nous l'a-
« vons fait voir. » (*Théorie de l'impôt*.)

Nous en aurions donc fini avec la capitation, considérée sous
la forme irréalisable d'impôt unique ou prééminent, si nous ne
profitions de l'occasion pour l'étudier sous sa forme d'imposition
subsidiaire, destinée exclusivement à faire contribuer tous les
citoyens aux charges de la chose publique.

Nous la rencontrons alors dans l'histoire et dans les budgets
contemporains, soit avec un tarif gradué, soit avec un tarif fixe.

(1) Proudhon soutient successivement toutes les thèses avec un rare talent.
Baudrillart appréciait ainsi ses procédés de discussion : « Nulle devise n'est
« moins justifiée que celle qu'il met en tête de son ouvrage : *Destruam et œdi-*
« ficabo. Ce livre ressemble véritablement à un champ de carnage. Le pour y
« détruit le contre et le contre y détruit le pour. On est étonné, étourdi, décon-
« certé. La pensée a besoin de se ressaisir elle-même, après une telle lecture. »
(*Revue des Deux Mondes*, 1er février 1873.)

Rien d'étonnant, dès lors, de constater ses contradictions dans le cours de
deux ouvrages successifs, puisqu'il se contredit souvent dans le même chapitre
d'un même ouvrage.

On l'a bien vu au cours de la récente discussion sur les opérations de
bourse, où chaque orateur a pu citer à l'appui de sa thèse, pour ou contre la
spéculation, un passage du *Manuel du spéculateur à la Bourse*, au point qu'un
membre a fini par demander qu'on s'abstînt désormais de se référer à un tel
auteur si éloquent soit-il (23 février 1893).

§ 2. — *Capitation graduée en Russie, en France sous l'ancien régime, en Prusse, au Tonkin, en Algérie.*

La capitation graduée a existé particulièrement autrefois en Russie et en France.

Établie en Russie sous Pierre le Grand, en 1722, elle pesa lourdement, à ses débuts, sur les familles nombreuses. Elle comportait un tarif pour les paysans, un autre pour les ouvriers libres, un troisième pour la bourgeoisie. La noblesse, le clergé et les marchands en étaient exempts. Bientôt cependant l'élément de la valeur des terres vint corriger en partie l'inégalité de la stricte répartition par tête. Puis, chaque commune, autorisée à distribuer elle-même entre ses membres le contingent qui lui était assigné pourvu que le montant total en fût versé au Trésor, s'efforça d'introduire quelque proportionnalité dans cette distribution intérieure. Cependant, depuis l'abolition du servage, en 1861, on recherchait les moyens de faire disparaître définitivement ces vestiges d'un autre âge. Une loi du 18 mai 1882 commença, à cet effet, par renoncer aux 56 millions de roubles du produit de la taxe, en échelonnant le dégrèvement sur plusieurs exercices, jusqu'à ce que la loi du 28 mai 1885 rayât enfin d'une manière complète la capitation de la liste des impôts en Russie, à dater du 1er janvier 1887.

En France, la capitation, créée, à la fin du règne de Louis XIV, par l'édit du 18 janvier 1695, graduait ses tarifs d'après 22 classes différentes établies suivant l'échelle des positions sociales. Dans la première classe figurait M. le Dauphin, seul de son espèce, pour 2.000 livres. Puis, différents dignitaires dans la seconde classe pour 1.500 livres, et ainsi de suite, jusqu'à la dernière catégorie composée des *gens du commun des campagnes* pour 20 sols.

On observait très justement alors que « l'identité des mêmes « états, qualités et fonctions n'entraîne pas l'égalité des fortunes « et des facultés. Ainsi, une opération appuyée sur une pareille « base s'écarte nécessairement des vues de justice et d'égalité que « l'on doit se proposer ».

Supprimée à la fin du dix-septième siècle et reconstituée le 12 mars 1701, la capitation perdit, en fait, à partir de cette époque, son ancien caractère, non pas que le nouveau texte différât beaucoup de l'ancien dans ses dispositions essentielles, mais parce que des autorisations successives attribuérent aux divers corps de l'État et aux divers corps de métiers la faculté de répartir, eux-mêmes, d'après les facultés apparentes de leurs membres, le contirgent qui leur fut dorénavant assigné en bloc. Il y eut ainsi la capitation de la Cour, celle des troupes, des financiers, du Parlement de Paris et des cours supérieures, du Châtelet et des juridictions subalternes, des arts et métiers, etc. En outre, l'imposition des paysans fut transformée en centimes additionnels à la taille, sous le nom de *capitation taillable*. La stricte égalité originelle sombrait d'ailleurs, en même temps, sous les coups plus destructifs encore des exemptions et des privilèges.

En Prusse, le *klassensteuer*, jusqu'à sa refonte générale effectuée récemment en vertu de la loi du 24 juin 1891, revêtit également la forme de capitation graduée. Son tarif établi par classe de revenus suivant dix catégories échelonnées depuis 1.125 jusqu'à 3.750 fr. frappait chacune d'elles d'une cote fixe déterminée, 11 fr. 25 pour la première, 15 fr. pour la seconde, 22 fr. 50 pour la troisième, etc., 90 fr. pour la dixième.

Des cas plus actuels de capitation graduée se rencontrent dans certains pays coloniaux qui l'emploient à titre d'arme de guerre contre les étrangers séjournant sur leur territoire. Ainsi, dans l'Annam et le Tonkin, une capitation spéciale frappe les Asiatiques étrangers, c'est-à-dire les Chinois, divisés en quatre classes, suivant leur fortune. La première classe paye 200 fr., la seconde 100 fr., la troisième et la quatrième 40 et 30 fr. (1).

En Algérie, un arrêté de 1857, rendu à la suite d'une expédi-

(1) Ces sortes de taxes vont souvent contre leur but. Ainsi, dernièrement, le gouverneur du Sénégal constatait que l'élévation inconsidérée de l'impôt personnel, porté de 1 fr. 50 à 3 francs, avait, à son grand regret, provoqué l'émigration des indigènes de la banlieue de Saint-Louis, lesquels rendent de grands services à la colonisation, en servant de trait d'union entre le désert et la ville. Aussi s'empressa-t-on de lancer à leur poursuite des chefs choisis avec discernement, chargés de leur apporter la « bonne parole », c'est-à-dire la promesse du retrait des malencontreux droits de capitation.

tion militaire et confirmé en 1882 et 1886, a créé pour les Arabes de la grande Kabylie une capitation réglée d'après les bases assez arbitraires que décrit le tarif suivant (1) :

Indigents............................	rien.
Individus ayant des ressources médiocres.	5 fr.
— — une fortune moyenne...	10
— — une réelle aisance.....	15
Gens riches.........................	50
Gens très riches....................	100

Cet arrêté a motivé de vives protestations et des interpellations au parlement (2).

§ 3. — Capitation fixe. Impôt personnel en France.

La capitation fixe ne présente guère d'exemple contemporain digne d'être cité ailleurs qu'en France (3), ce qui peut étonner et même inquiéter au premier abord. Mais cette capitation fixe, malgré son nom, y fonctionne d'une manière presque proportionnelle (4),

(1) En Tunisie, également, existe un impôt de capitation nommé *medjba* qui frappe tout indigène mâle, adulte et valide. Le tarif de la medjba est de 27 fr. 15 par tête, taux énorme, d'autant plus improportionnel que les fonctionnaires et les habitants des grandes villes en sont dispensés par un étrange privilège. Son produit s'élève annuellement à 3.600.000 francs environ. Une réduction de 2 fr. vient, d'ailleurs, d'être consentie sur la medjba à partir du 1ᵉʳ janvier 1893, et une nouvelle réduction est promise pour 1894.

(2) Spécialement à l'époque des grandes discussions dont le système des impôts arabes fut l'objet au Sénat, en février et mars 1891.

(3) En Belgique il existe aussi une *contribution personnelle*. Mais, parmi les cinq éléments fiscaux compris sous ce nom, aucun ne représente une capitation. Ce sont des droits proportionnels à la valeur locative, au mobilier, au nombre de domestiques, aux attelages, etc.

(4) Le ministre des finances a même affirmé, au cours d'une discussion à la Chambre des députés, que l'impôt personnel n'était pas chez nous un impôt de capitation. En principe, cependant, il est bien tel. La pratique seulement lui attribue la plus grande somme de proportionnalité possible. Faute de cette distinction, on n'est pas parvenu à s'entendre et l'orateur que le ministre des finances interrompait par son affirmation s'est écrié : « Comment pouvez-vous dire, « monsieur le Ministre, que l'impôt personnel n'est pas un impôt de capitation ! « C'est la première fois que j'entends soutenir cette thèse, et il n'est pas un auteur « qui ne déclare que c'est bien un impôt de capitation... Si vous pouvez me « démontrer qu'un impôt, qui est le même pour tous les citoyens, qu'un impôt « qui consiste dans la représentation uniforme de la valeur de trois journées « de travail, n'est pas un impôt de capitation, il ne me reste plus qu'à quitter « la tribune. »

Le rapporteur général du budget reprit néanmoins la thèse du ministre des

grâce aux précautions et aux atténuations dont sa mise en pratique est entourée.

Il s'agit de l'impôt créé par la loi du 13 janvier 1791, sous le nom d'*impôt personnel*, équivalent à la valeur de trois journées de travail, « dû par chaque habitant français et par chaque étran- « ger de tout sexe jouissant de ses droits et non réputé indigent ».

C'est bien là la constitution théorique d'un impôt de capitation, sans aucun doute.

Mais si l'on considère le fonctionnement réel de cet impôt, au lieu du texte strict de sa législation, on reconnaît que la fixité de son tarif s'émousse singulièrement. Associé à l'impôt mobilier, en effet, il devient presque proportionnel (1).

D'abord, les conseils municipaux peuvent, à leur discrétion, éliminer d'une manière très large tous les indigents de la cote personnelle en reportant la charge de leur taxation sur les cotes mobilières. Puis, dans les grandes villes, la totalité du contingent personnel est supprimée et prélevée sur les produits de l'octroi. Enfin, le taux de la taxe demeure toujours extrêmement modéré, puisqu'il ne dépasse pas le prix de trois journées de travail, dont l'estimation est laissée à l'appréciation des conseils généraux dans la limite de 1.50 à 0.50 par journée. Chaque fois donc qu'un conseil départemental juge à propos de voter le minimum, le tarif de l'impôt personnel s'abaisse à 1 fr. 50 en total (2).

---

finances; nous aurons plus loin l'occasion de citer un passage de son discours (Séance du 10 juillet 1891.)

(1) Le rapporteur général, dans la discussion du 10 juillet 1891, dont nous avons déjà parlé, exposait ainsi les avantages de proportionnalité résultant de la réunion des deux impôts personnel et mobilier : « Quelle est la vérité? C'est « que, comme vous l'avez dit vous-même, la taxe personnelle est *bloquée*, — « c'est votre expression — avec la contribution mobilière; et que cette réunion « des deux taxes forme un tout unique, parfaitement gradué, qui permet, après « avoir exempté de tout impôt les indigents, de n'assujettir les contribuables « peu aisés qu'à ce minimum de perception qui est la taxe personnelle. Pour « les autres contribuables, la taxe est graduée par le fait même de la jonction « de la contribution personnelle et de la contribution mobilière. Voilà pourquoi « il n'est pas exact de dire que la taxe personnelle est un impôt de capitation. » Nous avons déjà signalé l'exagération de cette dernière assertion, qui aurait besoin, au moins, d'être expliquée par une distinction.

(2) En résumé, les tempéraments apportés à la rigueur théorique de l'impôt personnel sont les suivants :

1° Latitude laissée aux conseils municipaux d'exempter tous les indigents, d'aller même au delà des indigents s'ils le jugent à propos;

La capitation, on le voit, atténue tellement ses rigueurs aujour-
d'hui dans les pays où elle subsiste encore, que la science fiscale
n'a plus à s'en préoccuper. Nous aurions donc pu la laisser passer
presque inaperçue (1), n'était son titre toujours inquiétant.

§ 4. — *La capitation considérée comme minimum d'imposition électorale sous la Révolution et de nos jours.*

D'ailleurs, la théorie ne perd pas ses droits, et voilà qu'elle res-
saisit la capitation sous un nouvel aspect pour lui faire jouer un
rôle constitutionnel. Il s'agit, précisément en raison de sa situation
secondaire, de ses tarifs réduits, de considérer désormais la capitation comme le *minimum* d'imposition exigible de tout citoyen électeur ou éligible, destiné à faire contribuer chacun d'eux, pour
une part quelconque, aux charges publiques.

La civilisation, à son apogée, remet ainsi en honneur, dans l'intérêt du suffrage universel, cette contribution uniforme que nous
considérions comme l'apanage des peuplades primitives, au début
des sociétés.

La doctrine du minimum d'imposition exigible de tout *citoyen
actif* a pris naissance avec la loi de 1791, qui créa l'impôt personnel en France.

La dite loi du 13 janvier 1791 s'exprime, en effet, ainsi :
« Art. 11 : La partie de la contribution qui sera établie à raison
« des *facultés équivalentes à celles qui peuvent donner le titre*
« *de citoyen actif* sera fixée à la valeur de trois journées de tra-
« vail, dont le taux sera proposé par chaque district pour les mu-
« nicipalités de son territoire et arrêté pour chaque département. »
Déjà son rapporteur avait dit :
« Il nous a paru que le titre précieux de citoyen actif, en rappe-

2° Faculté de prélever la taxe personnelle sur les produits de l'octroi et de la
supprimer ainsi dans les villes;
3° Latitude laissée aux conseils généraux d'abaisser le prix de la journée de
travail jusqu'à 0.50 ;
4° Modicité, en tous cas, du tarif de la taxe personnelle qui ne peut jamais
osciller qu'entre 1.50 et 4.50, sans adjonction de centimes additionnels.
(1) On pourrait dire, en effet, que les 17.500.000 fr. représentant, au sein des
trois milliards du budget français, la part propre à l'impôt personnel, sont susceptibles d'y passer inaperçus.

« lant aux Français les avantages de leur Constitution, devait leur
« rappeler leurs obligations, et nous avons cru entrer dans les
« vues de la Constitution, de faire payer à chacun des citoyens
« actifs une contribution directe qui prévienne toute difficulté sur
« leur qualité. » (Rapport de Defermon, du 19 octobre 1890.) (1).

La Constitution du 14 septembre 1791 inscrivit, en conséquence,
parmi les conditions nécessaires pour obtenir le titre de citoyen
actif (électeur et éligible aux assemblées primaires), la suivante :
« Payer dans un lieu quelconque du royaume une contribution
« directe au moins égale à la valeur de trois journées de travail
« et en représenter la quittance. » (Art. 1er de la section II.) (2).

Robespierre combattit d'abord cette formule par les arguments
suivants : « La Constitution établit que la souveraineté réside dans
« le peuple, dans tous les individus du peuple. Chaque individu a
« donc le droit de concourir à la loi par laquelle il est obligé, et à
« l'administration de la chose publique qui est la sienne. Sinon,
« il n'est pas vrai que tous les hommes sont égaux en droits, que
« tout homme est citoyen.

« Si celui qui ne paie qu'une imposition équivalente à une jour-
« née de travail a moins de droits que celui qui paie la valeur de
« trois journées de travail, celui qui paie celle de dix journées a
« donc plus de droits que celui dont l'imposition équivaut seule-
« ment à la valeur de trois ! Dès lors, celui qui a cent mille livres
« de rente a cent fois autant de droit de celui qui n'a que mille
« livres de revenus ! Il résulte de tous vos décrets que chaque

(1) Dès le 22 décembre 1789, d'ailleurs, une loi déterminait que la qualité de citoyen actif ne s'acquerrait qu'à la condition de payer une contribution directe de la valeur locale de trois journées de travail.

(2) D'après les commentateurs de la constitution de 1791, cette condition de payement d'une contribution égale au moins à la valeur de trois journées de travail, n'infirmait en aucune façon, le droit de tous les citoyens à l'électorat et à l'éligibilité. Tous les hommes, disaient-ils, sont bien réellement devenus égaux en vertu des nouveaux principes politiques. Mais il ne faut pas confondre le *droit* du citoyen actif avec l'*exercice de ce droit*.

L'aptitude à exercer un droit peut être assujettie à certaines conditions, subordonnée à certaines circonstances qui n'en laissent pas moins subsister le droit en lui-même dans son intégrité. Il serait donc injuste de prétendre qu'il existe actuellement une classe de *sujets* exclus de leurs droits politiques. Tout citoyen français, au contraire, avec quelques années de travail et d'économie, peut devenir habile à remplir toutes les fonctions publiques. (Voir le *Moniteur universel* du 29 mai 1791.)

« citoyen a le droit de concourir à la loi ; et, dès lors, celui d'être
« électeur ou éligible sans distinction de fortune. » (Séance du
jeudi 22 octobre 1789.)

Plus tard, en 1793, Robespierre développa la thèse contraire à
la Convention, ce qui permet d'envisager les deux faces de la
question en puisant dans les œuvres complètes du même orateur :
« Si vous décrétez, dit-il alors, surtout constitutionnellement, que
« la misère excepte de l'honorable obligation de contribuer aux
« besoins de la patrie, vous décrétez l'avilissement de la partie la
« plus pure de la nation ; vous décrétez l'aristocratie de la
« richesse... et bientôt il s'établirait une classe de prolétaires, une
« classe d'îlotes, et l'égalité et la liberté périraient pour jamais.
« N'ôtez pas aux citoyens ce qui est le plus nécessaire : la satisfac-
« tion de présenter à la République le denier de la veuve. Bien loin
« d'écrire dans la Constitution une distinction odieuse, il faut,
« au contraire, y consacrer l'honorable obligation pour tous les
« citoyens de payer les contributions. » (Discours de Robespierre,
séance du 17 juin 1893.)

Conformément à son avis, l'article 101 de l'acte constitutionnel
du 24 juin 1793 fut ainsi rédigé : « Nul citoyen n'est dispensé
« de l'honorable obligation de contribuer aux charges publi-
« ques (1). »

La Constitution de l'an III, comme celle de 1791, continua à
exiger parmi les conditions nécessaires pour l'obtention du titre de
citoyen français le payement d' « une contribution directe, foncière ou personnelle » (art. 8).

Elle ajoutait : « Tout citoyen qui n'a pas été compris au rôle
« des contributions directes a le droit de se présenter à l'adminis-
« tration municipale de sa commune et de s'y inscrire pour une
« contribution personnelle égale à la valeur locale de trois journées
« de travail. » (Constitution du 5 fructidor an III, art. 304.)

Peu de citoyens, sans doute, s'empressèrent de profiter de l'honorable faculté qui leur était offerte de devenir spontanément contribuables.

(1) La Constitution du 24 juin 1793 ne soumettait plus l'exercice des droits de
citoyen actif à la condition d'un payement de contribution.

Bientôt, la Constitution de l'an VIII cessa d'assigner à la capitation une place parmi les nouveaux *droits de l'homme*.

Au contraire, la formule suivante prévalut définitivement : « Les Français contribuent indistinctement, *dans la proportion* « *de leur fortune*, aux charges de l'État. » (Charte constitutionnelle du 14 juin 1814, art. 2 ; Charte constitutionnelle du 9 août 1830, art. 2.)

D'ailleurs, à partir de la Restauration, le cens devint un minimum d'imposition très supérieur à l'impôt personnel.

Celui-ci perdit, dès lors, tout caractère électoral et ne subsista plus qu'à titre de simple annexe de la contribution mobilière, même après que le suffrage universel eut été proclamé, en 1848.

Là réside, en somme, la vérité. L'établissement d'un impôt électoral est, sans doute, très tentant (1). On aimerait à pouvoir déclarer que chaque citoyen, sans exception, en sa qualité d'obligé du corps social, doit verser corrélativement son obole au trésor commun, que ceux-là seulement participeront au vote qui payeront leur part d'impôt, si minime soit-elle. Mais que d'objections se dressent immédiatement contre ces idées, séduisantes en apparence seulement ! L'impôt, en effet, nous l'avons vu, ne saurait être considéré comme le prix d'un service rendu, puisque les plus déshérités occasionnent précisément à la société les plus lourds sacrifices. L'idée d'un impôt minimum universel ne serait donc ni juste, en théorie, ni réalisable (2). Quant à l'impôt électoral, sa

_____

(1) Un ingénieux système de *taxe électorale*, — si de telles taxes pouvaient être légitimement établies, — consisterait à demander annuellement à chaque électeur une contribution proportionnelle au total des dépenses des budgets, représentant, par exemple, leur *milliardième*. De cette façon, tous ceux qui, directement ou indirectement, par leurs représentants, deviennent responsables de l'aménagement des charges publiques, en ressentiraient personnellement le poids et se trouveraient dûment prévenus de leur progression. Une telle contribution n'eût pas dépassé 1 fr. 80 ou 1 fr. 90, il y a trente ans. Aujourd'hui, elle s'élèverait à 3 fr. 30 ou 3 fr. 40 par électeur, pour atteindre peut-être bientôt 3 fr. 50.

(2) Cette idée fut combattue par Mirabeau dans des termes qui méritent d'être rappelés.

Le premier projet de Constitution élaboré par l'assemblée constituante s'exprimait ainsi : « Toute contribution sera supportée également par tous les ci« toyens sans distinction. » Mirabeau, considérant que la formule dont il s'agit érigeait la capitation universelle en principe, lui opposa les arguments suivants : « Les contributions publiques ne peuvent être supportées *également* par

constitutionnalité même serait très discutable (1). Puis, à quel
taux le fixer qui ne soit arbitraire ? La valeur de trois journées
de travail n'a rien d'absolu. Pourquoi pas deux, pourquoi pas une,
demandait très justement Robespierre dans son premier discours ?
Pourquoi pas beaucoup plus, au contraire, demandent inversement les partisans du *cens* ?

Le principe de la proportionnalité seul demeure à l'abri de ces
équivoques. Seul il satisfait complètement au sentiment de justice
sur lequel repose la première maxime d'Adam Smith (2). En toute
occasion, nous aurons avantage à lui rester fermement attachés.
L'impôt ne doit pas plus comporter de *minimum* que de *maximum*, il ne doit pas plus être fixe que progressif. Il doit simplement s'efforcer toujours de devenir et de demeurer proportionnel.

Ce sont là des vérités qu'il faut conserver intactes.

« tous les citoyens, car tous les citoyens n'ont pas les mêmes moyens, les
« mêmes facultés ni, par conséquent, l'obligation de contribuer également au
« maintien de la chose publique. Tout ce qu'on peut exiger, c'est qu'ils y con-
« tribuent en proportion de ce qu'ils peuvent. » (7 octobre 1789.)

L'assemblée nationale, en conformité de cet avis, proclama la proportionnalité de l'impôt dans un article ainsi conçu : « Toutes les contributions et char-
« ges publiques, de quelque nature qu'elles soient, seront supportées proportion-
« nellement par tous les citoyens et par tous les propriétaires, à raison de leurs
« biens et facultés. » (Décret du 7 octobre 1789.)

(1) De graves objections constitutionnelles peuvent, en effet, être invoquées
contre l'idée d'un impôt électoral, dans les pays où règne le suffrage universel.
Voir à ce sujet notre précédent ouvrage *le Budget*, 2ᵉ édition, au paragraphe
intitulé *Droit budgétaire*, pages 5, 6 et 7.

(2) Voir ci-dessus, pages 27 et suivantes.

CHAPITRE VII

IMPÔT EN NATURE

§ 1. — *Le service militaire ne constitue pas un impôt en nature.*

Le sujet de l'impôt en nature sortirait du cadre de cet ouvrage s'il embrassait dans sa définition le service militaire. Le service militaire, malgré sa qualification habituelle d'impôt du sang, n'est pas, en effet, un impôt proprement dit (1). Il ne fonctionne, pendant les temps de paix, qu'en prévision de l'éventualité de la guerre, afin de prémunir d'une instruction nécessaire la partie valide de la nation, qui devra se trouver prête à entrer en campagne au premier signal. Sans la nécessité de cette instruction préparatoire, il suffirait de convoquer les citoyens au moment même de l'ouverture des hostilités. Or, une telle levée en masse ne s'appellerait évidemment plus un impôt : ce serait un acte de défense collective; la nation repousserait la force par la force, comme peut le faire tout individu, toute association, dont la propriété est vio-

---

(1) Proudhon, dans sa *Théorie de l'impôt*, semble considérer la conscription militaire comme un impôt en nature, sans cependant l'exprimer explicitement. En tous cas, il termine ses appréciations à son sujet par une curieuse tirade : « Cet impôt du sang qui pèse d'une manière si dure sur les masses, qui détruit « à la longue les nationalités en épuisant les races, et en les dépravant, est peut- « être encore le moins impopulaire de tous les impôts.

« Tous les ans, il y a 100.000 papas en France et autant de mamans qui pleu- « rent leurs fils enrôlés par la voie du sort. Mais que sont les larmes de ces « 100.000 familles contre l'ébahissement de 36 millions d'hommes!... Comme « l'amoureux du Cantique des cantiques et comme Napoléon Ier, ils ne trouvent « rien de si beau qu'une armée à la parade. Partout le peuple a la guerre en es- « time presque autant que le culte : l'idée du combat lui donne la fièvre, la « conquête lui sourit. Il n'y a rien qui ravisse et soutienne la pensée des masses « comme la guerre. La perte des hommes, les charges contributives, les fleuves « de sang les touchent peu...

« L'éducation et la raison, en transformant l'âme de la démocratie, sont seules « capables d'exonérer un jour le peuple de la caserne, pire que le carnage. »

6

lée, comme peuvent le faire encore aujourd'hui les habitants d'une commune qui s'arment contre les bandits ou les bêtes fauves. La nécessité d'une instruction préparatoire, en temps de paix, ne modifie pas ce caractère essentiel de défense nationale attribué au service militaire, lequel constitue, dès lors, sans doute, une obligation sociale, mais non pas un impôt dans le sens propre du mot (1).

Les réquisitions militaires exercées par les chefs de corps d'armée en cas de mobilisation, rassemblements, déplacements de troupes, sembleraient plutôt, à première vue, mériter le nom d'impôts. Elles réclament, en effet, une part souvent très onéreuse (2) des facultés individuelles. Mais ce prélèvement n'a ni le caractère général, ni le caractère permanent qui convient à l'impôt. Il s'agit, au contraire, de levées temporaires, frappant certaines localités exceptionnellement dans une région déterminée, pour des besoins urgents et spéciaux. Ce sont des atteintes à la propriété privée, des *expropriations partielles* (3), allant jusqu'à la violation du domicile (4), justifiées peut-être par les nécessités de la guerre, mais qui restent, heureusement pour la matière, étrangères à l'impôt.

La corvée de même qui, sous l'ancien régime, réquisitionnait les hommes et les attelages pour la construction et la réparation des routes, représente seulement un effort commun tel que les so-

(1) En se référant, d'ailleurs, à la définition de l'impôt telle que nous l'avons donnée au début même de cet ouvrage, page 25, on constatera que cette formule ne saurait s'appliquer dans la circonstance.

(2) Il suffit, pour se convaincre du poids de ces prélèvements, de parcourir les dispositions de la loi du 3 juillet 1877, relatives à l'obligation du logement chez l'habitant des officiers et soldats, chevaux, mulets, matériel et personnel de toute nature, à la fourniture de la nourriture journalière des troupes, des moyens de chauffage, des fourrages, des attelages et transports y compris le personnel, des matériaux, outils, machines et appareils nécessaires à l'exécution de tous les travaux militaires, des objets d'habillement, équipement, harnachement, campement, etc., etc.

(3) Le rapporteur de la loi du 3 juillet 1877 dit lui-même : « En admettant le « droit de réquisition, personne n'a pu se dissimuler qu'il était une grave atteinte « au droit de propriété. C'est le droit d'expropriation... » (Rapport du 27 juillet 1876.)

(4) On peut juger jusqu'où va l'atteinte portée à la propriété privée par cette seule restriction de la loi du 3 juillet 1877 : « Les habitants ne seront jamais « délogés de la chambre et du lit où ils ont l'habitude de coucher. » (Art. 13.)

ciétés primitives en ont souvent effectué en vue d'un résultat collectif, sans donner pour cela ouverture à l'idée d'impôt (1).

Dégageons donc la question de ces discussions préjudicielles et considérons exclusivement l'impôt sous sa forme de prélèvement destiné à subvenir aux dépenses publiques.

§ 2. — *Théorie générale de l'impôt en nature.*

Pour dresser l'historique complet de l'impôt en nature, il faudrait remonter à l'origine même des sociétés, alors que le numéraire était encore inconnu, ou peu répandu. M. de Parieu, dans son *Traité des impôts* nous fait assister au partage des fruits de la terre entre les collecteurs et les détenteurs du sol chez les Hébreux, les Égyptiens, les Perses, les Turcs, etc.

Mais le spectacle d'une telle conception fiscale fonctionnant à titre unique et universel ne se retrouve plus dans les sociétés modernes. Seuls alors quelques utopistes ont pu rêver, comme Jean-Jacques Rousseau, l'exécution générale des services publics effectuée en nature, afin d'empêcher les gouvernements d'abuser de l'argent des contribuables. L'auteur du *Contrat social*, en effet, écrivait : « Je voudrais qu'on imposât toujours les « bras des hommes plutôt que leur bourse ; que les chemins, les « ponts, les édifices publics, le service du prince et de l'État se « fissent par des corvées et non à prix d'argent. Cette sorte d'im- « pôt est celle dont on peut le moins abuser, car l'argent disparaît « en sortant des mains qui le payent ; mais chacun voit à quoi les « hommes sont employés. » (*Considérations sur le gouvernement de la Pologne*) (2).

---

(1) La prestation, au contraire, héritière de la corvée, en raison de la faculté nouvelle laissée au contribuable de s'acquitter en nature ou en argent, devient une véritable taxe en argent et non en nature, puisque ce dernier mode de payement ne constitue qu'une option, au lieu de constituer, comme autrefois, une obligation.

(2) Jean-Jacques Rousseau considérait l'argent comme le plus funeste ressort gouvernemental. Il ne conseillait aux Polonais l'impôt en nature que par haine de l'argent : « Polonais, s'écrie-t-il, laissez-moi tout cet argent aux autres... « L'intérêt pécuniaire est le plus mauvais de tous, le plus vil, le plus propre à la « corruption... Rendez l'argent méprisable, et, s'il se peut, inutile !... Polonais,

Jean-Jacques Rousseau, d'ailleurs, ne tardait pas à ajouter lui-même : « Je sais que cette méthode est impraticable où règnent le luxe, le commerce et les arts. »

Aujourd'hui la question se trouve circonscrite dans des limites beaucoup moins étendues. Il s'agit uniquement de décider s'il vaut mieux payer en nature ou en argent les taxes spécialement établies sur les revenus fongibles, telles que l'impôt foncier. C'est donc sur l'impôt foncier en nature que vont se concentrer nos études.

§ 3. — Anciennes dîmes en nature.

La plus célèbre taxe foncière perçue en nature, dans les temps voisins du nôtre, est la *dîme* de l'ancien régime au profit du clergé. Le curé, ou l'abbé décimateur, retenait sur les produits ruraux, au moment même de la récolte, une part fixée soit au dixième, soit à un chiffre inférieur dans la plupart des cas, le taux de la dîme variant suivant les localités et suivant la nature des produits. Ici, cette part s'élevait au 15e compte, là au 20e compte, ou au 25e compte seulement ; lorsque les gros grains étaient taxés au 25e compte par exemple, on voyait les menues et les vertes dîmes frappées au 21e compte, les agneaux au 15e compte, etc. Le décimateur recueillait lui-même, ou affermait moyennant une redevance en

---

« pour vous maintenir heureux, ce sont des cœurs et des têtes qu'il vous faut, et « non de l'argent! »

Il dépeint de la manière suivante les gouvernements où domine le système des payements en argent : « Les systèmes de finances font les âmes vénales. « Dès qu'on ne veut que gagner, on gagne toujours plus à être fripon qu'hon- « nête homme. Ceux qui manient l'argent apprennent bientôt à le détourner, et « les surveillants qu'on leur donne ne sont que d'autres fripons qu'on envoie « partager avec eux! » Voilà le procès lestement fait aux percepteurs et à leurs inspecteurs. Comme conclusion, puisque les dépenses sont inévitables, l'auteur conseille aux Polonais de les faire avec autre chose que de l'argent. Les officiers, magistrats et autres *stipendiaires publics* seront payés en denrées, en dîmes, en vins, bois, etc., en droits utiles et honorifiques. « Tout le service public se « fera par corvée; l'Etat ne payera rien ou presque rien en argent. »

Ces diverses citations ne donnent pas une grande idée de la science financière de Jean-Jacques Rousseau, qui, en effet, n'a jamais poussé bien loin ses études en économie politique. Seulement, son éloquence déclamatoire lui permettant de revêtir de développements séduisants les sophismes les plus vulgaires, il ne craint pas de les aborder *ex professo*, de leur donner une apparence de théorie grandiose, dont on retrouve encore les traces dans les écrits des utopistes contemporains.

argent son revenu en nature. (*Topographie historique de la ville et du diocèse de Troyes*, par Courtalon-Delaistre, curé de Sainte-Savine, 1783.)

Sans recourir aux renseignements très nombreux sur la dîme ecclésiastique publiés aux débuts de la Révolution, lesquels, à cette époque, pourraient paraître entachés de partialité, on en trouve de moins suspects dans les procès-verbaux de l'assemblée des Notables de 1787, exclusivement composée de membres du clergé et de la noblesse, de magistrats et hauts fonctionnaires, de maires, etc. Or, les bureaux de cette assemblée n'hésitèrent pas à condamner à l'unanimité la perception en nature proposée par le gouvernement, précisément en vertu des objections que leur fournit l'exemple de la dîme fonctionnant sous leurs yeux. Les plus essentielles à retenir parmi ces objections sont les suivantes :

1° La dîme en nature frappe le produit *brut* et non le produit *net*. « Elle atteint donc dans la même proportion les terres qui « exigent des frais de culture considérables et celles qui n'en exi-« gent aucun. » Un impôt territorial ne doit être établi que sur les revenus, déduction faite des avances et frais d'exploitation. Sans quoi, il décourage l'agriculture et devient profondément inégal ;

2° La perception en fruits prive le petit propriétaire d'une partie de ses pailles et l'expose à la dure nécessité d'acheter des engrais, ou de refuser à sa terre ceux qui sont nécessaires pour la reproduction des fruits ;

3° Il y a des fonds presque *indécimables* de leur nature, ou par la manière dont on recueille les productions. De ce nombre sont les bois, qui ne se coupent qu'après une certaine révolution, les herbages destinés à la nourriture des bestiaux, les fruits qui font l'objet de cueillettes successives, etc. ;

4° Les difficultés considérables de la perception. « Il est impos-« sible de ne pas être alarmé des contestations sans nombre que « cette perception pourrait faire naître entre les percepteurs et les « contribuables. Les événements de l'année 1725 en fournissent « complètement la preuve. » — « La discussion des intérêts entre « les propriétaires et les fermiers et sous-fermiers présente des « difficultés insurmontables, ou du moins dont on n'aperçoit pas

« la solution et qui donnerait lieu à des procès ruineux entre
« eux. » Dans le bureau de Monsieur, le duc de La Rochefoucauld-
Liancourt affirmait qu'il existait en ce moment 40.000 procès
pendants sur la dîme (1) ;

5° Enfin l'exagération du taux des frais de perception fut surtout
signalée. « Cette forme de perception multipliera à un degré véri-
« tablement effrayant le nombre des préposés et receveurs des de-
« niers royaux. » — « Actuellement, les frais faits par un curé
« pour lever la dîme des grains de sa paroisse s'élèvent souvent à
« dix et douze pour cent. » Ailleurs il est dit que ces frais s'é-
lèvent au moins à vingt-cinq pour cent (2). « Et cependant le curé
« est sur les lieux et il trouve, dans son propre établissement et
« dans la complaisance des paroissiens, tous les moyens de rendre
« la levée économique. »

Ce résumé des inconvénients que présentait le fonctionnement de
la dîme ecclésiastique suffirait à faire juger, dans son ensemble,
le système de l'impôt en nature. Mais nous devons spécialement
l'étudier sous sa forme d'impôt foncier perçu au profit de l'État.

§ 4. — La Dîme royale de Vauban.

L'idée d'introduire l'impôt en nature au sein du budget de l'État
remonte aux débuts du xviiie siècle (3).

L'illustre auteur de *la Dîme royale* expliquait alors, avec son
imagination et son style séduisant, qu'il serait facile de construire
à bon marché des granges pour l'emmagasinement des récoltes

(1) Au commencement du siècle, Vauban, dans son livre de *la Dîme royale*,
affirmait, au contraire, que cette perception ne soulevait jamais aucun procès.
Peut-être Vauban se faisait-il des illusions, ou les choses changèrent-elles depuis lui.

(2) « Quant aux frais de perception, ils seraient certainement considérables,
« puisque la levée des dîmes coûte au moins vingt-cinq pour cent aux particu-
« liers. Et, dans ce cas, leur intérêt est un sûr garant que les frais du gouverne-
« ment ne pourraient être moindres. » (Bureau de Monsieur. Séance du 3 mars
1787. Observations sur le projet d'impôt territorial.)

(3) Nous nous abstenons, dans ce chapitre, comme il a été dit déjà, de remonter aux époques primitives où l'impôt était perçu en nature sans théories susceptibles d'être discutées, mais faute seulement de moyens plus perfectionnés de
recouvrement. Nous avons renvoyé pour l'histoire de ces origines, au *Traité des
impôts* de M. de Parieu.

dans chaque paroisse (1); que même, dans le Midi, on se passerait
aisément de granges, et qu'une fois les premières objections matérielles surmontées, la perception en nature procurerait des avantages merveilleux. « L'agriculteur, disait Vauban, abandonnerait
« sans peine, sans souffrance, presque spontanément, sa part de
« récolte au bout du champ; l'intervention des sergents et des
« huissiers deviendrait inutile; les percepteurs de la dîme seraient
« tous bons amis des contribuables. »

Ces idées, que l'opinion publique accueillit avec admiration,
reçurent un commencement d'exécution en 1725, alors que l'édit
du 5 juin institua l'impôt du *cinquantième*, levé en nature. Mais,
dès le 21 juin de l'année suivante, un nouvel édit le rapporta; ces
dates seules indiquent que l'essai ne fut pas heureux. En dehors
de là, aucun document ne précise les difficultés spéciales d'application auxquelles le fisc se heurta dans cette courte période (2).
(*Histoire du dixième et du cinquantième dans la généralité
de Guienne*, par M. Houques-Fourcade.)

§ 5. — *Contribution foncière en nature sous la Révolution.*

De l'an III à l'an V, la Convention entreprit une expérience
d'impôt en nature plus prolongée, sous l'inspiration de Dubois-

---

(1) Vauban professe un enthousiasme juvénile pour sa conception. Tout devient
facile à ses yeux, même ce qui est à peu près irréalisable : « L'engrangement,
« dit-il, ne présente pas de difficultés. D'ailleurs, il n'est nécessaire qu'en deçà
« de la Loire. Et quand il faudrait une grange pour chaque paroisse dans les
« provinces qui sont au delà de la Loire, la dépense n'en serait pas consi-
« dérable !

« La dîme est le plus aisé de tous les revenus parce que le décimateur n'est
« obligé à faire aucune avance que celle de la levée. »

A-t-on la crainte que le Trésor ne soit fraudé par vol, dégâts, glanage ou
telle autre manière de friponnerie que ce puisse être, il suffit d'édicter que
« défense est faite d'enlever les débleures de la terre, ni de mettre les gerbes
« en trésaux, avant que le dîmeur royal n'ait passé ».

Chaque obstacle est ainsi levé successivement avec une aisance et une fertilité
d'imagination admirables. Vauban ne voyait que le but : l'égalité des charges
publiques, et, pour l'atteindre, il se dégageait légèrement de tous les accidents
de la route.

(2) Cependant, dans la délibération de l'assemblée des notables de 1787, dont
nous venons de parler, il est, à plusieurs reprises, question de l'édit de 1725,
et les causes de son échec sont invoquées par divers bureaux à titre d'exemple.

Crancé, général et orateur (1), lequel avait déjà prôné sans succès son système à l'assemblée constituante.

La loi du 2 thermidor an III prescrivit son application pour la moitié de la contribution foncière, puis bientôt celle du 24 fructidor an III pour les trois quarts. Mais au bout d'un an d'exécution, la commission des finances déclarait que les céréales prélevées par le fisc avaient été dilapidées, avariées, perdues (2). Dubois-Crancé avouait, lui-même, que « la partie de la contribution per-
« çue en nature l'an dernier a été gaspillée, avariée et d'un pro-
« duit presque nul ». Le ministre de la guerre, d'un autre côté, auquel étaient livrées pour l'approvisionnement des troupes les denrées provenant de l'impôt, formulait la déclaration suivante :

« La contribution en nature avait nécessité des établisse-
« ments considérables pour recéler les denrées versées par les
« contribuables. La plupart de ces magasins, éloignés des points
« de consommation, n'étaient d'aucun usage pour les entrepreneurs
« qui laissaient les matières s'y amonceler plutôt que de s'exposer
« à des frais de transports. Il en résultait que les denrées oubliées
« et négligées dans les dépôts s'avariaient successivement et que
« le gouvernement était obligé de les vendre à vil prix, après avoir
« été chargé de frais immenses de manutention, de garde et de
« déchet. » (Compte-rendu au Directoire exécutif par le citoyen
« Scherer, ex-ministre de la guerre, an VII.)

(1) Lire l'ouvrage intitulé *l'Armée et la Révolution. Dubois-Crancé*, par M. Th. Iung, 2 vol. in-12, 1884.
Dubois-Crancé avait une taille élevée, des formes athlétiques, les extrémités fines, le cou large et sillonné de veines, la poitrine frémissante, le geste magnifique, la voix vibrante, etc. Voilà plus de qualités qu'il n'en faut pour faire triompher une utopie à la Convention. Dubois-Crancé, d'ailleurs, persista dans ses opinions fiscales, car, en 1804, un an avant sa mort, il publia encore un volume sur l'impôt en nature.

(2) Notre histoire des *Finances de l'ancien régime et de la Révolution* expose avec quelques détails cet incident de l'impôt en nature sous la Convention. Des extraits des discours de Dubois-Crancé y résument les avantages chimériques attendus de la mesure par son promoteur. D'un autre côté, sont également résumées les objections produites par ses adversaires. Enfin, les rapports de la Commission des finances des Cinq-Cents, tel que celui du 30 germinal an IV, cité ci-dessus, montrent les résultats officiels du système. (Voir 1er volume, pages 186 et suivantes.)
Nous n'ajoutons ici comme nouveau document que le passage du rapport du ministre de la guerre, Scherer.

Il fallut donc enfin, malgré les objurgations des promoteurs de l'innovation, qui prétendaient qu'on devait persister en dépit d'obstacles qualifiés de transitoires, reconnaître son erreur et mettre un terme à l'expérience. Ce fut l'œuvre de la loi du 18 prairial an V, qui abrogea celle de l'an III : « La contribution foncière « de l'an V ne sera payée qu'en numéraire métallique. »

Telle est la courte histoire de l'impôt en nature, dont chaque apparition, on le voit, fut suivie d'un échec presque immédiat. Il est inutile aujourd'hui d'insister sur la portée de cet enseignement, car le payement en argent prévaut, sans contestation, à peu près partout. On ne rencontre plus d'impôt en nature que chez certains peuples coloniaux ou asiatiques, et, en Europe (1), dans la principauté de Bulgarie qui, ces dernières années encore, annonçait, vers le mois d'octobre, l'adjudication des céréales provenant de la dîme de la récolte courante.

§ 6. — *Défectuosités inhérentes à l'impôt en nature.*

Si maintenant nous considérons l'impôt en nature abstraction faite de ses infortunes historiques, nous trouvons en résumé qu'il présente, par lui-même, deux défectuosités essentielles.

D'abord, il frappe le produit brut, c'est-à-dire les récoltes dans leur masse totale, sans tenir aucun compte des frais de production. Or, ces frais peuvent avoir été considérables, d'autant plus même que la culture a été plus perfectionnée. Le procédé est donc à la fois injuste et décourageant. Déjà nous avons eu l'occasion de mentionner cet argument essentiel. A ce point de vue, l'impôt en nature est en contradiction avec la théorie de l'imposition du *produit net* que les Physiocrates et l'assemblée constituante ont si justement proclamée et que défendent tous les économistes. « La « principale objection contre la dîme, dit Ricardo, est que sa va-

---

(1) Nous laissons toujours de côté les *prestations* affectées au service des chemins vicinaux perçues pour le compte des communes en France, parce que, comme on l'a vu déjà, le payement en argent ou en nature demeurant facultatif à leur égard, il s'agit uniquement d'une option stipulée en faveur des contribuables, et nullement d'une obligation.

« leur augmente à proportion que la difficulté de produire du blé
« s'accroît. Elle devient ainsi très onéreuse et extrêmement oppres-
« sive. » (*Des principes de l'économie politique et de l'impôt.*)

Puis, la perception en nature est irréalisable : cette seconde
objection toute pratique aurait pu dispenser de la théorie précédente. Comment, en effet, supposer, dans un pays tel que la
France, la collecte annuelle de plus de 300 millions d'hectolitres
de grains, sans parler de toutes les autres récoltes en fourrages,
fruits, racines, raisins, etc., leur emmagasinement, leur conservation, leur transport et leur vente, effectués par les soins de l'État?
Vauban, sans doute, a pu caresser ce chimérique projet, il y a
deux cents ans environ ; mais déjà l'expérience contemporaine du
xviiie siècle aurait suffi à le désillusionner. Aujourd'hui, en
présence de l'extension des surfaces cultivées, de la variété des
cultures, du morcellement des héritages et des progrès de l'esprit
public, personne ne saurait plus imaginer qu'il fût encore possible
de voir chaque propriétaire partager, au bout du champ, les
produits de sa récolte en nature avec le collecteur du fisc.

Voilà au moins une vérité que le temps semble avoir définitivement consacrée.

CHAPITRE VIII

IMPOTS SUR LE LUXE

§ 1. — *Arguments invoqués en faveur de l'imposition du luxe. Jean-Jacques Rousseau.*

L'idéal consisterait à transporter le poids intégral de l'impôt sur ce qu'on nomme le luxe (1), c'est-à-dire sur les manifestations ostensibles, presque punissables de la richesse. Ce luxe, qui s'étale insolemment en tant d'endroits, dit-on, ne suffirait-il pas, s'il était vigoureusement pressuré, à fournir toutes les ressources nécessaires aux budgets? Ne devrait-on pas s'adresser exclusivement à lui, plutôt que de surcharger les consommations du pauvre?

Ces propos, journellement répétés, sous une forme déclamatoire, dans les clubs, les cafés, les journaux radicaux, etc., y obtiennent toujours un succès certain. Jean-Jacques Rousseau, leur premier inspirateur, savait au moins leur donner une tournure éloquente :

« Qu'on établisse, disait-il, de fortes taxes sur la livrée, sur les
« équipages, sur les glaces, lustres et ameublements, sur les étof-
« fes et la dorure, sur les cours et jardins des hôtels, sur les
« spectacles de toute espèce, sur les professions oiseuses comme
« baladins, histrions, chanteurs, en un mot, sur cette foule d'ob-
« jets de luxe, d'amusements et d'oisiveté qui frappent tous les
« yeux et qui peuvent d'autant moins se cacher que leur seul
« usage est de se montrer et qu'ils seraient inutiles s'ils n'étaient

---

(1) Nous ne parlons ici que des consommations de luxe proprement dit, et non pas des consommations populaires, superflues sans doute, mais dépourvues de tout sentiment de raffinement et d'ostentation (c'est là ce qui constitue le luxe), telles que l'alcool, le tabac, etc.

« vas... C'est bien mal connaître les hommes de croire qu'après
« s'être laissé séduire par le luxe, ils y puissent jamais renoncer...
« Tant qu'il y aura des riches ils voudront se distinguer des pau-
« vres et l'État ne saurait se former un revenu moins onéreux, ni
« plus assuré (1), que sur cette distinction. » (Discours sur l'é-
conomie politique.)

Évidemment, imposer le luxe et dégrever par compensation les
objets usuels constituerait un système financier tout à fait séduisant en apparence. Mais à quoi bon se payer d'apparence ? Dans
quel but se bercer d'utopies dépourvues d'application possible ?
Est-ce avec des élucubrations irréalisables que l'on remplira les
caisses du Trésor ? Là est toute la question. L'impôt a pour unique
objectif de procurer de l'argent au budget. Or, s'il est démontré
que les impôts sur le luxe demeurent forcément improductifs (2),
personne ne devra plus songer à fonder sur leur généralisation le
système fiscal de l'avenir.

Mettons donc en lumière ce vice radical des taxes sur le luxe:
l'improductivité. Recherchons comment et pourquoi elles en sont
essentiellement entachées.

§ 2. — Causes de l'improductivité des taxes somptuaires.
Difficulté de définir le luxe.

La première cause de leur improductivité résulte de la nature
indécise, mal définie, et par conséquent difficilement saisissable,
de ce qu'on nomme arbitrairement le luxe.

En effet, disait Voltaire, « qu'est-ce que le luxe ? un mot sans
« idée précise. » Et il ajoutait : « Transportons-nous au

---

(1) Ce revenu est si peu assuré qu'il échappe aux mains de J.-J. Rousseau
lui-même. En effet, d'après son système, « la taxe de celui qui a du superflu
« peut aller au besoin jusqu'à concurrence de tout ce qui excède le nécessaire ».
Dès lors, si la taxe aboutit à supprimer les ressources superflues, elle privera
d'emblée le riche de l'aliment même de son luxe, et anéantira, avec celui-ci, le
produit de la taxe qui le frappe

(2) Les mots *improductifs* et *improductivité* signifient, bien entendu, *insuffisamment productifs*, *insuffisance de productivité*. La suite de ce chapitre
indique, en effet, que les taxes sur le luxe rapportent aux budgets actuels un
certain produit, très restreint, il est vrai.

« temps où nos pères ne portaient pas de chemises! Si quelqu'un
« leur eût dit : Il faut que vous portiez sur la peau des étoffes fines
« et légères, blanches comme la neige, et que vous en changiez
« tous les jours, tout le monde se serait écrié : Ah! quel luxe!
« quelle mollesse! vous voulez corrompre les mœurs et perdre
« l'État! » (*Observations* sur MM. Lass, Melon et Dutot.) Le
luxe est donc un fait relatif aux temps et aux personnes. Son niveau s'élève ou s'abaisse incessamment, selon le degré de la civilisation et selon la position des individus.

« Chaque classe, dit M. Paul Leroy-Beaulieu, considère comme
« luxe les objets que sa situation de fortune ne lui permet pas de
« posséder et dont la classe supérieure, au contraire, a les moyens
« d'user. » (*Précis d'économie politique*) (1).

La plupart des consommations de luxe, d'ailleurs, ne sont
que des consommations usuelles affinées, portées à l'excès (2),
dont le point exact de transformation devient très difficile à préciser. Personne ne saurait fixer la ligne de l'étiage où le luxe succède à l'usage.

Il ne suffit donc pas de déclarer *ex cathedra* que le luxe doit
être imposé. Il faut désigner nominativement, dans le texte des
lois, chaque objet de luxe imposable. Or, très peu d'entre eux
sont susceptibles de recevoir une telle désignation nominative, en
raison précisément de leur nature indécise et mal définie.

Qui dira, par exemple, si, vis-à-vis de la modeste piquette, le vin
cacheté du cabaret n'est pas du luxe? Lui-même, ce luxe du cabaret ne s'éclipse-t-il pas devant les vins fins servis au dessert sur
les tables bourgeoises, lesquels constituent l'ordinaire des gens
opulents? Où commence donc la possibilité d'imposition, à titre
de luxe, de la boisson dont il s'agit, représentant toujours

(1) On pourrait, sans paradoxe, qualifier les jouissances de luxe *celles qui
sont vues de bas en haut*. Les mêmes jouissances cessent d'apparaître sous cet
aspect de luxe lorsqu'elles sont vues de haut en bas.

(2) Proudhon, l'auteur de la *Théorie de l'impôt*, s'exprime ainsi : « Quels
« sont, en langage économique, les produits de luxe? Ceux dont la création
« suppose la préexistence de tous les autres. A ce point de vue, tous les pro-
« duits du travail humain ont été tour à tour et ont cessé d'être des objets de
« luxe, puisque, par le luxe, nous n'entendons autre chose qu'un rapport de
« postériorité. Luxe, en un mot, est synonyme de progrès. » (*Contradictions
économiques.*)

quand même, en dépit de ses formes diverses, l'aliment essentiel à la réparation des forces de l'homme? Le vêtement, aussi, possède un caractère incontestable de première nécessité. Faut-il le nommer luxe et le taxer comme tel dès qu'il devient toilette des dimanches, ou bien attendre qu'il se transforme en beaux habits de ville, simples oripeaux, à leur tour, comparés aux produits artistiques des ateliers des grands faiseurs de la capitale? Encore ici, le doute contraint le fisc à s'abstenir.

Le nombre des objets de luxe suffisamment précis et bien définis pour être incontestablement imposables à ce titre demeure donc très restreint. Très peu, parmi les consommations de luxe, se présentent sous des formes assez distinctes, assez certaines pour être saisies par l'impôt (1).

§ 3. — *Caractère évasif des objets de luxe. Exemples en France et en Angleterre. Nécessité de modérer les tarifs à leur égard.*

En second lieu, non seulement les consommations de luxe imposables sont forcément peu nombreuses, mais leur petit nombre se dérobe au moindre excès de formalité ou de tarification. Par conséquent, il ne saurait être question pour elles ni de prescriptions sévères, ni de tarifs élevés. Aussitôt ici que le fisc tente d'appesantir trop lourdement sa main, des fuites, des transformations, ou des abstentions annulent le rendement de l'impôt.

Sans doute, l'opulence continuera toujours à se procurer coûte que coûte les objets qui tendent à satisfaire ses goûts. Elle se glo-

(1) Nous ne parlons pas ici des *lois somptuaires* qui, pour réprimer l'excès des dépenses, ont voulu souvent établir des tarifs prohibitifs contre les objets de luxe. Ce sont des mesures de police dont le but, s'il pouvait être atteint, consisterait précisément à détruire la matière imposable. Elles sortent de notre sujet fiscal. Nous n'étudions que les tarifs *sur* le luxe, et non les tarifs *contre* le luxe, suivant l'heureuse expression de Baudrillart.

« J'appelle impôt contre le luxe, dit-il, toute taxe qui, par hostilité contre cet « usage qu'un particulier fait de son revenu, veut, en quelque sorte, l'en punir « ou le forcer à se modérer. » (*Histoire du luxe.*)

Lire dans l'*Histoire du luxe* le récit des tentatives avortées des différentes lois somptuaires rendues sous Charlemagne, sous Henry II, Charles IX, Louis XIII, Louis XIV et Louis XV.

rifiera même peut-être de les payer plus cher. A son égard, Jean-Jacques Rousseau avait raison de dire que les prix ne l'arrêteront jamais (1). Mais l'opulence, comme nous le verrons plus loin, se trouve aux mains d'un nombre de privilégiés beaucoup trop restreint pour que sa persistance à consommer suffise à soutenir les rendements fiscaux. La classe moyenne, au contraire, qui seule fait nombre lorsqu'elle s'adonne au luxe par fantaisie intermittente, ressentira immédiatement les effets du renchérissement provenant de l'élévation des tarifs et les fera ressentir au fisc. Usant exceptionnellement du luxe suivant ses moyens, elle le sacrifiera aussitôt qu'il deviendra trop onéreux. Non seulement, d'ailleurs, la classe aisée, mais, par occasion aussi, l'ouvrier lui-même recherche certains objets de luxe (2). Le renchérissement l'effarouchera comme les précédents. Il se privera de la jouissance taxée, dès qu'elle lui coûtera trop cher. Ce sont là les véritables régulateurs des taxes sur le luxe.

Le législateur, du reste, à différentes reprises, en a fait l'expérience.

Après 1870-1871, les droits frappant la chasse parurent, très justement en théorie, devoir concourir à l'augmentation générale de recettes réclamée par les budgets. La chasse, disait-on, voilà, certes, un plaisir de luxe méritant d'être surtaxé au maximum ! D'emblée, dès lors, le prix du permis fut porté de 15 à 3o fr. au profit de l'État, ce qui, avec les 10 fr. attribués aux communes, éleva son prix total de 25 à 4o fr. Le chasseur, si prodigue en dépenses de toutes sortes quand il s'agit de satisfaire ses goûts cynégétiques, ne s'apercevra même pas, supposait l'exposé des motifs, de ce supplément de 15 fr. Il s'en aperçut si bien cependant que le nombre des permis de chasse diminua incontinent dans des

(1) Il est évident, comme le disait récemment le promoteur de l'impôt sur les livrées, que « M. de la Rochefoucauld n'obligera pas ses cochers à se « coiffer de chapeaux de paille le jour où il serait condamné à payer un « impôt sur les livrées » ! (Chambre des députés, séance du 25 février 1893.)

(2) « L'ouvrier, dit Proudhon, sue et se prive et se pressure pour acheter une « parure à sa fiancée, un collier à sa petite fille, une montre à son fils, et vous « lui ôtez ce bonheur, à moins toutefois qu'il ne paye votre impôt, c'est-à-dire « votre amende ! » (Contradictions économiques.)

proportions considérables et que, dès le 20 décembre 1872, on s'empressa de revenir sur la mesure édictée le 23 août 1871.

Dans le même ordre d'idées, l'Assemblée nationale, ayant doublé le prix de vente des poudres de chasse (loi du 4 septembre 1871), reconnut immédiatement à l'expérience que la restriction de la consommation mettait le Trésor en perte, et rapporta la mesure deux ans après (25 juillet 1873) (1).

En Angleterre, à la fin du siècle dernier, un curieux essai de renforcement des taxes sur le luxe fut tenté par William Pitt. Divers droits modérés existaient déjà sur les chevaux, les domestiques, les chiens, les montres et horloges, etc. (2). Le ministre anglais réunit ces droits en faisceau, et en tripla d'emblée les tarifs (3). L'*act du triple assessment* de 1797 cherchait, comme on le voit, à faire contribuer aussi largement que possible le luxe et la richesse aux frais de la guerre contre la France. Malgré cette louable intention, les taxes somptuaires ne rendirent pas ce que Pitt en espérait (4). Aussi, dès 1798, s'empressa-t-il de leur adjoindre une contribution nouvelle, l'*income-tax*, qui réussit au moins à enrichir les budgets et à équilibrer les dépenses (5).

Aujourd'hui, soit par instinct, soit éclairés par les expériences

(1) L'augmentation du prix des poudres de chasse, dit l'exposé des motifs de la loi du 25 juillet 1873, a eu pour résultat de restreindre la consommation et de développer la fabrication et les introductions clandestines. Ainsi, en 1892, au lieu d'obtenir une plus-value de recettes, on est resté de 3 millions au-dessous du rendement normal. Dans ces conditions, il n'y a pas à hésiter à rétablir les anciens prix.

(2) Voici la liste complète de ces droits, nommés *assessed taxes* :
Taxes sur les fenêtres établies en 1696.
Taxes sur les voitures établies en 1747.
Taxes sur les serviteurs mâles établies en 1777.
Taxes sur les maisons habitées établies en 1778.
Taxes sur les chevaux de selle et de voiture établies en 1784.
Taxes sur les chiens établies en 1796.
Taxes sur les montres et horloges établies en 1797.

(3) Pitt ne tripla pas précisément le tarif de ces taxes. Mais il exigea le payement immédiat pour trois années, et même pour cinq années, de leur montant annuel.

(4) Le *triple assessment*, maintenu jusqu'à la fin de la guerre, finit, en 1815, par rapporter des sommes assez importantes. A la paix, beaucoup de ses éléments disparurent. Il n'en reste aujourd'hui qu'un nombre restreint, rapportant les 35 millions qui sont détaillés plus loin.

(5) Ou plutôt les produits de l'*income-tax* servirent à gager les emprunts qui fournirent les fonds nécessaires à la continuation de la guerre.

précédentes (1), les gouvernements ont la prudence de ne plus frapper les objets de luxe que de tarifs très modérés. Quelques exemples suffiront à montrer les taux extrêmement réduits de ces tarifs.

D'abord, celui des matières d'or et d'argent, objets de luxe par excellence, bijoux, parures, ornements futiles, méritant de supporter toutes les rigueurs de l'impôt. Cependant, en France, le droit sur l'or (37 fr. 50 l'hectogramme) ne représente que 10,91 p. 100 de la valeur du métal. Déjà ce taux de 10,91 p. 100 semble minime par rapport à ceux de 400 p. 100, de 160 p. 100 dont sont atteints l'alcool et le sucre (2). Mais si, au lieu de considérer le métal brut, on considère le métal travaillé, l'objet artistique lui-même dont la valeur est décuple, vingtuple ou centuple, le taux de l'impôt n'atteint plus en moyenne que 1 p. 100, 1/2 p. 100 et moins encore. Les mêmes calculs appliqués à l'argent, dont l'hectogramme, d'un prix commercial de 15 fr. environ, supporte 2 fr. de taxe, soit 13,33 p. 100 par rapport au métal, font ressortir par rapport aux fabrications, sous forme de bijoux, chaînes, boîtes de montre, filigranes, orfèvrerie, vaisselle plate, etc., un taux d'imposition de 1 p. 100, 1/2 p. 100, environ seulement, comme tout à l'heure.

En Angleterre même, il n'existe plus aucun droit sur les objets d'or et d'argent, depuis que l'impôt sur la vaisselle plate a été supprimé en 1890-1891 par M. Goschen, pour donner satisfaction aux producteurs de l'Inde.

L'impôt sur les chevaux et voitures ne frappe le cheval de l'homme riche que d'un tarif de 25 francs à Paris, de 20 fr. et 10 fr. en province. Le cheval du grand propriétaire, qui réside dans ses terres, ne paye même que 5 fr. C'est bien peu évidemment pour un animal qui souvent vaut 2.000, 3.000 fr., ou davantage.

(1) Ajoutons que, par le fait de l'extrême sensibilité de la matière imposable, les taxes sur les objets de luxe risqueraient de ruiner les industries qui s'y rattachent, si leurs tarifs étaient poussés trop loin. L'industrie de la carrosserie, par exemple, a toujours lutté victorieusement contre les propositions d'augmentations inconsidérées de la contribution des voitures qui auraient pu gravement léser ses intérêts. Ce point a bien son importance, et les gouvernements ne manquent pas de le prendre en considération.

(2) Et le blé, lui-même, qui supporte un tarif de 20 p. 100!

7

Les droits sur les domestiques mâles en Angleterre, indices certains d'un degré de fortune respectable, ne dépassent pas 18 fr. 25 par tête. Dans ce pays également, les droits sur les chiens d'agrément ne s'élèvent qu'à 9 fr. 30. En France, à 10 fr. environ.

En un mot, tous les impôts sur le luxe, par la force des choses, sont dotés de tarifs très réduits, dès lors, très peu lucratifs.

§ 4. — *Clientèle restreinte des consommations de luxe.*

La troisième cause d'improductivité des taxes sur le luxe est le peu d'étendue de leur clientèle.

Au premier abord, on s'étonne à l'énoncé d'un tel fait, que semblent démentir de si brillants dehors! Au bruit que fait le luxe, à l'éclat qu'il projette, on le croirait, au contraire, l'apanage d'une classe considérable de la nation. Le public ébloui suppose volontiers que les heureux de ce monde sont innombrables. Rien n'est moins exact.

En réalité, la majorité des hommes gagne au jour le jour son pain quotidien. La richesse ne forme jamais qu'une minime exception (1).

Il importe de bien se pénétrer de cette vérité, non seulement à l'occasion du sujet spécial du présent chapitre, mais aussi pour envisager sous son véritable aspect la question générale des impôts, pour préparer les conclusions auxquelles doit aboutir l'ensemble des considérations développées dans ce volume.

M. Paul Leroy-Beaulieu, dans l'*Essai sur la répartition des richesses*, s'est spécialement attaché, et peut-être le premier, au moins par la vigueur de sa démonstration, à détruire les sophismes répandus sur la diffusion des grandes fortunes. En consultant les statistiques de l'*income-tax* anglais, de l'*einkommensteuer* prussien, des impôts sur le revenu en Suisse, des cotes foncières, des valeurs locatives, de l'impôt sur les chevaux et voitures en

---

(1) « Comme il y a incomparablement plus de pauvres que de riches dans un « Etat, il se trouve que les pauvres possèdent une plus grande part du revenu « national, et qu'un impôt procure fort peu d'argent s'il n'affecte leurs revenus « aussi bien que celui des premiers. » (Sismondi, *De la richesse commerciale.*)

France, des droits sur les domestiques mâles en Angleterre, même des pompes funèbres d'après M. de Foville, il est arrivé à prouver que l'envie et l'admiration enflaient singulièrement dans l'opinion publique l'importance réelle des grosses fortunes. « Quand on as-
« siste, écrit-il, à la sortie du grand Opéra, ou au défilé du retour
« des courses, qu'on voit se suivre et se presser tant de brillants
« équipages, on a peine à échapper à une sorte de vertige et l'on
« croit facilement que le nombre des hommes riches est presque
« infini. Il y a là une illusion d'optique que dissipent la réflexion
« et l'étude... Dans tous les pays les plus aristocratiques, non
« seulement la grande opulence, mais, aussi la très large aisance,
« sont exceptionnelles...

« ... J'ai toujours été étonné, attristé en même temps, de
« cette sorte de badauderie qui change complètement la face de la
« société. Des réflexions nombreuses, approfondies, l'examen de
« tous les documents instructifs, l'étude de tous les indices m'ont
« démontré que les grandes fortunes sont partout infiniment plus
« rares qu'on ne le suppose et que les fortunes moyennes elles-
« mêmes ne sont ni aussi fréquentes, ni individuellement aussi
« grosses qu'on l'admet... »

Les statistiques parues postérieurement à la publication de l'*Essai sur la répartition des richesses* continuent à corroborer les conclusions de ce bel ouvrage.

Ainsi, le compte-rendu par M. Miquel, ministre des finances, de la première année d'exécution, 1891-1892, du nouvel impôt sur le revenu, en Prusse, montre que 2.437.886 contribuables, soit 8,15 p. 100 seulement du total de la population du royaume, acquittent cet impôt. Le nombre des individus réputés ne pas posséder 1.125 francs de revenu, et exemptés à ce titre, s'élève à 20.945.000.

En Saxe, de même, la proportion des pauvres, ne possédant que 1.000 fr. de revenu, exemptés de l'impôt sur le revenu, s'élève à 71 p. 100 du total des imposés (1).

A Vienne, un relevé des moyens d'existence, loyers et revenus

(1) Etude sur le mouvement des revenus en Prusse et en Saxe, par le docteur Soetber. 1891.

des différents groupes de personnes les moins fortunées dressé par M. Von Inama-Sternegg, président de la commission impériale de statistique, donne les résultats suivants : sur 10.000 personnes recensées et étudiées, 6.691 n'ont que leur salaire pour vivre, 1.838 possèdent quelques petits revenus supplémentaires, 1.471 se trouvent dépourvues de toutes ressources.

Les dettes arriérées pour le loyer, pour le pain et pour la maladie forment les causes habituelles de la misère du plus grand nombre.

A Londres, M. Charles Booth trace le cadastre, pour ainsi dire, du paupérisme métropolitain, par district, spécifiant les diverses situations par une série de teintes progressives depuis le noir jusqu'au jaune d'or. Mais combien peu habitent cette heureuse région du jaune d'or! 13.40 p. 100 seulement du total de la population sont qualifiés de membres de la classe moyenne ou riche. Au-dessous figurent 50.5 p. 100 d'ouvriers assez aisés, puis 27.7 p. 100 de gens dénommés pauvres, et enfin 8.4 p. 100 de gens très pauvres. Sur les 4.300.000 habitants de la capitale de l'Angleterre, 749.930 seulement feraient ainsi partie de la classe moyenne ou riche.

Un commissaire du *Department of labor* aux États-Unis, M. Gould, constatait, dans une très intéressante conférence à la Société d'économie sociale, que, d'après les résultats de la grande enquête poursuivie par son ministère, la majorité des familles d'ouvriers américains n'avait d'autre revenu pour vivre que le salaire du chef de la famille (séance du 2 mai 1892).

Tout le monde a lu les émouvantes excursions de Tolstoï à travers les populeuses maisons ouvrières de Moscou, que hante la misère.

En Angleterre, le nombre des pauvres officiellement recensés dans chaque paroisse du Royaume-Uni, non compris les vagabonds, s'élève à plus d'un million. En France, le nombre des individus secourus par les bureaux de bienfaisance atteint un million et demi.

Enfin, la statistique des grèves montre combien s'épuisent vite les ressources de réserve de l'ouvrier. Malgré les souscriptions, les

quêtes, les subsides, les encouragements matériels et moraux des
chambres syndicales et des conseils municipaux, la durée moyenne
de ces tristes conflits n'excède pas deux à trois semaines, parce
que, presque toujours, la nécessité de vivre provoque la reprise
du travail.

Il existe ainsi 25 millions de personnes, ouvriers et leurs familles
incapables de se passer de leur salaire quotidien.

En nous référant encore à l'auteur de la *Répartition des richesses* : « Toutes les statistiques diverses, écrit-il, qui peuvent
« jeter quelque jour sur cette grave question témoignent de la
« *très faible proportion* que représente la somme des revenus
« de quelque importance relativement à l'ensemble des revenus
« nationaux.

« ... Tous ces renseignements si divers et si variés, quant à
« leurs origines, témoignent que, dans tous les pays, même dans
« les plus aristocratiques, non seulement la grande opulence ,
« mais aussi la très large aisance sont exceptionnelles. »

D'ailleurs, rien ne prouve mieux la faible clientèle des taxes
sur le luxe que le relevé de leurs unités imposables, extraits des
comptes officiels.

Le nombre des permis de chasse annuellement délivrés ne
dépasse pas 372.000. En admettant que la démocratisation de ce
plaisir porte un jour leur chiffre à 400.000, que faire avec un si
faible multiplicateur ? 400.000 parties prenantes à 18 fr. par tête
ne produiront jamais que 7.200.000 fr. Doublerait-on le tarif,
chose d'ailleurs impossible, comme on l'a vu, ce ne serait encore,
tout au plus, que 15 millions! Quel rendement attendre d'un
impôt qui n'a que 400.000 clients ?

De même des droits sur les domestiques en Angleterre, qui ne
frappent que 185.000 serviteurs de cette espèce.

Les droits sur les chevaux et voitures en France n'atteignent que
136.598 chevaux et 169.422 voitures à taxe entière. On supposerait même volontiers que les relevés administratifs commettent une
omission quand ils n'enregistrent que 10.268 chevaux de maître, de selle et d'attelage, à Paris, la ville des beaux équipages par

excellence. Personne, au retour des courses, un dimanche de prin-
temps, n'aurait osé supputer si bas !

La taxe sur les billards publics et privés n'en découvre que
94.720, et celle sur les cercles, sociétés et lieux de réunion n'en-
registre que 267.155 abonnés !

Si l'on compare ces faibles chiffres aux millions, dizaines et
cinquantaines de millions d'unités imposables qui constituent l'assiette des impôts sur les consommations usuelles: vins, sucres, tabacs, sels, alcools, liqueurs, etc., on reconnaît immédiatement
qu'ici c'est la base même qui fait défaut.

Voici donc, en résumé (1), à l'encontre des taxes sur le luxe,
trois causes d'improductivité superposées. En premier lieu, leur
petit nombre, en second lieu la modicité obligatoire de leurs
tarifs, en troisième lieu, l'étroitesse de leur clientèle.

De sorte que si, dans les réunions publiques, clubs et cafés,
dont nous parlions au début. un auditeur de bon sens, instinctive-
ment choqué des déclamations qui frappent ses oreilles, voulait
tenter de les réfuter, nous lui conseillerions de refaire le travail
auquel nous venons de nous livrer. Alors, peut-être, réussirait-il à
opposer à la simplicité captieuse des théories vagues de ses contradicteurs, une théorie non moins simple et beaucoup plus convaincante, celle de l'improductivité forcée des combinaisons somptuaires, démontrant, chiffres en mains , exemples à l'appui, que
l'impôt destiné à alimenter les budgets doit, avant toutes choses,

(1) Si nous voulions achever cette démonstration en abordant le côté historique, nous aurions pu rappeler l'échec des impôts établis sur les riches pendant la Révolution, dont il sera question, du reste, au chapitre de l'impôt progressif. En 1793, une première loi stipula : « Il sera fait un emprunt forcé sur
« les citoyens riches. » (Loi du 20 mai 1793.) En 1795, une seconde loi s'exprimait ainsi : « Pour subvenir aux besoins de la patrie, il est fait un appel de
« fonds, en forme d'emprunt, sur les citoyens aisés de chaque département. »
(Loi du 10 décembre 1795.) Enfin, en 1799, dernière loi disant : « La classe
« aisée des citoyens sera seule appelée à remplir cet emprunt. » (Loi du
6 août 1799.)
Ces trois tentatives portant, la première sur un milliard, la seconde sur
600 millions, et la troisième sur 100 millions, ne rendirent au Trésor que des
sommes insignifiantes. La prétendue classe des gens riches ou des gens aisés
possédait alors, en effet, moins que jamais, l'importance qu'on lui supposait.
Voir à ce sujet notre histoire des *Finances de l'ancien régime et de la Révolution.*

aboutir à un rendement effectif, et qu'avec un système exclusivement composé de taxes sur le luxe, ni les arrérages de la dette publique, ni les traitements des fonctionnaires, ni les pensions civiles et militaires, ni les secours, ni les travaux publics, ni l'instruction publique, ni l'armée ne seraient plus payés! Sans doute
conquerrait-il, à son tour, avec de tels arguments, les applaudissements d'une assemblée tant soit peu raisonnable.

Il ajouterait ensuite, — au risque, par cette dernière audace, de
compromettre son succès, — que susciter des sentiments stériles de
rancune et d'envie dans le cœur des contribuables, en leur faisant
espérer mensongèrement de voir un jour la totalité de leur fardeau fiscal passer sur le dos des riches, est une œuvre malsaine et
condamnable.

§ 5. — *Nécessité cependant d'imposer le luxe dans la mesure
du possible.*

Est-ce à dire qu'il faille s'abstenir de taxer le luxe? En aucune
façon. Le luxe, au contraire, doit être taxé : nous tenons à l'affirmer clairement en terminant ce chapitre.

Les revenus qui se montrent, l'ostentation de la richesse ne sauraient demeurer indemnes. Le fisc deviendrait inexcusable s'il
fermait volontairement les yeux devant ces manifestations écla-
tantes des fortunes privées. Puisque le luxe s'offre spontanément,
l'impôt ne peut que s'empresser de le saisir. Le respect de l'égalité proportionnelle lui en fait un devoir.

Il est salutaire, d'ailleurs, que le public sache bien, en voyant
passer un brillant équipage, que les beaux chevaux, les voitures
élégantes, les livrées à couleurs voyantes ou intentionnellement
sombres (1) ont acquitté leur part d'impôt. Faire payer le maximum possible à la richesse qui se montre, à la vanité qui s'étale,
à l'ostentation qui frappe les yeux, constitue, en somme, une
règle de justice fiscale incontestable.

(1) Le promoteur de l'impôt sur les livrées, que la Chambre des députés a
voté platoniquement le 25 février 1893, disait : « On m'objecte que l'impôt sur
« la livrée ne produira rien. Mais quand ce ne serait qu'un impôt de principe...
« un impôt sur le luxe et sur la vanité? »

Mais il ne faut pas, comme il a été dit, se faire d'illusion sur les résultats pratiques de cette règle de justice fiscale. Le maximum possible dont nous venons de parler ne s'élèvera jamais très haut et ne produira jamais beaucoup.

Satisfaction légitime seulement aura été donnée aux principes proclamés par tous les économistes depuis Adam Smith, et ce que les impôts sur le luxe procureront au Trésor sera de l'argent puisé à bonne source.

§ 6. — *Taxes sur le luxe en France et en Angleterre.*

Pour apprécier dans quelle mesure ces sages idées peuvent entrer en exécution, il suffit de parcourir les budgets contemporains.

La liste des objets de luxe imposés n'est pas longue : chevaux, voitures, chiens, armoiries, domestiques, matières d'or et d'argent, chasse, cartes à jouer, billards, cercles, tels sont à peu près les seules matières somptuaires que l'invention fiscale soit parvenue à saisir (1).

Quant au produit de ces diverses taxes, il atteint un niveau de 35 ou 45 millions au maximum, en France comme en Angleterre. Les tableaux suivants en donnent la décomposition :

Pour l'Angleterre :

Droit sur les voitures...................	11.860.000 fr.
— les domestiques mâles.........	3.575.000
— les armoiries..................	1.884.000
— les chiens...	10.496.000
— la chasse....................	6.867.000
— les cartes à jouer.............	477.000
Total................	35.159.000 fr.

(1) On peut y ajouter les taxes suivantes existant encore ou ayant existé, d'après M. de Parieu : sur les montres en Amérique et autrefois en Angleterre, sur les perruques dans la république de Venise, sur la poudre à poudrer en Angleterre, sur les tulipes en Hollande, sur les quilles à Brème, sur les dés dans les Pays-Bas, et enfin sur les pianos au Mississipi. Dernièrement encore, au cours de la discussion du budget de 1893, la Chambre des députés en France a voté des droits sur les pianos et sur les livrées, que le Sénat n'a pas ratifiés.

(Dernier rapport des commissaires du revenu intérieur pour l'année fiscale finissant le 31 mars 1892.)

Pour la France, d'après le dernier budget de 1894 :

Contribution sur les chevaux et voitures (État et communes).............................	12.380.000
Droits sur les matières d'or et d'argent.......	4.773.300
— cartes à jouer.................	2.297.000
— billards.....................	1.134.500
— chiens (au profit des communes) par évaluation.............	6.500.000
— permis de chasse (État et communes)...................	10.467.000
— vélocipèdes (Etat et communes)..	1.800.000
— poudres de chasse (produit net), par évaluation.............	4.000.000
— cercles.....................	1.440.250
Total..................	44.792.050

En déduisant des 44.792.000 fr. afférents à la France, les 11.307.000 fr. qui sont attribués aux communes (1), on arrive, de part et d'autre, à un total de 33 ou 35 millions environ de produits budgétaires provenant des taxes sur le luxe.

La corrélation est, au moins, curieuse.

Même en s'ingéniant, atteindrait-on 40 ou 50 millions, ce ne serait jamais qu'une proportion minime, 2 p. 100 environ, par rapport à l'ensemble des produits fiscaux du pays. Ce qui prouve bien que les taxes sur le luxe ne constitueront jamais, à elles seules, un système budgétaire.

(1) La part des communes dans le relevé ci-dessus se compose des éléments suivants :

Vingtième attribué sur le principal de la contribution des voitures, chevaux, etc.............................	619.000
Idem, pour la taxe des vélocipèdes....................	450.000
Taxe de 10 francs sur les permis de chasse..............	3.738.000
Taxe sur les chiens, par évaluation....................	6.500.000
Total............	11.307.000

CHAPITRE IX

§ 1. — *Le socialisme, dans sa pureté, ne comporte pas de système d'impôts.*

Si les théories socialistes se trouvent classées ici parmi les projets idéaux, dépourvus de réalisation pratique, ce n'est pas que leur avènement puisse être considéré comme une éventualité invraisemblable. Tout arrive. D'autant plus que le socialisme grandit chaque jour. Il possède maintenant une organisation, une hiérarchie, des ramifications internationales, des revues, des journaux (1). Il tient des congrès à Halle (2), à Bruxelles (3), à Erfurt (4), à Marseille, à Toulouse, à Roubaix (5), à Gand (6). En Allemagne, les dernières élections viennent encore d'accroître son influence au Reichstag. Le pape lui-même a cru devoir lui consacrer une encyclique (7).

Évidemment, s'il existait un système d'impôts socialistes, son étude devrait trouver ici une place d'honneur. Mais le vrai socialisme, dégagé de tout alliage, dans sa conception la plus pure et

---

(1) La *Revue socialiste* dresse, sur sa couverture, une liste de 35 journaux et revues en France, qu'elle recommande à titre de *périodiques socialistes*.

(2) Octobre 1890.

(3) Août 1891.

(4) Octobre 1891.

(5) 1892.

(6) Mars 1893.

(7) M. Paul Leroy Beaulieu, dans la 3ᵉ édition de son *Collectivisme*, dit : « Beaucoup de personnes parmi les gens du monde, les philosophes et même « les économistes, s'étaient imaginé que le collectivisme était mort, soit comme « doctrine, soit comme parti politique. Nous n'avons jamais cédé à cette illusion... « Nous considérons le socialisme comme plus vivant que jamais et nous avons « toujours déclaré qu'il gagnait du terrain dans les esprits. »

la plus étendue, en dehors de toutes concessions transitoires, ne comporte pas de système d'impôts. Il ne demande pas aux taxes fiscales, telles que nous les comprenons, les ressources nécessaires au fonctionnement de son organisation collective. Il remplace la pompe aspirante des contributions par un mécanisme d'absorption des fortunes particulières beaucoup plus sûr et plus complet.

Pour décrire ce mécanisme, peut-être devrait-on commencer par rechercher en quoi consiste au juste le socialisme, ou plutôt de quel socialisme on entend parler ? Car le parti se divise en sectes nombreuses, rivales, ennemies même souvent les unes des autres. Il semble donc qu'il faudrait, tout d'abord, opter entre elles. Mais ce serait là, croyons-nous, une fausse tactique. En dépit de ses divisions intestines, de son émiettement apparent, le socialisme, par le fait seul de sa persistance, de sa vitalité, révèle l'existence d'une théorie unique, ou tout au moins d'une tendance commune chez tous ses partisans vers un même objectif. M. Eugène d'Eichtal le constate ainsi dans son excellent ouvrage : « Malgré la « compression des gouvernements, la désorganisation de ses états- « majors, les divisions de personnes qui ont toujours paralysé « l'action de ses chefs, l'expansion de l'instruction et les progrès « du bien-être, qui aurait dû le dépopulariser, nous avons vu « constamment le socialisme renaître, ... sortir triomphant des « urnes électorales en Allemagne, ... vaincre en Angleterre « la résistance de l'esprit individualiste, agiter profondément, en « France comme ailleurs, la classe ouvrière ... (1). »

Cet objectif commun, vers lequel tendent tous les partisans du socialisme, ne revêt, sans doute, pas une forme précise, définitive, marquée du sceau de la pratique. Il s'agit plutôt d'aspirations que de théorie régulière. Cependant, lorsqu'on veut bien faire abstraction des contradictions secondaires, on y reconnaît les lignes principales suivantes.

(1) *Socialisme, communisme et collectivisme*, par Eugène d'Eichtal, in-12, 1892. Tout le monde possède et consulte aujourd'hui cet excellent résumé de l'histoire du socialisme.

§ 2. — *Base des revendications socialistes.*

D'une part, le socialisme s'attache essentiellement à constater, à diagnostiquer le mal dont souffre la société. D'autre part, il recherche, sans ménagement, sans souci des obstacles, la panacée susceptible de guérir ce mal. Il arrive ainsi à découvrir que le mal social est le paupérisme et que la panacée consiste dans la socialisation des biens. On peut donc le définir :

« Un parti qui s'applique à mettre en relief les maux résultant « du paupérisme et à rechercher le remède de ces maux dans la « socialisation des biens. »

Rien n'est plus facile que de décrire les injustices sociales, que de dresser un sombre tableau de l'organisation actuelle et d'étaler avec effroi les plaies du paupérisme. Aussi, nombre d'écrivains ou d'orateurs se complaisent-ils tellement dans cette première partie de leur tâche, particulièrement sensationnelle, qu'ils ne vont pas au delà.

D'après eux, les souffrances de la société se résument dans ces deux mots : misère et esclavage. Les travailleurs sont malheureux parce qu'ils sont esclaves.

La misère du plus grand nombre est un fait trop réel. Le socialisme n'a pas le monopole de l'avoir découverte. Depuis longtemps, la charité est sur sa trace. Les œuvres de bienfaisance se multiplient pour la combattre. Personne ne la voit de plus près que les associations de Saint-Vincent-de-Paul et beaucoup d'autres analogues (1). L'État, de son côté, lutte aussi contre le paupérisme avec son assistance officielle. De toute part, la lumière est faite sur cette cruelle vérité, à savoir que le sort de la majorité des travailleurs est précaire et que, pour beaucoup d'entre eux, la vie est douloureuse (2).

---

(1) Les sociétés charitables viennent même de se grouper dans un comité central afin d'éviter les omissions ou les doubles emplois, et de permettre aux efforts individuels d'arriver plus efficacement au but.

(2) Se reporter à ce sujet au chapitre VIII, relatif aux impôts sur le luxe, où sont citées diverses statistiques révélant l'étendue du paupérisme. Voir aussi ce qui en est dit dans le chapitre XXI.

Mais, en second lieu, disent les socialistes, le travailleur est esclave. Pourquoi le travailleur est-il esclave ? Parce qu'il ne possède pas les moyens de travailler. De qui est-il esclave ? Du propriétaire et du capitaliste, qui seuls détiennent les moyens de production. Que doit-il faire pour devenir libre ? S'approprier collectivement lesdits moyens de production. Toute la théorie socialiste se trouve incluse dans ces quelques mots. Voici leurs développements.

L'ouvrier possesseur de ses bras, est-il dit dans les écrits du parti, doué de force par la nature, se voit obligé de laisser ces forces et ces bras inactifs dès qu'il ne plaît pas à ses employeurs de les utiliser. Son droit au travail, si sacré, si primordial qu'il soit, demeure illusoire par le fait de sa subordination à des usurpateurs. Le propriétaire foncier détient toute la surface du sol et n'en laisse aucune parcelle inoccupée. Le capitaliste accapare les machines, outils, approvisionnements, mines, carrières, usines, bâtiments, etc., et règne en maître sur tout le travail national. Celui qu'on nomme le prolétaire ne trouve donc plus aucune place libre; il ne peut pénétrer dans le domaine, soit de la propriété foncière, soit dans celui de l'industrie, qu'à titre d'esclave.

§ 3. — Monopole des possesseurs de la terre. Projet de confisquer la rente par l'impôt.

Le monopole des possesseurs de la terre a été spécialement exposé dans un livre qui prime tous les autres par son immense succès, *Progrès et pauvreté*, de Henry George, tiré à un nombre inouï d'exemplaires aux États-Unis et en Angleterre. La théorie de Ricardo sur la rente de la terre et celle de Malthus sur la population y forment le point de départ des déductions de l'auteur. La *rente*, dit-il, produit de la fécondité naturelle du sol, des forces impérissables de la nature, résultat des progrès de la civilisation, de l'accroissement continu de la population, acquiert, par le fait de ces diverses causes, une plus-value constante. Or, d'où découlent ces causes de plus-value? Exclusivement de la générosité du créateur et des efforts collectifs de l'humanité tout entière.

Le travail personnel du propriétaire n'y est pour rien. Celui-ci, dès lors, n'a pas droit à la *rente*, portion de richesse qui ne provient pas de lui. Il en jouit injustement. C'est une plus-value non gagnée, l'*unearned increment* dont parlait autrefois John Stuart Mill (1). Si cette plus-value non gagnée par le propriétaire foncier ne lui appartient pas, à qui doit-elle revenir ? A la société, évidemment, puisque celle-ci la tient directement du créateur et de ses propres mérites. En conséquence, rien n'est plus légitime que d'exproprier le propriétaire foncier de sa rente.

Quant au surplus, c'est-à-dire quant aux fruits qui proviennent du travail personnel de l'occupant, Henry George consent à les lui laisser. Il prétend par là respecter strictement la justice : l'usurpation seule se trouve atteinte et la propriété demeure respectée.

Nous n'examinerons ici cette prétendue justice qu'au seul point de vue de son application. Il suffit, en effet, qu'une solution soit démontrée inapplicable pour que personne ne puisse continuer à l'appeler juste.

Or, comment jamais réussir à distinguer pratiquement, dans le produit d'un fonds de terre quelconque, la partie représentant la rente et la partie représentant les fruits du travail de son propriétaire ? Qui déterminera, dans le revenu d'un champ ou d'une maison, la quotité susceptible d'être confisquée comme provenant de causes externes, et la quotité réservée à l'occupant comme fruit de de son action personnelle ? Quel contrôleur des contributions directes, si avisé soit-il, osera se lancer dans une ventilation de cette

---

(1) John Stuart Mill concluait de l'existence de l'*unearned increment* (accroissement de valeur non gagné), non pas à la spoliation, comme Henry George, mais à l'expropriation avec indemnité. L'État serait ainsi devenu le land-lord universel. C'est lui qui , à titre de propriétaire, aurait, seul, à l'avenir, profité de la soi-disant plus-value incessante de la rente.

Thorold Rogers avait combattu cette théorie au moment où John Stuart Mill la produisit. Aujourd'hui, dans son ouvrage sur l'*Interprétation économique de l'histoire*, il revient victorieusement à la charge, fort de l'expérience acquise depuis une quarantaine d'années. Il montre, — chose curieuse à constater et qui sape les bases de la doctrine de Henry George, — que la plus-value espérée, considérée même comme certaine par Stuart Mill, ne s'est pas produite. Au contraire, le prétendu *unearned increment* s'est transformé en baisse générale des fermages. De sorte que l'opération destinée à enrichir l'État, d'après les prévisions d'une doctrine fallacieuse, aurait abouti pour lui à un immense désastre financier.

nature ? Quel contribuable l'accepterait, et quel juge se risquerait
à rendre un arrêt dans un pareil conflit ?

L'auteur de *Progrès et pauvreté* s'est bien gardé, d'ailleurs,
lui-même, d'indiquer aucun procédé d'application. A ce moment
décisif de sa démonstration, alors qu'il s'agissait d'en franchir la
passe la plus scabreuse, il se tait, ses belles phrases s'arrêtent subitement. A peine consacre-t-il quelques lignes, dans un volume
de 500 pages, à dire seulement que la répartition des produits de
la rente et des produits du travail personnel du propriétaire s'effectuera par les soins des agents de l'impôt, sans indiquer, en aucune façon, par quels procédés ceux-ci y réussiront.

Une telle lacune sur un point aussi essentiel paraît invraisemblable. Elle contient l'aveu explicite de l'impuissance du système, impuissance qui se transformerait en injustice flagrante par
le fait de l'arbitraire forcé de l'opération, si l'on persistait à l'accomplir quand même, arbitraire d'autant plus injuste encore qu'il
profiterait exclusivement à l'État spoliateur. Sous prétexte de saisir
seulement la rente, celui-ci, étant le plus fort, s'attribuerait le revenu tout entier. Il le ferait, soit dès la première année, soit au
cours des années suivantes, car la rente devant, d'après la théorie
même de Henry George, progresser sans cesse, motiverait le renouvellement d'incessantes confiscations. L'auteur finit, du reste,
par l'avouer cyniquement : « De cette façon, dit-il avec ironie,
« les propriétaires fonciers, s'ils le veulent, conserveront leurs
« terres. *Nous leur laisserons l'enveloppe et nous prendrons*
« *l'amande.* »

En somme, le système de Henry George, comme tous les systèmes partant du même principe, aboutit à la nationalisation du sol.
Vainement l'économiste américain cherche-t-il, au début, à donner
le change en affirmant qu'il veut seulement confisquer la rente et
non pas la propriété dérivant du travail personnel. On ne saurait
confisquer la partie d'un tout indivisible. A chaque ligne de son livre éclatent les idées qui sont au fond de son esprit, à savoir : que
les terres seront possédées en commun, que leurs fruits seront partagés entre tous, personne ne pouvant accaparer pour lui seul les
biens du Créateur. L'eau, l'air, le soleil, la terre constituent une

propriété commune. La théorie de la rente ne sert ici qu'à recouvrir d'un appareil scientifique les conclusions proclamées, en toute occasion, avec moins de réserve apparente, par le parti tout entier : « Priver les autres hommes de leur droit à l'usage de la terre, « c'est commettre un crime qui ne le cède en perversité qu'au « crime de leur ôter la vie, ou de les dépouiller de la liberté per- « sonnelle ! » — « Il y a une loi naturelle et divine supérieure à « toute loi humaine, en vertu de laquelle tout peuple a le droit « de vivre des produits du sol qui porte le berceau de ses enfants « et le tombeau de ses ancêtres. Il y a là un droit plus élevé, plus « ancien que tout droit personnel. »

§ 4. — *Monopole industriel. Mise en commun des instruments de travail. Programme et roman.*

Après le collectivisme agraire, apparaît le collectivisme industriel que nous étudierons, comme le précédent, en choisissant l'ouvrage d'un de ses promoteurs principaux, *le Capital*, par Karl Marx (1).

L'histoire de la société, d'après Karl Marx (2), n'est autre chose

(1) Nous aurions pu choisir, en plus de Karl Marx, comme auteurs d'ouvrages collectivistes, Lassalle, Colins, Schœffle, Benoît Malon, etc. Mais, dans ce court résumé, il nous a paru plus simple de ne prendre qu'un seul type, le plus saillant. D'ailleurs, pour embrasser le sujet dans son ensemble, il suffit de recourir à l'ouvrage de M. Paul Leroy-Beaulieu, *le Collectivisme*, dont la troisième édition vient d'être publiée, en 1893.

(2) Karl Marx, comme Henry George, prend pour point de départ de ses raisonnements des aphorismes extraits des meilleurs auteurs en économie politique. Ainsi, de cette phrase d'Adam Smith : « le travail est la mesure réelle « de la valeur échangeable de toute marchandise, » il déduit l'idée que les marchandises ne sont que du *travail cristallisé*. Toute valeur découlant du travail, le capital, dès lors, n'en possède aucune, et sa rémunération, dépourvue de base, devient illégitime. C'est le travail, unique auteur de la valeur des marchandises, qui doit seul en toucher le prix, et s'attribuer les bénéfices de leur échange.

Toute la suite du système s'étaye sur ces prémisses. Mais, avant d'invoquer l'autorité d'Adam Smith, Karl Marx aurait dû s'assurer si réellement l'illustre économiste a bien exprimé, dans cette courte phrase, sa véritable pensée. Refuse-t-il au capital toute valeur productive ? En aucune façon. La lecture de son ouvrage le prouve explicitement. L'extrait cité n'est qu'un passage incident, dont on ne saurait déduire une argumentation de longue haleine. Voir, au surplus, sur ce sujet, un très intéressant article de M. Maurice Bloch, dans le *Journal des Economistes* d'octobre 1884. Voir aussi le livre classique de

que l'histoire de la lutte des classes, aboutissant toujours à l'asservissement des plus faibles. La classe désignée sous le nom de privilégiée n'a cessé d'exploiter les autres, accaparant à son profit exclusif les moyens de production. Grâce à ce monopole tout-puissant, elle a pu, uniquement préoccupée de son propre enrichissement, opprimer la classe la plus nombreuse, composée des travailleurs, lesquels, par le fait d'une tyrannie odieuse, se sont trouvés alors forcés d'ajouter au temps de travail normalement suffisant pour rétribuer tous leurs besoins un temps de travail supplémentaire dont l'équivalent en argent ne leur est pas payé. C'est ce travail supplémentaire, servant à enrichir injustement le capitaliste, qui provoque les revendications socialistes(1). Supposez, dit Karl Marx, que six heures de travail permettent à l'ouvrier de gagner sa vie, du moment que l'ouvrier est contraint de travailler douze heures, le capitaliste confisque abusivement six heures du temps de celui-ci à son profit. Peu à peu, l'hypothèse des six heures et des douze heures se transforme en une affirmation positive, et Karl Marx répète, comme un dogme avéré, que l'ouvrier se voit chaque jour, sur 12 heures de travail, voler 6 heures par son patron.« Les ouvriers donnent 12 utilités pour 6 valeurs. Mais « le capitaliste sait vendre ces 12 utilités pour 12 valeurs. Il en « donne 6 aux ouvriers, c'est le salaire convenu, et en garde 6 « pour lui, c'est son bénéfice.» La formule ainsi présentée et chiffrée devient facile à retenir et se propage de bouche en bouche.

M. Paul Leroy-Beaulieu, *le Collectivisme*, dont nous venons de parler et auquel on doit, pour toutes ces questions, se référer d'une manière générale.

(1) Le pape Léon XIII, dans son Encyclique *Rerum novarum*, dit aussi que « peu à peu les travailleurs isolés et sans défense se sont vus, avec le temps, « livrés à la merci de maîtres inhumains et à la cupidité d'une concurrence « effrénée... Que le riche et le patron se souviennent qu'exploiter a pauvreté et « spéculer sur l'indigence sont choses que réprouvent également les lois divines « et humaines !... Ce qui serait un crime à crier vengeance au ciel serait de « frustrer quelqu'un du prix de ses labeurs !... Dans la protection des droits « privés l'Etat doit se préoccuper, d'une manière spéciale, des faibles et des « indigents. La classe riche se fait comme un rempart de sa richesse et a moins « besoin de la tutelle publique. » (Lettre encyclique du 15 mai 1891.)
A la rigueur, on pourrait soutenir que Karl Marx n'en dit pas plus que le pape. Mais celui-ci signale seulement à titre exceptionnel les cas que Karl Marx généralise, universalise même. Là est la profonde différence entre les deux argumentations.

8

« La partie du travail de la journée qui dépasse les bornes du tra-
« vail nécessaire ne fournit aucune valeur pour l'ouvrier. Elle
« forme plus-value pour le capitaliste. Nous nommons cette partie
« de la journée *temps extra*, et le travail dépensé en elle *sur-tra-*
« *vail*. Ce *sur-travail* est imposé et extorqué au producteur immé-
« diat (1) ».

Les six heures de travail abusivement retenues par les capitalistes, bien que non gagnées par eux, équivalent, en matière industrielle, à la rente de la terre non gagnée par les propriétaires fonciers. Aussi, les conclusions, dans les deux cas, deviennent-elles
semblables. Ces conclusions sont, comme précédemment aussi, formulées par Karl Marx en termes très succincts, sans développement, sans détails en ce qui concerne les moyens d'application.
Il faut exproprier les usurpateurs, les forcer à restituer leurs bénéfices immérités, les faire rentrer sous le niveau de l'égalité. Dans
ce but, une fois les classes supprimées, le travail doit être socia-
lisé, les moyens de production mis à la disposition de tous les travailleurs, à titre d'instruments communs. En un mot, suppression de la propriété individuelle, remplacée par la propriété collective, tel est le vague et succinct programme auquel aboutissent
toujours les déductions socialistes (2).

Ce programme, si peu développé qu'il soit, universellement
reproduit dans les divers documents du parti, compose ce fonds
d'unité de doctrine dont nous parlions au début. Ainsi, au congrès
de Gotha, en 1875, on disait : « Dans la société actuelle,
« les instruments de travail sont le monopole de la classe capi-

---

(1) Dans son livre, *la Conquête du pain*, in-8, 1893, Pierre Kropotkine dit, en
termes plus appropriés encore aux classes populaires : « Toute la science de la
« richesse est là : trouver des va-nu-pieds, les payer 3 francs et leur en faire
« produire 10. Amasser ainsi une fortune, l'accroître par quelque grande coqui-
« nerie faite avec le concours de l'Etat... etc. »
(2) Les imprécations contre le capital alternent avec la dialectique dans cette
œuvre puissante et confuse : « Le capital arrive au monde suant le sang et la
« boue par tous les pores... L'accumulation des richesses d'un côté, c'est une
« égale accumulation de pauvreté, de souffrances, d'ignominie, d'abrutissement,
« d'esclavage de l'autre côté, du côté de la classe qui produit cependant le
« capital lui-même... La condition des travailleurs empire à mesure que le capi-
« tal s'accumule... Le paupérisme, cet hôtel des invalides de l'armée du travail,
« est la conséquence fatale du système capitaliste..., etc. »

« taliste ; la dépendance qui en résulte pour la classe ouvrière est
« la source de la misère et de la servitude sous toutes ses formes.
« L'émancipation du travail exige que les instruments de travail
« deviennent la propriété collective de la société. »

Le programme de Halle en 1890 « revendique la transformation
« des moyens de travail en propriété collective et la transforma-
« tion de la propriété capitalistique en production socialiste. »
Celui de Erfurt, en 1891, proclame également « la substitution de
« la propriété collective à la propriété privée des capitalistes sur
« les instruments de production, et l'organisation d'une production
« socialiste exploitée pour et par la société ». Le congrès de Milan,
où plus de 600 sociétés étaient représentées en avril 1891, adopte,
en grand meeting œcuménique, l'ordre du jour suivant : « Le co-
« mité international pour les droits du travail affirme que le tra-
« vail ne pourra acquérir tous ses droits que le jour où finira l'ex-
« ploitation du capital, que l'émancipation sociale des travailleurs
« doit viser surtout à obtenir l'association de la richesse... »

Les affirmations, on le voit, se répètent identiques, conservant
toujours, d'ailleurs, la teinte vague qui précisément facilite leur
unité.

Vainement voudrait-on en savoir davantage (1). Ni les recherches, ni même l'imagination ne permettent de découvrir exactement, dans aucun document, quels moyens pratiques assureront
la transition du régime actuel au régime nouveau (2), comment

(1) Questionné directement au sujet des détails d'application du programme
socialiste dans l'avenir, M. Jules Guesde a répondu : « On m'a accusé de ne
« pas avoir décrit en détail ce que sera la société de demain ! Cela n'est pas
« sérieux ! On ne sait pas d'avance ce que sera la société de demain, si ce n'est
« dans les grandes lignes. A l'approche de chaque révolution, on est souvent
« ignorant de ce que sera lendemain. En 1789, le tiers-état savait-il exactement
« ce qu'il ferait de sa prochaine victoire ? » (Conférence à la maison du
peuple, mars 1892.)

(2) Les moyens de transition reposent vraisemblablement dans les prévisions de certains esprits, sur la force, « cette grande accoucheuse des socié-
« tés ».

« L'expropriation, dit Pierre Kropotkine, doit porter sur tout ce qui permet à
« qui que ce soit, — banquier, industriel ou cultivateur, — de s'approprier le
« travail d'autrui. La formule est simple et compréhensible. Nous ne voulons
« pas dépouiller chacun de son paletot. Mais nous voulons rendre aux tra-
« vailleurs tout ce qui permet à n'importe qui de les exploiter. Voilà comment
« nous comprenons l'expropriation et la Révolution que nous attendons dans
« un avenir prochain ! » (La Conquête du pain, 1892.)

fonctionnera l'organisme collectif, quel sera son agencement,
quel rôle y jouera l'individu, quelle place y occupera la famille,
par qui seront élevés les enfants, nourris les vieillards, secourus
les malades et les infirmes, qui surexcitera l'initiative personnelle, qui poussera les hommes à travailler, à qui seront attribués les
bénéfices communs, etc., etc. ? Voilà ce que, malgré la très légitime curiosité des lecteurs ou auditeurs, aucun écrit, aucun discours socialiste ne fait connaître (1).

Pour se renseigner, on en est réduit à consulter le roman,
très curieux d'ailleurs, très bien rédigé, de M. Bellamy (2),
intitulé *Cent ans après*, décrivant ce que sera la société quand
le socialisme intégral l'aura transformée. Là, au moins, les détails
d'application ne manquent pas : tous les ressorts du nouveau mécanisme manœuvrent minutieusement sous nos yeux. On y voit le
peuple des États-Unis, en l'an 2.000, reprendre la direction de ses
affaires industrielles, comme deux cent trente ans auparavant, il
reprit son gouvernement politique. Plus de patrons, plus de capitalistes, plus de propriétaires fonciers, plus de sociétés anonymes,
de fabriques, d'usines, de champs séparés par des clôtures. Un
.yndicat unique et universel travaille dans l'intérêt commun,
aménage seul l'ensemble de la production, dirige l'armée des travailleurs comme l'état-major du ministère de la guerre dirige aujourd'hui l'armée destinée à la défense du pays. Le travail est organisé militairement, hiérarchiquement, du haut en bas de l'échelle.

---

(1) Dans son livre sur *le Collectivisme*, M. Paul Leroy-Beaulieu constate,
comme nous, le caractère négatif de tous les écrits socialistes. Il ne fait
exception qu'en faveur du livre de Schœffle, *Quintessence du socialisme*,
« le seul qui cherche à présenter le plan du futur édifice social ». Cependant,
d'après le résumé et les remarques mêmes de M. Paul Leroy-Beaulieu, l'ouvrage
de Schœffle non seulement suscite un grand nombre d'objections pratiques,
mais reste encore le plus souvent dans ce vague irrémédiable, commun à tous
ses congénères. La plupart des points essentiels y demeurent en suspens, et
M. Paul Leroy-Beaulieu est obligé de déclarer en terminant qu' « on ne peut
« examiner le collectivisme sous son aspect positif qu'autant que Schœffle et
« les principaux théoriciens de l'école nous le laissent entrevoir ou deviner à
« travers les voiles discrets dont ils l'entourent ».

(2) *Cent ans après*, de M. Bellamy, a été vendu, dès le début, à plus de
400.000 exemplaires. C'est un succès de librairie plus considérable encore que
le Capital de Karl Marx et *Progrès et pauvreté* de Henry George. Deux tra-
ductions en ont été faites en français (librairies Dentu et Guillaumin).

Les chefs sont nommés à l'élection. Chacun suit son aptitude, remplit les fonctions qui lui sont assignées, et qui lui conviennent le mieux. Les profits sont répartis au moyen de cartes de crédit, la monnaie n'existant plus. Les grèves sont impossibles. Les plaisirs, les jouissances de toutes sortes abondent. Le public vit dans une prospérité inconnue même aux privilégiés du xixe siècle. Bref, tout le monde est heureux, c'est un roman (1), une fiction charmante, un rêve invraisemblable, dans lequel l'abolition de la propriété, du capital, du salaire, de l'héritage, du numéraire, etc., revêt des couleurs idéales.

§ 5. — *La socialisation de la terre et des capitaux doit four-nir à l'État des ressources beaucoup plus considérables que l'impôt.*

De ces obscurités, ou de ces demi-clartés artificielles, se dégage cependant, d'une manière suffisamment précise, le point qui nous préoccupe spécialement, à savoir : que, dans l'organisation du socialisme futur, l'impôt aura cessé d'exister. Chacun, en effet, a déjà compris que la nationalisation du sol et des capitaux, la mise en commun des produits fonciers et industriels, l'exploita-tion collective de toutes les sources de richesses, excluent spon-tanément le maintien de contributions quelconques, foncières, mobilières, directes ou indirectes. Du moment que la terre et le capital disparaissent à titre de propriété individuelle, du moment qu'un syndicat central dirige seul toutes les branches du travail national et en recueille seul tous les profits, il n'y a plus de place pour l'impôt.

L'État, d'ailleurs, n'a non plus désormais besoin de leur secours. Riche de la richesse générale, collecteur de tous les revenus, il prélèvera d'abord sur leur masse, dès qu'elle entrera dans ses caisses, la part nécessaire à ses frais d'exploitation. Devenu le

(1) A travers l'exposé très étudié et très intéressant de l'organisation sociale en l'an 2000, court, en effet, une intrigue amoureuse, qui sert de prétexte à l'auteur pour promener les deux fiancés dans les grands magasins de nouveautés de l'époque (bien mieux établis que le Bon Marché et le Louvre actuels), dans des centres d'audition musicale téléphonique, etc.

propriétaire foncier, le commerçant, l'industriel universel, il commencera, comme tout propriétaire, commerçant, industriel, par pourvoir à ses propres dépenses au moyen de ses recettes. Le surplus, s'il en existe, servira à perfectionner l'outillage national, à constituer des réserves, et même, suivant certaines conceptions, à récompenser les plus méritants par des distributions de primes (1). Éventuellement ainsi l'État allouerait des subsides, loin d'en recevoir.

La nation vivra comme une grande famille, travaillant en commun, jouissant en commun de la richesse commune, sous l'action d'une autorité centrale à laquelle tout aboutira et de laquelle tout découlera.

Nous avions donc raison de débuter en déclarant que le régime socialiste, dans son sens rigoureux, était inconciliable avec l'idée de système fiscal.

Mais la rançon de l'impôt coûtera cher. Il faudra la payer de la perte de sa liberté, du sacrifice de sa fortune personnelle, acquise ou transmise, de l'abandon de son initiative, de tous les biens, en un mot, qui tiennent le plus au cœur de l'homme, sans lesquels sa vie n'a plus de but en ce monde. La socialisation constituera une charge bien autrement lourde, une tyrannie bien autrement odieuse que celles de l'impôt!

Encore une fois, il ne s'agit ici que du socialisme pur, dont les illusions mêmes de ses partisans n'entrevoient le règne intégral que dans un avenir lointain.

D'ici là, certaines combinaisons atténuées en vue de la période de transition admettent des accommodements avec le régime existant (2), et préparent les voies par une série de réformes moins intransigeantes.

(1) Quelques citoyens du nouvel ordre social se trouveraient, par le fait de ces distributions de primes, possesseurs d'un petit avoir viager. Mais cet argent de poche, ou plutôt ces cartes de crédit destinées à favoriser certaines jouissances individuelles, ne sauraient former matière à taxation.
(2) Ainsi le programme de Halle contient deux parties. La première expose les vues du socialisme intégral et très logiquement, dès lors, s'abstient absolument d'y parler d'impôts. La seconde, au contraire, exclusivement consacrée aux mesures de transition, aux réformes provisoirement nécessaires dans le sein de

Nous étudierons ces projets dans la prochaine partie de ce livre, qui va s'occuper des transformations fiscales susceptibles d'une réalisation prochaine.

la *société actuelle*, fait figurer parmi ses revendications : « l'impôt unique et « progressif pour l'Etat et pour la commune, au lieu de tous les impôts indirects « actuels, lesquels grèvent surtout la classe populaire. »

Cependant, quelques propositions, exceptionnellement confuses et mal digérées, mélangent encore indûment l'idée de réforme de l'impôt avec l'idée de socialisme intégral, malgré la contradiction des deux éléments.

DEUXIÈME PARTIE

SYSTÈMES MIS EN APPLICATION
OU SUSCEPTIBLES D'APPLICATION

—————

Notre programme nous amène, après avoir passé en revue les systèmes idéaux plus ou moins éloignés de la pratique, à consacrer cette seconde partie à l'étude des systèmes fonctionnant, ou susceptibles de fonctionner effectivement, conformément aux expériences faites, ou aux projets contemporains.

Nous quittons donc le domaine de l'idéologie pour entrer dans celui, sinon de l'application effective, du moins des possibilités d'application.

Cet ordre d'idées va nous mettre en présence successivement des sujets suivants :

Impôts sur le revenu, impôts sur les revenus, impôts sur les signes extérieurs des revenus ;

Impôts radicaux ;

Impôts progressifs ;

Impôts sur les successions ;

Impôts mixtes sur le capital et sur les revenus ;

Grands monopoles fiscaux.

CHAPITRE X

IMPÔTS DIRECTS SUR LE REVENU

Du sommet de l'utopie où régnaient l'impôt unique sur le capital, la capitation universelle, la dîme en nature, le pressurage du luxe, et les combinaisons du socialisme intégral, nous retombons maintenant, avec l'impôt sur le revenu, dans l'ornière fiscale la plus fréquentée. Car tout le monde est partisan de l'impôt sur le revenu, même les adeptes de l'impôt sur le capital (1). Nul ne conteste que la véritable base de l'impôt ne soit, en définitive, le revenu. Nous pouvons donc, sans craindre de contradictions, rappeler en tête de ce chapitre les aphorismes d'Adam Smith et de Jean-Baptiste Say. Le premier, on s'en souvient, libelle ainsi la maxime de justice : « Les sujets d'un État doivent contribuer « au soutien du gouvernement, chacun le plus possible en raison « de ses facultés, c'est-à-dire en proportion du revenu dont il jouit « sous la protection de l'État. » Le second ajoute : « Quant aux « revenus, ils sont proprement, quelle qu'en soit la source, la « véritable matière imposable parce qu'ils renaissent incessam- « ment. »

Cependant, si l'on quitte le domaine des principes abstraits pour entrer dans celui des procédés d'exécution, cet accord apparent s'évanouit immédiatement. Tout le monde disait : il faut imposer le revenu. A cette question plus précise : comment faut-il imposer le revenu? chacun maintenant répond d'une manière différente. L'expérience des principaux pays devient contradictoire et les combinaisons des faiseurs de projets dissemblables.

(1) Nous avons vu les adeptes de l'impôt sur le capital déclarer qu'ils usaient seulement d'un *détour* habile pour frapper plus sûrement et plus complètement le revenu. Voir p. 62.

Ce sont ces expériences et ces combinaisons diverses que nous allons passer en revue, pour en apprécier les mérites respectifs.

Préalablement à cet exposé, remarquons que, suivant ce qui a été dit déjà, toutes les contributions quelconques, directes ou indirectes, tendent à retomber sur le revenu. Il faudrait donc, à la rigueur, afin d'embrasser le sujet dans son entier, parcourir la série complète des recettes des budgets sans exception. Mais, comme dans ce cadre trop étendu on risquerait de s'égarer, nous laisserons de côté les taxes indirectes de consommation, assises d'ailleurs sur les dépenses et non sur les revenus(1), pour nous attacher exclusivement aux procédés spéciaux et directs d'imposition des revenus individuels (2).

Les procédés directs d'imposition des revenus individuels qui existent actuellement dans les différents pays peuvent, d'après leurs caractères saillants, se répartir dans l'une ou l'autre des trois classes suivantes :

Impôts sur le revenu considéré en bloc ;

Impôts sur les diverses sources de revenus considérés distinctement ;

Impôts sur les signes extérieurs des revenus.

Chacune de ces formes d'impôts sur *le* ou *les* revenus possède une constitution, un mécanisme, des avantages et des inconvénients particuliers, que nous allons étudier successivement avec quelques détails.

---

(1) Les taxes indirectes sur les consommations revêtent, suivant les pays, des formes très différentes. Mais partout elles poursuivent le même objectif : tirer de la poche des contribuables, plus ou moins remplie par leurs revenus, une partie de l'argent consacré à leurs dépenses. Les taxes de consommation sont ainsi, à proprement parler, des taxes sur les dépenses, puisqu'elles frappent les objets que chacun achète pour ses besoins ou pour son agrément : sucre, café, thé, vins, bière, alcool, sels, tabacs, huiles, pétrole, etc. Cependant, tout en atteignant les dépenses, elles retombent, en réalité, sur les revenus, puisque ceux-ci alimentent celles-là.

(2) De même qu'un narrateur de batailles, désireux de mettre en relief l'action principale, relègue au second plan les engagements partiels, de même, dans cette description de l'attaque du fisc contre les revenus individuels, nous laisserons de côté les mille escarmouches des impôts indirects, pour nous attacher exclusivement à la marche de front, régulière et savante, des impôts directs.

§ 1. — *Impôts établis sur les revenus en bloc.*
EINKOMMENSTEUER *prussien.*

L'impôt sur le revenu considéré en bloc peut être étudié dans son type le plus habituellement cité: celui de l'*einkommensteuer* prussien.

L'*einkommenstuer* soumet à ses tarifs tout revenu global supérieur à 1.125 fr. (900 marks) (1).

Le revenu, dit la loi du 11 juin 1891, sur l'*einkommenstuer*, consiste, pour la perception de l'impôt, dans la *totalité* des produits annuels que les contribuables retirent, en argent ou en valeurs, des capitaux mobiliers, des biens fonciers, du commerce et de l'industrie, des profits procurés par les occupations lucratives et avantages périodiques de toute nature.

Seuls les profits extraordinaires provenant des successions, donations, assurances sur la vie, etc., sont laissés de côté. Ils constituent une augmentation de patrimoine, imposable seulement en raison de l'accroissement ultérieur de revenu qui en découle.

D'un autre côté, la loi permet de déduire des revenus bruts ainsi déterminés les dépenses que nécessitent la production, l'assurance et l'entretien desdits revenus, les intérêts des dettes et rentes payés par les contribuables, certains impôts directs et indirects, les pertes annuelles et normales pour détérioration des bâtiments, machines, outillage, etc., les primes d'assurances contre les maladies, les accidents, la vieillesse, etc. Au contraire, ne doivent pas être déduites les dépenses pour l'amélioration et l'augmentation du patrimoine, pour l'extension des affaires, etc., et les dépenses d'entretien du ménage du contribuable et des personnes qui en font partie.

---

(1) Autrefois, deux sortes d'impôts sur le revenu coexistaient en Prusse. L'un, nommé *impôt des classes*, frappait les petits contribuables jusqu'à 3.000 marks de revenus. L'autre, nommé *impôt des revenus* proprement dit, suivait les revenus à partir de 3.000 marks.

Malgré la distinction de leur titre, ces deux impôts superposés se ressemblaient beaucoup. M. Maurice Block l'a fait très justement remarquer dans un article récent. (*Economiste français* du 26 novembre 1892.)

La loi du 11 juin 1891 les a remplacés par l'impôt unique que nous analysons ci-dessus.

En somme, c'est le *revenu net* que l'*einkommenstaer* prussien prétend uniquement saisir.

Tout contribuable, dont le revenu est supérieur à 3.000 fr., est tenu, sur simple avis public, de souscrire une *déclaration* annuelle contenant le relevé du montant total de ses ressources, avec indication de leurs origines distinctes et des déductions légales qu'elles comportent. Au-dessous de 3.000 fr. de revenus, l'obligation de la déclaration ne s'ouvre qu'exceptionnellement, à la suite d'un avis spécial du président de la Commission d'assiette.

§ 2. — *Obligation de la déclaration.*

Cette obligation de la déclaration constitue une des plus graves innovations de la loi du 11 juin 1891. Jusqu'alors, les comités d'imposition arbitraient eux-mêmes le montant approximatif des fortunes et rangeaient chacune d'elles dans les différentes classes du tarif, suivant leur estimation spontanée. Un tel pouvoir, par le fait même de son étendue, s'exerçait nécessairement avec beaucoup de modération. Faute de renseignements exacts, n'étant pas sûrs de leur fait, les commissaires se tenaient sur la réserve et atténuaient prudemment leurs évaluations, au détriment du rendement de l'impôt. C'est pour remédier aux moins-values inévitables résultant d'un tel système que la déclaration obligatoire fut introduite. La déclaration du contribuable, en effet, fournit une base précise aux estimations, et devient, en même temps, le point de départ de contrôles efficaces, dont le budget profite d'une manière certaine et immédiate.

Mais, d'un autre côté, l'obligation de la déclaration soulève de graves objections, ainsi formulées dans le sein de la Commission chargée de préparer la loi prussienne de 1891.

D'abord, pour beaucoup de petits industriels et commerçants, et surtout pour les agriculteurs, la rédaction même des feuilles de déclaration annuelle présente des difficultés presque insurmontables. Tous ceux qui ne tiennent pas de comptabilité régulière, c'est-à-dire la grande majorité, éprouvent un véritable embarras à récapituler leurs opérations en recettes et en dépenses, depuis

le commencement de l'année. Quel cultivateur, par exemple, réussira à dresser le bilan exact de ses ventes de blés, avoines, fourrages, bestiaux, volailles, lait, beurre, etc., d'une part, et, d'autre
part, de ses déboursés en salaires, assurances, achats de semences,
fumiers, engrais, instruments, etc., dans le cours des douze mois
précédents ? Quel artisan pourra, à l'égard du même espace de
temps, relever le montant de ses factures, retrouver le prix de ses
différents travaux, dresser le tableau de tous ses bénéfices quelconques et en déduire les frais d'acquisition de ses matières premières, de ses fournitures, de ses outils, des salaires de ses ouvriers, etc. ?

Cependant, malgré la presque impossibilité de l'exactitude d'un
tel travail, toute omission, toute erreur, dès qu'elle est découverte,
donne ouverture à de sévères pénalités. La loi devant nécessairement sanctionner ses prescriptions, le corollaire forcé de la déclaration obligatoire est la pénalité sous forme d'amende en cas d'in-
fraction. De là, des troubles et des mécontentements qu'un gouvernement prudent redoute avec raison.

D'autant plus que ces mêmes feuilles de déclaration, source de
tant d'ennuis pour les ignorants, deviennent, pour les plus habiles, de merveilleux instruments de fraude. Quiconque en connaît
le mécanisme parvient vite à distinguer, parmi les revenus, ceux
que le contrôle fait aisément découvrir et qu'il faut, par conséquent, déclarer dans leur intégralité, et ceux, au contraire, qui
peuvent impunément demeurer dans l'ombre. Ces derniers sont
omis ou largement atténués sans que le contribuable ait grand
risque d'être inquiété à leur endroit. Les mêmes artifices se re-
nouvellent à propos des déductions légales. De sorte que, selon
l'expression de Stuart Mill, la déclaration devient une « prime pour
« les gens sans conscience et une amende pour les gens conscien-
« cieux ».

Ces objections, — toujours utiles à rappeler (1), — avaient im-

(1) Cette obligation de la déclaration a, de même, retenu presque exclusivement l'attention de la seconde chambre en Hollande, lors de l'élaboration de
la nouvelle loi fiscale néerlandaise du 27 septembre 1892, qui consacre deux
innovations importantes, la création d'un impôt sur le capital, l'introduction du
système de la progressivité. Malgré de si considérables réformes, dont nous

pressionné vivement les esprits au moment de l'élaboration de la loi nouvelle en Prusse, et retardèrent même assez longtemps son avènement (1). Cependant l'exemple du fonctionnement de la déclaration obligatoire dans le grand-duché de Bade, en Wurtemberg, en Saxe, en Bavière, en Angleterre, etc., et surtout le désir d'augmenter les ressources du budget, décidèrent définitivement le gouvernement et les chambres en faveur de l'innovation, qui devint effectivement très productive (2).

A défaut de déclaration (3) dans le délai légal, les évaluations des revenus taxables sont établies d'office par les commissions et le contribuable perd le droit d'en contester les chiffres.

En outre, s'il ne satisfait pas à l'itérative demande de déclaration qui lui est adressée, une amende le frappe, sous forme de 25 p. 100 de supplément d'impôt. La pénalité, comme nous le disions tout à l'heure, sanctionne énergiquement les prescriptions de la loi.

§ 3. — Suprématie administrative dans le contrôle des déclarations.

Une fois les déclarations rédigées, à quelle autorité revient leur

parlerons au chapitre spécial qui les concerne, les discussions se sont concentrées sur la question des déclarations : seront-elles reçues sous la foi du serment avec formule religieuse, ou seulement affirmées sincères et véritables, avec la sanction de poursuites judiciaires en cas de mensonge ? Détails secondaires ! détails à côté ! disaient les comptes rendus des séances. Ce furent cependant ces soi-disants détails, touchant à la conscience, au for intérieur, à la sécurité morale et matérielle de chaque contribuable qui occupèrent la majorité des séances. Là, quoi qu'on fasse, résidera toujours la pierre d'achoppement de tout système d'impôt sur le revenu.

(1) Lire au sujet de l'introduction de la formalité de la déclaration en Prusse les instructifs articles de M. Arthur Raffalovich, dans l'*Economiste français* des 20 et 27 septembre 1890.

(2) Les deux impôts des classes et du revenu ne procuraient ensemble que 91.145.000 fr. Le nouvel impôt unique sur le revenu, avec déclaration obligatoire rapportera 100 millions dès la première année.

Voir plus loin ce qui est dit au sujet des produits budgétaires de l'*einkommensteuer*.

(3) Si cependant le contribuable ne peut réussir à déterminer son revenu que par estimation, la loi l'autorise à remplacer les chiffres que comporteraient les colonnes multiples de sa feuille de déclaration par des renseignements moins précis. La commission utilise alors et complète ces renseignements généraux, qu'elle traduit elle-même définitivement en chiffres, aux risques et périls du déclarant.

examen? Le point mérite d'être éclairci. Car s'il est difficile de
contraindre les contribuables à déclarer leurs revenus, il ne l'est
pas moins de contrôler et de reviser leurs déclarations.

Dans chaque district prussien, fonctionne une *commission de
fixation de l'impôt*, formée de membres nommés pour moitié, y
compris le président, par l'administration, l'autre moitié étant élue
par la représentation du *cercle*, ou la représentation communale.
C'est à cette commission qu'incombe à peu près exclusivement le
soin d'établir les cotes de l'impôt sur le revenu.

Les travaux de la dite commission consistent d'abord à examiner et à reviser, s'il y a lieu, les renseignements fournis par les
commissions d'évaluations préalables ayant fonctionné avant
elle dans des circonscriptions plus étroites (1).

Elle compare ces renseignements aux énonciations des feuilles
de déclarations individuelles et poursuit le cours de ses vérifications au moyen de tous autres procédés, nombreux et étendus, que
la loi lui délègue. Après discussion contradictoire, s'il y a lieu,
avec les intéressés, elle arrête définitivement, sauf appel et récla-
mation, le chiffre de la cotisation de chaque contribuable (2).

La loi définit ainsi ses pouvoirs presque discrétionnaires:

« Elle arrête elle-même le taux de l'impôt qui lui paraît exigi-
« ble d'après les constatations qu'elle a opérées. »

(1) Ces commissions d'évaluation préalable, instituées par commune ou groupe
de communes, sous la présidence du maire, et composées, comme ci-dessus, de
membres les uns nommés par l'administration, les autres élus, commencent, avant
même l'ouverture des travaux d'assiette, à examiner les notes locales, spécialement celles qui ont été fournies par les *Conseils d'administration communale*. Les conseils d'administration communale, en effet, dressent chaque année
une liste complète de tous les citoyens imposables. A cet effet, chaque propriétaire de maison habitée, chaque chef de famille ou d'établissement doit fournir
les renseignements qui lui sont demandés au sujet des personnes rentrant dans
le cercle de leur compétence.

La liste dressée par le conseil d'administration communale est annotée par
la commission d'évaluation préalable et transmise, à titre d'élément d'instruction préparatoire, à la commission de fixation de l'impôt.

(2) Les commissions de fixation de l'impôt établissent les cotisations individuelles en appliquant aux revenus constatés par elles le tarif légal. Ce tarif, légèrement progressif, divise le revenu en 26 classes, à chacune desquelles un
chiffre d'impôt spécial est assigné jusqu'à 10.500 marks de revenu. Au delà de
10.500 marks, l'impôt se perçoit sur le surplus par tranches de 1.000, 1.500,
2.000 ou 5.000 marks.

Le résumé de ce tarif est donné au chapitre de l'impôt progressif. Voir chapitre XIV.

Or, nous avons déjà vu la commission souveraine dont il s'agit composée par moitié de membres directement nommés par l'administration. Son président, conseiller provincial, commissaire du gouvernement, reçoit également l'investiture directe de l'administration. La position de ce président est prépondérante. Il surveille les travaux des commissions d'évaluation préalable fonctionnant au-dessous de lui. Il est de plus personnellement chargé de recueillir, en vue du contrôle des déclarations individuelles, tous renseignements « sur la situation de la propriété, de la fortune, et du revenu des contribuables ». Pour conduire à bien cette délicate enquête il est autorisé à requérir le concours des maires et des fonctionnaires, lesquels sont tenus de répondre à ses demandes. Des auxiliaires administratifs spéciaux lui sont éventuellement adjoints. Bref, il possède la haute main sur toutes les opérations de fixation de l'impôt dans sa circonscription.

Le président de la commission d'appel, placé au-dessus de lui, relève également de l'administration. A titre de commissaire du gouvernement, nommé par le ministre des finances, il prend, d'après le texte même de la loi de 1891, « la direction supérieure « de tous les travaux de fixation de l'impôt dans sa circonscrip- « tion ».

Il existe ainsi une hiérarchie de présidents, relevant de l'administration, dotés de pouvoirs personnels considérables, et chargés de *diriger* les opérations des commissions (1), lesquelles, d'ailleurs, on l'a vu, sont également composées pour moitié de membres nommés par l'administration.

Ce simple résumé montre combien l'intervention administrative est prépondérante dans la série des investigations qui aboutissent à la détermination des revenus individuels en Prusse. Les déclarations des contribuables et les notes fournies par les autorités locales constituent seulement des renseignements élémen-

(1) La loi du 11 juin 1891 dit textuellement. « Les présidents doivent convo-« quer les commissions, préparer et *diriger* leurs opérations. »
Un autre article de la loi ajoute que « les membres des commissions promet-« tent au président, en lui touchant la main en guise de serment, qu'ils procé-« deront, dans les travaux de la commission, sans acception de personnes, en « leur âme et conscience, etc. ».

taires. C'est l'administration, exerçant son action directrice sur les commissions de fixation de l'impôt qui arrête, avec leur concours, les cotisations. C'est elle, en définitive, qui dicte les rôles.

Il n'en saurait guère être autrement dans le système de la taxation du revenu en bloc. Du moment qu'au lieu de s'adresser à des sources de revenus déterminées, précises et tangibles, on veut, d'un unique coup d'œil, arbitrer l'ensemble des facultés individuelles, l'administration seule paraît capable de formuler une telle appréciation. Seule elle possède, pour cela, assez de compétence et d'impartialité. Éloignée des intrigues de clocher, rompue aux matières fiscales, laborieuse et intègre, passionnée pour le bien public, seule elle peut réussir là où des {conseils locaux échoueraient infailliblement. Le gouvernement prussien, en mettant à sa disposition tous les moyens d'investigations, en l'autorisant à interroger les autorités municipales et les comités locaux, à compulser les livres des fonctionnaires où sont enregistrés les actes de la vie des citoyens, à entendre les explications contradictoires des contribuables eux-mêmes, à faire comparaître, s'il y a lieu, des témoins et des experts, compte légitimement sur son expérience pour dégager la vérité de la masse confuse de ces renseignements et, corrélativement, sur sa discrétion professionnelle pour rassurer les déclarants contre toute révélation abusive. La suprématie de l'administration devient donc la condition même, la clef de voûte effective et nécessaire, du fonctionnement de l'*einkommensteuer*.

Nous verrons plus loin que tous les pays ne supporteraient pas aussi facilement une telle ingérence des fonctionnaires. Ici, le pouvoir gouvernemental militairement constitué demeure encore respecté par tradition, et l'administration peut être accusée de *caporalisme*, sans risquer de révolter les citoyens (1). Il ne faudrait

(1) Déjà les grèves de janvier 1893 dans les mines royales du bassin de la Sarre offrent, à ce point de vue, un curieux exemple. Ces grèves, en effet, n'eurent pour cause ni l'insuffisance des salaires, ni des questions de règlements intérieurs : au contraire, l'empereur s'était attaché à procurer aux mineurs dépendant de l'administration royale les meilleurs traitements possibles. Mais, dans le sein des commissions des caisses de secours récemment instituées, « les fonc- « tionnaires, suivant leur tradition, ne purent s'abstenir de vouloir dominer. Le « ton de commandement, le *caporalisme* des ingénieurs royaux devint insup-

pas compter ailleurs sur une soumission aussi exceptionnelle (1).

Dans le grand-duché de Bade, où fonctionne également le système
de la taxation du revenu en bloc, la loi du 20 juin 1884 s'exprime
ainsi : « Tout citoyen déclare quel est le montant de son revenu
« brut. Il présente le bilan de ses recettes et de ses dépenses, y
« compris ses dettes, et en déduit sa situation de fortune... A dé-
« faut de déclaration, la commission se réfère aux dépenses cou-
« rantes, habitation, tenue de maison, service, éducation et ins-
« truction des enfants, dépenses de luxe et de plaisir. »

Ce texte suffit encore à révéler, sans qu'il soit nécessaire de renouveler les observations précédentes, quelles questions indiscrè-
tes l'administration du grand-duché de Bade ne craint pas d'a-
dresser à ses contribuables, et sur quelles bases arbitraires, à défaut de réponse de ceux-ci, elle arrête d'office ses évaluations. Les
procédés d'imposition se résument donc toujours dans ces deux
idées : déclaration obligatoire des contribuables, prépondérance
de l'administration pour la fixation des cotes individuelles. C'est la
formule obligatoire du système de la taxation du revenu en bloc.

§ 4. — *Doubles emplois forcés dans l'assiette de l'impôt.*

Ce système de la taxation des revenus en bloc aboutit en plus à
des doubles-emplois inévitables.

Atteignant les revenus dans leur ensemble, il se trouve nécessairement frapper deux fois ceux de ces revenus que le fisc a déjà
saisis individuellement.

« portable aux ouvriers ». Telle fut, d'après les comptes-rendus des journaux,
l'unique cause de la grève.
(1) « Aucun peuple aux allures libérales, aux habitudes tolérantes, aux luttes
« électorales ardentes, aux gouvernement schangeants, ne pourra se plier à une
« taxe de ce genre. Qu'on établisse alors en France l'administration prussienne
« stable, indiscutée, indépendante de tous les citoyens, élevée au-dessus de tous
« les partis ! » (Article de M. Paul Leroy-Beaulieu, *Économiste français*, 23 octobre 1886.)
Le ministre des finances, M. Peytral, disait de même dans son projet du
30 octobre 1888 : « Les pouvoirs confiés aux commissions de classement en
« Prusse sont en rapport avec les habitudes d'une nation très hiérarchisée. »

Ainsi, en Prusse, les revenus des terres, bien que déjà soumis à l'impôt foncier territorial, les revenus des maisons, bien que déjà soumis à l'impôt sur les propriétés bâties, les revenus du commerce et de l'industrie, bien que déjà soumis aux patentes, n'en sont pas moins repris, par double emploi, dans le bloc de l'*einkommensteuer* (1).

Heureusement que ces trois impôts partiels demeurent assez modérés. Leurs évaluations budgétaires pour 1892-1893 ne dépassent pas les chiffres suivants :

Impôt foncier, terres....................	50.027.000 fr.	
Impôt foncier, maisons.................	42.016.000	
Patentes.......................	27.001.000	
Total........................	119.044.000 fr.	

La terre, les maisons et les professions industrielles et commerciales ne sauraient évidemment se prétendre écrasées par le poids divisé entre elles de ces 119 millions, dont on appréciera mieux la légèreté relative en les comparant aux 351 millions d'impôts analogues en France (2).

Cependant ladite surcharge, malgré son atténuation, constitue toujours, en fait et en théorie, une injustice au détriment des matières qui viennent d'être citées. Inversement, elle constitue un avantage irrégulier au profit des matières que l'impôt en bloc frappe pour la première et seule fois, comme les rentes sur l'État, les créances hypothécaires et chirographaires, les traitements, émoluments et gains personnels, etc.

(1) Dans le grand-duché de Bade également, l'impôt sur le revenu se superpose, — la loi le spécifie expressément, — à la contribution foncière, à l'impôt mobilier, à l'impôt sur l'industrie et sur les constructions, qui existent concurremment.

(2) Le budget de 1894, en France, inscrit, pour ces trois mêmes sortes de taxes, les chiffres suivants :

Fonds généraux.	fr.
Contributions foncières. Propriétés non bâties..............	118.288.391
— — bâties..............	78.322.583
Taxe représentative de la contribution des portes et fenêtres..	57.155.514
Patentes...	122.751.282
Total...................................	376.517.770

En plus, une somme à peu près égale de fonds affectés aux dépenses départementales et communales.

L'impôt sur le revenu global ne pourrait échapper aux critiques de cet ordre que s'il succédait à une série complète d'impôts partiels taxant tous les revenus individuels sans exception.

Mais une telle hypothèse ne se réalise nulle part, ni en Prusse. ainsi qu'on vient de le voir, ni en France surtout, où beaucoup de revenus demeurent en dehors du réseau fiscal, comme on le verra plus loin. Dans ces conditions, le cadre uniforme de l'impôt sur le revenu en bloc ne fait qu'accentuer la disproportion des saillies et des lacunes existantes.

Tout au plus admettra-t-on que ces doubles emplois peuvent devenir excusables, — car il faut bien tolérer une certaine somme d'imperfections inévitables en matière fiscale, — lorsque les tarifs et les produits de l'impôt sur le revenu demeurent modérés. Alors l'objection perd, en effet, son caractère dirimant. Mais aussi, corrélativement, disparaît la séduction essentielle des gros produits budgétaires.

Ainsi, en Prusse, les tarifs de l'*einkommensteuer*, après avoir épargné complètement les revenus inférieurs à 1.125 fr., débutent par le taux réduit de 0 fr. 62 c. p. 100, pour s'élever progressivement jusqu'au maximum de 4 p. 100. Leur rendement ne doit pas dépasser, suivant les prévisions du budget de 1892-1893, premier exercice de l'application de la loi du 11 juin 1891, la somme de 100 millions de francs (80.000.000 marks) (1).

Pour un grand pays comme la Prusse, c'est peu que de recueillir seulement 100 millions annuels d'un impôt général sur le revenu. Avec un titre plus modeste, notre impôt personnel et mobilier, sans bruit, sans déclarations ni pénalités, sans inquisition administrative, en rapporte autant (2). Quant à l'*income-tax* éta-

---

(1) Antérieurement, les deux impôts des classes et du revenu, qu'a remplacés l'*einkommensteuer*, ne rapportaient ensemble que 91.145.000 francs, ainsi répartis :

	fr.
Impôt des classes	32.426.000
Impôt sur le revenu	58.719.000
Total	91.145.000

(Exercice 1891-1892, le dernier de l'existence de ces deux impôts.)

(2) L'impôt personnel et mobilier en France, sorte d'impôt sur le revenu glo-

bli sur les différentes sources de revenus en Angleterre, il rend plus de 350 millions, comme nous le verrons.

L'*einkommensteuer* est donc forcément retenu dans le développement de sa productivité budgétaire par la crainte de l'exagération de ses doubles emplois.

§ 5. — *Impôts distincts sur chaque source de revenu.* — *Income-tax anglais.* — *Caractère spécial de chacune de ses cinq cédules.*

Après l'impôt sur le revenu en bloc, une seconde classe nous amène en présence de l'impôt sur les diverses sources de revenus considérés distinctement.

Ici, les exemples typiques, susceptibles de servir de thème pratique à nos explications, seront, en premier lieu, l'*income-tax* anglais, puis l'impôt sur la richesse mobilière en Italie.

L'*income-tax* anglais (1) apparaît, dès l'abord, sous la forme multiple de ses cinq cédules. Sa constitution même repose sur cette division. Il serait impossible d'analyser ses dispositions en bloc. Sauf le tarif qui est commun, toutes les règles d'imposition s'y répartissent essentiellement, comme les matières imposables elles-mêmes, en cinq classifications différentes :

Voici la nomenclature de ces cinq cédules:

bal, établi par superposition, comme l'*einkommensteuer*, figure aux budgets pour les chiffres suivants :

Fonds généraux......................................	88.191.343
Fonds locaux.......................................	68.996.468
Total...............................	157.187.811

(Budget de 1894.)

(1) L'*income-tax*, comme on le sait, a été créé par Pitt en 1798, au cours de la guerre contre la France.

Suspendu en 1802, repris en 1803, il finit avec les hostilités en 1816. Robert Peel le rétablit, après vingt-six ans d'intervalle, en 1842.

Avant l'établissement du premier *income-tax*, en 1798, Pitt tenta d'organiser, sous le nom de *Triple assessment*, une sorte d'impôt sur les signes extérieurs du revenu, dont nous avons parlé déjà page 96, au chapitre des impôts sur le luxe, essai curieux à rappeler ici en raison de son analogie avec celui que la France poursuivait au même moment, et dans lequel elle a persisté définitivement jusqu'à aujourd'hui.

Cédule A. — Imposition sur la propriété de toutes terres, maisons d'habitation, tenures, héritages, etc.

Cédule B. — Imposition sur l'*occupation* des mêmes terres, maisons d'habitation, tenures et héritages.

Cédule C. — Imposition sur les profits provenant d'intérêts, d'annuités, de dividendes, de parts d'annuités, payables au moyen d'un *revenu public*.

Cédule D. — Imposition des profits annuels, ou gains, obtenus au moyen d'une profession, d'un commerce, d'un emploi, ou d'un métier, de tous intérêts d'argent, annuités et autres profits et gains annuels non compris dans les cédules précédentes.

Cédule E. — Imposition de tout *emploi public* et toute autre rétribution, pension ou salaire, payé soit par Sa Majesté, soit par les revenus publics du royaume uni.

(Loi du 25 juin 1853) (1).

Non seulement chacune de ces différentes cédules circonscrit son action à un lot de matières imposables déterminées, mais elle possède aussi un code de prescriptions et de procédure qui lui est propre. Le résumé suivant permet d'en juger.

Pour la cédule A d'abord, la perception s'opère par voie de *déclaration*. Des feuilles spéciales remises tous les trois ans (2) au domicile des propriétaires doivent être remplies par ceux-ci de toutes les indications destinées à faire connaître le montant *brut* de leur revenu foncier.

C'est, en effet, sur ce revenu brut que porte la taxe. La pleine valeur des terres et des maisons est soumise à la cédule A, sans déductions d'aucune sorte pour assurances, frais d'administration, arriérés de loyers, etc., même pour réparations et dépérissement

---

(1) On abrège en dénommant ainsi *grosso modo* chacune des cinq cédules :
A. Imposition des propriétaires fonciers,
B   —   fermiers,
C   —   porteurs de rentes,
D   —   industriels, commerçants et artisans,
E   —   fonctionnaires et employés des administrations publiques et des titulaires de pensions.

(2) Tous les trois ans, parce que les recensements relatifs à la taxe des pauvres s'effectuent aux mêmes intervalles, et que les évaluations relatives à ladite taxe des pauvres servent de contrôle à celles de la cédule A de l'*income-tax*.

normal des immeubles bâtis (1). La perception s'opère au moyen
de rôles recouvrables aux époques légales, c'est-à-dire en janvier.

L'impôt de la cédule B ne repose plus, comme le précédent, sur
le système des déclarations. Les cotes y sont établies par voie de
présomption. On suppose les bénéfices des fermiers égaux à la
moitié des revenus des propriétaires en Angleterre, et au tiers
environ en Écosse et en Irlande. Quelle est la base de ces proportions? Sur quelles données repose leur écart de 4/8mes à 3/8mes?
« Je suis autorisé à dire, expliquait le chancelier de l'Échiquier,
« que cette différence ne peut se justifier qu'à titre d'arrangement
« approximatif, quoique non tout à fait injuste. » (Discours de
M. Childers du 30 avril 1885.)

Depuis 1887, tout fermier qui se trouve en mesure de fournir
le bilan de ses bénéfices réels au moyen de ses livres de comptes
est admis, lorsqu'il y trouve son intérêt, à demander le transfert
de son imposition de la cédule B à la cédule D, où l'on discute
alors ses bénéfices réels conformément aux règles spéciales
exposées plus loin.

La cédule C n'est perçue ni par voie de déclaration, ni par voie
de présomption, mais par voie de *retenue*. Portant sur les intérêts et annuités des fonds publics de la métropole, des colonies et
des gouvernements étrangers, la taxe est simplement déduite des
payements effectués aux rentiers. La Banque d'Angleterre en
effectue la retenue sur les coupons des consolidés et des annuités
terminables qu'elle acquitte à ses guichets; les établissements de
crédit en effectuent, de même, la retenue sur les arrérages des
emprunts coloniaux et étrangers dont ils font le service.

Les uns et les autres versent le montant de ces retenues à l'É-
chiquier. Il en résulte une nouvelle différence portant sur la date

---

(1) Dans un grand discours, où la situation fiscale de la propriété mobilière
est comparée à celle de la propriété immobilière, M. Gladstone rappelle précisément que celle-ci supporte une surcharge très appréciable, du fait de la non-
déduction des charges de son revenu brut. « L'impôt sur le revenu des biens
« fonciers, dit-il, est payé sans déductions *dont il vaille la peine de parler.* »
Or, le montant des déductions légitimes pour assurances, frais de gestion, dépérissement, etc., dont il faudrait tenir compte, lui paraît devoir s'élever à environ 16 p. 100 du revenu brut. Dès lors, quand le taux général de l'*income-tax*
est fixé à 7 deniers, ces 7 deniers se transforment réellement en 8 deniers sur le
revenu net des propriétaires fonciers. (Discours du 18 avril 1853.)

des encaissements du Trésor, lesquels ont alors lieu à l'époque
même des échéances trimestrielles ou semestrielles des coupons,
et non plus en janvier.

Avec la cédule D nous revenons au système de la *déclaration*.
Mais ce sont les revenus nets, cette fois, et non plus les revenus
bruts, comme pour la cédule A, qui sont déclarés. En effet, la loi
définit les profits du commerce et de l'industrie « la somme qui
« dépasse les dépenses nécessaires pour se procurer ces profits ».
Dès lors, des déductions sont admises pour les dépenses de mise en
état des locaux et de l'outillage, des gages et salaires, des dettes,
même douteuses, des taxes paroissiales, etc. Ainsi, un marchand
de vin est autorisé à soustraire de ses bénéfices le prix de ses
marchandises, leur coût de transport et de magasinage, ses
loyers, intérêts de dettes, etc., presque tous ses frais, en un mot,
sauf ceux qui sont relatifs à l'entretien de son ménage.

Une disposition spéciale de la loi spécifie, en outre, que le montant des primes d'assurances sur la vie pourra être déduit des
revenus de la cédule D (1).

Pour la réception et le contrôle des déclarations, la cédule D
comporte, de même, une organisation différente de celle qui fonctionne à la cédule A. Les déclarants de la cédule D ont affaire à
des agents institués exclusivement à leur usage, nommés *commissaires additionnels* aux commissaires généraux. C'est à eux
qu'ils renvoient directement les formules distribuées par les assesseurs locaux, une fois que les colonnes en ont été remplies. Bien
plus, ils peuvent, s'ils le désirent, éviter l'intervention de ces
commissaires additionnels, lorsqu'ils craignent de divulguer leur
situation à des voisins ou des concurrents indiscrets. Ils ont alors
la faculté de s'adresser à des *commissaires spéciaux*, fonctionnaires ambulants, « tout à fait étrangers à la localité, et qui con-
« sidèrent les affaires à un point de vue purement administra-
« tif (2) ».

(1) La même faveur est exceptionnellement accordée encore aux revenus de la
cédule E.
(2) Même discours déjà cité de M. Childers, chancelier de l'Échiquier, 30 avril
1885.

Quant à la cédule E, assise sur les traitements, salaires, pensions de retraite, etc., le fisc ne s'adresse plus au contribuable personnellement, mais à l'administration dont celui-ci dépend. Ainsi en est-il pour tous les services publics. L'impôt y est prélevé d'office sur les payements effectués au personnel. Les compagnies privées se bornent à fournir le nom et l'adresse de tous leurs employés, afin que les assesseurs de l'*income-tax* puissent effectuer la remise des formules à domicile. Les propriétaires d'immeubles sont, d'ailleurs, tenus également de déclarer le nom et la profession de leurs locataires, en vue de la cédule E.

On voit, comme nous le disions, que chaque cédule de l'*income-tax* anglais possède bien sa personnalité, se meut dans son domaine spécial, constitue, en un mot, un impôt distinct de ses voisins, tant par les matières qu'il frappe, que par ses procédés d'exécution. L'*income-tax*, dans son ensemble, se compose donc réellement de cinq taxes différentes.

§ 6. — *L'unité cependant règne dans l'income-tax anglais. Tarifs, caractères et rôle de l'income-tax.*

Ces cinq taxes différentes sont cependant réunies par un lien commun. D'abord, celui du tarif qui est uniforme pour toutes les cédules en Angleterre (1). Mais laissons de côté ce premier carac-

(1) Les tarifs de l'*income-tax* sont uniformes pour toutes les cédules. Mais ils ont varié beaucoup dans leurs taux annuels. Voici leurs niveaux successifs aux époques les plus caractéristiques :

1853-1854	7 pences,	soit	2.90 p. 100	
1854-1855	1 sh. 2 pences,	—	5.88	—
1855-1856	1 sh. 4 — .	—	6.60	— maximum
1857-1858	7 pences ,	—	2.90	—
1859-1860	10 ,	—	4	—
1872-1873	4 ,	—	1.60	—
1873-1874	3 ,	—	1.20	—
1874-1875	2 ,	—	0.80	— minimum
1875-1876	2 .	—	0.80	—
1876-1877	3 .	—	1.20	—
1879-1880	5 .	—	2	—
1882-1883	6 1/2 .	—	2.75	--
1883-1884	5 .	—	2	—
1884-1885	6 .	—	2.50	—
1885-1886	8 .	—	3.33	—

tère puisque nous ne devons pas le retrouver en Italie, où cependant le système est analogue.

Ce qui donne réellement à l'*income-tax* son cachet d'unité, c'est
l'universalité de sa mainmise sur tous les revenus sans exception.
En parcourant la liste précédente, en effet, on remarque qu'aucune source de revenu n'y est omise. Toutes y sont successivement
passées en revue et saisies par le fisc (1). Une conception d'ensemble a donc présidé à la construction de l'édifice.

Il a été coordonné de manière à embrasser la totalité des richesses du pays. Il constitue réellement un *general property and
income-tax*, suivant le but de sa création, suivant les intentions
maintes fois affirmées de Robert Peel et de M. Gladstone.

La diversité des procédés de taxation du système anglais le
rend très supérieur au précédent. Du moment, en effet, qu'il
s'agit de saisir les revenus, l'uniformité ne saurait prévaloir. Les
revenus sont dissemblables par leur essence même. Ils n'ont
qu'une seule tendance commune, celle de s'évader aussitôt que le
fisc apparaît. Mais, comme ils ne s'enfuient pas tous dans la même
direction, il faut les poursuivre par des routes diverses. Puis, comme,
encore, chemin faisant, chacun d'eux met en usage des ruses qui
lui sont propres, il faut savoir déjouer ces ruses par des contre-
marches spéciales. C'est là ce qu'a compris l'*income-tax* anglais.

Non seulement l'instrument, en Angleterre, est plus parfait (2)
par la raison que nous venons d'indiquer, — celle de sa plus

1887-1888	7 pences	,	soit	2.90 p. 100
1888-1889	6	,	—	2.50 —
1892-1893	6	,	—	2.50 —
1893-1894	7	,	—	2.90 —

(1) La cédule D a même soin d'ouvrir un article VI, pour y reprendre « les
« profits et gains n'étant chargés dans aucune autre cédule ».

(2) Le mot *parfait*, bien entendu, n'est employé ici que dans son sens relatif.
Car l'*income-tax* soulève de nombreuses critiques. Même encore aujourd'hui,
après 50 ans d'existence, d'ardents adversaires s'attachent à mettre en relief
ses défauts, dont on ne saurait se dissimuler la gravité : caractère inquisitorial, difficultés dans la rédaction des déclarations, dans l'appréciation des
revenus nets, dans l'introduction des procédures d'appel, etc. (Voir spécialement
la *Financial Reform almanack*, 1891.) Nous traiterons ce sujet plus loin.

intime adaptation au tempérament personnel de chaque nature de
revenus, — mais aussi parce que la place qu'il occupe dans le système fiscal du pays est une place libre. Il s'y meut et s'y développe
à l'aise, n'étant gêné par aucun similaire, ne se superposant à
aucun autre impôt analogue.

Si le *land-tax*, assis directement sur les revenus de la terre,
figure encore parmi les recettes du budget anglais, ce n'est plus
qu'à titre de débris d'une ancienne contribution, en majeure
partie rachetée, produisant seulement aujourd'hui 26 millions
annuels (1).

Le *house duty* ne doit pas non plus être considéré comme em-
piétant sur le domaine de l'*income-tax*, parce qu'en frappant les
occupants des maisons habitées, il ne s'adresse qu'à leurs revenus généraux. Aucun revenu déterminé ne se trouve chargé par
lui en double emploi.

Hormis ces deux taxes, il n'en existe aucune autre en Angleterre, ni patentes (2), ni droits sur les portes et fenêtres, ni droits
sur les coupons de valeurs mobilières (3), etc., qui puisse même
être soupçonnée de se superposer à l'*income-tax*.

Grâce à cette rationnelle organisation, l'impôt anglais a sans
cesse prospéré dans ses rendements (4). Avec un simple tarif de

---

(1) Pour l'année finissant le 31 mars 1893, le *land-tax* a produit 1.040.000 livres ou 26.000.000 francs.

Il ne s'agit bien entendu, que de l'impôt foncier perçu au profit de l'Etat. Car
le raisonnement serait absolument faussé si l'on prétendait faire intervenir ici
les taxes foncières locales, s'élevant à près de 800 millions. A leur égard, le
double emploi avec la cédule A deviendrait incontestable. Mais nous ne considérons présentement que l'économie du budget de l'Etat et nous nous attachons
exclusivement aux éléments qui lui sont propres.

(2) Les *licences d'excise* établies exclusivement sur les divers négoces de matières assujetties à l'impôt indirect ne sauraient être considérées comme des patentes. Leur nom seul indique bien leur caractère de licences.

(3) Les valeurs mobilières sont seulement frappées de quelques droits de timbre.
Ainsi, les valeurs au porteur, depuis 1862 et surtout depuis 1885, acquittent,
au moment de leur émission, le prix d'un timbre fixe. En plus, les bordereaux
ayant pour objet la négociation de valeurs supérieures à 2.500 fr. sont assujettis
à un timbre de 6 pences, depuis 1888.

(4) « La meilleure défense de l'impôt actuel sur le revenu et des impôts sur le
« revenu en général a été faite par Sir Robert Peel dans la discussion de 1842,
« lorsqu'il soutenait que le déficit de deux millions de livres par an rendait

2 1/2 p. 100, il produit aujourd'hui près de 350 millions de francs (1).

A-t-on besoin d'un supplément de ressources, il suffit d'élever son tarif d'un penny pour obtenir immédiatement 43.750.000 fr.

C'est ce que vient de faire le chancelier de l'Échiquier, qui, pour 1893-1894, en a porté le taux de 6 pences à 7 pences, déclarant que « c'est une chose merveilleuse de voir comme les produits « de l'*income-tax* se maintiennent et se fortifient... Le progrès « de l'*income-tax* est un des traits les plus frappants de notre « situation financière ». (Exposé de sir Vernon Harcourt, 24 avril 1893.)

Aussi M. Goschen, ne pouvant résister au désir de critiquer son successeur, s'est-il écrié : « En somme, que fait le ministre « des finances pour combler le déficit de 37 millions 1/2 ? « Oh ! c'est bien simple ! On connaît le joujou à la mode, le dis- « tributeur automatique. Le gouvernement s'en est inspiré : il a « mis un penny dans la machine et le tour est joué. » (Séance des Communes du 28 avril 1893.)

A une époque de richesse moindre qu'aujourd'hui (2), alors qu'on

---

« l'établissement d'un nouvel impôt *indispensable*. » (Mac Culloch, *Sur la taxation.*)

Aujourd'hui, en effet, plus que jamais, l'*income-tax* constitue la base indispensable des budgets anglais.

(1) Voici, d'après le dernier rapport des commissaires du revenu intérieur, pour l'année finissant le 31 mars 1892, les produits actuels de l'*income-tax* :

		Francs.
Cédule A	—	105.906.000
— B —		5.760.000
— C —		24.000.000
— D —		187.839.000
— E —		22.820.000
Total du produit net de l'*income-tax* pour l'année 1891-1892 .		346.325.000
Produit brut		358.117.000

(2) La richesse du pays, appréciée d'après le montant des revenus imposés, a pour type habituel la valeur productive d'un penny de l'*income-tax* (soit 1/240ᵐᵉ de livre).

Or, voici les taux successifs de productivité d'un penny de l'*income-tax* :

	Francs.
En 1843	19.304.000
En 1885-1886	49.000.000
En 1891-1892	55.360.000
En 1892-1893	56.525.000

avait besoin de son maximum de ressources, l'*income-tax* a pu
rendre plus de 400 millions annuels (1). Au premier jour, si les
événements l'exigeaient encore, ses tarifs, relevés au même niveau
que pendant la guerre d'Orient, fourniraient au budget du
royaume-uni un subside immédiat de 800 millions (2).

§ 7. — *Impôt sur la richesse mobilière en Italie. Tarifs diffé-rentiels suivant l'origine des revenus.*

Un autre exemple d'impôt sur les diverses sources de revenus,
non moins célèbre mais plus récent que l'*income-tax* anglais, est
celui de l'*impôt sur la richesse mobilière*, en Italie (3).

La valeur d'un penny de l'*income-tax* a donc presque triplé depuis 50 ans.

Le montant des revenus imposés n'atteignait que 8 milliards 379 millions en
1860, 10 milliards 1/2 en 1870-1872 ; il s'élève aujourd'hui à plus de 14 milliards
1/2 de francs (14.680 millions).

(1) Voici la récapitulation des produits successifs de l'*income-tax* dans les
principales années :

Années.	Taux du tarif.	Recettes nettes. fr.
1842-1843	7 d.	140.000.000
1854-1855	1 shell. 1 d.................	359.000.000
1855-1856	1 shell. 4 d....	413.600.000
1856-1857	1 shell. 4 d.............	422.900.000
1857-1858	7 d......................	198.000.000
1865-1866	— 4 —.................	144.000.000
1873-1874	— 3 —.................	144.200.000
1874-1875	— 2 —.................	99.500.000
1876-1877	— 3 —.................	142.000.000
1879-1880	— 5 —.................	230.800.000
1885-1886	— 8 —.................	381.180.000
1887-1888	— 7 —.................	356.880.000
1888-1889	— 6 —.................	311.888.000
1891-1892	— 6 —.................	346.325.000

(Extrait du rapport récapitulatif de 1875 et des rapports annuels de l'*inland
revenue.*

(2) Dans un discours célèbre, M. Gladstone a résumé les bienfaits que l'*income-tax* a procurés à l'Angleterre. « Ce géant, qui nous avait protégés autre-
« fois pendant la guerre, rappelé de sa retraite en 1842, vient nous aider encore
« pendant la paix dans nos travaux industriels... Je ne sais si la Chambre
« est pénétrée de tout ce que le pays doit à l'*income-tax*, si elle apprécie en
« entier la puissance colossale de ce levier financier... Retournez à son origine,
« considérez ce qu'il a fait pour vous en temps de péril et de difficultés natio-
« nales, considérez, si vous ne le détruisez pas, ce qu'il peut encore faire pour
« vous, s'il plaît à Dieu que de pareils temps reviennent ! » (18 avril 1853.)

(3) Cet impôt, comme son nom l'indique, ne s'adresse qu'à la richesse mobi-

Les mêmes divisions essentielles dont l'aspect nous a, dès l'abord, frappé en Angleterre se retrouvent aussitôt qu'on aborde l'impôt italien.

Ici les cédules sont au nombre de quatre, A, B, C, D.

La cédule A comprend les *revenus spontanés et permanents*, rentes des capitaux, intérêts des prêts hypothécaires ou chirographaires, dîmes, prestations, produits de biens fonds autres que ceux frappés déjà par l'impôt foncier.

La cédule B s'adresse aux *revenus mixtes*, à la production desquels concourent simultanément le capital et le travail, tels que les profits industriels et commerciaux.

La cédule C atteint les *revenus temporaires* produits par le travail seul, provenant de l'exercice d'une profession, d'un art ou d'un métier, d'un office ou d'un ministère.

La cédule D classe à part les traitements, pensions et allocations diverses servis par l'État, les provinces et les communes.

Une cinquième catégorie exceptionnelle s'occupe du revenu des métayers (1).

Malgré les tendances plus scientifiques que révèle déjà cette terminologie, l'idée est la même qu'en Angleterre : diviser les revenus par classes, afin de pouvoir doter chaque classe d'un appareil particulier de taxation.

Dès lors, nous pourrions recommencer à dresser pour l'impôt italien un code spécial de mesures d'exécution par cédule, afin

lière. Il laisse le soin d'imposer les valeurs immobilières à des impôts fonciers spéciaux, ainsi libellés dans le dernier budget italien pour 1893-1894 :

Impôt sur les terres...........................	106.400.000
— maisons............................	85.600.000
Total......................	192.000.000

L'impôt sur la richesse mobilière complète les impositions directes avec son produit prévu pour................................... 236.365.000 fr.

Total des impôts directs en prévision pour 1893-1894 :..... 428.365.000 fr.

On peut donc, à la rigueur considérer l'impôt sur la richesse mobilière comme une branche de l'impôt général sur les revenus en Italie, dont l'impôt foncier formerait la première cédule.

(1) La taxe sur le revenu des métayers est fixée à 5.50 p. 100 du principal de l'impôt foncier payé à l'État par le colon partiaire. Si ce principal d'impôt foncier n'excède pas 50 fr., le revenu du métayer demeure franc de taxe.

C'est là un mode de taxation tout à fait exceptionnel, sans corrélation avec les principes du système général de l'impôt sur la richesse mobilière, dont, par conséquent, nous ne reparlerons plus.

de mettre en relief leur caractère distinct, comme nous l'avons fait pour l'Angleterre, si les tarifs ne suffisaient ici très largement à différencier les cédules.

Le tarif italien, en effet, ne possède plus l'uniformité du tarif anglais. Il varie, au contraire, dans les conditions suivantes (1) :

La cédule A, assise sur les revenus des capitaux obtenus sans travail, supporte seule l'intégralité de son taux.

La cédule B, assise sur les revenus mixtes du travail et du capital, n'en paye que les six huitièmes.

La cédule C, assise sur les revenus du travail seul, n'en paye que les cinq huitièmes.

Enfin, la cédule D, assise sur les traitements et émoluments publics, n'en paye que les quatre huitièmes, ou la moitié (2).

Les motifs de ces dégrèvements successifs découlent d'idées très simples en apparence.

D'abord, les revenus obtenus sans travail, tels que les rentes, intérêts chirographaires et hypothécaires, redevances, etc., *spontanés et permanents*, comme dit le texte de la loi, ne méritent aucune indulgence. Celui qui, suivant l'expression de M. de Bismark, « n'a qu'à prendre ses ciseaux pour détacher ses coupons, « ou à écrire une quittance pour toucher l'intérêt de ses créances, »

(1) Nous disons que le *tarif* italien varie par cédule, uniquement dans un but d'abréviation et de clarté. Car, d'après les textes officiels, ce n'est pas le tarif qui varie. Au contraire, son taux uniforme de 13,20 p. 100 demeure applicable à toutes les cédules. La loi stipule seulement que, dans les trois dernières cédules, *le chiffre des revenus imposables* subira une atténuation. Ainsi, le chiffre des revenus imposables est taxé pour son intégralité dans la cédule A. Mais il n'est plus taxé que pour ses 6 huitièmes dans la cédule B, pour ses 5 huitièmes dans la cédule C, et pour ses 4 huitièmes dans la cédule D.

Or, réduire le chiffre des revenus imposables de 2, 3 et 4, huitièmes, ou réduire le tarif plein des mêmes quotités, aboutit à un résultat absolument analogue. Le second système nous semblant plus clair et plus simple pour notre exposé, nous lui avons donné la préférence, sous réserve des présentes explications.

(2) En continuant à laisser de côté le texte de la loi, et en opérant les dégrèvements, non pas sur le montant des revenus, mais sur les tarifs, voici ce que devient le taux de 13,20 p. 100 pour chaque cédule :

Cédule A	—	intégralité	—	13.20 p. 100
Cédule B	—	6/8mes	—	9.90 —
Cédule C	—	5/8mes	—	8.25 —
Cédule D	—	4/8mes	—	6.60 —

ne saurait être épargné. Aussi, très justement, le plein du tarif fonctionne-t-il à son égard, dans toute sa rigueur.

Vis-à-vis de l'industriel, la situation commence à se modifier. Il s'agit là, comme dit la loi, d'un revenu mixte, provenant en partie de l'intérêt des capitaux et en partie des fruits du travail. Si l'usine acquise à beaux deniers comptants ou reçue par héritage représente un capital, ce capital ne peut entrer en activité et devenir productif qu'au prix d'un travail incessant. A ce dernier point de vue, la taxe a donc semblé devoir être modérée de deux huitièmes.

Une faveur plus grande encore est réservée aux revenus découlant exclusivement du travail personnel de l'homme. Le contribuable qui, sans capital, sans richesse préalablement accumulée, gagne, au jour le jour, au moyen de ses seuls efforts immédiats, par son seul talent du moment, des salaires, émoluments ou profits, périssables avec lui, même avant lui le plus souvent, ne saurait être traité comme le rentier et l'industriel. La loi italienne lui accorde, en conséquence, une détaxe de trois huitièmes.

Enfin l'État éprouve pour ses propres employés une tendresse bien légitime, qu'il étend à ceux des provinces et des communes. Aux uns et aux autres, avec une partialité non déguisée, il fait le sacrifice des quatre huitièmes, soit de la moitié, du tarif plein.

Ces variations du taux de la taxation par catégories de revenus ont paru à divers auteurs le dernier mot du progrès. « C'est un « des plus grands efforts vers la justice que nous présente l'his- « toire de la fiscalité au dix-neuvième siècle, » dit, en parlant du système italien, M. Denis dans son livre sur *l'Impôt.*

M. Yves Guyot s'exprime de même dans son rapport déjà cité de 1887 : « Cette loi italienne sur la richesse mobilière est la loi « la plus complète qui ait été faite dans aucun État. Produit des « expériences, des tâtonnements qui ont eu lieu pendant plus de « dix ans, dernière expression de remaniements nombreux, elle « forme un ensemble, comme les grandes lois fiscales de la Ré- « volution, comme l'*income-tax* anglais. »

Évidemment l'Italie, en inaugurant, au milieu même du dix-neuvième siècle, un système fiscal sorti tout armé (1) des délibé-

(1) Le mot tout armé n'est pas absolument exact, car le Parlement italien s'y

rations de son jeune parlement, profita très heureusement de l'expérience acquise et des lumières de la science contemporaine. Elle fut amenée par la poussée des idées ambiantes à rechercher les moyens d'alléger la part du travail dans la répartition du fardeau des impôts et de surcharger corrélativement la part afférente au capital.

Mais c'est un bien délicat problème que celui qui consiste à régler les justes relations du capital et du travail. L'Italie peut-elle supposer l'avoir résolu par la simple détermination des proportions ci-dessus indiquées ? Huit huitièmes, six huitièmes et cinq huitièmes représentent-ils réellement la valeur respective des revenus du capital, des revenus mixtes et des revenus du travail ? Aucun document, aucun commentaire n'a jamais osé le prétendre. Ce ne sont là, en somme, que des fixations approximatives, ou, pour mieux dire, des fixations arbitraires, dépourvues de toute base scientifique. Leur introduction dans la loi sur la richesse mobilière témoigne seulement de tendances méritoires, d'un *effort vers la justice*, suivant l'expression citée plus haut, d'aspirations vagues, en un mot, imparfaitement formulées, et que personne, pas plus en Italie qu'ailleurs, ne saurait réussir à traduire en chiffres rationnels (1).

Du reste, on peut se demander, d'une manière plus générale, s'il convient de faire varier les tarifs en considération des différentes natures de revenus. La théorie, sans parler des possibilités d'exécution, approuve-t-elle le système des taxes différentielles ? Beau-

---

est repris à plusieurs fois pour construire l'édifice de son impôt sur la richesse mobilière.

Etabli en 1864, cet impôt a été remanié plus de dix fois jusqu'à la loi du 24 août 1877. Toute institution nouvelle comporte de tels tâtonnements. Mais, dès le début, le principe a été posé.

En lisant les rapports et exposés de motifs de l'époque, on est frappé du soin avec lequel ont toujours été étudiées les législations étrangères.

(1) Le Chancelier de l'Echiquier en Angleterre s'exprimait ainsi dernièrement à la Chambre des communes : « C'est une théorie séduisante que celle qui veut « que l'industriel et le commerçant soient taxés à un moindre taux que les ca- « pitalistes. Mais il est difficile de faire la différence entre ce qui vient de l'in- « dustrie et ce qui vient du capital. Dans une grande affaire, comment faire le « départ entre les produits du travail personnel et ceux du capital engagé?... « On a émis cette idée en 1853 : on a dù renoncer à en poursuivre l'application. » (Séance du 28 avril 1893.)

coup de bons esprits ne le pensent pas. L'impôt, disent-ils, par sa
nature même est annuel. Il atteint donc, chaque année, les revenus,
au fur et à mesure et tant que ceux-ci se manifestent, les frappant
alors très justement, pour chacune de ces périodes de leur existence,
d'une taxe uniforme et proportionnelle. Si les revenus précaires disparaissent, si les revenus viagers s'éteignent, l'impôt immédiatement
disparaît et s'éteint avec eux. Il devient forcément précaire et viager
comme eux. La taxation, par son jeu naturel, se proportionne ainsi
spontanément à la nature des divers revenus, sans qu'il soit besoin
pour cela d'imaginer des combinaisons exceptionnelles. Ces idées,
exprimées dès 1853, avec une grande autorité, par M. Gladstone, à
l'occasion des projets de revision de l'*income-tax*, sont peut-être
moins séduisantes en apparence que les idées de tarifs différentiels, mais elles semblent, à tous les points de vue (1), plus sages
et même plus scientifiques.

§ 8. — *Exagération du tarif italien. Tendances à la fraude.*
Défaut d'élasticité des produits.

Malgré ces réserves, ce n'est pas la constitution théorique du
système qui donnerait prise à la critique en Italie, puisque, au
contraire, lesdites réserves accentuent l'existence de tentatives très
recommandables aux yeux de beaucoup de théoriciens.

Mais si le mécanisme de l'impôt italien provoque certaines ad-

(1) Nous disons « à tous les points de vue », parce que M. Gladstone envisa-
gea, en effet, d'autres points de vue que celui auquel nous venons spécialement
de nous attacher. Il expliqua que la nature et le mérite des revenus se différencient non seulement suivant qu'ils proviennent du capital ou du travail, mais
aussi suivant leur nature plus ou moins aléatoire, suivant l'âge de leurs possesseurs, etc. On ne saurait traiter de même l'intérêt réduit d'une valeur de tout
repos et les bénéfices exagérés d'une entreprise chanceuse; non plus que la jouissance prolongée des revenus détenus par un jeune homme et la courte jouissance des revenus qui vont bientôt échapper au vieillard. Or, le fisc ne pouvant
entrer dans cette série indéfinie de situations, auxquelles, d'ailleurs, il ne serait
en mesure d'appliquer que des moyennes toujours inexactes à l'égard des individus, le mieux est de s'en tenir à l'unité et à la simple proportionnalité.

M. Gladstone se bornait à dire au sujet de l'argument principal développé
ci-dessus : « Je ne soulève pas la question de savoir si le revenu annuel n'est
« pas la base juste et convenable d'un impôt destiné à pourvoir aux services de
« l'année. Je passe cette question... » (Discours de M. Gladstone. Chambre des
Communes, séance du 18 avril 1853.)

mirations au repos, il cesse de réaliser les espérances de ses
adeptes dès qu'il entre en mouvement.

L'exécution devient sa pierre d'achoppement. Cette exécution
pèche par le côté le plus essentiel et le plus caractéristique en
matière fiscale, la productivité. L'impôt sur la richesse mobilière
ne fournit pas aux budgets les sommes qu'on serait fondé d'attendre de sa belle ordonnance.

A première vue, sans doute, son produit total de 234 millions
semble très respectable (1). C'est en le décomposant qu'on découvre
ses parties faibles. Il faut mettre de côté, en effet, les retenues
prélevées par le gouvernement italien lui-même sur ses propres
payements, sur les arrérages de sa dette publique, sur les traitements, émoluments et pensions de ses employés et des employés
des provinces et des communes. Cent millions environ doivent
être ainsi, dès l'abord, décomptés (2).

En dehors de là, les perceptions opérées par voie de déclaration
et de rôles ne rendent plus que 128.878.000 fr., c'est-à-dire une
somme quelque peu supérieure seulement aux 100 millions produits par la taxation de la rente italienne et des traitements budgétaires.

C'est un vaste champ cependant que celui des bénéfices commerciaux et industriels, des gains et profits de toute nature, des
intérêts de créances hypothécaires et chirographaires, redevances,

---

(1) Recettes effectives de l'exercice 1891-1892.
Impôt sur les revenus de la richesse mobilière.

		fr.
Perçus par rôles...................................		128.878.189.61
— retenues.............................		104.822.578.15
Total......................		233.700.767.76

Pour l'exercice 1893-1894, les évaluations budgétaires arrondissent ces chiffres
en les élevant hypothétiquement de quelques millions :

		fr.
Impôt perçu par rôles...............................		130.000.000.00
— retenues..............................		106.036.520.80
Total de l'impôt sur la richesse mobilière........		236.036.520.80

(2) Ces cent millions en chiffres ronds se décomposent ainsi :

Retenues effectuées sur les traitements, pensions et allo-
cations fixes allouées par l'Etat....................		22.499.208 fr.
Retenues effectuées sur les arrérages de la dette publique,
annuités, bons du Trésor, etc........................		76.656.111
Total.............................		99.155.319 fr.

L'Etat prélève ainsi 99 millions passés sur ses propres payements.

rentes foncières, etc. Les perceptions effectuées en vertu de rôles devraient y prélever chaque année d'abondantes récoltes, surtout sous l'influence des tarifs excessifs dont nous parlerons tout à l'heure. Avec un simple taux de 2 1/2 p. 100, l'Angleterre y trouve plus de 191 millions de recettes annuelles.

Évidemment la cause de cette infériorité doit être tout d'abord imputée à la fortune publique italienne elle-même, qui, non seulement, cela va sans dire, n'a pas une importance comparable à celle de l'Angleterre (1), mais dont le chiffre quel qu'il soit ne progresse que très lentement, depuis un certain nombre d'années, et même, pour divers de ses éléments, demeure stationnaire (2).

Une telle situation suffirait à justifier la dépression des produits de l'impôt.

Malheureusement, cette première cause en engendre spontanément une autre non moins grave, et non moins dépressive. Le resserrement des fortunes, en effet, la stagnation des affaires, la réduction des bénéfices commerciaux et industriels a pour conséquence immédiate de provoquer les contribuables à la fraude. Le chancelier de l'Échiquier l'observait lui-même en Angleterre, dans un de ses derniers exposés : « Quand les profits commer-

---

(1) Montant des revenus imposés en vertu de rôles, divisés par cédules, pour l'année 1891.

Catégorie A	403.416.741
— B	340.556.343
— C	104.332.898
— D	42.417.698
Total	890.633.683
Métayers	10.891.406
Total	901.525.089

En plus, les revenus imposés par voie de retenue peuvent être fixés à 920 millions environ. Le total des revenus taxés, en Italie, s'élèverait donc à plus de 1.800.000.000, près de 2 milliards.

En Angleterre, il dépasse, pour la dernière année fiscale, 14 milliards et demi (14.700.000.000 fr.).

(2) Consulter spécialement un travail récent de M. Benini, analysé par le *Bulletin de statistique des finances* de juin 1892, et un autre travail de M. le professeur Maffeo Pantaleoni, analysé dans le numéro du même bulletin de septembre 1890.

On peut comparer ces statistiques italiennes à celles qui concernent la France, pour la même période, insérées dans l'exposé des motifs du projet de budget de 1893.

« ciaux, disait-il, commencent à baisser, le contribuable est plus
« disposé à tricher. Il y a là une raison tout humaine. »

Cette raison tout humaine se trouve singulièrement aggravée
en Italie par l'exagération du tarif, fixé à 13,20 p. 100 du montant des revenus imposables (1). 13,20 p. 100 représentent le
double de ce que l'Angleterre, on s'en souvient, à l'époque de la
guerre d'Orient, crut jamais possible de demander au maximum (2). Prétendre prélever, d'une manière normale, 13,20
p. 100 des revenus individuels (3), c'est exposer les contribuables
à des tentations de fraude presque irrésistibles (4). Lequel d'entre
eux se résignera de gaieté de cœur à porter au Trésor plus du
dixième de sa fortune annuelle ? Chacun, au contraire, ne recher-
chera-t-il pas à rectifier à son profit cette moyenne exorbitante
de 13,20 p. 100, destinée, sans nul doute, dans l'esprit du législateur, à compenser, quand elle est payée, des déchets jugés inévitables ailleurs (5).

(1) Le tarif dépasse même 13,20 p. 100 lorsqu'il est perçu par voie de rôles.
En raison des centimes additionnels ajoutés pour frais de perception, il atteint
alors 13.715 p. 100, presque 14 p. 100.

Le taux de 13,20 p. 100, perçu par voie de retenue, se compose de 12 p. 100
en principal et d'un décime, soit 1 fr. 20 en sus.

(2) Le maximum du tarif de l'*income-tax* anglais s'est élevé, comme on l'a
vu, à 6,60 p. 100 en 1855-1856.

(3) Evidemment, comme nous l'avons expliqué plus haut, le plein du tarif de
13,20 p. 100 ne s'applique qu'aux revenus de la cédule A. Mais ces revenus sont
considérables et comprennent notamment tous les arrérages de la dette publique
italienne et des autres valeurs de placement.

(4) M. Denis, bien qu'il témoigne beaucoup d'admiration pour le système italien, comme nous l'avons dit, émet cependant, à son sujet, cet excellent aphorisme : « Les résistances à déclarer fidèlement le montant exact des revenus
« s'exalte d'autant plus chez un peuple, quel que soit son caractère moral, que
« la quotité de l'impôt y est plus élevée. » (*L'Impôt sur le revenu.* Bruxelles,
1881.)

(5) Ici pourrait se poser la question de savoir si la responsabilité première de
l'élévation du tarif n'incombe pas aux dissimulations des contribuables. En
effet, c'est par étapes successives que l'impôt a été porté à 13,20 p. 100.

Loi du 28 juin 1866, 8 p. 100.

Loi du 26 juillet 1868, 8,80 p. 100.

Loi du 11 août 1870, 13,20 p. 100.

Ne pourrait-on pas dire, dès lors, que le tarif a été forcé d'élever son niveau
pour compenser les fraudes dont l'impôt était victime ?

Même vrai historiquement, un tel raisonnement serait condamnable en lui-
même. Rehausser le taux d'un impôt pour compenser, au détriment des bons
payeurs, les pertes que les mauvais payeurs font subir au Trésor, ne constituera
jamais une combinaison légitime.

Enfin, les peuples divers ont leur caractère propre, formé d'un contingent variable de faiblesses et de vertus, qui constitue leur originalité. Or, la parfaite honnêteté fiscale est une vertu exceptionnelle. Les consciences scrupuleuses au regard de l'impôt sont rares dans tous les pays. Il leur faut, en tous cas, pour triompher des tentations, un renfort de circonstances ambiantes, telles que la prospérité publique, un tarif modéré, une puissante organisation administrative. Déjà, ces secours extérieurs manquent au contribuable italien. Peut-être, en plus, les tendances naturelles de son esprit le poussent-elles à lutter d'habileté avec le fisc, à déjouer adroitement la poursuite des taxateurs, à utiliser, en un mot, au mieux de ses intérêts particuliers, l'art extrême de souplesse et d'ingéniosité dans lequel il excelle. La plume de quelque psychologue international nous fixerait à cet égard.

Quoi qu'il en soit, la fraude existe en Italie et s'y développe. Toutes les statistiques le prouvent. Sans remonter au célèbre rapport de M. Depretis (1), habituellement cité, dans lequel ces frau-

(1) L'exposé des motifs de M. Depretis, ministre les finances, du 10 mars 1877, s'attachait à fournir « les preuves que l'impôt sur la richesse mobilière est « loin de procurer à l'Etat des ressources aussi considérables qu'on devait s'y « attendre d'après le taux élevé de l'imposition ». Il n'eut pas de peine à découvrir ces preuves dans les statistiques officielles elles-mêmes.

Le premier fait suspect qu'il signale est l'importance relativement considérable des revenus inscrits aux rôles pour les *êtres moraux* (sociétés, établissements, provinces, etc.) par rapport aux revenus imposables des simples particuliers. 40 p. 100 environ des revenus taxés, en effet, appartiennent aux êtres collectifs. « Ces résultats des rôles, dit le ministre, ne sont pas conformes à la vérité... Ils « proviennent de ce que les uns ne peuvent dissimuler leurs revenus propres, ni « ceux de leurs créanciers, ou de leurs employés, tandis que les autres sont en « mesure de cacher leurs revenus. »

Puis le ministre ajoute : « L'atténuation des bases des cotisations peut être « démontrée par d'autres données... » Il passe alors en revue le montant des revenus déclarés par classe de professions et tire de leur chiffre même des conclusions tout à fait instructives. Nous les mentionnons, en laissant, autant que possible, la parole à M. Depretis.

« En Italie donc, » dit-il après avoir analysé les tableaux officiels, « les avo- « cats ne gagneraient annuellement, défalcation faite de ceux dont les revenus « sont exemptés, en moyenne, que 756 lires, les notaires 537, les médecins 398 « lires! Des faits aussi singuliers se passent de commentaires! »

Plus loin: « Les employés des sociétés anonymes, en commandite et des corps « moraux présentent, à eux seuls, une somme de revenus imposables supérieure « à celle de n'importe quelle autre des 70 classes. Ici encore ce phénomène « s'explique facilement si l'on réfléchit que ces employés ne peuvent cacher au- « cune partie de leurs revenus... Mais des commerces, comme celui de la soie, « qui occasionnent à l'importation et à l'exportation un mouvement de 700 mil-

des ont été avouées et démontrées, on reconnaît, aujourd'hui,
en compulsant les écrits des publicistes actuels et les derniers
exposés ministériels, que le mal dont souffrait l'impôt sur la
richesse mobilière en Italie, toujours activé par des causes analogues, continue à subsister.

Les tableaux statistiques, en effet, annexés au rapport de la
Direction générale de l'impôt direct publié en 1892, pour l'année
1891 (1), reproduisent les mêmes indices de fraude sur lesquels
M. Depretis appuyait déjà en 1877 sa démonstration.

Ainsi, les perceptions recouvrées sur les personnes morales,
compagnies, sociétés, corporations, dont les écritures sont quasi-
officielles, ou facilement contrôlables, voient le chiffre de leur
imposition progresser d'année en année, tandis que les perceptions
effectuées sur les contribuables individuels, lesquels sont beaucoup
plus libres de falsifier leurs déclarations, ne progressent, au contraire, que très faiblement, en raison des évasions dont elles sont
l'objet (2).

Les revenus déclarés par les simples particuliers en 1891
se sont élevés à 480.093.970 fr., et ceux des êtres collectifs à

« lions, ne sont inscrits aux rôles que pour 6 millions de revenus... La peinture,
« la sculpture, la gravure, la ciselure, source de richesse et de commerce avan-
« tageux, en Italie, parviennent à peine y produire un total d'un million de
« revenu! »

Le revenu moyen déclaré par les ingénieurs et architectes est de 717 fr., par
les professions didactiques de 421 fr., par les professions sanitaires de 449 fr.,
etc...!

« Notre taxe mobilière, conclut-il, ne rapporte certainement qu'une partie de
« ce qu'elle devrait produire, si chacun payait réellement sur la totalité de ses
« revenus le taux fixé par la loi... Les injustices et les inégalités qui découlent
« nécessairement de l'infidélité des déclarations... font que cet impôt est aujour-
« d'hui un de ceux contre lesquels le pays réclame le plus vivement. »

(1) *Ministerio delle finanze. Direzione generale delle imposte dirette. Im-
posta sui redditi di richezza mobile. 1892.*

(2) Le tableau suivant en fournit la preuve palpable :
Revenus imposables des sociétés et personnes morales :

1882...............................	280.799.000 fr.
1892...............................	400.282.000 fr.
Progression en dix ans..............	119.483.000 fr.
Soit 42,55 p. 100.	

Revenus imposables des contribuables individuels :

1882...............................	441.918.000 fr.
1892...............................	504.006.000 fr.
Progression en dix ans..............	62.088.000 fr.
Soit 14,04 p. 100.	

410.539.711 fr. La proportion, pour ces derniers, représente donc 46 p. 100 (1). Or, que dirait M. Depretis de ce taux de 46 p. 100, lorsqu'il signalait autrefois 40 p. 100 comme une preuve manifeste de fraude!

De même, en continuant à dégager la moyenne des revenus déclarés par classe de professions, comme le faisait M. Depretis en 1877, on poursuit aussi, comme lui, le cours de surprenantes découvertes. D'après les rôles de 1891, les notaires ne jouiraient que d'un revenu moyen de 790 fr., les avocats et procureurs de 810 fr. Les professions artistiques, peintres, sculpteurs, mosaïstes, ciseleurs, etc., ne gagneraient, à Rome, la patrie des arts, que 750 fr. en moyenne par tête; ailleurs, 530 fr. Le revenu moyen des médecins oculistes, chirurgiens, etc., ne serait que de 480 fr.; celui des architectes et ingénieurs de 660 fr.; celui des dentistes, vétérinaires, etc., de 305 fr.; celui des professeurs et maîtres pour l'enseignement ordinaire et spécial de 309 fr.; celui des littérateurs, publicistes, écrivains, etc., tomberait à 474 fr. en moyenne pour le royaume, si un confrère exceptionnel ne se laissait taxer à Parme sur 25.000 fr. de revenu (2).

Par contre, les employés des sociétés en nom collectif et en commandite, qui, suivant les remarques de M. Depretis, sont forcés de déclarer l'intégralité de leurs traitements, verraient, sans doute encore aujourd'hui, leurs revenus imposables s'élever à des chiffres beaucoup plus considérables, si les statistiques actuelles permettaient de les préciser.

---

(1) Cette proportion moyenne de 46 p. 100 serait intéressante à analyser par cédule. Elle se décompose, en effet, de la manière suivante :

Cédule A	....	62 p. 100
— B	....	24 p. 100
— C	....	38 p. 100
— D	....	88 p. 100

(Relazione della direzione generale delle imposte dirette, 1891-1892.)

(2) On pourrait s'étonner, à première vue, de rencontrer des moyennes de revenus inférieurs à 400 fr., limite *minimum* de l'imposition en Italie. Déjà l'exposé des motifs de M. Depretis en citait plusieurs, et faisait même remarquer qu'il s'agissait bien de revenus *imposables*, tous les revenus exemptés étant laissés de côté. Cela tient à ce que ledit minimum légal de 400 fr. s'applique à l'ensemble des revenus de toutes les cédules possédés par chaque contribuable, tandis qu'ici, comme dans le rapport Depretis, les seuls revenus de la cédule B ou C sont en jeu.

La fraude officiellement avouée en 1877 ne semble pas avoir perdu de terrain depuis cette époque.

C'est là, conjointement avec la dépression de la fortune publique, — les deux causes, nous l'avons vu, s'engendrant réciproquement, — la raison dirimante de l'insuccès de l'impôt italien sur la richesse mobilière.

Aussi, malgré les déficits permanents des budgets, personne ne songe aujourd'hui à recourir à lui. Aucun financier italien, en quête de ressources nouvelles, ne le mentionne même dans ses projets. L'instrument demeure à l'écart au moment où l'on aurait le plus besoin de ses services. Bien différent en cela de l'*income-tax* anglais, dont la merveilleuse élasticité fait la ressource infaillible des mauvais jours.

§ 9. — *Impôts sur les revenus en Bavière, dans le grand-duché de Luxembourg, projetés en Autriche.*

D'autres exemples de taxes sur les différentes sources de revenus pourraient encore être cités, parmi lesquels un des plus intéressants se rencontrerait en Bavière. Là existent simultanément, codifiés en système depuis 1881 : 1° un impôt sur le revenu des propriétés foncières non bâties ; 2° un impôt sur le revenu des propriétés bâties ; 3° un impôt sur les revenus du commerce et de l'industrie ; 4° un impôt sur le revenu des capitaux (*capitalrentensteuer*) ; 5° un impôt spécial sur les revenus non frappés par les précédents.

Ce jeu de cinq impôts distincts embrasse, comme on le voit, la totalité des revenus sans exception. La réforme de 1881, qui couronne une longue série d'expériences et d'études préliminaires, passe, à juste titre, pour très méritoire.

Le budget de la Bavière de 1892-1893 inscrit le produit de ces impôts pour 36.626.000 fr. (1), ce qui, sur un ensemble de revenus

(1) Ces 36.629.000 fr. d'impôt sur les revenus se subdivisent ainsi :

	fr.
Impôt foncier.............	14.382.500
Impôt de superficie.............	916.000
Impôt locatif.............	5.642.500
Impôt des patentes.............	8.141.300
Impôt sur le revenu des capitaux....	4.962.500
Impôt sur les autres revenus.............	2.581.200
Total.............	36.626.000

fiscaux de 163.669.000 fr. (y compris 45.645.000 fr. de taxes indirectes fédérales sur l'alcool, les douanes et le tabac, reversées par l'Empire), représente une part relativement importante.

Dans le grand-duché de Luxembourg, une loi récente, du 9 février 1891, a également introduit ou plutôt perfectionné le système de l'imposition des différentes sources de revenus, qui y fonctionnait depuis 1849.

Cette loi stipule que tous les revenus, sauf ceux qu'atteignent déjà l'impôt foncier et l'impôt des mines, seront soumis à un impôt mobilier portant :

1° Sur les revenus de tous les capitaux mobiliers et des valeurs mobilières, au taux de 3 p. 100;

2° Sur les bénéfices, gains résultant du travail de l'homme et qui sont le produit d'un commerce, d'un métier, d'une profession ou d'une industrie, au taux de 2 p. 100;

3° Sur les salaires, gages, traitements, soldes, pensions, etc., au taux de 1 p. 100.

La même idée qui inspire la loi italienne se retrouve ici.

Enfin, sans pousser plus loin la revue des exemples existants, mentionnons seulement, pour terminer, le projet actuellement élaboré en Autriche, assez curieux par son caractère mixte.

Ce projet, préparé par les soins de M. Dujanewski, ministre des finances, et repris par son successeur, M. Steinbach, consiste à taxer séparément d'abord tous les revenus individuellement, et à les reprendre ensuite en bloc dans une taxe générale.

Cette série d'impôts porterait les noms suivants:

Impôt foncier sur les terres,

—   maisons,

— général industriel,

— industriel sur les sociétés,

— sur les salaires,

— sur l'intérêt des capitaux,

— sur le revenu personnel.

Ce dernier, de nouvelle création, constituerait un impôt de superposition sur l'ensemble des revenus. Son taux serait progressif, de 0,6 p. 100 au bas de l'échelle jusqu'à 4 p. 100 au maximum.

Son produit s'élèverait probablement à 30 millions de francs.

Le surplus continuerait à atteindre chaque source de revenus distinctement d'après le système déjà en vigueur, et produirait 220 millions de francs environ.

§ 10. — *Résumé des caractères de l'impôt sur le revenu. Diversité des systèmes suivis. Fraudes et inquisitions.*

La première réflexion générale que provoque cette analyse des impôts sur le revenu existants est leur diversité même. Nous les avons vus établis tantôt sur le revenu en bloc, tantôt sur les revenus distincts avec des tarifs, des formes, des résultats partout dissemblables. Le lien intime qui rattache le système fiscal d'un pays aux mœurs, au caractère et aux antécédents de ce pays constitue la cause prédominante de la diversité dont il s'agit. La taxation du revenu devient originale comme la personnalité même de chaque peuple. Curieuse remarque, dont nous réservons les développements pour la fin du présent chapitre !

En second lieu, les systèmes en vigueur présentent tous, à côté d'avantages incontestables sans doute, certains défauts communs, consistant dans l'extension de la fraude et dans les moyens forcément inquisitoriaux employés pour la combattre. Fraude et inquisition résument ainsi les reproches qu'en raison de leur nature essentielle méritent plus ou moins, dans tous les pays, les impôts sur le revenu (1).

Sans doute, l'impôt, quel qu'il soit, traîne toujours avec lui son cortège inévitable de fraudes. Les droits sur les boissons, l'enregistrement, les douanes sont des champs de bataille où l'administration lutte incessamment contre la nuée de délinquants qui cherchent à déborder ses frontières. Mais, dans les luttes relatives à ces sortes de taxes, l'administration, puissamment armée, finit presque toujours par triompher. Rarement une évasion quelque

(1) « Un impôt sur le revenu aurait certainement les résultats qu'on lui suppose s'il était possible de l'établir, mais les difficultés pratiques qu'on rencontre pour son assiette semblent insurmontables. Il en résulte qu'en fait l'impôt sur le revenu, quoique juste en théorie, n'est, dans la pratique, qu'arbitraire et vexatoire. » (Mac-Culloch. *Sur la taxation.*)

peu considérable demeure longtemps impunie. La contrebande se renouvelle constamment, mais elle est constamment vaincue.

En matière d'impôt sur le revenu,'le fisc d'abord n'a plus seulement devant lui une classe déterminée ou occasionnelle de contribuables, commerçants en boissons, fabricants ou importateurs de marchandises taxées, héritiers, vendeurs, donataires, plaideurs, etc. ; il se trouve, au contraire, en présence de la nation tout entière, de la masse même des citoyens, dont le nombre, l'indépendance et les justes susceptibilités nécessitent des ménagements exceptionnels. Puis, la matière imposable ne se cantonne plus dans un objet limité, exactement défini par les lois, sur lequel, par conséquent, les investigations peuvent se concentrer avec une puissance efficace. C'est la totalité des revenus individuels, avec leurs mille formes, leurs variations, leur précarité, qu'il s'agit d'atteindre. Enfin, le chiffre de ces revenus multiples et changeants est consigné par l'intéressé lui-même sur une feuille de déclaration qui constitue la base de son imposition, document personnel dont le contrôle devient très délicat, puisqu'il implique le soupçon et amène éventuellement la découverte de quelque mensonge.

Pour toutes ces causes, — incidence de l'impôt sur l'universalité des citoyens, précarité des chiffres annuels des divers revenus, difficulté de contrôler les déclarations individuelles, — l'administration ne peut plus agir avec la vigueur et le succès que nous lui attribuions tout à l'heure dans sa lutte contre les fraudes de contributions indirectes. Par impuissance, elle se trouve contrainte à fermer les yeux sur toute dissimulation ne sortant pas de la mesure commune. Il s'établit alors une sorte de niveau normal de dissimulation, plus ou moins bas suivant les pays, que contribuables et assesseurs s'accordent tacitement à considérer comme licite. De même que pour la circulation des boissons taxées, la Régie déduit, par tolérance, l'ouillage et le coulage de route, de même ici un déchet quasiment légal atténue la stricte exactitude des déclarations. Quelques scrupuleux n'en continuent pas moins à produire des chiffres vrais; d'autres maladroits, en sens contraire, réduisent par trop les leurs, et se font prendre. Entre ces deux extrê-

mes, la majorité suit la voie moyenne de demi-dissimulation
indiquée ci-dessus, et le Trésor, faute de mieux, se contente des
rendements encore très élevés qu'il encaisse quand même (1).

Le second défaut commun des impôts sur le revenu consiste,
avons-nous dit, dans les inquisitions vexatoires que nécessite leur
assiette. Au premier abord, ces inquisitions semblent en contradiction avec les fraudes dont il vient d'être question : on devrait
supposer, en effet, que les unes ont eu pour résultat de faire disparaître les autres. Mais tout au plus réussissent-elles à les contenir, à prévenir leur débordement, tant la poussée est forte !

Dans les pays où fleurit l'impôt sur le revenu global, les inquisitions revêtent un caractère particulièrement pénible. Car le
total de la fortune individuelle forme, dans le sein de chaque
famille, un secret que le chef ne divulgue pas habituellement
même à son entourage, dont le foyer domestique reçoit rarement
la confidence.

On comprend, dès lors, combien devient grave sa violation par
le fisc. La suprématie de l'administration prussienne peut seule
mener à bien une entreprise aussi déplaisante. Encore est-ce à la
condition de modérer ses tarifs, d'atténuer ses formalités et, par
conséquent, de réduire son rendement budgétaire à un chiffre
médiocrement rémunérateur.

Les pays qui jugent opportun de substituer la taxation distincte
des revenus individuels à leur taxation globale, évitent, par ce
nouveau procédé, les additions compromettantes. Mais l'inquisition
se manifeste d'une autre manière. On s'en convainc, en relisant
l'exposé des mesures applicables à chacune des cinq cédules de
l'*income-tax* anglais, où se trouvent décrites, d'un côté, les formalités de déclarations exigées des contribuables, de l'autre, les

(1) Nous avons spécialement signalé la fraude que provoque en Italie l'impôt
sur la richesse mobilière. Nous aurions pu parler également de celle qui existe
dans certains cantons suisses, en Angleterre même, où de nombreux documents
font allusion aux dissimulations habituellement pratiquées à l'égard de la cédule
D de l'*income-tax*. Mais évidemment la fraude dont il s'agit, si elle accompagne
dans tous les pays l'impôt sur le revenu, sévit avec plus d'intensité là où la
richesse publique est le moins développée, où les tarifs sont le plus élevés, où
le caractère des peuples s'y prête spontanément. Les conséquences signalées ci-
dessus doivent donc être atténuées en ce qui concerne certaines nations, telles
que l'Angleterre, par exemple.

procédures de vérifications autorisées de la part des assesseurs.
En Italie, l'impôt sur la richesse mobilière, dont nous n'avons
pas eu l'occasion d'analyser plus haut les détails d'exécution par
cédule, présente un aspect inquisitorial analogue : ainsi, chaque
année, tous les deux ans au minimum, obligation pour les contribuables de rédiger une déclaration indiquant le montant de
leurs bénéfices bruts, de leurs charges passives, de leurs bénéfices nets, de leurs 'divers gains mobiliers par espèce, etc. Puis,
vérification de ces déclarations par les agents des impôts directs,
les commissions d'arrondissement et les commissions provinciales,
autorisées à demander aux notaires des extraits des contrats productifs d'intérêts reçus par eux, à pénétrer dans les locaux affectés
à l'exercice d'un commerce ou d' ne industrie, à assigner comme
témoin toute personne capable de fournir des informations, à
examiner les livres des compagnies anonymes ou en commandite
par actions, à se faire représenter les titres des revenus, à exiger
la comparution en personne des contribuables pour fournir des
éclaircissements et des preuves, etc.

Tout cela constitue évidemment de l'inquisition, en Angleterre
comme en Italie. Il est donc impossible de parler de l'impôt sur le
revenu, quelle qu'en soit la forme (1), sans que l'idée d'inquisition, plus ou moins habilement dissimulée par les taxateurs, plus
ou moins patiemment supportée par les contribuables, n'appa-
raisse aussitôt, corrélativement à l'idée de fraude, quand même
persistante.

§ 11. — *Impôts sur les signes extérieurs des revenus en
France et en Belgique. Création du système en 1789.*

C'est par crainte de ces fraudes et de ces inquisitions que certains pays ont cru devoir ajourner jusqu'ici l'imposition directe
des revenus. A sa place, ils ont adopté le système inscrit au troisième rang de notre programme du début : imposition des signes
extérieurs du revenu.

(1) Que serait-ce, pensons-nous incidemment, si, au lieu du revenu relativement facile à découvrir, il s'agissait d'inscrire sur les rôles le chiffre du *capital*
de la fortune de chaque citoyen !

La France et la Belgique sont dans ce cas. Nous nous occuperons d'abord et spécialement de la première.

En France, après 1789, les souvenirs de la Taille ne justifiaient
que trop les craintes de fraudes et d'inquisitions qui viennent d'ê-
tre indiquées. Nous ne nous attarderons pas à décrire ici le fonctionnement de cette sorte de taxe, et de ses acolytes les vingtièmes
et la capitation, lesquels, à eux trois, constituaient l'impôt sur le
revenu de l'ancien régime. Nous avons déjà donné des détails suffisants à leur sujet dans un ouvrage spécial (1). L'arbitraire, les
recherches vexatoires, la tyrannie des assesseurs, les exemptions
et privilèges, formaient, d'une manière trop certaine, leurs caractères dominants. Tous les hommes éclairés de la fin de la monarchie (2) le reconnaissaient et le déploraient.

(1) Les trois impôts de l'ancien régime superposés sur le revenu, taille, vingtième et capitation, frappaient, d'après le texte formel de leurs lois constitutives,
l'ensemble des facultés des contribuables.

Pour ne citer que la formule applicable aux vingtièmes, réorganisés par l'édit
de 1749, elle était ainsi conçue : « Voulons que le vingtième soit levé annuelle-
« ment à notre profit *sur tous les revenus et produits* des sujets et habitants de
« notre royaume, sans aucune exception.»

En fait, sans doute, les biens fonciers, en raison de leur nature plus facilement
saisissable, acquittèrent la majeure partie de ces taxes Necker expose dans son
Administration des finances que sur 250.000.000 francs d'impôts directs,
213.000.000 fr. frappaient la fortune mobilière, et 37.000.000 fr. seulement
la fortune immobilière, soit 85 p. 100 environ pour les premiers et 25 p. 100
pour les seconds.

Mais la part de la fortune mobilière, si faible qu'elle fût relativement, n'en
exigeait pas moins des recherches vexatoires, des mesures d'inquisition, variant
d'intensité suivant les dispositions des taxateurs dans chaque paroisse, entachées partout de ce vice odieux, l'arbitraire.

« Il s'agit d'estimer la fortune des contribuables. Pour cette recherche, on
« est obligé de se livrer à des calculs hasardés, à des approximations vagues, à
« des apparences trompeuses. Cette manière d'imposer ne permet qu'une appré-
« ciation incertaine, un jugement aveugle, qui promène le fardeau de la capi-
« tation au gré des erreurs et des passions humaines. » (Assemblée des notables
de 1787.) — « La base de la répartition uniquement établie sur l'opinion qu'on
« a des richesses personnelles devient la source d'inconvénients terribles ! C'est
« de là que la taille prend son nom d'imposition arbitraire parce qu'elle est sou-
« mise à *l'arbitre* des personnes qui la fixent suivant l'opinion vague qu'elles
« ont des facultés personnelles des contribuables. » (Assemblée provinciale du
« Berry, 1780.)

Voir, d'ailleurs, au sujet des procédés vexatoires de l'ancienne taille des vingtièmes et de la capitation, au sujet des tentatives des réformateurs avant 1789,
au sujet des sentiments de réaction qui inspirèrent l'assemblée constituante, les
chapitres IV et VIII du 1er volume de notre ouvrage : *les Finances de l'ancien
régime et de la Révolution* (2 vol. in-8. 1885).

(2) Bien avant 1789, d'ailleurs, ces vices des impôts sur le revenu de l'ancien

On comprend, dès lors, qu'un violent sentiment de réaction se soit élevé dans le sein de l'assemblée nationale de 1789 contre ces impôts universellement détestés. Qui sait si ce sentiment ne survit pas encore aujourd'hui ?

En tous cas, ce fut lui qui, après 1789, inspirant les promoteurs du nouveau système fiscal, en fit écarter absolument toute mesure inquisitoriale. Dans ce but, les lois de 1790 et 1791, au lieu de continuer à viser le revenu lui-même, s'attachèrent seulement à découvrir ses signes extérieurs. Elles ne cherchèrent plus à pénétrer avec effraction dans le cœur de la place; elles se bornèrent à surveiller ses alentours. Le revenu, pensa-t-on, finit toujours par se montrer au dehors (1), à un moment donné. Le tout est de savoir attendre ce moment. L'habileté du fisc doit alors dorénavant consister à guetter les occasions favorables pour reconnaître et mesurer la matière imposable aussi exactement que possible, sans s'en approcher de trop près.

Les biens fonciers furent d'abord soigneusement distingués ces biens mobiliers. A l'égard des premiers, en effet, du moment qu'ils s'étalent au soleil, le programme était facile à réaliser. L'impôt foncier, en frappant les fruits de la terre et les loyers des maisons, frappe des valeurs ostensibles. « Toute propriété fon- « cière doit la contribution à raison de son revenu net. Cette « propriété ne peut être cachée : les fruits qu'elle produit sont « visibles : le revenu qu'elle donne est facile à calculer et à impo- « ser. »

Pour les revenus mobiliers, au contraire, il fallait renoncer à une attaque directe, forcément inquisitoriale, puisque ces revenus

régime étaient signalés. Il suffit de lire les ouvrages de Boisguillebert et de Vauban, pour en trouver immédiatement la preuve. Saint-Simon s'exprimait ainsi, au sujet de l'impôt du dixième, en 1710 : « Tout homme, sans aucune exception, « se vit en proie aux exacteurs, *réduit à supputer et à discuter avec eux* « *son propre patrimoine*…, à montrer en public tous les secrets de sa famille, « à produire au grand jour les turpitudes domestiques enveloppées jusqu'alors « sous les replis des précautions les plus multipliées. »

(1) Le rapporteur du projet d'impôt personnel, mobilier et somptuaire, disait très justement : « S'il se trouve des hommes qui, par avarice, se privent des « commodités que leurs facultés leur permettent de se procurer, il faut bien re- « noncer à les faire contribuer comme ils le devraient. » (Rapport par Defermon au nom du comité de l'imposition, 29 octobre 1790.)

11

se réfugient dans des ténèbres d'autant plus épaisses que la poursuite dirigée contre eux est plus active. « Comment connaître les
« capitaux presque toujours cachés? Ce sera par la mesure des
« commodités dont le propriétaire de ces capitaux aime toujours
« à s'entourer. Le loyer est assez ordinairement le principal indice
« de ces richesses cachées. Un nombreux domestique, des che-
« vaux(1), ce sont là des indices assez sûrs. » (Discours de Rœderer, 22 octobre 1790.)

L'assemblée chercha donc à mesurer l'importance des revenus
mobiliers d'après le montant des dépenses qu'ils alimentent. Les
dépenses, forcément ostensibles, devinrent les signes révélateurs
des revenus, et, parmi ces signes révélateurs, l'assemblée choisit
les plus caractéristiques : le loyer d'habitation d'abord. « Le prix
« des loyers des maisons n'est pas, sans doute, d'une exactitude
« rigoureuse; mais c'est encore la mesure la moins imparfaite que
« l'on ait pu trouver... Tous les hommes ont besoin, surtout
« dans notre climat, de se garantir des injures du temps. Chacun
« satisfait à ce besoin avec plus ou moins de dépense en raison
« de ses facultés (2). » (Rapport du comité de l'imposition, 19
octobre 1790.)

Puis, quelques autres indices tirés du nombre des domestiques
mâles et femelles, du nombre des chevaux et mulets complétèrent
les bases de la contribution mobilière et somptuaire décrétée le 13
janvier 1791.

La loi des patentes, rendue à la suite de la suppression des

(1) Déjà La Bruyère avait dit : « Carrosses, chevaux, livrées, armoiries, rien
« n'échappe aux yeux, tout est curieusement ou malignement observé ; et selon
« le plus ou moins de l'équipage, ou l'on respecte les personnes, ou on les dédai-
« gne. » (Caractères. De la ville.)

(2) Les revenus déterminés d'après le loyer d'habitation ne furent pas taxés
par la loi du 13 janvier 1791 d'une manière proportionnelle, mais suivant un
tarif progressif. Le rapporteur s'exprimait ainsi : « Chaque tarif présente, à
« raison de la différence des loyers, une progression croissante, progression
« que nous croyons indispensable de vous proposer, parce qu'il est reconnu que
« le pauvre prélève sur son revenu une somme plus forte pour la dépense de son
« loyer. Et comme c'est sur le revenu que l'impôt doit porter, il est nécessaire,
« pour le rendre proportionnel au revenu, d'attribuer une progression au taux
« d'imposition sur les loyers. (Rapport du 19 octobre 1790.)

Voir, du reste, à ce sujet, parmi les documents modernes, le projet de restauration de la loi de 1791, déposé par le ministre des finances le 26 février 1887,
et dénommé par lui projet d'impôt sur le revenu.

maîtrises et jurandes, ne chercha pas davantage à demander aux commerçants et industriels la déclaration de leurs bénéfices nets; elle se garda d'autoriser l'administration à compulser leurs livres et écritures, voulant toujours que la base de l'imposition découlât exclusivement de signes visibles vérifiables, sans inquisition. (Loi du 2 mars 1791.)

Plus tard, en 1797, les portes et fenêtres, donnant sur les *rues, cours et jardins*, c'est-à-dire exclusivement recensables du dehors. furent imposées dans le même esprit.

Les lois d'enregistrement, de leur côté, en 1790 et en l'an VII, taxèrent les actes et les mutations proportionnellement à la richesse dont ils exprimaient le chiffre.

Depuis lors, l'ensemble du système fiscal, remanié, étendu, perfectionné pendant tout le cours de ce siècle, même après les surcharges exceptionnelles nécessitées par les événements de 1870-1871, n'a jamais cessé de conserver le caractère originel que lui avait attribué l'assemblée constituante.

§ 12. — *Avantages du système. Ses panégyristes.*

Ce système, évidemment, a de grands avantages. Il épargne au contribuable, comme nous l'avons dit, les ennuis, les difficultés et surtout les tentations plus ou moins irrésistibles de fraude résultant de la rédaction des déclarations annuelles, ainsi que les inquisitions vexatoires qu'entraîne leur contrôle. A tous les points de vue, un pays, où de telles sources de gênes et de démoralisation demeurent supprimées, peut se considérer comme privilégié (1).

Aussi le mode d'imposition du revenu en France a-t-il conquis des admirateurs énergiques, lesquels, à aucun prix, ne voudraient voir notre pays se départir des principes proclamés par la Révolution.

Parmi ces panégyristes de l'imposition des signes extérieurs du revenu, un des plus illustres et des plus éloquents fut M. Thiers, dont l'opinion mérite d'être spécialement citée. Il la formula avec une ampleur particulière au cours des débats financiers, qu'on

(1) La Belgique, que nous n'avons fait que mentionner au début sans autres

peut sans exagération qualifier de mémorables (1), poursuivis par l'assemblée nationale après les événements de 1870-1871. Voici quelques extraits d'un de ses principaux discours :

« En France, il arrive trop souvent qu'on oublie que notre sys-
« tème d'impôts est l'œuvre la plus laborieuse, la plus intelligente,
« la plus équitable de la révolution française, qu'en France la révo-

commentaires dans la crainte de compliquer notre exposé, a persisté, comme la France, dans le système de la taxation des valeurs ostensibles. Elle n'a donc établi, depuis la Révolution, aucun impôt direct sur le revenu. Elle se contente d'en rechercher les signes extérieurs et possède, à ce point de vue, une contribution mobilière plus perfectionnée que la nôtre. Cette contribution s'y nomme *contribution personnelle* et comprend cinq bases d'impositions distinctes :

1° Imposition des loyers d'habitation ;
2° Imposition des portes et fenêtres ;
3° Imposition du mobilier ;
4° Imposition des domestiques ;
5° Imposition des chevaux.

Jusqu'en 1876 une sixième base existait : l'imposition des foyers.

La contribution personnelle, avec ses cinq bases actuelles, rapporte au budget belge 19.180.000 fr. (budget de 1893). « La contribution personnelle, disait le mi-
« nistre des finances, c'est pour nous l'impôt sur le revenu : c'est l'impôt sur le
« revenu révélé par des présomptions, par des indices plus ou moins tangibles,
« plus ou moins appréciables, au lieu de l'impôt basé sur la déclaration plus ou
« moins sincère des contribuables.

« Ce n'est pas le logement, l'air, la lumière qu'on impose, c'est la position de
« fortune, le chiffre de revenu, ou plutôt de la dépense, que révèlent les bases
« de cette contribution. » (Discours de M. Graux, Chambre des représentants,
1ᵉʳ août 1883.)

Voilà une théorie, très bien exprimée, qui justifie autant le système belge que le système français.

En résumé, les taxes sur le revenu en Belgique se composent des éléments suivants :

Impôt foncier...........................   24.647.700 fr.
Impôt personnel.........................   19.180.000
Impôt des patentes......................   6.800.000

Total...........   50.627.700
(Budget de 1893.)

Sur un total de 168.478.429 fr. de produits fiscaux, ces 50.627.700 fr. représentent, on le voit, presque le tiers.

(1) A l'occasion des 750 millions de ressources nouvelles qu'il s'agissait de créer, tous les systèmes, tous les projets, toutes les idées de réformes quelconques furent passés en revue, discutés, étudiés, dans une série de rapports et discours remarquables. Le résumé analytique et critique des propositions alors déposées et développées formerait un manuel complet de science fiscale.

La question de l'impôt sur le revenu, sous ses différentes formes, revint à plusieurs reprises devant l'assemblée. M. Thiers, chef du pouvoir exécutif, com-
battit les novateurs, avec la double autorité de son talent et de sa position, et gagna sa cause contre eux à la suite de plusieurs grands discours, dont celui cité ci-dessus est un des plus importants.

« lution sociale de 1789 a eu, je ne dis pas pour objet unique,
« mais pour un de ses objets principaux, pour une de ses consé-
« quences les plus certaines, les plus bienfaisantes, la répartition
« de l'impôt la plus équitable de beaucoup qu'il y ait dans toutes
« les sociétés européennes.

« Tout ce qu'on prétend faire aujourd'hui, la révolution fran-
« çaise l'a fait. Je vais le démontrer. »

M. Thiers prend alors un à un les impôts existants ; d'abord
l'impôt foncier qui atteint le revenu des propriétés bâties et non
bâties, puis l'impôt des portes et fenêtres établi « sur le signe le
« plus caractéristique du luxe, du bien-être, de l'importance des
« habitations », puis l'impôt personnel et mobilier, « capitation
« graduée selon l'aisance, véritable impôt sur le revenu manifesté
« par le plus ou moins de luxe de l'habitation qu'on occupe, » puis
l'impôt des patentes, « divisant les professions en plusieurs séries
« qui payent chacune un impôt différent d'après leurs revenus
« supposés, » enfin les impôts assis sur la propriété immobilisée
au moment où celle-ci change de main, par vente, testament, succession, donation, au moment où les plaideurs se la disputent
devant les tribunaux, etc. « C'est là le grand objet de cette portion
« de vos contributions qu'on appelle le timbre et l'enregistrement,
« et qui, celui-là, porte exclusivement, complètement, sur la pro-
« priété. »

Cette liste aurait pu ultérieurement comprendre encore les
impôts somptuaires créés sur les billards, cercles, voitures et
chevaux, signes extérieurs d'une richesse avérée, et surtout la taxe
prélevée, à dater de 1872, sur les coupons d'intérêts des possesseurs d'actions et d'obligations industrielles, communales ou départementales.

« Voilà donc, concluait-il, des impôts qui portent ou sur la
« propriété transmise sous toutes ses formes, ou sur les personnes
« conformément à leur aisance démontrée, non pas vaguement.
« non pas parce qu'il plaira à tel ou tel de l'appeler la richesse,
« mais démontrée par les signes les plus certains.

« Je demande qui peut contester qu'une suprême justice ait
« présidé à cette distribution de l'impôt ? »

Les impôts indirects de consommation, eux-mêmes, ajoutait-il, concourent à atteindre, par une voie détournée, les revenus individuels, lesquels, saisis alors de tous côtés, finissent par verser dans les caisses du Trésor une part aussi complète et aussi proportionnelle que possible de leur montant.

Et M. Thiers terminait son apologie éloquente du système français par ces mots : « Eh bien ! cherchez en Europe une aussi « équitable répartition de l'impôt, vous ne la trouverez pas. » (Assemblée nationale, 26 décembre 1871.)

Comme le disait un autre orateur, l'impôt, en France, frappe le revenu « partout où l'on peut arriver à le constater évidemment, « c'est-à-dire publiquement, où l'on peut le connaître sans inqui- « sition aucune, sans déclaration aucune (1) ».

En résumé, la formule du système que nous possédons peut se traduire ainsi : *taxation des valeurs ostensibles* (2). Le fisc, en France, taxe uniquement les valeurs qui s'offrent à lui ostensi- blement, qui se manifestent spontanément au dehors, qu'on peut

(1) Citation extraite d'un discours de M. Pouyer-Quertier, prononcé à propos de la loi du 29 juin 1872 sur les valeurs mobilières.

M. Pouyer-Quertier, comme ministre des Finances, avait déjà combattu l'impôt sur le revenu, et prononcé notamment, le 27 décembre 1871, un grand discours, qui contribua à faire rejeter la proposition Wolowski.

Au cours des discussions douanières, pour justifier les tarifs proposés sur les filés et les tissus, il représentait ces matières comme des signes extérieurs du revenu susceptibles de compléter utilement notre système de taxation des valeurs ostensibles. « Voyez, disait-il, un train de voyageurs sur un chemin de fer. Le « wagon de 1re classe est placé sur les mêmes roues, sur le même truc, il roule « sur la même voie, il est traîné par la même locomotive. Or, pourquoi paye- « t on plus cher en première qu'en troisième classe? C'est parce que le wagon de « première classe est garni de tissus, rembourré de crin, orné de soie et de « passementeries, tandis que, dans le wagon de 3e classe, il n'y a que des plan- « ches, et pas un morceau de tissu! » (Assemblée nationale, 18 janvier 1872.)

(2) La formule *taxation des valeurs ostensibles* est la seule qui spécifie exactement le système français. Si nous avons employé jusqu'ici les termes de *imposition des signes extérieurs du revenu*, c'est uniquement par crainte de déroger à l'usage, avant d'avoir suffisamment approfondi le sujet. Mais, à présent, on comprend que les signes extérieurs ne sont pas seuls atteints en France; l'impôt foncier, par exemple, atteint les revenus eux-mêmes, et non pas leurs signes extérieurs; de même pour l'impôt sur les coupons de valeurs mobilières. Ce sont là des revenus *ostensibles*, auxquels le fisc juge qu'il peut s'adresser directement. Il ne prend le détour des signes extérieurs qu'à l'égard des revenus cachés. Nous aurons, d'ailleurs, bientôt l'occasion d'expliquer plus amplement ce point en parlant des défectuosités du système français.

reconnaître de loin, sans avoir besoin, pour les découvrir, de déclarations, ni d'inquisitions.

§ 13. — *Inconvénients du système. Ses lacunes.*

Mais ce système de taxation des valeurs ostensibles ne contient-il
pas, à côté de mérites incontestables, certaines défectuosités dont
il n'a pas été question jusqu'ici ? Sans aucun doute. On ne pouvait
demander à M. Thiers de risquer de compromettre le succès de son
discours parlementaire, en exposant lui-même les côtés défavorables de sa thèse. Ces côtés défavorables n'en existent pas moins,
comme pour toute institution humaine, et l'intérêt de la science
exige que nous n'en dissimulions aucun détail.

En premier lieu, le système français a le défaut de combiner
pêle-mêle des bases d'imposition dissemblables. Ainsi, tandis que
l'impôt foncier atteint directement les revenus des terres et des
propriétés bâties, tandis que l'impôt sur les coupons frappe également, d'une manière directe et personnelle, les revenus de certaines
valeurs de placement, l'impôt des patentes, au contraire, ne procède que par suppositions à l'égard des revenus commerciaux et
industriels. Ceux-ci, en effet, n'étant plus ostensibles comme les
précédents, ne se laissent saisir, sans inquisition, que par leurs
signes extérieurs. Donc, d'une part, le fisc va droit au but, de
l'autre, il se confie à de simples hypothèses. De là nécessairement
des inégalités dans la péréquation des taxes respectives, inégalités qu'aggrave encore le mode spécial d'assiette de la contribution
mobilière qui vise, cette fois, non plus certains revenus déterminés,
mais la totalité des revenus individuels, quelle qu'en soit la source.
La contribution mobilière représente ainsi un impôt de superposition. Le même caractère appartient aux taxes somptuaires sur
les chevaux et voitures, sur les billards, sur les cercles, etc. Tantôt
donc directement, tantôt en raison de ses indices extérieurs,
tantôt à titre individuel, tantôt en masse, le revenu en France,
suivant les formes diverses sous lesquelles il se manifeste, devient
imposable. Cette base de l'*ostensible* manque évidemment d'unité
scientifique. Le fait de se manifester au dehors ne caractérise pas

un groupe rationnel de richesses. Il n'a que l'avantage, très important, sans doute, de faciliter les perceptions.

La superposition de la contribution mobilière et des taxes somptuaires dont nous parlions tout à l'heure se justifierait, à la rigueur, si tous les revenus, avant d'être repris par elles en masse d'une manière anonyme, se trouvaient déjà, sans exception, soumis une première fois individuellement aux prélèvements du fisc. Nous avons déjà posé cette règle à propos de l'*einkommensteuer* prussien.

Mais, précisément, la seconde critique, la plus grave, que mérite l'organisation française, consiste dans l'omission d'imposition d'un grand nombre de revenus déterminés, qui échappent ainsi complètement, à titre individuel, aux atteintes du fisc. Tels sont les revenus provenant des créances hypothécaires, des créances chirographaires, des fonds d'État français, des fonds d'État des gouvernements étrangers, des traitements, salaires, rentes viagères, pensions, etc. La liste, comme on le voit, sans être longue, représente des valeurs considérables par leur importance. Nous aurons l'occasion de la reproduire et de la commenter dans un chapitre ultérieur (1).

Beaucoup de tentatives ont vainement eu lieu jusqu'ici pour combler ces lacunes (2). On n'y réussira, sans doute, jamais. La constitution même du système s'y oppose. Du moment qu'on s'abstient par principe d'exiger des déclarations des contribuables et

(1) Voir chapitre XV.
(2) L'imposition des créances hypothécaires a été prescrite par le décret du 19 avril 1848, lequel, après diverses vicissitudes, fut abrogé définitivement par la loi du 9 août 1848. Après 1870-1871, la loi du 28 juin 1872 soumit encore les créances hypothécaires à l'impôt. Mais, dès le 20 décembre 1872, une seconde loi abrogea la première.

L'imposition des traitements, après avoir existé d'abord sous forme de taxe mobilière en vertu de la loi de 1790, fut inaugurée par la loi du 3 nivôse an VII, que supprima l'arrêté des consuls du 27 vendémiaire an IX.

En 1815, l'ordonnance du 15 octobre soumit de nouveau les traitements à une retenue qui subsista jusqu'en 1821. Après 1830, la loi du 18 avril 1831 recommença à vouloir taxer les traitements. La mesure ne dura encore qu'un an : dès la fin du premier trimestre de 1832, elle cessa d'être appliquée en vertu de la loi du 16 décembre 1831.

En 1848, nouvelle retenue sur les traitements jusqu'en 1849.

En dehors de ces cas qui concernent exclusivement les créances hypothécaires et les traitements, et dont la courte durée témoigne l'insuccès, les matières

d'exercer, à leur égard, aucune inquisition, il faut bien se résigner à laisser certaines portes fermées. C'est un revers inévitable
de la médaille.

La liste des objections contre le système français pourrait peut-
être en comprendre quelques autres. Celles-ci sont les principales (1). Suffisent-elles à faire oublier ses mérites? Doit-on, à
leur occasion, condamner d'emblée les procédés que M. Denis
qualifie d'*indiciaires* avec un certain mépris, dans le passage
suivant de son livre, toujours instructif, d'ailleurs, à citer : « Dans
« la constitution des systèmes d'impôts, le génie fiscal des gou-
« vernements procède d'abord par des hypothèses : il recourt à
« des indices, à des présomptions; il essaie de déduire la con-
« naissance de ce qu'il veut atteindre de certains faits plus aisé-
« ment, plus directement observables. Pour se faire une idée du
« revenu d'un industriel, il interrogera, par exemple, la densité
« de la population du lieu qu'il habite, les éléments de son
« outillage, le nombre de ses ouvriers, la valeur locative de sa
« maison... A mesure que l'esprit humain perfectionne ses mé-
« thodes, que les préjugés se dissipent, que la moralité s'élève, on
« passe à la constatation directe de cette matière imposable que

désignées ci-dessus sont toujours demeurées indemnes en France depuis la
Révolution.

Mais de nombreux projets de taxation ont été présentés à leur sujet; l'imposition de la rente spécialement a été maintes fois réclamée.

Parmi ces projets, un des plus importants est celui de M. Ballue (Rapport du
23 février 1883, reproduit aux sessions suivantes), dans lequel l'auteur passe en
revue toutes les lacunes fiscales du système actuel et cherche les moyens de
faire rentrer les transfuges sous la main du fisc. Bien que ses propositions
soulèvent beaucoup d'objections, leurs développements très documentés forment
une lecture particulièrement instructive dans l'ordre d'idées du présent chapitre.

(1) On reproche encore au système de n'atteindre qu'une représentation des
revenus forcément incertaine. Ainsi Proudhon peut dire : « De l'aveu des par-
« tisans de la contribution mobilière, la contribution mobilière n'est qu'une
« probabilité de revenu. Un harpagon peut se loger dans une habitation qui
« échappe à la taxe, tandis que le médecin, l'agent d'affaires, sont tenus, pour
« leur clientèle, de se donner un luxe d'appartement souvent hors de proportion
« avec leurs profits. » (*Théorie de l'impôt*.)

Évidemment il vaudrait mieux connaître exactement les chiffres réels des revenus que de les supposer. Mais l'impôt direct sur les revenus lui-même ne parvient pas à cette connaissance exacte. Les dissimulations, les évasions qu'il
provoque sans pouvoir les réprimer, l'éloignent à peu près autant du but que
son concurrent.

« l'on avait recherchée d'abord dans ses indices. Le génie fiscal
« enlève une à une les pièces de l'échafaudage d'hypothèses qu'il
« avait édifié, pour interroger directement la réalité. Il procède là
« comme dans tous les départements du savoir humain, à mesure
« que les connaissances deviennent positives. C'est alors que les
« impôts directs sur les revenus spéciaux et sur les revenus géné-
« raux se débarrassent de leurs caractères hypothétiques, indiciai-
« res, et que se constituent les impôts généraux ou spéciaux sur
« les revenus réels (1). »

Reste à savoir si le progrès ne marche pas précisément en sens
contraire de ce programme, et si l'on ne pourrait pas retourner le
précédent tableau, et représenter la poursuite directe des revenus
individuels comme une chasse brutale, digne des premiers âges,
qu'aucun obstacle, même celui des domaines réservés, n'arrête
dans la recherche de sa proie? Le système indiciaire apparaîtrait
alors inversement comme une conquête de la civilisation moderne,
respectueuse des droits et des justes susceptibilités de citoyens
libres, et multipliant elle-même, au cours de son développement,
le nombre et la portée caractéristiques des signes extérieurs dont
le système en question a l'habileté de savoir se servir. Telle est,
d'ailleurs, la chronologie de l'avènement du régime actuel en
France.

§ 14. — *La France, jusqu'à nouvel ordre, s'accommoderait*
difficilement d'un impôt direct sur le revenu.

La France, en effet, éprouve à l'encontre des formalités vexatoires et des recherches inquisitoriales une répulsion que dé-
montre l'échec successif de tous les projets d'impôt sur le revenu,
gouvernementaux ou autres, mis en avant depuis le début du
siècle. Aucun d'eux (2) n'a pu jamais chez nous obtenir même un

----

(1) *L'impôt*, par H. Denis, professeur à l'Université à Bruxelles, 1889.
Proudhon termine le passage cité précédemment par des expressions plus
vives, mais d'une portée analogue : « Avec ce système de présomptions, le fisc
« prouve de plus en plus son impuissance et sa déraison. »
(2) On pourrait peut-être nommer votes platoniques ceux qui, à deux reprises,
dans ces dernières années, ont prescrit au gouvernement de présenter un projet

vote platonique. Le sentiment public, inconscient peut-être, s'y est toujours montré hostile (1).

Les causes de ce sentiment public sont multiples et peuvent être recherchées à trois sources différentes.

D'abord, à la source historique. S'il est vrai, en effet, que l'expérience des peuples résulte de leur passé, nous avons acquis, à nos dépens, sous l'ancien régime, assez d'expérience des impôts sur le revenu pour ne pas désirer en recommencer l'épreuve (2).

Ensuite, l'état actuel de nos mœurs, de nos habitudes, de notre tournure d'esprit semblent inconciliables avec les formalités, les vexations et les inquisitions qu'entraîne forcément l'impôt sur le revenu, suivant les exemples cités plus haut des différents pays. Ces mœurs, ces habitudes, cette tournure d'esprit nationale découlent encore du passé. Pour les analyser dans leur origine, leur développement et leur intensité présente, la plume de l'auteur des *Origines de la France contemporaine* deviendrait ici nécessaire. Lui seul réussirait à représenter, avec ses reliefs saisissants, la funeste série d'étapes que nos finances ont parcourues depuis Colbert, Desmarets, Terray, Calonne, Brienne, Necker, jusqu'à Cambon, Ramel et Bonaparte, montrant, au cours de ce long martyrologe, pourquoi la défiance, la passion égalitaire, l'amour

---

d'impôt sur le revenu. Mais ces ordres du jour parlementaires ne peuvent vraiment compter. Nous ne voulons parler ici que des votes de projets rédigés en articles, ayant un corps, susceptibles d'exécution. Or, aucun projet de cette nature n'a été voté.

(1) Principaux projets d'impôt sur le revenu présentés depuis 1848 :

Projet du ministre des finances Goudchaux, 23 août 1848; rapport de M. de Parieu du 30 septembre 1848 ;

Proposition Proudhon, 11 juillet 1848;

Projet du ministre des finances Hippolyte Passy, 9 août 1849;

Proposition Sainte-Beuve, 6 janvier 1851 ;

Proposition Casimir-Périer, 31 août 1871 ;

Amendement Wolowski, décembre 1871 ;

Proposition Rouvier, 1874 ;

Proposition Gambetta, octobre 1876 ;

Proposition Balluc, 23 février 1883;

Projet du ministre des finances Dauphin, 26 février 1887;

Projet du ministre des finances Peytral, 30 octobre 1888 ;

Proposition Maujan, du 13 mai 1891, rapports de MM. Dupuy-Dutemps, Pierre Merlou et Guillemet, 9 juillet 1892.

(2) Voir plus haut, page 160, ce qui a été dit de la taille, des vingtièmes et de la capitation.

exclusif de la simplicité et de la clarté, ont envahi le cœur du contribuable français et lui font repousser énergiquement aujourd'hui toute institution suspecte de recéler les traces de l'ancien arbitraire si profondément détesté. Sans doute, cet excellent contribuable français paye sans murmurer, avec une exactitude exemplaire, des sommes plus fortes qu'en aucun autre pays. Mais ses belles et fécondes vertus risqueraient de se transformer bientôt en résistances obstinées, si l'administration prétendait s'introduire dans le secret de ses affaires, si les agents du fisc pénétraient dans son for intérieur, si, surtout, sous prétexte de contrôle, les éléments et le chiffre de ses revenus annuels se trouvaient divulgués et soumis à l'appréciation de ses concitoyens.

Ce dernier point nous amène à la troisième cause de répulsion qu'inspire en France l'impôt direct sur le revenu, cause politique cette fois. Eu égard à la nature scabreuse du sujet, nous préférons, au lieu de le traiter nous-mêmes, employer encore l'intermédiaire du même orateur déjà cité plus haut :

« Prenez garde! disait M. Thiers, si nos mœurs sont améliorées, « les partis ne le sont pas. Comment ! dans un pays profondément « divisé comme le nôtre, vous investiriez quelqu'un d'un pouvoir « arbitraire dans l'impôt! Quoi ! vous permettriez à un gouverne- « ment, quel qu'il fût, de dire aux contribuables : vous avez « 10.000, 20.000, 50.000 fr. de rentes ! vous le permettriez à quel- « qu'un ! Non, non ! c'est impossible.

« Nous avons tous passé depuis quarante ans sous les gouver- « nements les plus divers; nous avons vu trois fois tomber la « monarchie, une fois la république ; nous avons vu ce mouve- « ment torrentiel des révolutions passer d'un gouvernement à un « autre. Vous figurez-vous la société française taxée par celui « qui, quelquefois, s'est emparé du pouvoir par hasard ? Quoi! « vous allez remettre à ces taxateurs improvisés le soin de déci- « der de votre fortune (1)?

« Quoi ! à toutes les causes qui nous divisent, comprenez-vous

(1) Dès 1791, l'assemblée constituante, dans son adresse aux Français, disait : « Les profits des capitaux mobiliers ne sont pas faciles à connaître, surtout « dans un pays où *la constitution, les principes, les droits, les lois et les mœurs* « proscrivent toute espèce d'inquisition » (juin 1791).

« qu'on ajoute une nouvelle cause aussi puissante de perturbation,
« et que, dans les élections, on se dispute la faculté de reporter
« l'impôt à droite ou à gauche ! Non ! vous ne commettrez pas une
« telle faute (1) ! »

Plus récemment, M. Léon Say, dans son ouvrage *Solutions
démocratiques de la question des impôts*, après avoir montré,
« en feuilletant l'histoire de Florence, comment les factions se ser-
« vaient des rôles, quand ils tombaient entre leurs mains, pour
« exercer *une tyrannie abominable* », déclare que, « dans un
« pays comme la France, alors que les idées sont aussi profondé-
« ment troublées qu'elles le sont en ce moment, on ne peut envi-
« sager sans crainte l'établissement de ce que les Florentins et les
« Suisses ont appelé le cadastre de la fortune.

« Mettre la liste de ceux qui possèdent entre les mains des
« hommes qui passeront successivement au pouvoir pendant les
« années qui vont suivre, serait une imprudence politique que les
« esprits sensés se refuseront toujours à commettre. »

M. Paul Leroy-Beaulieu, dans son *Traité de la science des
finances* (2), redoute, de même, de voir l'impôt sur le revenu
dégénérer en instrument d'oppression là où les partis politiques
sont violents, où l'administration n'a pas suffisamment de stabilité
et d'impartialité. Il met en scène, dans *l'Economiste français*, tel
villageois obligé de déclarer son revenu devant le maire, souvent
son ennemi, devant le sous-préfet qui s'informe d'abord s'il *vote
bien* ou s'il *vote mal*.

« Le bourgeois et le villageois, ajoute-t-il, qui connaissent l'his-
« toire de leur pays, songeront qu'ici, en France, nous pouvons
« encore avoir une Commune, comme en février 1871, ou un
« gouvernement dictatorial, comme d'octobre 1870 à février 1871,
« qu'ils n'ont pas seulement à compter avec le gouvernement
« régulier du pays, mais aussi avec les gouvernements d'occasion.
« Les contribuables anglais ou allemands n'ont pas à appréhender,
« — du moins les antécédents historiques ne l'indiquent pas, —
« de telles périodes troublées. » (*Les charges des capitaux et*

(1) Discours précité du 26 décembre 1871.
(2) 5ᵉ édition, 1892.

des revenus en France et en Europe. N⁰ du 27 octobre 1888.)

En un mot, tant que les traces de la Révolution française ne seront pas complètement effacées, le système fiscal créé par elle doit logiquement subsister, conformément à ses perspicaces intentions.

Faut-il, d'ailleurs, regretter de voir s'impatroniser chez nous une législation rationnellement édifiée sur les ruines de l'ancien régime, perfectionnée, depuis un siècle, par d'incessantes revisions, sagement accommodée aux développements successifs de notre état social, largement productive, facilement supportée, susceptible d'acquérir encore de nouveaux avantages dans l'avenir, si les réformateurs contemporains veulent bien ne pas s'attacher à sa destruction ?

§ 15. — *L'imposition du revenu doit être organisée en conformité du tempérament particulier de chaque peuple.*

Nous avons constaté déjà que l'*income-tax* anglais ne ressemble pas à l'impôt sur la richesse mobilière italien, malgré certains points communs. Il diffère plus encore de l'*einkommensteuer* prussien, lequel, en dépit des affinités nationales, n'a aucun rapport avec le jeu d'impôts multiples fonctionnant en Bavière, dont s'écarte également l'impôt badois. Les cantons suisses eux-mêmes, placés côte à côte, n'arrivent à composer qu'une mosaïque. Le système français et le système belge tranchent sur le tout (1).

Chaque pays taxe ainsi ses revenus nationaux d'après des procédés qui lui sont personnels, comme le sont également ses mœurs, ses traditions et son tempérament (2). Ici, l'appareil de l'omnipo-

---

(1) M. Léon Say a déjà fait cette même remarque : « Vous savez, dit-il, qu'il « y a autant de formes d'impôts sur le revenu que de pays où cet impôt est « appliqué.

« L'impôt anglais sur le revenu est différent de l'impôt italien ; l'impôt italien « est différent de l'impôt allemand ; l'impôt allemand est différent de l'impôt « suisse. En outre, en Suisse, l'impôt sur le revenu varie de canton à canton ; il « en est de même dans les divers Etats de l'Allemagne. En France, enfin, nous « avons un autre système d'impôt sur le revenu. » (Discours sur l'impôt sur le revenu. Sénat, 22 février 1887.)

(2) M. Paul Leroy-Beaulieu a très justement écrit : « Il faut avoir l'esprit

tence administrative révolterait ; là, au contraire, il s'installe placidement. Ici, la demande est globale ; là le fisc, dans la crainte
d'effaroucher, divise ses questions. Tel tarif, aussi réduit que
possible, largement dégrevé à sa base, obtient un rendement considérable, tandis que, chez des voisins moins scrupuleux, le taux
de l'impôt, exagéré pour compenser des évasions incorrigibles, ne
parvient à approvisionner que très insuffisamment les budgets.
Ailleurs, enfin, toute inquisition, toute déclaration, toute intervention administrative sont fièrement repoussées.

Autant de pays, autant de formes d'impôt sur le revenu. L'impôt sur le revenu se modèle forcément sur la matière imposable
à laquelle il est accolé.

Donc, si la science financière peut, dans un milieu déterminé,
constater l'excellence et le succès de tel ou tel mode de taxation
des revenus, elle ne saurait se prononcer d'une manière universelle, ni tirer de cas particuliers des exemples généraux.

La conclusion de ce long exposé devient, on le voit, plutôt sociale que fiscale. Le revenu est bien la matière imposable par
excellence, celle que le fisc doit s'attacher exclusivement à saisir,
de laquelle doivent découler tous les produits budgétaires. Mais,
parmi les nombreux procédés imaginés ou mis en pratique pour
atteindre ce revenu, procédés dont nous avons cherché à montrer
le plus clairement possible les avantages et les inconvénients individuels, le meilleur est celui qui s'adapte le mieux à l'état
social, aux traditions et au tempérament particulier du peuple chez
lequel il doit fonctionner.

« singulièrement léger pour ne pas comprendre que le système fiscal d'un peu-
« ple doit avoir quelque rapport avec son système social, que certains impôts
« sont plus périlleux dans certains états de la société que dans d'autres, que
« l'esprit des contribuables est diversement impressionné par des taxes portant
« la même dénomination, suivant la conception que l'on peut se faire de la
« sécurité ou de l'instabilité de l'avenir. » (*Économiste français*, 27 octobre
1888.)

CHAPITRE XI

PROJETS RADICAUX DE RÉFORMES D'IMPÔTS

A côté des combinaisons purement socialistes, exclusives, comme nous l'avons vu (1), de toute idée d'imposition, les projets radicaux, moins intransigeants, s'accommodent de l'état fiscal actuel, à condition de lui faire subir des réformes profondes, subversives même.

Ce sont ces projets d'impôts radicaux que vont analyser le présent chapitre et les chapitres suivants.

Dans la crainte de nous égarer au milieu de leur trop grand nombre, nous choisirons seulement les plus significatifs et les plus notoires. A ce point de vue, la proposition législative, portant la signature de 142 députés, déposée et rapportée en 1891 et 1892 (2), se recommande spécialement à l'attention par le nombre et la qualité de ses auteurs et par son importance. Elle représente, d'ailleurs, l'ensemble des idées radicales contemporaines assez exactement pour leur servir de type.

(1) Se reporter au chapitre IX relatif aux impôts socialistes. Il y est dit, d'ailleurs, en terminant, que certains projets socialistes admettent, à titre provisoire et d'acheminement, des systèmes fiscaux analogues aux systèmes radicaux qui vont être analysés ici.

(2) Proposition de loi ayant pour objet la réforme générale de l'impôt par M. Maujan, député, et 141 de ses collègues, 13 mai 1891.

Rapports faits au nom de la commission législative chargée d'examiner la proposition précédente :

Pour la partie concernant l'établissement d'un impôt mixte et gradué sur le capital et sur le revenu, par M. Merlou, député, 9 juillet 1892 ;

Pour la partie concernant les successions, par M. Dupuy-Dutemps, député, 9 juillet 1892 ;

Pour la partie concernant le monopole de la rectification de l'alcool par l'État, par M. Guillemet, député, 9 juillet 1892.

§ 1. — *Attaques contre l'ensemble du système fiscal actuel.*
      Parties conservées néanmoins. Parties sacrifiées.

Le projet de réformes radicales dont il s'agit commence, à
l'exemple de tous ses congénères, par faire le procès des taxes
existantes, début obligatoire, dont le succès est assuré.

« Notre système d'impôts est à modifier profondément. Il est
« improportionnel et vexatoire, pesant lourdement sur les petits,
« entravant l'activité commerciale, d'un recouvrement très coû-
« teux, et ne se prêtant pas, par son manque absolu de souplesse,
« à la réalisation des questions sociales qui sont l'honneur et la
« raison d'être de la République. »

Tout est donc à réformer, de fond en comble, dans le système
fiscal actuel.

Cependant, par condescendance, faute peut-être aussi de charges suffisantes, ou de moyens de remplacement, un lot important
de taxes existantes échappe à la condamnation générale. 1.618
millions d'entre elles sont conservés et forment le premier article
du budget de l'avenir.

Ces 1.618 millions de contributions épargnées se composent des
éléments suivants. D'abord les taxes sur les biens de mainmorte,
sur les mines, sur les chevaux et voitures, etc. Puis, les droits
d'enregistrement en bloc, sauf une réduction bien justifiée au profit
des ventes d'immeubles, dont le tarif exorbitant est ramené au niveau de celui des ventes de meubles (2 p. 100), et sauf, par contre,
un relèvement des droits sur les contrats de mariage (1). Les
droits de timbre de dimension, de connaissements, d'affiches,
d'effets des gouvernements étrangers, etc., sont maintenus en
considération de leur produit considérable, bien qu'il eût semblé
préférable de les rayer. Les douanes subsistent sans changement,
dans leur intégralité, obtenant même un relèvement de prévision, tant le succès du nouveau régime protecteur paraît as-

_____

(1) Le projet abroge les réductions actuellement consenties en faveur des donations par contrat de mariage, « parce que cette manière de pousser au mariage
« ne lui semble plus correspondre à l'idée que l'on doit se faire de ce contrat ».

suré. Les droits sur les matières d'or et d'argent, sur les cartes à jouer, de dénaturation des alcools, etc., restent seuls debout au milieu des décombres des contributions indirectes. En revanche, les monopoles des tabacs, des poudres à feu, des postes et télégraphes, des monnaies, de l'imprimerie nationale, ne sont pas touchés. Enfin, les produits du domaine de l'État « constituent la partie la « plus légitime, la mieux acquise des ressources publiques (1) ».

En proposant le maintien de ces divers éléments des budgets actuels, l'exposé des motifs se reproche, plusieurs fois, sa faiblesse. Mais enfin « il n'y a pas de bons impôts, il n'y en a que de sup-« portables ». D'ailleurs, les monopoles entrent pour plus de 590 millions dans les 1.618 millions de produits conservés.

Par exemple, une fois la part faite à ces survivants provisoires de l'ancien état de choses, le surplus est impitoyablement abattu. Un milliard et demi d'impôts tombent alors d'un seul coup, impôts improportionnels, anti-démocratiques, arbitraires, illogiques, monstrueux, etc. Ces qualifications s'appliquent aux taxes suivantes (2), qu'il s'agit de supprimer sans hésitation, ni délai.

D'abord, parmi les impôts directs, la contribution foncière sur la propriété bâtie et la contribution foncière sur la propriété non bâtie. Les critiques portent spécialement sur cette dernière, laquelle, même si l'on refaisait le cadastre à grands frais, ne pourra jamais suivre l'incessante mobilité des revenus de la terre, affectés, d'une manière incessante, par les variations de la température, par les modifications des phénomènes économiques, par la hausse et la baisse des cours. A aucun moment, aucun procédé cadastral ne parviendra à fixer ces éléments oscillants. L'improportionnalité de l'impôt foncier est donc irrémédiable. D'ailleurs, il est grand temps d'établir une égalité qui n'a jamais existé jusqu'ici entre les valeurs foncières et les valeurs mobilières, et « de mettre un peu « de justice dans une répartition qui, depuis un siècle, pèse sur « l'agriculture et sur le paysan d'un poids écrasant ».

Ces considérations, ajoute l'exposé des motifs, ne touchent qu'à

(1) Il est regrettable qu'un tel éloge ne puisse être décerné qu'à d'aussi faibles ressources, 44 millions bruts seulement.
(2) Il est bien entendu que nous ne faisons ici qu'analyser le projet, en citant ses critiques, sans nous les approprier.

un moindre degré la propriété bâtie, souvent même elles ne la concernent pas du tout. On ne comprend plus, dès lors, pourquoi les
auteurs englobent celle-ci dans leur proposition de suppression
complète de l'impôt foncier.

Vient ensuite la contribution personnelle et mobilière, compila-
tion bizarre de deux impôts en un seul, juxtaposant une capitation
injuste à l'incidence inégale d'une taxe sur les loyers. Les palliatifs
promis par l'administration, à titre de péréquation, ne réussiront
jamais à légitimer une institution dépourvue par elle-même
de tout fondement équitable.

De même pour la contribution des portes et fenêtres, qu'un
vote inséré dans la loi du budget de 1893 (art. 1ᵉʳ de la loi du 18
juillet 1892) condamne, d'ailleurs, définitivement à partir de 1894.

La contribution des patentes est, par excellence, destructive de
la prospérité commerciale, puisqu'elle escompte des bénéfices non
encore réalisés. Rien n'est plus compliqué que son assiette, établie
et retouchée, sans cesse, par vingt lois différentes, répartissant les
professions dans des classes arbitraires, reposant sur des bases
multiples, dont il serait bien étonnant que l'une au moins ne de-
vînt pas inexacte et ne faussât la proportion de toutes les autres,
etc.

Nous voyons effacer de moins mauvaise grâce la taxe militaire,
« aussi injuste qu'antidémocratique, recouvrable contre ceux qui
« ne la doivent pas, etc. ».

Dans le sein de l'enregistrement, les droits de succession ne disparaissent provisoirement que pour renaître bientôt, comme nous
le dirons, sous une forme très agrandie. Mais les droits de ventes
d'immeubles, suivant ce qui a été indiqué déjà, sont réduits à
2 p. 100.

Les droits sur les baux « nuisent à l'exploitation des immeu-
« bles de toute nature » et leur suppression est considérée « comme
« absolument nécessaire », sans qu'on puisse bien comprendre
pour quelle raison.

Le timbre des quittances à o. 10, et le timbre de même prix sur
les chèques « imposent à tout le monde, au commerce et aux par-
« ticuliers, une gêne extrême… ; il n'existe pas d'impôt plus impro-

« portionnel que celui-ci, puisqu'il donne lieu à la même percep-
« tion quelle que soit la somme ». Cette perception, qui spontanément, d'année en année, s'était élevée à 15 millions, nous paraissait pourtant à peu près irréprochable.

Le timbre sur les récépissés et lettres de voiture est accusé en
bloc, sans distinction entre la petite et la grande vitesse, de « cons.
« tituer une entrave aux transports et au commerce ».

Quant à la retenue de 4 p. 100 sur les coupons de valeurs mobilières, elle se retrouvera dans le projet d'impôt général sur le
revenu.

L'hécatombe devient presque universelle à l'égard des contributions indirectes. Les impôts sur les vins, cidres, poirés, hydro-
mels et bières sont supprimés sans phrases. Il est dit seulement
que l'exonération des boissons hygiéniques représente « le plus
« grand service que l'on puisse rendre à l'agriculture et au com-
« merce... Elle constitue surtout une réforme économique desti-
« née à faciliter les transactions et à assurer la liberté du com-
« merce intérieur... Ces impôts, qui assujettissent à un même droit
« les vins de Bordeaux et de Bourgogne et les vins à bon marché
« du midi réalisent le type le plus achevé des impôts impropor-
« tionnels ».

Le sel, « matière de première nécessité, consommée par les
« pauvres gens en aussi grande quantité que par les riches »,
mérite une exemption complète. Cette conclusion n'est pas faite
pour nous déplaire, comme on le verra au chapitre final. Mais
pourquoi compter encore, « comme frappant des objets absolu-
« ment nécessaires à la consommation », les taxes sur les huiles
végétales ou animales, sur les huiles minérales, sur la stéarine et
les bougies, sur les vinaigres et acides acétiques ! Il faut prendre
garde d'abuser de l'argument de *la première nécessité* et de
compromettre son mérite en l'étendant ainsi inconsidérément à
des matières douteuses. L'exposé, d'ailleurs, croit nécessaire d'a-
jouter que « ces produits constituent les éléments essentiels d'un
« commerce qu'il importe de libérer de toute entrave », motif secondaire qui atténue la valeur primordiale du précédent.

Les transports par chemins de fer et autres voitures sont complè-

tement détaxés, « dans l'intérêt de la production et de la consom-
« mation nationales, du commerce et de l'industrie ».

Les sucres, en raison « des préoccupations qui ont déjà guidé
« les résolutions précédentes dans la question des vins », sont
exonérés de tout droit intérieur.

Les licences relatives à la fabrication et à la vente des boissons,
aux voitures publiques, etc., disparaissent « comme conséquence
« des solutions ci-dessus indiquées ». On aurait bien pu cependant,
dans l'intérêt de la lutte contre l'alcoolisme, conserver les licences
de boissons et même les augmenter, indépendamment des taxes
auxquelles elles se rattachent.

Enfin, les allumettes chimiques, qui « constituent, dans l'état
« de nos mœurs, des produits de première nécessité », — toujours
même extension abusive d'une idée excellente, — qui sont, en outre,
« l'objet d'un commerce de détail impossible à surveiller, d'une
« fabrication qui fournissait autrefois à l'exportation des sommes
« considérables et ruinée aujourd'hui », représentent un monopole
plus onéreux qu'utile (1).

§ 2. — *Exagération de ces attaques en bloc. Défense du système existant. Son origine et ses développements.*

Telles sont, dans leurs grands traits, les justifications invoquées
à l'appui des 1.548 millions de suppressions proposées. Déjà, en
résumant les arguments radicaux, nous n'avons pas dissimulé,
chemin faisant, le peu de valeur de la plupart d'entre eux.

Sans doute, les taxes sur les objets de première nécessité sont
condamnables et personne plus que nous ne souhaite de les voir disparaître des budgets modernes. Encore faut-il cependant ne pas
comprendre parmi les objets de première nécessité des matières
telles que les huiles, les vinaigres, les bougies et les allumettes !
surtout quand, inversement, on s'abstient de toute critique, de toute

(1) Ces mêmes réflexions se retourneraient contre le monopole des alcools, le
jour où les projets que nous étudions seraient parvenus à le faire triompher.
Alors, d'autres réformateurs, éclairés, à leur tour, des lumières de l'expérience,
pourraient, en toute justice, appliquer à l'œuvre de leurs prédécesseurs les critiques mêmes qu'inspire aujourd'hui à ceux-ci l'exemple du monopole des allumettes.

allusion même, à l'encontre des droits établis à la frontière sur le pain et la viande!

De sages réformateurs peuvent encore légitimement plaider la cause des réductions de tarif en faveur des mutations immobilières, du dégrèvement des taxes de transports, etc. L'énumération des perfectionnements partiels justement désirables serait, à la rigueur, susceptible d'être poussée assez loin. Nous développons cette énumération dans notre dernier chapitre.

Mais, du moment que, suivant l'exposé radical lui-même, « il « n'y a pas de bons impôts, il n'y a que des impôts tolérables », du moment que toute taxe contient forcément une dose normale de mal nécessaire, tant que cette dose n'est pas exceptionnellement dépassée, le système général d'impôts d'un pays ne saurait être condamné en bloc, sur le simple prétexte des gênes, des difficultés, des troubles, des surcharges qu'il occasionne fatalement. Les injustices mêmes que peuvent révéler certains cas poussés à l'extrême ne justifient pas le parti d'un changement radical. Rien ne serait plus illogique qu'une telle transformation. Le régime actuel, nous l'avons montré déjà, n'est pas le fruit du hasard. Il représente spontanément, par la force même des choses, l'expression respectable de notre propre état de civilisation. Sans nous répéter, citons seulement, pour terminer, le passage d'un discours du ministre des finances prononcé précisément en vue de combattre les projets de réformes radicales :

« Nous avons un système d'impôts conforme à notre esprit « national. S'il en était autrement, croyez-vous que ce grand, ce « généreux pays de France l'aurait supporté depuis cent ans ? Ne « comprenez-vous pas que vous faites injure à ce pays quand vous « affirmez qu'il a supporté, depuis cent ans, un système d'impôts « qui mériterait toutes les critiques, tous les sarcasmes dont vous « l'accablez ? » (Discours de M. Rouvier. Sénat, 12 juillet 1892.) (1).

Dès lors, loin de chercher à détruire de fond en comble l'œuvre

---

(1) Thiers a exprimé plusieurs fois des idées analogues dans un langage saisissant. En 1831, d'abord, quand il répondait à ceux qui voulaient *changer de système* (Rapport du 31 décembre 1831); puis, en 1871, dans son discours du 28 décembre au sujet de l'impôt sur le revenu, dont nous avons cité quelques extraits à la fin du précédent chapitre, pages 164 et suiv.

du passé, il faut, au contraire, consolider ses traditions, et perfectionner, à l'exemple de nos prédécesseurs, l'instrument qu'ils nous ont légué.

§ 3. — *Détails du programme radical. Son caractère.*

Les auteurs du projet radical, sous l'inspiration d'idées absolument opposées, ont jeté bas, comme il a été dit, un milliard et demi de recettes existantes.

Une fois cette œuvre de démolition accomplie, ils ont entrepris de reconstruire l'édifice avec des matériaux absolument neufs.

Le programme suivant de taxes de remplacement emprunte, en effet, ses éléments à un ordre d'idées fiscales inconnues jusqu'ici en France.

En premier lieu, les droits de succession et de donation fourniraient 380 millions environ (1).

Sans doute, ces sortes de droits existent déjà chez nous et y produisent effectivement 215 millions de recettes, de sorte qu'en apparence il s'agirait seulement de leur faire rendre 165 millions de plus (2). Mais, en réalité, sous le couvert de cette majoration, de profondes transformations se trouvent engagées. L'État, d'abord, s'emparerait des successions *ab intestat* à partir du 4e degré de parenté. Puis la progression du tarif attribuerait au Trésor une part considérable des gros héritages, part qui deviendrait plus spoliatrice encore le jour où les gouvernements de l'avenir auraient pris l'habitude de manier, au gré de leurs passions, cet instrument menaçant.

De même, en ce qui concerne le monopole de l'alcool, second article du programme radical. Ce monopole des alcools, qui doit

---

(1) Le projet primitif du 13 mai 1891 porte à 380 millions le produit attendu des nouveaux droits sur les successions. Le rapport spécial du 9 juillet 1892, ne parle plus que de 300 millions, quoique, dans les deux cas, les combinaisons réformatrices soient identiques. Nous choisissons les chiffres du premier exposé, parce que, étant général, il permet seul de suivre des données d'ensemble et concordantes.

(2) D'après le rapport du 9 juillet 1892, il ne s'agirait même que d'une plus-value de 25 millions, abstraction faite de la part déjà comprise dans les projets officiels pour la réforme de la déduction des dettes.

rapporter un milliard (1), affecte au début l'aspect rassurant d'un simple monopole de rectification. Son introduction n'en constituerait pas moins une innovation profondément subversive. C'est une industrie tout entière, un commerce séculaire dont la liberté se trouvera du jour au lendemain confisquée. Jamais une telle révolution intérieure n'aura été consommée. L'exemple de la création du monopole des allumettes en 1872, susceptible déjà cependant de faire réfléchir, ne saurait donner une idée des troubles bien autrement graves qu'entraînera la mainmise de l'État sur les alcools.

Enfin, en troisième lieu, survient l'impôt mixte sur le capital et le revenu, pour lequel, cette fois, aucun similaire même apparent ne figure dans l'organisation actuelle. Le caractère d'innovation et d'innovation fondamentale devient donc ici flagrant, sans qu'il soit nécessaire de le mettre autrement en relief. On en attend un milliard de recettes, dont 200 millions attribués au budget de l'État et 800 millions aux budgets locaux (2).

En résumé, le dit projet radical crée trois sortes de ressources nouvelles, ainsi libellées et évaluées :

Droits sur les successions.............   380 millions (3)
Monopole de l'alcool................. 1.000 —
Impôt mixte sur le capital et le revenu..... 1.000 — (4)
    Total......................... 2.380 millions

Telles sont les grandes réformes dont nous allons successivement étudier les projets en détail dans les chapitres suivants.

Mais, avant d'aborder cette série d'études spéciales, apprécions une dernière fois l'ensemble du projet radical lui-même. Si ce projet a été choisi, plus haut, comme sujet exclusif d'analyse, c'est en

(1) Le projet primitif du 13 mai 1891 évalue, en effet, à un milliard le produit attendu du monopole. Le rapport du 9 juillet 1892 abaisse le tarif et ne table plus que sur 919 millions.

(2) Le projet primitif du 13 mai 1891 s'exprime ainsi : « Le produit net de « l'impôt mixte sera de un milliard, soit à l'État un cinquième, 200 millions ; « aux départements et aux communes, 800 millions. »
Le rapport spécial du 9 juillet 1892, sans entrer dans le détail des évaluations, porte à 300 millions la part du budget de l'État.

(3) Ces 380 millions de droits de successions ne représentent, comme nous l'avons dit, que 165 millions de ressources nouvelles.

(4) Ce milliard se partage, comme il a été dit, en 200 millions pour l'État et 800 millions pour les budgets locaux.

considération de sa supériorité sur ses congénères, au point de vue
de ses qualités exceptionnelles de modération et d'esprit pratique.
Combien, à la suite d'un simple examen sommaire, les espérances
du point de départ semblent déjà démenties ! Vantions-nous donc
par ironie sa prétendue sagesse? En aucune façon. Cette sagesse
existe bien chez lui ; seulement, elle y existe d'une manière toute
relative.

Les 142 signataires ont cherché très sincèrement à composer
un programme acceptable, tenant compte, autant que possible,
des sentiments ambiants, s'efforçant de profiter de l'expérience
acquise, répudiant tout sentiment exclusif, toute théorie rébarba-
tive. « On a préconisé, successivement, disent-ils, un grand nom-
« bre de systèmes plus absolus les uns que les autres, souvent sé-
« duisants au point de vue théorique, mais tous d'une réalisation
« peu pratique... La vérité est qu'en matière fiscale il n'est pas de
« formule absolue. Si l'éclectisme a une valeur, c'est bien en ma-
« tière d'impôts. Par suite nous nous garderons bien de nous can-
« tonner dans les systèmes d'école. »

L'intention était donc bien telle que nous la supposions. La
preuve en est encore dans l'effort méritoire par lequel 1.618 millions de taxes existantes ont été épargnées. De toutes façons, le
projet du 13 mai 1891 constitue le plus modéré et le moins vague
possible parmi tous ceux qui sortent de son milieu. Il s'abstient
de parler, comme eux, « d'impôt unique proportionné à l'avoir
« mobilier et immobilier de chaque Français », « de taxe générale
« de 5 p. 1.000 établie sur la valeur vénale des immeubles et des
« meubles meublants, bijoux, objets d'art, appartenant aux par-
« ticuliers », sans autre explication ; il a soin de ne pas se borner
à charger une Commission de 33 membres « de procéder au tra-
« vail nécessaire à l'application de l'article 1er », lequel article premier dit simplement que le prochain budget « sera fixé sur l'esti-
« mation des valeurs mobilières et immobilières et proportionnel-
« lement à ce que chacun possède », ou à confier à un règlement
d'administration publique la détermination du mode d'évaluation
des propriétés immobilières (1).

(1) Voir plus haut, chapitre V, pages 65 et suivantes.

Mais sa supériorité ne va pas au delà. Ces concessions représentent tout ce qu'il pouvait faire dans le sens de la modération.
Demander à l'école radicale de s'en tenir à des réformes simples,
lentes, modestes, progressives, éprouvées, ce serait lui demander
de n'être plus l'école radicale.

Si donc, plus sérieusement que les autres projets émanant de la
même origine, le projet en question aborde et creuse son sujet, s'il
s'inquiète davantage des moyens d'exécution, s'il s'inspire d'idées
moins idéales, plus rapprochées de la pratique en apparence, s'il
mérite, en un mot, d'être étudié et discuté en détail, comme nous
allons le faire, cette étude et cette discussion aboutiront, quand
même, à révéler le caractère subversif et inexécutable de ses conceptions. C'eût été une illusion de supposer qu'il pût en être autrement.

CHAPITRE XII

IMPOT MIXTE SUR LE CAPITAL ET SUR LE REVENU

Après avoir étudié jusqu'ici, dans des chapitres successifs, l'impôt sur le capital et l'impôt sur le revenu, nous allons maintenant, sous l'inspiration des projets radicaux, réunir les deux impôts en un seul et les combiner sous le nom d'*impôt mixte*.

Cet impôt mixte n'est pas fait pour déplaire à première vue : car ses éléments, critiquables autrefois isolément, semblent se régénérer dans son sein en s'associant.

Que reprochions-nous, en effet, à l'impôt sur le capital, quand nous le considérions seul (1) ? De laisser en dehors de son assiette les fruits du travail de l'homme, tels que traitements, salaires, gains, profits, émoluments, etc. Or, l'impôt mixte, grâce au renfort de l'impôt sur le revenu, répare ces lacunes d'une manière complète.

Nous accusions encore le même impôt sur le capital de pousser malencontreusement les détenteurs de capitaux à des placements aventureux et de décourager l'épargne. Ces griefs perdent beaucoup de leur ancienne importance maintenant que l'impôt sur le capital n'occupe plus qu'un rang secondaire à côté de l'impôt sur le revenu.

Celui-ci, d'un autre côté, avait le tort, disions-nous, lorsqu'il était seul, d'épargner certains capitaux détenus par l'opulence, certaines richesses oisives, galeries de tableaux, mobiliers somp-

---

(1) Voir, pages 55 et suivantes, le chapitre V consacré à l'impôt sur le capital considéré comme impôt unique.

Dans ce chapitre, nous avons eu soin de faire remarquer que les objections formulées contre l'impôt unique ne s'appliquaient plus qu'en partie à l'impôt mixte.

tueux, bijoux, objets d'art, parcs, territoires de chasse, etc.
Dorénavant son associé se chargera de les saisir à sa place.

L'un et l'autre ainsi s'entr'aideront, se corrigeront, se fortifie-
ront mutuellement, aboutissant, par suite de leur accord, à une
sorte de perfection fiscale.

« Nous frapperons le capital quand il sera tangible, nous frap-
« perons le revenu quand sa constatation sera facile : les deux
« taxes marcheront de concert, se soutiendront, se compléteront,
« sans se superposer jamais. »

Le nouvel instrument à deux tranchants possédera, dès lors,
une efficacité inconnue jusqu'ici. Il aura suffi pour développer
instantanément en lui ces vertus nouvelles que chacun des impôts
qu'il englobe cessât de se disputer la domination exclusive
et consentît à partager la prééminence avec son rival détesté
d'autrefois.

§ 1. — *Exemples d'impôts mixtes en Prusse, en Hollande, en
Amérique et spécialement en Suisse.*

Divers gouvernements se sont laissé séduire par ces apparences.

La Prusse a manifesté récemment l'intention de couronner sa
réforme des impôts sur le revenu en créant un impôt complé-
mentaire sur le capital, destiné à ne plus laisser échapper des
mains du fisc aucune source de richesses (1).

Le gouvernement néerlandais vient, par une loi de septembre
1892, d'organiser l'impôt sur le capital à titre de renfort des impôts déjà existants sur les revenus fonciers, mobiliers et industriels (2), avec un tarif progressif, débutant par un taux fixe

---

(1) Le projet de M. Miquel, ministre des finances de Prusse, consiste dans la
création d'une taxe de 1/2 pour mille, destinée, non seulement à ne plus laisser
échapper aucune source de richesses, mais à permettre, en outre, d'assurer un
traitement différent aux revenus du capital et aux revenus du travail. Ce dernier
point de vue assigne à l'impôt sur le capital un rôle nouveau que nous allons
bientôt étudier.
(2) Comme les impôts foncier, personnel et des patentes de la Hollande sont
analogues à ceux qui existent en France et en Belgique, l'innovation résultant

gradué, pour s'élever à 1 1/4 pour mille, et à 2 pour mille successivement (1).

Chaque contribuable doit rédiger une déclaration annuelle. A
défaut de déclaration, l'administration établit d'office l'évaluation
de la fortune individuelle, sauf appel de l'intéressé devant une
juridiction supérieure (2).

Depuis longtemps, les cantons suisses avaient mis en pratique
le système mixte d'impôt sur le capital et le revenu. Leur exemple a été trop souvent invoqué pour que nous ne soyons pas
obligés de l'étudier spécialement avec quelques détails, détails qui
vont porter nécessairement, d'une manière distincte, sur la législation de chaque canton (3).

Commençons par le canton de Vaud (4). L'impôt sur le capital
de la fortune mobilière (5) y atteint d'abord toutes les richesses
susceptibles d'être calculées en valeur vénale. Dans cette catégorie
se rangent les meubles, les marchandises, les actions, obligations
et *prétentions* de tous genres, les parts et apports dans les
sociétés, les polices d'assurances sur la vie, le numéraire, etc.

Chaque année, ces divers éléments, composant, en somme, la
presque totalité des valeurs dites mobilières, sont inscrits pour leur
prix en capital sur une feuille de déclaration remplie par les contribuables et contrôlée par une commission de district et une com-

de la création d'un impôt sur le capital n'y réalise pas le système de l'impôt
mixte tel qu'il est ici décrit.

(1) Le quantum de la fortune est réduit du montant des dettes dont elle est
grevée, y compris l'impôt foncier des immeubles.

(2) Par crainte des difficultés d'évaluation, les richesses improductives, telles
que bijoux, mobilier, œuvres d'art. etc., sont exemptées de l'impôt sur le capital dans les Pays-Bas. Voilà donc précisément les matières, dont le monopole
constituait un des principaux mérites de l'impôt sur le capital, laissées en
dehors de ses atteintes, par crainte des difficultés d'exécution. Cette anomalie de l'impôt hollandais mérite d'être retenue en vue de nos conclusions
ultérieures.

(3) Nous traiterons plus loin de nouveau le sujet des impôts suisses au point
de vue de leurs tarifs progressifs dans le chapitre XIV.

(4) Loi d'impôt du 21 août 1886 sur la fortune mobilière et sur la fortune
immobilière du canton de Vaud. Lausanne. 1886.

(5) Pour les valeurs immobilières, un impôt foncier spécial est établi « sur la
« valeur au cadastre de tous les immeubles bâtis ou non bâtis du territoire,
« sous déduction des dettes hypothécaires dont la défalcation est autorisée par
« la loi ». (Art. 68 de la loi du 21 août 1886.)

mission centrale, formées toutes deux de membres désignés par le conseil d'État, et placées sous l'autorité du département des finances, « aux directions duquel elles sont tenues de se conformer (1) ».

A cette première catégorie de valeurs mobilières susceptibles d'une évaluation en capital succède la catégorie des rentes viagères, fruits du travail, traitements, gains, profits, bénéfices divers (2), etc., qui n'a plus sa représentation qu'en produits annuels. A son égard seulement fonctionne alors l'impôt sur le revenu (3). Une fois donc que l'impôt sur le capital a étendu son action sur tout ce que sa nature propre lui permet de saisir, le surplus est recueilli par l'impôt sur le revenu. Celui-ci glane dans le champ où son prédécesseur a déjà passé (4), afin qu'aucune partie de la récolte fiscale ne soit oubliée.

La combinaison sommairement décrite pour le canton de Vaud se retrouve, à peu près semblable, dans les cantons de Thurgovie, de Zug, d'Argovie, de Neufchâtel, de Saint-Gall, Berne, Shaffouse, Unterwalden, Zurich. Elle consiste, en somme, à soumettre les

_____

(1) Nous mentionnons incidemment ici cette attache administrative, nettement caractérisée, pour renforcer ce que nous avons dit déjà de l'intervention de l'administration dans l'évaluation des fortunes, à propos du système prussien. Voir pages 127 et suivantes.

(2) La loi dit : bénéfices de tout commerce, industrie ou exploitation, *déduction faite du 5 p. 100 des capitaux engagés déjà taxés*. De cette façon, la portion représentant les fruits du travail personnel se trouve déterminée à forfait, et le législateur peut croire qu'il la soumet seule et pour sa véritable valeur à la taxe sur le revenu.

(3) Ou plutôt par les impôts sur les revenus. Car la loi distingue, pour l'application, les rentes et usufruits d'une part, et les produits du travail de l'homme d'autre part.

En somme, l'article fondamental de la loi du 21 août 1886 du canton de Vaud est ainsi libellé :

« L'impôt mobilier se perçoit sur les éléments ci-après :
« (a) sur la fortune mobilière proprement dite (capital);
« (b) Sur les rentes et usufruits (revenus) ;
« (c) Sur le produit du travail (revenus). » (art. 5)

(4) Aussi, les 17.320.000 fr. que produit l'impôt sur le capital et sur le revenu dans les différents cantons suisses se répartissent-ils de la manière suivante :

Impôt sur le capital........................	12.790.000
— les revenus................................	4.285.000
Capitation...................................	245.000
Total.	17.320.000

Dans la majorité des cantons suisses, en effet, il est à remarquer que

fortunes individuelles, soit à l'impôt sur le revenu, soit à l'impôt
sur le capital, suivant la nature de leurs éléments, sans superposer
jamais les deux impôts. Cette *non-superposition* constitue le
caractère distinctif des systèmes des cantons dont il s'agit, au
point de vue qui nous intéresse. Si bien que certains textes législatifs, tels que ceux de Saint-Gall, du Tessin, de Neufchâtel, de
Zurich, de Berne, de Zug, etc., se bornent à consigner le principe
suivant dans un article général : « Sont exempts de l'impôt sur le
« revenu les revenus annuels, intérêts, rentes, etc., qui pro-
« viennent d'un capital déjà taxé, » ou réciproquement.

§ 2. — *Superposition des deux impôts sur le capital et sur le
revenu. Arbitraire forcé de leurs tarifs intrinsèques et
relatifs.*

Cependant d'autres cantons n'admettent pas cette non-superposition. On y voit, au contraire, les deux impôts manœuvrer indépendamment l'un de l'autre et frapper, chacun à leur tour, les
mêmes sources de richesses.

A Lucerne, par exemple, après que l'impôt sur le capital s'est
adressé aux biens meubles et immeubles de tous les habitants,
corporations, etc., dépassant 1.000 fr., l'impôt sur le revenu revient à la charge à l'égard des mêmes immeubles et des mêmes biens
mobiliers, y englobant seulement, en outre, pour la première fois,
les fruits du travail personnel, gains, traitements, profits, rentes
viagères, usufruits, etc., le tout au delà de 500 fr. par an.

La loi du canton de Lucerne dit en effet : « Sont soumis à l'im-
« pôt sur le capital les biens meubles et immeubles, situés
« dans le canton, de tous les habitants, corporations, sociétés et
« associations domiciliés dans le canton; les biens immeubles,
« situés dans le canton, dont les propriétaires suisses ou étrangers
« résident hors du canton (1). » Puis elle ajoute plus loin : « Sont
« soumis à l'impôt sur le revenu, le revenu de tous les immeubles

l'impôt sur le revenu ne fonctionne que subsidiairement à l'impôt sur le capital, lequel commence par saisir seul tous les produits mixtes.

(1) Lors de la détermination du capital imposable, on déduit de ce capital
les dettes des contribuables.

« situés dans le canton (1); le gain personnel de tous habitants,
« corporations ou sociétés qui ont leur domicile dans le canton,
« ou qui y possèdent un représentant, ou qui y exercent une in-
« dustrie (2). »

Les deux impôts fonctionnent donc chacun de leur côté en se
superposant.

A Bâle-ville, à Bâle-campagne, etc., la législation est analogue.

Une nouvelle idée fiscale ressort de ces textes. Il ne s'agit plus
seulement ici, comme tout à l'heure, de saisir la totalité des richesses sans exception. Le législateur va plus loin. Son but maintenant est de surcharger la propriété en l'atteignant deux fois, dans
son capital et dans son revenu, et corrélativement de dégrever
les fruits du travail de l'homme, rentes viagères, pensions, etc.,
en ne les soumettant qu'une fois à la taxe sous l'aspect de leur
revenu.

Certains théoriciens, en effet, nous l'avons dit déjà (3), considèrent que les deux sources de richesses ne sauraient être
traitées sur le pied de l'égalité, parce qu'elles ne sont pas égales.
Les revenus provenant d'un fonds consolidé leur paraissent, pour
le même chiffre, une matière imposable très supérieure aux
revenus viagers. Les premiers renaissent spontanément et se per-
pétuent indéfiniment, tandis que les autres s'éteignent avec la
vie de celui qui les a créés ou qui les détient temporairement.

Il existe deux procédés pour donner satisfaction auxdites
théories. Le premier consiste simplement, comme l'a indiqué le
chapitre relatif aux impôts sur le revenu, à augmenter les
tarifs applicables aux catégories de revenus qu'on veut surcharger (4). C'est le système italien cité dans ledit chapitre X.

(1) L'impôt sur les revenus provenant d'immeubles est perçu sous la forme
d'impôt cadastral, en considérant comme valeur imposable la valeur attribuée
à l'immeuble réduite d'une déduction légale.
(2) Du montant du gain personnel imposable on déduit les frais d'exploitation, l'intérêt du capital, les salaires des ouvriers, etc.
(3) Voir pages 146 et suiv.
(4) On peut faire manœuvrer soit les tarifs de l'impôt sur le revenu, soit les
tarifs de l'impôt sur le capital, en vue de surcharger parmi les éléments de richesses qu'ils atteignent ceux qui semblent susceptibles de surtaxes.

Pourquoi en chercher d'autres? N'est-il pas facile, à l'exemple de l'Italie, d'échelonner les tarifs au gré des sentiments de justice qu'on prétend faire prévaloir. Mais immédiatement se dressait, on s'en souvient, l'objection suivante : qui garantira la proportionnalité rationnelle des tarifs adoptés? Comment tracer sur le papier des taux qui ne soient pas arbitraires? Sur quelles bases scientifiques les étayer?

Aussi, les cantons suisses que nous étudions ont-ils jugé prudent de changer de méthode. Au lieu de fixer d'emblée des chiffres différentiels toujours contestables, les partisans de la surtaxe à l'encontre de la propriété s'y sont bornés à taxer chaque nature de richesses proportionnellement à ses manifestations. Puisque, disent-ils, les fonds possédés par les propriétaires s'offrent deux fois aux coups du fisc, sous la forme de capital et de revenu, un double impôt les atteindra très justement. Inversement, les revenus provenant des traitements, gains, profits, bénéfices viagers, ne seront frappés que sous la forme unique qui leur est propre, celle de leur produit annuel. Dans chacune de ces circonstances, le législateur aura réalisé son *desideratum* en suivant la nature des choses, sans risquer d'être accusé d'arbitraire.

Ce raisonnement paraîtrait irréprochable si la nécessité de fixer arbitrairement les tarifs ne subsistait dans le cas présent, d'une manière au moins aussi dangereuse que précédemment (1). Les deux impôts, en effet, sur le capital et sur le revenu ne sauraient se passer de tarifs. Il leur en faut un non seulement individuel, mais encore un autre qui détermine leur relation entre eux. Le problème, on le voit, ne fait que se compliquer. Un exemple permettra de le mieux comprendre.

Dans le canton de Lucerne, le taux de l'impôt sur le capital

(1) M. Maurice Block dit très justement à ce sujet : « Cette distinction entre le revenu *fondé* et le revenu *non fondé* se justifie aisément, mais elle suppose qu'on dresse un tarif. Or, ce tarif est extrêmement difficile à dresser. On ne pourra faire qu'une chose arbitraire, car : 1° on ne sait pas toujours pour un revenu quelle est la part du capital et quelle est la part du travail (on le sait très peu dans le commerce) ; 2° les chiffres, taux et proportions ne peuvent être fixés qu'arbitrairement. C'est peut-être pour ces raisons qu'on n'a pas introduit ces distinctions dans l'*income-tax* anglaise, ni dans l'impôt sur le revenu prussien. » (*Journal des économistes*, octobre 1892.)

s'élève à un pour mille. Pour fixer le taux d'imposition des revenus, la loi stipule que « 150 fr. de revenu annuel payeront « le même impôt que 1.000 fr. de capital ».

Dès lors, si 1.000 fr. de capital payent 1 fr., 150 fr. de revenu payeront également un franc. C'est-à-dire que, dans le premier cas, le tarif sera de 0 fr. 10 p. 100 sur le capital, et, dans le second, de 0 fr. 666 p. 100 sur le revenu. Un tel rapport de 1 à 6 1/2 est-il conforme à l'équité ? Pour saisir plus exactement ces données, unifions-les en disant que, sur un revenu supposé à 5 pour 100, les deux taxes fonctionnant cumulativement à l'égard de la propriété représenteront 2,666 pour 100, tandis que, à l'égard des simples produits du travail de l'homme, rentes viagères, usufruits, bénéfices divers, la taxation unique ne représentera que 0,666 pour 100. La même question se pose donc toujours. Peut-on dire que la relation entre le capital et le travail soit de 2,66 pour 100 à 0,66 pour 100? Peut-on justifier ces proportions par des calculs qui ne soient pas arbitraires? Évidemment, comme tout à l'heure, avec plus de force encore, nous sommes obligés de répondre négativement. Personne ne saurait affirmer que de telles fixations possèdent un caractère certain, rationnel, scientifique. La fantaisie, ou plus respectueusement la fragile et contingente sagesse du législateur, continue seule ici à tenir la plume.

La preuve en est, d'ailleurs, dans les dissemblances considérables existant entre les proportions adoptées d'un canton à l'autre. Si quelque principe supérieur, tant soit peu explicite, dominait la matière, on ne verrait pas les chiffres de Lucerne, tels qu'ils viennent d'être cités, démentis de point en point, dans leur teneur intrinsèque et relative, par ceux de tel autre canton, de Bâle-ville, par exemple (1).

(1) Le tarif de Bâle-ville, trop compliqué pour être cité in-extenso, peut se résumer dans cet exemple-spécimen.

Lorsque le taux de l'impôt sur le capital est fixé à 1 pour mille, un revenu de 12.001 fr. payera 4 p. 100. De sorte que les impôts sur le capital et sur le revenu (celui-ci, calculé sur le pied d'un taux d'intérêt de 5 p. 100, comme à Lucerne) atteindront, quand ils seront cumulés, 6 p. 100 du revenu, dont 4 p. 100 pour le seul impôt du revenu, et 2 p. 100 pour l'impôt du capital. Ici donc le tarif de l'impôt sur le revenu représentera le double du tarif de l'impôt sur le

L'arbitraire forcé des tarifs demeure ainsi toujours la pierre d'achoppement de ces combinaisons différentielles, dont l'idée, séduisante peut-être au premier abord, s'évanouit au contact de l'application. Il n'y a là, en définitive, qu'une tendance, si vague qu'aucun chiffre ne parvient à la fixer, dépourvue, dès lors, de valeur pratique, incapable de servir de base à des projets sérieux.

Les scabreuses questions soulevées, chemin faisant, par l'exposé de ces combinaisons d'impôt sur le capital et sur le revenu des cantons suisses ébranlent peut-être déjà le sentiment primesautier d'admiration qu'inspirait au début l'impôt mixte (1).

§ 3. — *Projet d'impatronisation de l'impôt mixte en France.*

Mais arrivons maintenant aux projets d'impatronisation du système en France, où nous attend, on s'en souvient, la proposition législative récente, qui nous sert de type (2).

L'exposé des motifs de cette proposition commence par célébrer pompeusement les mérites de l'innovation.

Les temps légendaires, dit-il, où l'on comparait théoriquement les avantages et les inconvénients de l'impôt sur le capital et sur le revenu, sont passés. Loin d'éterniser ces discussions stériles, il faut, à l'exemple des pays cités précédemment, réconcilier résolûment les deux ennemis d'autrefois, les rapprocher et les atteler de concert au char du fisc. « La vérité réside dans

capital (4 p. 100 d'une part, 2 p. 100 de l'autre), alors qu'à Lucerne il n'en représentait que moins du tiers (0.666 p. 100 d'une part, et 2 p. 100 de l'autre).

(1) Nous rencontrerions les mêmes impressions en poursuivant la revue des pays étrangers, spécialement aux Etats-Unis, dont les Etats particuliers offrent encore d'instructifs exemples.

Les impôts sur le capital et sur le revenu des Etats-Unis ont été particulièrement cités dans les travaux préparatoires des projets de M. Miquel en Prusse. Lire à ce sujet les intéressants articles de M. Arthur Raffalovich dans *l'Economiste français* (27 septembre 1890, 22 octobre 1892, 5 novembre 1892).

Lire spécialement aussi le travail de M. Edwin Seligman, de Columbia-collège, intitulé *The general property*, New-York, 1890, qui a l'avantage de traiter d'abord le sujet théoriquement, avec exemples à l'appui tirés des impôts existants dans les Etats de l'Amérique du Nord.

(2) Proposition de loi du 13 mai 1891 signée par 142 députés et rapport à son sujet du 9 juillet 1892. Voir plus haut, au sujet de l'ensemble de cette proposition, le chapitre XI.

« une conjugaison de ces deux modes d'impôt, de façon à attein-
« dre toutes les manifestations de la richesse dans leur valeur
« réelle. » — « Nous recherchons l'assiette de l'impôt la plus so-
« lide, celle qui se prête le mieux aux évaluations, celle qui offre
« le moins de vexations pour le contribuable, le plus de sécurité
« pour le Trésor. » — « L'impôt que vous propose votre commis-
« sion est une machine d'un pouvoir gigantesque pour réaliser les
« desseins nationaux, en même temps qu'il est le levier le plus
« efficace des réformes sociales. »

Un tel préambule renferme de grandes promesses : voyons comment le texte du projet les tient.

« Il est établi, dit-il, un impôt sur tous les capitaux et sur tous
« les revenus (1). »

L'imposition sera donc universelle. Elle embrasse la masse des
capitaux et des revenus qu'elle répartit en six cédules, dont trois
afférentes aux capitaux et trois aux revenus, ainsi dénommées
et commentées dans le projet de loi :

1° Capitaux.

Cédule A (capitaux stérilisés). Œuvres d'art, bijoux, maisons et
propriétés d'agrément, parcs, yachts de plaisance, meutes, territoires de chasse, etc.

Cédule B (capitaux passifs). Terrains à bâtir. Titres de rente,
actions et obligations lorsque l'impôt sur le revenu ne peut atteindre ces valeurs. Maisons habitées entièrement par leurs propriétaires. Meubles meublants.

Cédule C (capitaux actifs). Exploitations industrielles, commerciales ou agricoles.

---

(1) L'article ajoute immédiatement « sauf exceptions et modérations prévues aux
« titres III et IV ». Disons, immédiatement aussi, que ces exemptions et modérations s'appliquent notamment aux revenus de 1.000 fr. et au-dessous qui
sont exemptés, et aux revenus de 1.001 à 10.000 fr. en faveur desquels la taxe
est modérée dégressivement, avec un supplément de modération pour les familles en raison du nombre de leurs enfants et ascendants. Les autres exemptions
stipulées au profit de l'Etat, des ambassadeurs des puissances étrangères, des
bureaux de bienfaisance, des hospices, sociétés de secours mutuels, établissements philanthropiques, etc., sont de style.

D'une manière générale, on peut donc s'en tenir à la formule initiale : Il est
établi un impôt sur tous les capitaux et sur tous les revenus, en laissant de côté
les exemptions et modérations, puisqu'elles rentrent dans le cadre habituel.

Maisons de rapport. Outillages , machines , voitures, animaux, etc.

2° Revenus.

Cédule D (revenus produits par le capital seul). Actions, obligations, dividendes, rentes, créances hypothécaires et chirographaires, profits nets de location des maisons de rapport, rentes du sol.

Cédule E (revenus produits par la collaboration du capital et du travail). Bénéfices industriels, commerciaux, financiers, agricoles. Beaux-arts, professions libérales. Officiers ministériels.

Cédule F (revenus produits par le travail seul). Traitements, salaires. Profits nets de l'exercice d'un métier. Pensions et retraites.

Les savantes distinctions de cette ingénieuse nomenclature prouvent que ses auteurs ont su profiter des recherches et des expériences poursuivies depuis le milieu de ce siècle. Autrefois, certainement, une pareille liste n'aurait pu être dressée (1). Nous ne pouvons donc qu'admirer jusqu'ici, au point de vue de l'art.

D'autant plus que le projet, — le libellé des cédules l'a déjà fait pressentir, — n'entend pas superposer l'impôt sur le capital à l'impôt sur le revenu. Il répudie très heureusement les théories que nous venons de combattre à propos de la législation de certains cantons suisses. « En aucun cas, dit-il, l'impôt ne pourra « frapper à la fois un capital et un revenu. » Ce principe de la non-superposition est donc formellement proclamé.

§ 4. — Objections contre le projet. Arbitraire des tarifs différentiels.

Cependant des hauteurs de ces idées générales aménagées artistement sur le papier, il faut descendre à l'application. Alors, moins éblouis par les séductions de la forme, nous découvrons immédiatement deux graves objections pratiques contre le projet, en dehors de beaucoup d'objections secondaires et des objections déjà

(1) Il suffit, par exemple, de comparer les cédules du projet ci-dessus aux divisions grossières insérées dans les lois de la Révolution entre les revenus *nécessaires, abondants* et *superflus.*(Voir à ce sujet notre histoire des *Finances de l'ancien régime et de la révolution*, chapitre XXVII.)

mentionnées à propos de l'impôt sur le capital et de l'impôt sur le
revenu considérés isolément.

La première de ces objections concerne les tarifs différentiels
dont il a été déjà question. Lorsque, dans l'impôt mixte, les deux
impôts sur le revenu et sur le capital ne sont pas superposés et que
cependant le législateur veut, quand même, traiter différemment la
propriété capitalisée et les revenus viagers, il se borne, avons-nous
dit, à édicter des tarifs spéciaux à chaque nature de fonds. C'est le
cas du projet français que nous étudions. Voici donc le tableau de
ses tarifs spéciaux par cédule :

> Pour la cédule A................   3 pour mille
> —   B................   2 pour mille
> —   C................   1 pour mille
> —   D.............. .   3 pour cent
> —   E................   2 pour cent
> —   F................   1 pour cent

Nous avons déjà trop insisté sur le caractère forcément arbitraire de ces sortes de tarifs différentiels pour renouveler les
réserves formulées à leur sujet. L'exemple pourtant serait ici spécialement démonstratif. Pourquoi, en effet, taxer à 1, 2 et 3 pour
mille le capital et à 1, 2 et 3 pour cent le revenu? Pourquoi cette
gradation, et pas une autre? Pourquoi, en outre, relier le capital
au revenu par une relation de un à dix, de sorte que 3 pour mille
de capital équivalent à 3 pour cent de revenu, 2 pour mille à 2
pour cent, 1 pour mille à 1 pour cent? Quelle raison plausible
explique ces chiffres? En allègue-t-on même? L'exposé des motifs,
— la remarque est importante, — ne fournit à leur sujet aucun
commentaire quelconque. Il se borne à dire ceci : « A ces divers
« capitaux et à ces divers revenus, nous avons appliqué des taux
« différents, que pourront modifier les exigences budgétaires, mais
« dont la graduation restera invariable. Voir cette graduation
« dans le dispositif du projet de loi. »

Sans doute, l'exposé des motifs s'étend beaucoup sur la justice
de la *discrimination* des capitaux et des revenus. « Si la justice,
« dit-il, exige que tous les revenus payent l'impôt, la nature des
« choses fixe une graduation naturelle qu'il importe d'observer :

« les revenus doivent être envisagés non seulement par rapport à
« leur quotité, mais aussi par rapport à leur origine : on ne sau-
« rait les assujettir à une taxe uniforme... Des principes de même
« ordre nous ont guidés dans la discrimination des capitaux. »

Mais, en dehors de ces idées générales, étayées sur des citations
d'auteurs et des exemples de législation étrangère, l'exposé ne dit
pas un mot des chiffres eux-mêmes, par lesquels il faut bien cependant, en fin de compte, que les idées se traduisent officiellement.
Ce sont des chiffres, et non pas des idées, qui serviront à déterminer le rendement de la contribution ; ce sont des chiffres, et
non pas des tendances, qui régleront la part de chacun ; ce sont
des chiffres qui figureront sur les rôles (1). On doit donc, avant
toutes choses, s'inquiéter des chiffres. Ceux-ci sont-ils justes? Leur
valeur intrinsèque et leur valeur relative sont-elles défendables ?
Est-ce en vertu de cette *graduation naturelle, indiquée par la
nature des choses*, dont parle l'exposé des motifs dans le passage
cité plus haut, qu'ils ont été établis? Comme, sur ces points fonda-
mentaux, le vague le plus inquiétant subsiste toujours, le système
tout entier, nous l'avons déjà compris, perd pied faute de ba es
effectives que le raisonnement puisse étayer (2).

§ 5. — *Difficultés d'application.*

La seconde objection concerne les procédés matériels d'exécution. Elle emprunte une force particulière dans les pays où l'impôt sur le revenu n'est pas encore parvenu à s'acclimater.

Déjà, à propos de l'impôt sur le revenu et de l'impôt sur le ca-

---

(1) D'autant plus qu'il s'agit ici d'un impôt d'un milliard annuel. Le projet législatif, en effet, comme il a été dit déjà (page 184), prévoit pour son impôt
mixte 300 millions de rendement au profit du budget de l'Etat et 700 millions
au profit des budgets départementaux et communaux.

Il y aurait, d'ailleurs, beaucoup à dire au sujet de ce rendement hypothétique
d'un milliard, que les auteurs du projet ne craignent pas de déduire directement des évaluations statistiques du capital et du revenu de la France, établies à
un tout autre point de vue que le point de vue fiscal. Evidemment, l'impôt n'atteindra jamais les 200 milliards de capital et les 20 milliards de revenus que les
statisticiens attribuent à notre pays.

(2) Faute de bases même que le raisonnement *essaye* d'étayer, comme on l'a
vu, puisque l'exposé des motifs se borne à renvoyer au dispositif du projet de
loi, sans autres explications.

pital successivement, nous avons traité cette question des difficultés matérielles d'exécution (1). Elle renaît ici sous un double aspect, avec une intensité double, vis-à-vis des deux sortes d'impôts combinés. Nous ne reproduirons pas, en les superposant, les arguments développés à son sujet. Il nous suffira, sans revenir sur ce qui a été dit, d'étudier les dispositions mêmes proposées par le projet législatif français d'impôt mixte. On y verra, d'une manière pratique, dans un milieu où cependant l'ingéniosité des rédacteurs s'est attachée à réduire les difficultés au minimum, quelle peut être leur étendue réelle.

Suivons donc les titres successifs du projet dont il s'agit, relatifs aux déclarations prescrites aux contribuables, au contrôle de ces déclarations, et aux pénalités en cas d'inexactitude et d'omission.

L'article premier s'exprime d'abord ainsi :

« Tout citoyen majeur ou émancipé doit faire *la déclaration* « *détaillée par nature de capitaux et de revenus* : 1° de la va- « leur de ces capitaux et de ces revenus; 2° des frais et charges « dont la loi autorise la déduction pour calculer le revenu net « imposable des contribuables. »

Ce n'est qu'après avoir condamné la méthode des *présomptions légales* pratiquée en France, et la méthode de l'*évaluation administrative* pratiquée en Allemagne, que, faute de mieux, l'exposé des motifs se rabat sur la méthode de la déclaration, dont il reconnaît cependant les défectuosités : « Les fraudes, dit-on, seront « considérables. Les dissimulations ont été colossales en Italie « et en Angleterre... Nous ne le contestons pas. »

Une fois, cependant, le principe de la déclaration admis, il faut bien organiser son application. Alors, survient la série de formalités compliquées dont nous avons déjà parlé dans d'autres chapitres, qui transforment chaque contribuable en comptable de sa propre fortune, rendant obligatoires à son égard des écritures que fort peu de personnes savent, ou veulent, tenir pour elles-mêmes.

« Les contribuables, dit l'article 11, devront se conformer aux « règles d'évaluation déterminées par les paragraphes suivants. »

(1) Voir chapitres V et X.

Or, les paragraphes qu'annonce ainsi le préambule de l'article 11 sont au nombre de seize et remplissent six grandes pages d'impression. Ils prescrivent notamment l'inscription sur la formule de l'universalité des objets à déclarer par classes distinctes, avec indication des valeurs brutes à attribuer à chacune d'elles, des déductions à en soustraire pour obtenir les valeurs nettes, des justifications à fournir à l'appui de ces déductions, des frais, charges, etc., dont la défalcation n'est pas autorisée, des servitudes, droits et redevances dont le montant doit accroître les valeurs principales etc., etc. (1).

Évidemment, si tous les contribuables consentaient, ou réussissaient, à garnir de chiffres corrects les interminables colonnes de ces feuilles de déclaration, une des principales difficultés d'exécution serait surmontée. Mais comment supposer telle soumission de leur part? Au contraire, l'ignorance et la mauvaise volonté aidant, il est à croire que les déclarations ne contiendront qu'un amas de renseignements inexacts obscurcis intentionnellement ou non, cherchant ou aboutissant spontanément à dérouter les taxateurs.

Sans doute, le projet compte beaucoup sur le contrôle exercé par les commissions locales composées du maire, du juge de paix, de deux contribuables et d'un agent de l'administration. « Le con-« trôle et la répression, est-il dit, corrigeront les erreurs que le « patriotisme aurait laissé commettre. »

Mais, en pénétrant dans les détails, on découvre aussitôt les difficultés inextricables auxquelles ce contrôle va se heurter. Car en dehors des propriétés immobilières déjà soumises à l'impôt foncier, et des coupons de valeurs mobilières déjà assujettis à la taxe de 4 p. 100 par voie de retenue, les bases de vérification manquent absolument, ou deviennent singulièrement fragiles.

Pour les œuvres d'art, dit le projet, on consulterait les polices d'assurance contre l'incendie et, à leur défaut, les bordereaux de vente des commissaires-priseurs, notaires, etc., lesquels seraient assujettis obligatoirement désormais à l'enregistrement, ainsi que les quittances d'achats de gré à gré.

(1) Sans parler des mesures supplémentaires que pourra prescrire le règlement d'administration publique à intervenir.

Sur les valeurs françaises (rentes, actions et obligations), une *griffe* rappelant le nom du bureau et la date de la déclaration serait apposée obligatoirement. Aucun comptable, aucune société, aucune banque ne pourraient, sous peine d'amendes sévères, payer les intérêts des titres dépourvus de l'apposition de cette griffe. Déjà la dite forclusion est scabreuse. Mais, en outre, on n'aperçoit en aucune façon comment le procédé assurerait la déclaration successive de chacun des porteurs qui se transmettraient le même titre. Couvrira-t-on le papier de griffes innombrables spéciales à chaque mutation ? Qui certifiera que le dernier titulaire, le titulaire actuel, a bien rempli la formalité en ce qui le concerne ? Le projet demeure muet sur ces points essentiels parce qu'il ne sait évidemment pas comment se tirer d'impossibilités trop évidentes.

A l'égard des titres de valeurs étrangères, le projet compte d'abord sur les garanties, très exceptionnelles, des inventaires notariés, des actes de délivrance de legs, etc. A leur défaut, la fameuse griffe fonctionnerait encore. « A la vérité, avoue-t-il, un grand « nombre de coupons étrangers cesseront de venir se faire payer « en France. *Mais il n'y aurait pas grand dommage à attein-* « *dre et à décourager ce genre de spéculation.* » C'est vraiment faire trop bon marché de la liberté des transactions !

Les créances chirographaires seront *obligatoirement* soumises à l'enregistrement. « Il est indispensable de décréter l'obligation « de cette formalité. » L'obligation de l'enregistrement sous peine de nullité constitue, on le sait, une mesure violente, contre laquelle jusqu'ici le législateur a toujours protesté.

Pour les créances hypothécaires, dit le projet, « il faudra avoir « le soin de distinguer des inscriptions effectives celles qui sont « éteintes ». Là précisément réside le point qu'on n'est jamais encore parvenu à résoudre.

Enfin le projet aborde *les commerces et les industries.* « C'est « ici que se présentent les difficultés les plus sérieuses. » Évidemment, à défaut des signes extérieurs sur lesquels reposent nos patentes actuelles, les actes d'acquisition de fonds de commerce, partages, inventaires, contrats d'assurance contre l'incendie, etc., ne suffiront pas pour déterminer les revenus nets annuels. Aussi les réformateurs se voient-ils forcés d'aller jusqu'à *la vérification des livres de commerce*, mesure inquisitoriale au premier che^c. repoussée dans presque tous les pays, et dont l'efficacité même serait douteuse en France.

En ce qui concerne les professions libérales, le projet se sent tellement désarmé qu'il se contente, à propos des médecins, « de « beaucoup compter sur leur patriotisme et sur leur sentiment du « devoir civique ». Il institue des répertoires que devront tenir les avocats, avoués, notaires, huissiers, commissaires-priseurs, etc. En supputant les ventes d'objets d'art effectuées par le ministère des officiers ministériels au profit des peintres, sculpteurs, etc., on « obtiendra *quelques données* sur leurs bénéfices ». Enfin, les contrats passés entre les directeurs de théâtre et les artistes dramatiques et lyriques seraient soumis à l'enregistrement *obligatoire*, encore sous peine de nullité (1). De même des contrats entre les auteurs et les éditeurs.

Quelle collection de mesures inquisitoriales, coercitives, tyranniques apparaît déjà, dans ce court résumé, aux yeux de tout lecteur quelque peu initié à la science juridique et fiscale !

Les pénalités destinées à sanctionner ce système sont simples, mais très dures. Lorsque, à défaut de déclaration, la commission de vérification aura établi d'office la consistance des biens du contribuable, la taxe de celui-ci sera *doublée* à titre d'amende. Si les déclarations effectuées sont inexactes ou insuffisantes, le taxe sera *triplée* sur la partie dissimulée.

Malgré son désir de rendre sa combinaison *acceptable*, malgré ses très méritoires efforts dans le sens de la modération, le projet aboutit donc à des mesures excessives dans toutes ses parties.

Sans doute, comme il le dit, ses formules sont anodines comparativement à celles du *Catasto* de Florence sous les Médicis. « Les « maisons des fraudeurs, d'après les ordonnances d'alors, étaient

---

(1) Le projet n'inscrit pas les mots sacramentels *sous peine de nullité*, afin de ne pas effrayer. Mais l'idée en ressort clairement. D'ailleurs, les mots *enregistrement obligatoire* n'auraient pas de sens si la sanction de la nullité n'y était ajoutée dans l'esprit des rédacteurs.

« démolies jusqu'aux fondements et les arbres arrachés jusqu'à la
« racine. » Il est pénible d'avoir besoin d'invoquer, pour sa justification, les pratiques les plus odieuses du moyen-âge.

Sans doute encore, l'exposé des motifs ajoute : « L'Angleterre
« et l'Italie ont confié la solution du problème à la déclaration
« des contribuables. Pourquoi ne les imiterions-nous pas ? » D'a-
bord, l'Angleterre et l'Italie, ni aucun grand pays d'ailleurs (1),
n'ont jamais entrepris de taxer le capital. Or, c'est précisément
cette taxation du capital qui nécessite les mesures de déclaration
et de contrôle les plus répréhensibles. Puis, en ce qui concerne
l'impôt sur le revenu, les mots *pourquoi ne les imiterions-nous
pas ?* ont été discutés à fond dans le chapitre X, où nous
avons spécialement montré quelles différences profondes existent
entre ces divers pays et le nôtre aux points de vue des antécédents, des mœurs, du tempérament, de toutes les possibilités
d'imposition, en un mot (2).

Pour résumer, l'impôt mixte sur le capital et sur le revenu qui
vient d'être étudié dans son fonctionnement à l'étranger et dans ses
projets d'impatronisation en France (3) pêche essentiellement
des deux côtés suivants : l'arbitraire de ses tarifs différentiels et
le caractère draconien de ses mesures d'exécution. D'une part, sa
constitution théorique aboutit à des tarifications fantaisistes.
D'autre part, sa mise en pratique comporte des inquisitions et des
tyrannies, intolérables surtout chez certains peuples.

(1) Il ne faut chercher, en effet, dans aucun grand pays, d'exemples d'impôt
mixte sur le capital et sur le revenu susceptibles de nous servir de modèle. Ces
exemples ne se rencontrent jusqu'ici que dans de petits Etats, tels que la Hollande qui vient tout récemment de tenter l'expérience, ou dans des circonscriptions locales, telles que les cantons de la Suisse et les Etats particuliers des
Etats-Unis, au sujet desquels, d'ailleurs, les renseignements ne sont pas encou-
rageants.

(2) Voir pages 170 et suivantes.

(3) Le projet législatif, auquel nous nous sommes exclusivement attaché, ne
doit toujours, bien entendu, être considéré que comme un exemple-type des
conceptions de l'école radicale. Ce n'est pas lui spécialement que nous criti-
quons, c'est l'ensemble des projets dont il est l'expression.

CHAPITRE XIII

IMPÔT SUR LES SUCCESSIONS

L'impôt sur les successions peut être qualifié de « prélèvement « fiscal opéré sur les capitaux au moment du décès de leurs pos-« sesseurs ». D'après cette définition, l'impôt sur les successions rentre dans la catégorie des impôts sur le capital, mais il y forme une classe à part (1).

Tandis, en effet, que les impôts généraux sur le capital n'atteignent les valeurs composant leur assiette qu'au prix d'inquisitions et de recherches très pénibles (2), l'impôt sur les successions, au contraire, grâce à l'époque exceptionnellement favorable de son incidence, voit arriver presque spontanément à lui les biens qu'il doit saisir, sauf d'inévitables déchets, bien entendu. Au moment de la mort de leurs détenteurs, les valeurs imposables, obligées de

---

(1) Les droits sur les successions et les donations ne constituent pas la seule forme actuelle de l'impôt sur le capital. Il faut y joindre les droits sur les mutations à titre onéreux (droits sur les ventes de meubles et d'immeubles), perçus aussi sur le capital de ces objets. En France, dès lors, le budget des recettes comprend, dans son ensemble, les taxes suivantes sur le capital :

	Valeurs sur lesquelles les droits sont assis.	Produits annuels des droits constatés.
Transmissions à titre onéreux :	fr.	fr.
Ventes de meubles et d'immeubles.................	3.129.763.000	165.406.000
Transmissions à titre gratuit :		
Successions et donations....	6.800.000.000	213.360.000
Total............	9.929.763.000	378.766.000

Ainsi, dès aujourd'hui, en France, près de 10 milliards de valeurs sont annuellement imposées en capital, pour un produit de 378 millions 1/2. Cet impôt sur le capital, plus considérable certainement qu'on ne l'eût supposé avant d'avoir groupé les chiffres précédents, ressort à un taux moyen de 3.81 p. 100 par rapport aux valeurs imposées.

(2) Nous avons exposé le détail de ces inquisitions et recherches pénibles dans les chapitres spéciaux V et XII.

changer de main sous les yeux du fisc, forcées de figurer dans des actes, de traverser des études d'officiers ministériels pour y être inventoriées, partagées, vendues même aux enchères publiques quelquefois, apparaissent au grand jour.

Aussi l'impôt sur les successions, bien que reposant sur une base beaucoup moins large que les impôts généraux sur le capital, jouit-il cependant d'un rendement beaucoup plus solide que le leur. Des 200 milliards de capital national formant censément l'assiette des impôts généraux sur le capital (1), quelques épaves seulement résisteraient à l'expérience, alors que l'impôt sur les successions possède, au contraire, une assiette permanente, constamment progressive même. C'est ainsi qu'en France 5.800 millions de valeurs successorales certaines, contrôlées, indiscutables, six milliards bientôt, s'offrent invariablement chaque année aux coups du fisc. En y ajoutant les transmissions entre vifs à titre gratuit confondues habituellement avec les transmissions par décès, c'est 6.800 millions de donations et de successions sur lesquels le fisc peut compter annuellement (2).

Ces 6.800 millions (bientôt sans doute 7 milliards) de donations et successions procurent actuellement aux budgets français une ressource de 211 millions en 1891, 232 millions en 1892, etc.

En Angleterre, les *death duties*, taxes à cause de mort, rapportent 272 millions de francs (3).

(1) Ce n'est pas pour exagérer que nous citons ce chiffre de 200 milliards. Car le projet législatif du 13 mai 1891, pages 86 et 87, ne craint pas de le prendre réellement pour base de ses calculs de rendement.

(2) *Transmissions à titre gratuit.*

	Valeurs sur lesquelles les droits ont été établis.	Produits annuels des droits constatés.
Donations....................	1.008.405.000 fr.	21.945.000 fr.
Mutations par décès.........	5.791.792.000	191.415.000
	6.800.197.000	213.360.000 fr.

(Statistiques relatives à l'année 1891).

(3) Ces 272 millions de francs proviennent des taxes nommées *Probate duty*, *Legacy duty*, *Succession duty*, auxquelles a été adjoint plus récemment l'*Estate duty*. La première d'entre elles, le *Probate duty*, voit la moitié de son produit environ attribuée à la taxation locale depuis la réforme de 1888, de sorte que, sur les 272 millions indiqués ci-dessus, le budget de l'Etat n'encaisse que 206 millions, 66 millions étant attribués aux localités.

Voici, d'ailleurs, le détail des perceptions, d'après le dernier rapport des

Ces résultats lucratifs (1), si considérables qu'ils paraissent, ne satisfont pas cependant les réformateurs radicaux, qui entrevoient encore pour la matière des successions de plus hautes destinées. La société jusqu'ici n'a pas voulu, ou n'a pas su, exploiter cette mine féconde. Aussitôt que le triomphe de leurs conceptions, tout à la fois financières et sociales, le permettra, ils s'apprêtent à en tirer de bien autres produits.

§ 1. — A qui appartiennent les successions ?

Pour suivre les réformateurs radicaux dans ce nouvel ordre d'idées, il va falloir abandonner provisoirement le terrain fiscal et envisager les 6 milliards de valeurs successorales à un autre point de vue.

La question n'est plus de savoir quel tarif légitime ces 6 milliards comportent, mais à qui ils appartiennent. Continuer de les taxer conformément aux règles établies précédemment ne produirait jamais qu'un revenu approximativement égal au revenu actuel. C'est en s'appropriant une part de leur capital qu'on pourra réaliser les grandes espérances entrevues plus haut.

Les réformateurs radicaux se demandent, en conséquence, si l'homme qui vient de mourir possédait réellement le droit de disposer après lui de sa fortune ? Ils se demandent également si son successeur possède le droit de s'en attribuer d'emblée la propriété

commissaires du revenu intérieur, pour l'année finissant le 31 mars 1892 :

	fr.
Probate duty..	70.280.000
Legacy duty......	70.704.000
Succession duty.....	30.009.000
Estate duty..	35.668.000
Total des Death duty au profit de l'Etat.............	206.661.000
Probate duty au profit de la taxation locale....................	66.044.000
Total général des Death duty.....................	272.105.000

(1) On pourrait encore citer la Belgique où, sur un total de recettes fiscales de 168 millions 1/2, les droits de succession rapportent 23 millions, l'Italie où ils rapportent 40 millions environ. Mais il ne faudrait pas parler de la Prusse, parmi les pays à rendement élevé des droits de succession, car ceux-ci n'y produisent que quelques millions de francs. Cela tient d'abord à la modération des tarifs, puis surtout à l'exemption complète des successions en ligne directe, ascendante et descendante, et entre époux.

exclusive? Cette propriété ne se trouve-t-elle pas, pour ainsi dire,
en l'air à ce moment critique de transition ? Dès lors, n'appartient-
il pas à l'État seul d'en opérer la transmission ?

Du moment que l'État deviendrait ainsi l'auteur unique du droit
de propriété, l'investiture qui émanerait de lui pourrait être plus
ou moins complète, plus ou moins restrictive. Il pourrait y mettre
des conditions et notamment retenir à son profit une partie des
biens eux-mêmes, comme prix de la délégation qu'il conférerait
sur le surplus.

Cette théorie, d'après laquelle le pouvoir social intervient vis-à-
vis des successions, non plus comme taxateur, mais comme demi-
propriétaire, comme copartageant, comme *portionnaire* (1), est
d'autant plus dangereuse que, malgré ses brillants résultats pécuniaires, elle n'a pas été échafaudée originairement pour les besoins
de la cause. C'est, au nom de la science pure, en dehors de toute
combinaison intéressée, qu'elle a été proclamée dans les livres de
divers économistes.

Ainsi, sans remonter bien loin, le dernier ouvrage du regretté
Courcelle-Seneuil contient l'aphorisme suivant :

« La mort atteint l'homme tôt ou tard, et, en perdant la vie, il
« perd tous ses droits. Ses biens deviendraient vacants si la cou-
« tume à l'origine et ensuite le législateur n'y avaient pourvu.

« Les droits du propriétaire étant tous éteints par sa mort, le
« droit de propriété sur les biens qu'il laisse ne peut être conféré
« à d'autres personnes que par autorité, que par la loi, ou un
« acte auquel le législateur donne force de loi.

« C'est la loi qui établit l'ordre des successions. Car le droit de
« tester est fondé sur une délégation du pouvoir souverain, en
« dehors de tout droit naturel imaginable (2). »

Ces principes, d'où découle directement l'idée de la rançon pécuniaire dont nous parlions tout à l'heure, ont été, d'ailleurs, développés bien avant Courcelle-Seneuil.

John Stuart Mill, dans la première moitié de ce siècle, avait

----

(1) Cette expression de portionnaire est empruntée à une circulaire du ministre de la justice du 23 nivôse an XII.
(2) *La Société moderne*, par Courcelle-Seneuil, in-12, Guillaumin, 1892.

écrit déjà que le bénéficiaire d'un héritage ne saurait invoquer aucun *droit*, puisque les biens dont il hérite ont été acquis par le
travail ou la bonne fortune d'un autre, lequel, depuis sa mort, a
perdu tout droit parmi les vivants ; que, dès lors, les biens en
question sont délaissés et appartiennent à l'État. Celui-ci, seulement, par une tolérance peut-être coupable, permet aux descen-
dants du défunt d'entrer en possession de ses biens. Il est donc
fondé à se faire largement payer ladite tolérance (1).

Les préparateurs du Code civil émirent eux-mêmes, dans leurs
exposés des motifs, au sujet de la propriété des héritages, des idées
fort équivoques. Ainsi, Bigot-Préameneu, en parlant des testa-
ments, se borne à analyser les deux systèmes en présence : « Quel-
« ques jurisconsultes, dit-il, objectent que celui qui dispose pour
« le temps où il n'existera plus n'exerce pas un droit naturel, qu'il
« n'y a de propriété que dans la possession, laquelle finit avec la
« vie; que la transmission des biens après la mort appartient à
« la loi civile... Ce système est combattu par d'autres publicistes
« qui le regardent comme pouvant ébranler les fondements de
« l'ordre social en ébranlant les principes de la propriété. »

La seule conclusion du rapporteur consiste dans une invocation
à la *voix de la nature*, dont tous les législateurs et toutes les
nations ont reconnu l'empire (2).

Treilhard admet seulement « qu'il eût été dur et injuste d'inter-
« dire des actes de confiance, de bienfaisance, j'aurais pu dire de
« justice, envers ceux dont nous aurions reçu des témoignages
« constants d'affection pendant tout le cours de notre vie (3). »

Quant à Siméon, il va jusqu'à contester explicitement à l'héritier tout droit naturel : « Aussitôt que nous mourons, tous les
« liens qui tenaient nos propriétés dans notre dépendance se rom-
« pent : la loi seule peut les renouer : sans elle les biens destitués
« de leur maître seraient au premier occupant. La succession est

(1) M. Thorold Rogers, dans son *Interprétation économique de l'histoire*,
s'attache à réfuter cette partie des opinions sur l'hérédité de son ancien ami, John
Stuart Mill.

(2) Exposé des motifs de la loi relative aux donations entre vifs et aux testa-
ments par le conseiller d'Etat Bigot-Préameneu, 2 floréal an XI.

(3) Exposé des motifs de la loi relative aux successions, par le conseiller d'Etat
Treilhard, 19 germinal an XI.

« donc une institution civile par laquelle la loi transmet à un
« propriétaire nouveau la chose que vient de perdre son proprié-
« taire précédent (1). »

C'est toujours la pensée de Mirabeau qui domine le débat :
« La mort, cet abîme ouvert par la nature sous les pas de l'hom-
« me, engloutit également ses droits avec lui, de manière qu'à
« cet égard, être mort ou n'avoir jamais vécu, c'est la même
« chose. » (Discours de Mirabeau lu par Talleyrand ; séance du
2 avril 1791.) (2).

Les réformateurs radicaux n'ont donc eu qu'à puiser dans les
recueils d'économie politique et de jurisprudence pour y trouver
la formule théorique de leurs conceptions fiscales (3).

Reste à savoir si cette formule théorique est exacte. Des arguments victorieux, à notre avis, l'ont bien souvent réfutée.

Sans doute, a-t-on dit, il peut sembler absurde, à première vue,
qu'un mort reste maître de disposer de quoi que ce soit. Mais ce
n'est jamais la volonté d'un mort qui s'exécute, au moment de la
transmission de ses biens après décès. C'est la volonté d'un vivant
incontestablement maître, pendant sa vie, de donner ce qu'il a légué. Il pouvait le donner purement et simplement : il pouvait le
donner avec réserve d'usufruit pendant sa vie. Le legs n'est

---

(1) Discours prononcé par le tribun Siméon sur la loi relative aux successions,
29 germinal an XI.

(2) C'est, sans doute, inspiré par ces précédents qu'en 1855 le ministère public
près la Cour de Paris énonçait, dans ses conclusions, que « le droit de mutation
« est le prélèvement d'une fraction de capital au profit de l'Etat, qui assure à
« chacun le droit de disposer des biens dont l'Etat a été le propriétaire exclusif ».
Il parlait ensuite du droit qu'aurait l'Etat d'effectuer la reprise de l'héritage lui-
même, droit dont celui-ci préfère ne pas faire usage intégralement, dans l'intérêt de la libre transmission et de la stabilité de la propriété, etc. Des arrêts
conformes à ces conclusions ont été rendus le 13 mars 1855.

(3) Le *Traité des droits d'enregistrement* de Championnière et Rigaud, dans
le passage suivant, paraît tenir la balance exacte entre les théories exposées
ci-dessus et le respect dû aux droits de propriété : « Les mutations sont
« un juste sujet d'impôt. L'acquéreur, pour devenir propriétaire, a besoin de
« toute la protection de la loi civile. Il semble, en effet, que la translation de
« la propriété soit plus exorbitante de droit naturel que sa conservation. La ci-
« vilisation, après avoir sanctionné le droit de jouir, a dû faire un effort de plus
« pour constituer celui de disposer. »

Exprimée dans ces termes modérés, l'idée de l'intervention de l'Etat à titre
de consécrateur du droit préexistant de propriété individuelle n'a plus rien de
répréhensible.

qu'une donation semblable, avec cette seule différence que l'acceptation du donataire en est retardée jusqu'au moment de l'entrée en jouissance. Le legs n'est donc qu'une donation différée. De même pour l'héritage non testamentaire, où les intentions du *de cujus* sont présumées, sans qu'il ait eu besoin de les exprimer. La propriété des biens délaissés à cause de mort se trouve, en conséquence, transférée à leur nouveau détenteur aussi légitimement qu'eût pu le faire une donation entre vifs.

Si le législateur supprimait l'institution testamentaire et la dévolution naturelle des biens après décès, il se verrait contraint, du même coup, d'interdire les donations entre vifs. Il anéantirait alors la propriété des vivants pour s'assurer la dépouille des morts (1).

En résumé, celui qui possède a le droit de donner, soit immédiatement, soit à échéance différée. Dans l'un et l'autre cas, le pouvoir légitime de l'État consiste exclusivement à taxer proportionnellement, s'il le juge convenable, les richesses transmises, mais jamais à se les approprier, en totalité ou en partie, sous prétexte de copropriété ou de partage.

§ 2. — *Convient-il, d'ailleurs, d'encourager l'hérédité ?*

Les adversaires de l'hérédité ne s'en tiennent pas, d'ailleurs, à la question de droit. Avant d'aborder le point de vue fiscal, ils invoquent encore l'argument de l'utilité sociale. Non seulement, disent-ils, l'héritage est une propriété contestable, mais encore c'est une propriété nuisible, nuisible à la société aussi bien qu'aux bénéficiaires de successions. Tout le mal de l'organisation actuelle découle du principe d'hérédité.

« Je ne reconnais, dit Stuart Mill, ni comme juste, ni comme « bien, un état de société dans lequel il existe une classe qui ne « travaille pas, où il existe des êtres humains qui, sans avoir « acheté le repos au prix d'un travail antérieur, sont exempts de

---

(1) Cette phrase est empruntée à l'ouvrage de M. Charles Secrétan, *les Droits de l'humanité*.

Nous avons vu, du reste, en parlant des impôts socialistes, que l'école socialiste ne recule pas devant l'anéantissement de la propriété chez les vivants.

« participer aux travaux qui incombent à l'espèce humaine. »
(*Principes d'économie politique.*) (1).

Les Saint-Simoniens, vers le milieu de ce siècle, se sont faits
spécialement les apôtres de cette doctrine anti-héréditaire. Elle
découlait directement pour eux de la distinction fondamentale établie dans leurs écrits entre les *oisifs* et les *travailleurs* :

« Rien ne saurait démontrer, affirment-ils, qu'il soit avanta-
« geux de voir des jeunes gens forts et bien portants posséder
« sans travail des fortunes colossales qui leur donnent les moyens
« de répandre la démoralisation, le désordre, la dissipation et la
« débauche partout où leurs caprices les attirent... S'il fallait ré-
« duire quelques jeunes oisifs au malheur de n'hériter que de 10
« à 12.000 fr. de rente, le nombre d'hommes qui profiterait de
« cette réduction serait tellement considérable que, pour tout indi-
« vidu de cœur, la mesure serait loin d'être douloureuse (2). »

Les projets modernes, à l'imitation de leurs devanciers, s'expriment ainsi : « L'individu né de parents riches n'est-il pas, par
« rapport aux autres citoyens, dans une situation tout à fait privi-
« légiée dont il serait juste d'amoindrir les avantages, au lieu de
« les exagérer encore par l'octroi de biens à la formation desquels
« il n'a pas directement concouru!... Certes! on est en droit de
« contester la valeur sociale de l'héritage direct!... » (Projet du
26 juin 1884.)

Pour réfuter ces raisons de sentiment, il suffirait, à la rigueur,
d'invoquer les arguments juridiques développés précédemment,
devant lesquels chacun doit s'incliner, même à contre-cœur. Du

---

(1) John Stuart Mill, en combattant l'abus des successions, combattait l'abus
de l'argent d'une manière générale. Il avait cette insigne singularité de ne pas
considérer la richesse comme le bien suprême, au contraire. Sans répudier complètement ses bienfaits, il ne cessait, d'après l'exemple pratique que le comte
Tolstoï a donné depuis, de dénoncer ses dangers : « On peut supposer que, dans
« presque toutes les circonstances, on consulterait mieux, non seulement les in-
« térêts de la société, mais ceux des individus eux-mêmes, en leur léguant une
« fortune médiocre qu'en leur léguant une fortune considérable. Cette vérité est
« reconnue comme telle par un grand nombre de pères intelligents et serait mise
« en pratique par eux bien plus souvent, s'ils ne se laissaient aller à considé-
« rer moins ce qui est réellement avantageux à leurs enfants que ce qu'en pen-
« serait le monde. » (*Principes d'économie politique.*)

(2) Religion saint-simonienne. *Économie politique*, mars 1832.

moment que la propriété se trouve consolidée entre les mains de l'héritier, celui-ci a le droit d'user et d'abuser de son bien. Le moraliste déplore l'abus quand il se produit, mais il ne peut pas, cela va sans dire, employer la violence et la spoliation pour le faire cesser.

L'hérédité, d'ailleurs, se défend encore sur le terrain même de l'utilité et des convenances sociales, lesquelles, en effet, veulent surtout que l'homme travaille et qu'il épargne. Or, pour que l'homme travaille et épargne, il faut lui assurer la possession complète des produits de son activité. « Ce serait une fâcheuse « manière de s'y prendre, dit M. Thiers (1), pour n'avoir pas « d'oisifs en ce monde que d'ôter aux pères de famille la principale « raison qui les porte à travailler. » Si, par exception, certains oncles d'Amérique amassent des fortunes considérables qu'aucun enfant ne doit recueillir, c'est que ces fameux oncles ont pris l'habitude de l'épargne au sein d'une société où le principe du droit de propriété, reconnu à tous les degrés, excite l'ardeur de tout le monde; « comme un cheval faisant partie d'un attelage au « galop s'emporte avec les autres, ils courent parce que, à côté « d'eux, tout le monde court. » Ils n'auraient pas éprouvé cette émulation dans une société refroidie, glacée par l'interdiction barbare de l'héritage. L'homme a besoin d'un stimulant et, ce stimulant nécessaire, la faculté de transmettre ses biens est seule capable de le lui procurer.

§ 3. — *Projets radicaux de taxes sur les successions.*

Ces vérités possèdent aujourd'hui un si grand empire sur l'opinion publique que les faiseurs de projets contemporains évitent de s'y heurter de front.

Ainsi l'auteur du projet déposé à la Chambre des députés le 26 juin 1884, dont nous citions un passage plus haut (2), commence par reconnaître que « longtemps encore notre étroit senti-

(1) De la propriété, 1848.
(2) Proposition de loi présentée par MM. Giard, Henry Maret, etc. Chambre des députés, 26 juin 1884.

« ment familial aura une importance trop grande pour qu'on
« puisse espérer le remplacer par l'idée plus noble de léguer à
« l'humanité le fruit de ses travaux ». Il faut se borner, conclut-
il, à demander d'étendre le droit de l'Etat sur les successions *ab
intestat* du 12ᵉ au 4ᵉ degré de parenté, en frappant les autres
successions d'un impôt progressif. Dans ces conditions, sa proposition lui semble fort modeste. Cependant, le taux de l'impôt progressif projeté n'a rien de modeste, car, après avoir débuté par
1 p. 100, il s'élève, de degré en degré, à 20 p. 100 (1/5ᵐᵉ), à
40 p. 100 (2/5ᵐᵉˢ), jusqu'à 50 p. 100 (la moitié) pour les héritages de cinq millions et au-dessus (1).

Ainsi, à partir d'un certain niveau de fortune, l'État partagerait
le montant des successions en deux lots égaux, un pour lui, un
pour les héritiers. En plus, la phrase suivante, habilement incluse
au cours d'une citation, fait pressentir qu'il ne s'agit que d'un
premier pas : « Sagement échelonnée sur une longue série
« d'années, cette progression permettrait d'arriver sans secousse à
« l'abolition totale, ou presque totale, de l'héritage. »

Arriver, sans secousse, à l'abolition totale, ou presque totale de
l'héritage, tel est donc le désideratum final. C'est provisoirement
seulement qu'on propose de prélever sur les plus grosses fortunes
la moitié de leur montant, en attendant mieux.

Un autre projet du 4 juillet 1887, signé par 50 députés (2),
supprime, comme le précédent, l'hérédité en ligne collatérale, attribue à l'État toutes les successions *ab intestat* en dehors de la
ligne directe et, — curieuse innovation ! — subordonne la validité

---

(1) En 1848, M. Goudchaux, ministre des finances, déposa un projet de loi
relatif à la création d'un impôt progressif sur les successions et donations.
L'exposé des motifs s'exprimait ainsi : « L'impôt progressif semble s'adapter
« naturellement à la matière des successions : les biens acquis par cette voie ne
« sont pas le fruit du travail et de l'intelligence de celui qui les recueille ; il les
« doit au hasard de sa naissance, au bonheur, parfois même au caprice, des af-
« fections privées. Il est juste que l'héritier ou le légataire, à qui la société ga-
« rantit la jouissance de ces bienfaits du sort paye à l'Etat une taxe d'autant
« plus élevée que la succession ou la libéralité est plus importante. » (Projet du
3 juillet 1848.)

C'est toujours, on le voit, la même manière de raisonner. L'hérédité est mise
en suspicion ; sa légitimité est plus ou moins ouvertement contestée. L'impôt
progressif se charge, dès lors, de la ramener à un niveau égalitaire.

(2) Proposition de loi présentée par MM. Barodet, Clémenceau, Laguerre, etc.
Chambre des députés, 4 juillet 1887.

des successions testamentaires dévolues aux collatéraux ou personnes non parentes à l'accomplissement de certaines conditions d'occupation personnelle des domaines transmis. Le légataire doit habiter et exploiter lui-même l'immeuble qu'il reçoit, pour être investi par l'État du droit de le posséder. L'État se considère tellement, dans cette hypothèse, comme le véritable propriétaire des successions qu'il en détermine les servitudes à son gré. Lui, qui n'oblige même pas ses débitants de tabacs à gérer personnellement leurs bureaux, voudrait ici contraindre tout héritier, enfant, vieillard, femme, savant, invalide, à travailler de ses mains, à labourer, à cultiver ses champs, avec défense expresse de jamais les affermer. Faute de quoi, l'investiture lui sera refusée.

Enfin, le projet du 13 mai 1891, précédemment choisi pour type d'une manière générale (1), supprime, comme ses devanciers, l'hérédité légale à partir du quatrième degré, et prélève sur les successions une part progressive, atteignant, de proche en proche, dans ses combinaisons maxima, 17.10 p. 100 pour un million de francs, 35 p. 100 pour dix millions, 55 p. 100 pour vingt millions et ainsi de suite (2). Ce projet donc, qui, dans ses préambules, prétend, avec beaucoup de modération, vouloir « respecter « la liberté entière des dispositions soit entre vifs soit par « décès (3) », n'aboutit pas moins, on le voit, à la conclusion

---

(1) Le projet du 13 mai 1891 signé par 142 députés, dont nous avons déjà étudié les deux autres parties, a fait l'objet, en ce qui concerne la partie des successions, d'un rapport de la commission législative déposé le 9 juillet 1892. Ce sont les dispositions de ce dernier document plus récentes et plus définitives que nous analysons ci-dessus.

(2) A raison de 0,10 p. 100 en plus, par fraction de 50.000 fr., *sans limitation* (projet du 9 juillet 1892).

Le premier projet, du 13 mai 1891, limitait à 25 p. 100 le maximum de la progression.

(3) Le premier projet du 13 mai 1891 formulait même la déclaration ci-dessous que le suivant, du 9 juillet 1892, n'a pas cru devoir reproduire : « Nous avons « maintenu, dans son intégralité, le droit de tester comme une liberté consécutive « du régime de la propriété individuelle, contre lequel certaines théories col- « lectivistes veulent entreprendre, au risque de compromettre le rang de notre « patrie dans le monde, son admirable vitalité et bientôt son existence « même. »

Malheureusement le tarif progressif proposé quelques lignes plus bas sur les successions tend précisément à préparer le triomphe de ces théories collectivistes si justement condamnées.

même des théories spoliatrices qu'il semble d'abord répudier, puisque son tarif arrive à prélever au profit de l'État, lorsque les valeurs s'élèvent et que la parenté s'éloigne, la moitié et au delà des fortunes transmises.

§ 4. — *Caractère commun de ces projets.*

Ces divers projets, en somme, consciemment ou non, marchent vers le même but. Les uns inscrivent ouvertement sur leur drapeau le programme de la *suppression de l'hérédité*, tandis que les autres passent le programme sous silence, ou même se figurent qu'ils le réprouvent. Mais tous concourent à sa réalisation, et par là, sans avoir besoin d'autre lien, appartiennent à la même famille.

Au point de vue financier, le système qui permet ainsi de puiser à pleines mains dans un fonds de six milliards annuels semble tout d'abord très séduisant. Mais déjà ce fonds, quelle qu'en soit la richesse, s'effriterait rapidement et ne tarderait pas à s'épuiser complètement sous l'action répétée de tels prélèvements. De sorte que l'opération ne pourrait jamais posséder qu'un caractère passager. Puis, avant tout autre argument, celui-ci coupe court aux convoitises, pour peu qu'elles soient scrupuleuses, c'est que les six milliards en question représentent le bien d'autrui, les héritiers et légataires en étant, de plein droit, seuls et légitimes propriétaires. Il semble inutile d'insister sur ce motif de probité élémentaire.

Les successions, en résumé, avec les donations, constituent une excellente matière imposable (1), assez parfaite même pour se

---

(1) Adam Smith critique bien l'impôt sur les mutations par décès, qu'il accuse: 1° de tendre à diminuer le fonds destiné à l'entretien du travail productif; 2° d'être toujours inégal, en raison même de l'inégalité de la fréquence des mutations. Ce sont les deux objections habituelles et méritées, d'ailleurs, contre cette sorte d'impôt. Mais, en dehors de là, tous les économistes approuvent son principe, y compris Adam Smith lui-même, dans ses conclusions, Ricardo et Mac-Culloch, malgré certaines réserves. Le regretté M. de Parieu, dans son *Traité des impôts*, déclare qu' « il n'a rien d'aussi fâcheux que certains économistes « l'on prétendu... qu'il ne paraîtrait injuste et préjudiciable que par son excès... « La presque unanimité des législateurs pour atteindre ce genre de mutation « nous semble être une preuve convaincante de la justice de cette taxe ». M. Paul Leroy-Beaulieu, dans son *Traité de la Science des finances*, exprime, de même, que « quoique l'État doive respecter l'héritage, il peut le soumettre à des droits

prêter à l'application exceptionnelle dans les budgets modernes de l'impôt sur le capital. L'État peut donc réclamer d'elles leur part légitime d'impôt. Mais rien ne l'autorise, ici plus qu'ailleurs, à franchir les bornes de son droit fiscal, en accaparant à son profit des propriétés individuelles aussi respectables que toutes les autres.

« et à des impôts. C'est lui qui assure la transmission des biens du défunt; il « n'est que juste de lui payer pour cet important service une rémunération ». Seulement, M. Paul Leroy-Beaulieu voudrait très sagement que l'impôt qui frappe les héritages fût fort léger.

CHAPITRE XIV

SYSTÈME PROGRESSIF

Les projets d'impôts étudiés jusqu'ici, impôt sur le capital, sur le revenu global, sur les diverses sources de revenus, impôts mixtes, droits sur les successions, etc., comportent généralement, dans leurs combinaisons, le renforcement d'un tarif progressif. Nous l'avons indiqué chemin faisant, sans nous y arrêter, réservant le sujet pour un chapitre spécial.

§ 1. — *Définition de la progression.*

La progression, en matière d'impôt, consiste à faire croître le taux des tarifs avec les valeurs auxquelles ces tarifs s'appliquent. La proportionnalité, au contraire, maintient le taux des tarifs uniforme (1).

M. Levasseur, dans son excellent *Cours d'économie politique,* dit : « On appelle impôt progressif celui qui est prélevé d'après un « tarif d'autant plus élevé que les facultés des contribuables sont « plus grandes. » M. Paul Leroy-Beaulieu, dans son *Traité de la science des finances,* définit l'impôt progressif : « Celui qui pré- « lève une quote-part d'autant plus grande du revenu de chaque « citoyen que ce revenu est plus considérable. »

Peut-être vaudrait-il mieux ne parler ici ni de facultés, ni de re-

(1) Condorcet a donné une définition qui se rapproche beaucoup de la nôtre : « L'impôt proportionnel, dit-il, est celui qui augmente dans la même raison que la valeur imposée. L'impôt progressif est celui qui augmente plus qu'en proportion de la valeur imposée. » (*Sur l'impôt progressif,* par Condorcet, 1ᵉʳ juin 1793.)

venus, parce que l'impôt réussit rarement à atteindre les uns ou
les autres d'une manière satisfaisante. En substituant donc à ces
mots ceux de valeurs imposables, on obtient la formule suivante:
« L'impôt progressif est celui dont le tarif s'élève au fur et à me-
« sure que croissent les valeurs auxquelles il s'applique. »

Voici, pour plus de clarté, un exemple-type de tarif progressif:

Valeurs imposables.	Taux du tarif.
Au-dessous de 1.000 fr............	1 p. 100
De 1.000 à 10.000..............	2 p. 100
De 10.000 à 20.000..............	3 p. 100
De 20.000 à 100.000.............	4 p. 100
De 100.000 à 500.000............	5 p. 100

Et ainsi de suite.

Dans cet exemple, si sur cent francs de revenu l'État prélève un
franc à 1 p. 100, sur mille francs il prélèvera, non plus dix francs
à 1 p. 100, comme le lui aurait fait faire l'impôt proportionnel,
mais vingt francs à 2 p. 100. Sur dix mille francs, ce sera trois
cents francs à 3 p. 100, et non plus seulement cent, ou deux cents
francs, à 1 ou 2 p. 100. Sur 20.000 fr., ce sera huit cents francs à
4 p. 100, et non plus seulement deux, quatre, ou six cents francs,
d'après les taux des échelles inférieures. Ainsi de suite, les tarifs
croissant toujours avec les valeurs imposables et s'élevant, à
mesure que celles-ci deviennent plus importantes, jusqu'à 60, 80,
et même 100 p. 100, c'est-à-dire jusqu'à la confiscation pure et
simple.

Les échelons du tarif progressif cependant ne suivent pas toujours ces lois mathématiques inéluctables. Dans la pratique, au
contraire, la gradation est souvent tempérée par un maximum qui
arrête ses effets à un point déterminé. En outre, les intervalles de
la progression sont, en général, combinés avec une certaine irré-
gularité habilement ménagée dans l'intérêt des contribuables et
du Trésor. Au tarif mathématique se substitue alors un tarif arbitraire.

Ce simple exposé des conditions techniques d'établissement du
tarif progressif n'est certainement pas de nature à prévenir en sa
faveur. D'une part, la progression, livrée à elle-même, aboutit

plus ou moins promptement à la spoliation. D'autre part, pour corriger le jeu excessif de son mécanisme spontané, les gouvernements n'ont d'autre ressource que de recourir à l'arbitraire. Spoliation ou arbitraire, tels seraient donc les derniers mots de l'impôt progressif (1).

C'est là incontestablement une mauvaise entrée en matière. Dès le début, nous voilà défavorablement prévenus et tout disposés à prononcer la condamnation de la progressivité. Suspendons cependant notre jugement pour rechercher si certaines circonstances atténuantes ne seraient pas susceptibles d'en modifier la sévérité première.

Deux sortes d'arguments, en effet, peuvent être invoqués à l'avantage de la progression :

1° Le système progressif a été appliqué dans divers pays régulièrement organisés;

2° Un certain nombre d'autorités en économie politique lui ont accordé leur approbation plus ou moins entière.

§ 2. — *Applications contemporaines du système progressif. Combinaisons diverses adoptées en Suisse, en Angleterre, en Prusse, en France. Système dégressif à Paris.*

Les impôts sur le capital et sur le revenu qui coexistent en Suisse, comme nous l'avons vu (2), sont dotés de tarifs progressifs, en général modérés et limités par des maxima assez rapprochés du point de départ.

(1) M. Léon Say écrit très justement : « Quand on dit d'un impôt qu'il sera « perçu proportionnellement, on se fait comprendre de tout le monde; il est « absolument impossible de mettre de l'arbitraire dans un tarif proportionnel... « Mais quand il s'agit de progression, c'est bien différent; car il y a autant de « progressions qu'on veut... La progression est donc naturellement arbitraire, « et c'est pourquoi ceux qui en sont partisans sont réduits à dire qu'ils se con- « tenteront d'une progression *modérée*. Le mot de *progression modérée* n'est « certainement pas une expression législative, et je ne vois pas comment on « pourrait assurer la justice en employant dans des lois des expressions qui « présentent une idée aussi vague. Une imposition progressive, une progression « modérée, ce n'est, en réalité, pas autre chose que l'arbitraire. » (*Les Solutions démocratiques de la question des impôts.* 1886, 3ᵉ conférence.)
(2) Les impôts sur le capital et sur le revenu des cantons suisses ont été étudiés au chapitre XII de ce livre. Voir pages 189 et suivantes.

Ainsi, dans le canton de Vaud, en vertu de la loi récente du 21 août 1886, la fortune mobilière, répartie en sept catégories, depuis 25.000 francs et au-dessous jusqu'à 800.001 francs et au-dessus, supporte des taxes sur le capital variant de 1 pour mille à 4 pour mille.

Les cantons de Zurich, Zug, Saint-Gall, les Grisons, Thurgovie possèdent des tarifs analogues. A titre d'exemple, voici, dans le canton de Zug, le taux exact de l'impôt sur le capital :

Jusqu'à 100.000 fr........ .... 1 pour mille
De 100.001 à 200.000.... .... 1.25 —
De 201.000 à 300.000.... .... 1.50 —
De 300.001 à 400.000.............. 1.75 —
De 400.001 et plus........ .... 2 »

La progression se poursuit donc par simples échelons de 0 fr. 25 c. pour mille, jusqu'au maximum de 2 pour mille.

L'impôt sur le revenu progresse, de son côté, de la manière suivante, dans le même canton de Zug :

De 500 à 1.000 fr................ ... 1 pour cent
De 1.000 à 3.000....... .... 1.50 —
De 3.000 à 5.000.................... 2 —
Au-dessus de 5.000.................. 3 —

Encore ici, les échelons sont peu rapides et très vite interrompus par un maximum uniforme.

Dans d'autres cantons, une seule des deux taxes, sur le revenu ou sur le capital, est progressive, l'autre demeurant proportionnelle. Ainsi, à Bâle-ville, la taxe sur le capital reste fixée invariablement à 1 pour mille (1), tandis que la taxe sur le revenu subit une gradation ascendante de 1 pour cent à 4 pour cent.

A Berne, le taux de l'impôt sur le capital demeure également uniforme (à 2 pour mille en général)(2), tandis que l'impôt sur le revenu gradue son tarif de 1.50, à 2, et 2.50 pour cent.

(1) Le taux de l'impôt dans le canton de Bâle est déterminé annuellement d'après les besoins du budget. Le chiffre de 1 pour mille indiqué ci-dessus a été effectivement adopté pendant ces dernières années. Mais la loi fondamentale de l'impôt sur le capital et sur le revenu se borne à régler les relations des tarifs entre eux.

(2) Même observation pour le taux de 2 pour mille à Berne, et pour les taux de 1.50, 2 et 2.50 p. 100, lesquels sont susceptibles de varier chaque année

Les tarifs sont analogues dans les cantons du Tessin, d'Ober-
wald, etc. Le canton de Neufchatel a même repoussé, d'une manière absolue, le système de la progression.

L'impôt progressif ne fleurit donc en Suisse que de place en
place, sans y franchir les limites d'une modération relative (1).

Les exemples que nous offre ce petit pays n'en sont pas moins
instructifs à étudier au point de vue du mécanisme de la progression.

Non seulement on y rencontre une grande diversité dans les
taux des tarifs, tels que ceux que comprennent déjà les citations
précédentes, mais, en outre, les types des jeux de la progression
y présentent de curieuses différences.

Ainsi, dans certains cas, le plein tarif de chaque gradation
frappe la totalité des valeurs imposables. C'est le système habituel,
qui peut être qualifié de système du *payement intégral par
catégorie*. Voici, pour plus de clarté, l'exemple, entre beaucoup
d'autres, du canton de Soleure, où les revenus de 2.000 fr. sont
intégralement taxés à 6 pour mille, les revenus de 3.000 étant
ensuite intégralement repris dans leur ensemble à 7 pour mille,
puis les revenus de 4.000 fr. intégralement taxés à leur tour
à 8 pour mille, et ainsi de suite, jusqu'au maximum de 20 pour

suivant les nécessités budgétaires. Ce qui subsiste seulement, c'est leur relation
proportionnelle déterminée par la loi initiale d'impôt.

(1) En tous cas, le pays est petit. Il est nécessaire d'insister sur ce point que
nous avons mentionné déjà en parlant des impôts mixtes sur le capital et sur
le revenu.

Non seulement la Suisse tout entière ne contient que 2.934.000 habitants,
mais ces 2.934.000 habitants sont répartis dans 22 cantons. Or, les cantons,
au sein desquels se poursuit l'expérience que nous étudions, n'ont chacun
qu'une population moyenne de 133.000 habitants, laquelle descend quelquefois,
comme à Zug et à Appenzel, à 22.000 et 12.000 habitants. Il ne s'agit donc,
en somme, que d'impositions locales, dont les intéressés, dans leur étroite circonscription, peuvent régler pour ainsi dire eux-mêmes les bases et les tarifs,
et surveiller l'exécution de très près. Dans certains cantons même, comme à
Bâle-campagne, les tarifs, au delà d'une certaine limite, sont soumis au *veto*
d'un *referendum* populaire.

On comprend que, dans de telles conditions, les taxes progressives, malgré
leur caractère inquiétant, de même que les impôts mixtes, puissent subsister
impunément en Suisse. Mais cela ne prouve pas qu'ils soient susceptibles de
s'acclimater dans un grand Etat.

mille, chaque revenu payant pour sa masse sur le pied du tarif
qui le concerne (1).

A ce système en succède un autre qui ne fait supporter la progression du tarif aux valeurs imposables que pour la tranche
seule dépassant le niveau des valeurs inférieures. C'est le système
de la *progression fractionnée par tranche*. Pour plus de clarté
encore, prenons, à titre d'exemple, dans le canton de Vaud, les
fortunes mobilières de 250.000 fr., figurant à la 5ᵉ catégorie tarifée
à 3 pour mille. D'après la combinaison précédente, ces 250.000 fr.
auraient subi dans leur intégralité ledit tarif de 3 pour mille. Au
contraire, d'après la loi fiscale du canton de Vaud, cette masse est
subdivisée en autant de tranches qu'il existe de catégories imposables inférieures, chacune de ces tranches supportant exclusivement le tarif afférent à sa catégorie spéciale. Cinq impositions
distinctes frapperont, dès lors, les 250 000 fr. en question, de la
manière suivante :

Pour les premiers 25.000 fr. . . . .   1 p. 1000
De 25.001 à 50.000 . . . .   1 1/2 —
De 50.001 à 100.000   2   —
De 100.001 à 200.000 . . . .   2 1/2 —
Pour les 50.000 fr. compris dans la 5ᵉ caté-
gorie de 200.001 à 400.000 fr.   3   —

Avec ce système, l'effet de la progression s'atténue sensible-
ment (2). La proportionnalité complète même règne à chaque

---

(1) Voici le tarif de l'impôt sur le revenu du canton de Soleure, dans la
simplicité de son texte, analogue d'ailleurs, à la plupart des autres :
Pour un revenu de 1.000 fr., 2 fr.
Un franc par cent francs ensuite jusqu'à 1.900 fr.

Pour un revenu de		6 pour mille, soit	12 fr.
2.000 fr.		6 pour mille, soit	12 fr.
3.000	7	—	21
4.000	8	—	— 32
5.000	10	--	— 50
6.000	12	—	— 72
7.000	14	—	— 98
8.000	16	—	— 128
9.000	18	—	— 162
10.000 et au-dessus	20 pour mille.		

(2) Dans la combinaison du payement intégral par catégorie, les 250.000 fr.
pris pour exemple eussent payé 750 francs à 3 p. 1.000. Dans la combinaison
du payement fractionné par tranche, le bordereau ne s'élève plus qu'à

étage du tarif. Comme le faisait remarquer le rapporteur à la Constituante vaudoise : « Ce n'est plus un impôt purement pro- « gressif. »

Une troisième combinaison consiste à placer à la base du tarif un minimum d'exemption. Ainsi, à Glaris, tout capital inférieur à 3.000 fr. est complètement exonéré. La dispense va même jusqu'à 10.000 fr. pour les veuves et les orphelins.

A Bâle, la plus basse classe de l'impôt sur le capital commence à 5.000 fr. et celle de l'impôt sur le revenu à 800 fr. Encore ne s'agit-il, dans ce dernier cas, que des célibataires. Car pour les personnes mariées et les veufs, pères d'enfants non adultes, le minimum s'élève à 1.200 fr. et pour les veuves et enfants mineurs à 1.500 fr. en revenus, et respectivement à 6.000 fr. et 20.000 fr. en capital. Dans presque tous les cantons, des cas d'exemption analogues pourraient être cités.

Enfin la progression peut affecter soit le taux de l'impôt, soit les valeurs imposables. La progression portant sur le taux de l'impôt est la plus ordinaire : tous les exemples précédents s'y réfèrent. La progression portant sur les valeurs imposables s'éta- blit au moyen de coefficients fractionnaires applicables à chacune des subdivisions de ces valeurs imposables. Ainsi, dans le canton de Zurich, le tarif est ainsi conçu :

5 dixièmes des premiers 20.000 fr. du capital constaté,
6 dixièmes des 30.000 fr. suivants,
7 dixièmes des 50.000 fr. suivants,
8 dixièmes des 100.000 fr. suivants,
9 dixièmes des 200.000 fr. suivants,
10 dixièmes du surplus, c'est-à-dire la totalité.

Le tarif, dans cette hypothèse, demeure invariable. Il est fixé à 4 pour mille à Zurich.

Ce procédé, adopté peut-être en vue de faciliter les calculs par le fait de l'unité du tarif, ne change rien au fond des choses.

Les précédentes combinaisons, au contraire, méritent d'être retenues, surtout celle qui soumet à la progressivité l'excédent

50 fr. 50. Différence 187 fr. 50 au profit du contribuable. Ce système existe dans le canton de Vaud, dans celui des Grisons et quelques autres.

seulement des valeurs d'une tranche à l'autre, en raison de l'atténuation qu'elle peut éventuellement apporter aux rigueurs du
système.

Les tarifs progressifs se rencontrent dans d'autres pays qu'en
Suisse, mais avec moins d'abondance.

En Angleterre, le *probate duty*, l'un des quatre droits de
succession, rehausse légèrement les taux de sa taxation à mesure
que les valeurs successorales progressent. L'act de 1881 détermine ces taux ainsi qu'il suit :

Au-dessous de 2.500 fr., exemption.

De 2.500 fr. à 12.500 fr., par 1.250 fr. : 25 fr.,
        soit.................. 2 p. 100

De 12.500 fr. à 25.000 fr., par 1.250 fr. : 31 fr. 25.,
        soit................. 2 1 2 p. 100

De 25.000 fr. et au-dessus, par 2.500 fr. : 75 fr.,
        soit.................. 3 p. 100

(Revision de 1881, sous le ministère Gladstone.)

La progression, on le voit, est ici très peu accentuée ; son principe n'en existe pas moins.

L'*estate duty*, autre droit de succession en Angleterre (1), soulève un intéressant problème de progressivité. Son tarif demeure
toujours uniforme à 1 p. 100. Jusqu'ici donc rien de progressif.
Seulement ledit tarif ne frappe les valeurs successorales qu'à partir
de 250.000 fr. Au-dessous de 250.000 fr., il ne fonctionne pas.
Une telle limitation rend-elle le tarif progressif ? M. Gladstone
incline vers l'affirmative. « Le Gouvernement, dit-il, prend évi-
« demment une initiative hardie en limitant l'application du nou-
« veau droit aux successions supérieures à 10.000 livres. Je ne
« condamne pas *à priori* le principe de l'impôt progressif. *Il*
« *n'est pas, en soi-même, injuste que la contribution propor-*
« *tionnelle du riche soit plus forte que celle du pauvre.* Seu-
« lement la difficulté est de ne pas aller trop loin dans cette voie.

(1) L'*estate duty* a été créé en 1889 par M. Goschen pour égaliser davantage le poids des charges entre les valeurs mobilières et immobilières.

15

« Il est clair que la progression, si on en exagère le taux, aboutit
« à une véritable confiscation. Les fortunes de 10.000 livres vont
« être taxées plus que les fortunes inférieures : pourquoi celles de
« 50.000, 100.000, 500.000 livres ne le sont-elles pas davantage
« encore ? Forcément on voudra renchérir tôt ou tard sur ce que le
« Gouvernement propose en ce moment... L'idée peut être, en
« fait, considérable et grosse de conséquences pour l'avenir ! »
(Chambre des communes, 2 mai 1889.)

Ce passage caractérise bien le véritable danger du système progressif, danger qui réside surtout dans la possibilité, presque dans
la fatalité, de ses abus.

M. Gladstone insistait encore : « Le Gouvernement aura grand'
« peine à ne pas se laisser déborder. En présence d'une taxe spé-
« ciale qui frappe les successions de plus de 10.000 livres, que
« répondre à ceux qui voudront grever d'une autre taxe spéciale
« les successions tout à fait opulentes ? » Absence de barrières,
suppression de toute règle fixe, dès lors appréhensions de l'inconnu pour l'avenir, tel est bien l'impôt progressif dans ses
traits essentiels.

Cependant, au cas particulier, le Chancelier de l'Échiquier,
M. Goschen, put répondre que le projet gouvernemental n'impli-
quait nullement l'introduction d'un principe nouveau dans le
système fiscal anglais, que le minimum de l'*estate duty* était analogue à celui de l'*income-tax*, et que tout le monde savait bien que
jamais le Parlement n'admettrait une extension abusive du minimum attribué à l'un ou l'autre de ces droits.

La sagesse du Parlement anglais offre, en effet, de sérieuses garanties. Mais c'est une barrière humaine, et non pas une limitation réglementaire.

L'*income-tax*, qui vient d'être cité, possède le tarif progressif
suivant :

Revenus inférieurs à 3.750. fr. : exemption.

Revenus de 3.750 fr. à 10.000 fr. : déduction de 3.000 fr. de
revenus imposables.

Revenus supérieurs à 10.000 fr. : tarif plein.

Évidemment, on ne saurait concevoir de taxe sur le revenu

sans une limitation à sa base. Un tel impôt direct, s'il descendait jusqu'au plus bas de la matière imposable, disputerait au pauvre les ressources strictement nécessaires à son existence. La fiscalité, d'ailleurs, y perdrait ses droits. Le fait d'un minimum d'imposition sagement déterminé ne constitue donc pas ici de la progression. L'idée de progression ne commencerait à se faire jour que si ce minimum trop élevé tendait à établir une ligne de démarcation entre l'aisance et la richesse, entre la richesse et l'opulence. Alors, il y aurait surtaxe à l'égard d'une catégorie de fortunes, et, par conséquent, progressivité. Mais tant que le minimum se borne à exempter les revenus nécessaires à l'existence, le fît-il même assez largement, comme l'*income-tax* anglais, il ne saurait enlever à l'imposition son caractère régulier de proportionnalité.

Le tarif progressif se retrouve encore en Prusse, où la loi du 11 juin 1891 vient de le réinstaller au sein du nouvel impôt sur le revenu. Déjà l'ancien *impôt des classes* présentait une légère progression à l'égard des revenus de 1.125 fr. à 3.750 fr. (de 1 1/2 p. 100 à 2 1/2 p. 100). Maintenant que le *klassensteuer* est fondu dans l'*einkommensteuer*, celui-ci a été doté de même d'un tarif général légèrement progressif, dont voici les éléments.

Revenus de   900   à   1.050 marks   6 marks
    —   1.050 à   1.200   —   9   —
    —   1.200 à   1.350   —   12   —
. . . .
. . . .
    —   10.500 à   30.500   —   30   — par 1.000 marks
    —   30.500 à   32.000   —   60   —   1.500 —
    —   32.000 à   78.000   —   80   —   2.000 —
    —   78.000 à   100.000   —   100   —   2.500 —

Au delà de 100.000 m. l'impôt est de 4.000 marks jusqu'à 105.000 m., et s'augmente ensuite de 200 marks par chaque 5.000 m. de revenu.

De ce tableau officiel on peut déduire *grosso modo* (1) les taux suivants de progressivité :

Au début (de 900 à 1.050 m.) 0,66 p. 100, puis, successivement, 0,857 p. 100, à 3 p. 100. Enfin, à partir de 30.500 m., uniformément 4 p. 100.

L'échelle débute ainsi à 0,66 p. 100 pour s'élever au maximum de 4 p. 100.

C'est bien là un tarif progressif, sans discussion cette fois, mais modéré et assez rapidement limité par un tarif proportionnel.

La Hollande vient d'établir, comme il a été dit, en 1892, un impôt sur le capital à tarif progressif, exécutoire à partir du 1er mai 1893. L'échelonnement de ce tarif est ainsi réglé :

13.000 premiers florins......	exempts,
De 13.000 à 14.000 florins.....	3 florins,
De 14.000 à 15.000 florins.....	4 florins,
De 15.000 à 200.000 florins....	1 florin 1/4 pour mille,
Au-dessus de 200.000 florins....	2 florins pour mille.

L'exposé des motifs affirme qu' « ainsi limitée la progression « ne sera pas destructive du capital ».

En Autriche, la progressivité, limitée par un maximum de 4 pour 100 pour les revenus personnels, figure aussi dans les projets de réforme des impôts directs à l'ordre du jour.

En arrivant maintenant au système fiscal français, il est assez curieux de n'y rencontrer à peu près aucun tarif progressif, sauf celui de la taxe mobilière à Paris.

Nous disons *à peu près aucun*, parce que, en cherchant bien, on découvre, sans doute, quelques cas de progressivité plus ou moins dissimulés au sein des impôts directs ou indirects. Ainsi les droits d'enregistrement désignés sous le nom de droits fixes gradués étaient établis, avant la loi du 28 avril 1893 (2), à raison de :

(1) Le tableau officiel ne donne pas les tant pour cent de l'imposition. Il faut donc les déduire soi-même, ce qui ne peut être fait que d'une manière approximative, *grosso modo* comme nous le disons, en raison de l'espacement des revenus compris dans chaque échelon. Nous avons calculé les taux proportionnels sur le chiffre le plus bas de chaque classe.

(2) Depuis la loi du 28 avril 1893, ces droits sont strictement proportionnels.

5 fr. pour les sommes ou valeurs de 5.000 fr. et au-dessous,
10 fr............................ 5.000 à 10.000,
20 fr............................ 10.000 à 20.000,
20 fr. ensuite pour chaque somme ou valeur 20.000 fr.

Dans l'impôt des patentes, certains tarifs progressent à mesure
que les éléments d'imposition deviennent plus importants. Pour
les grandes sociétés de crédit, la taxe par employé est doublée
lorsque le nombre des employés dépasse 200, et triplée lorsqu'il
dépasse 1.000. Pour les grands magasins, la taxe est progressive
par centaine au delà de 100 employés, etc. (1).

De même, les bordereaux d'agents de change étaient frappés,
avant le nouveau droit créé par la loi du 28 avril 1893 sur les
opérations de bourse, d'un timbre de :

0.50 en principal pour les sommes de 10.000 et au-dessous ;
1.50 au-dessus de 10.000 fr.

La taxe sur les cercles contient encore, à la rigueur, une certaine échelle progressive.

Mais ce sont là des cas exceptionnels, dont le caractère de progressivité est à peine accentué. N'était l'érudition, ils ne mériteraient peut-être pas de figurer ici.

Reste donc seulement, en fait de tarif apparemment progressif,

_____

(1) La progressivité de la taxe par employé des grands magasins ne fut pas
adoptée sans opposition en 1889 et 1890.
En 1893, une progression bien autrement grave fut proposée par la commission de la Chambre des députés à l'encontre des grands magasins. Le Sénat
la repoussa, fort heureusement, et lui substitua un tarif progressif encore, sans
doute, mais moins intense.
« Il faut absolument barrer la route à l'impôt progressif », disait le rapporteur général au Sénat (23 mars 1893).
« Ces résultats se passent de commentaires. C'est la mise en œuvre de l'im-
« pôt progressif dans ses plus extrêmes applications. » (18 mars 1893.)
« La commission des finances, ajoutait-il, avait à délibérer sur une résolu-
« tion *qui introduisait l'impôt progressif dans toute sa plénitude.* Vous avez
« repoussé cette résolution et nous y avons substitué certaines dispositions qui
« n'ont rien de progressif et qui ne sont pas périlleuses. Quoique nos conclu-
« sions fussent la négation complète du système de la Chambre, le Gouverne-
« ment a bien voulu les défendre et les a fait triompher sur tous les points.
« Le projet du Sénat sur les patentes a été adopté par la Chambre des députés »
(Sénat, 28 avril 1893.)
Ces citations prouvent que l'idée de progression rencontre heureusement
encore aujourd'hui beaucoup d'hostilité dans le sein des pouvoirs publics.

celui de l'impôt mobilier à Paris, établi sur les bases suivantes :

Loyers d'une valeur matricielle (1) :

Inférieure à	400 fr.....................	exempts
De 400 à	599.......................	6.50 p. 100
De 600 à	699.......................	7.50 —
De 700 à	799.......................	8.50 —
De 800 à	899.......................	9.50 —
De 900 à	999.......................	10.50 —
De 1.000 à 1.099	....	11.50 —
De 1.100 et au-dessus	....	12.23 (2).

La progression très accentuée, on le voit, part de l'exemption pour aboutir à 12, 23 p. 100. Mais ce maximum de 12,23 p. 100 est-il arbitraire, comme le sont, en général, les maxima des tarifs progressifs ? En aucune façon. Il représente ici le taux normal de l'impôt mobilier, celui que payeraient tous les loyers supérieurs à 400 fr. si une partie du contingent n'était rachetée par l'octroi. Il dérive mathématiquement du centime le franc, c'est-à-dire du quotient de la division du contingent total par la masse des valeurs imposables. Ce centime le franc, à Paris, pour 1893, de 0 fr. 12 c. 23, s'applique intégralement aux loyers de 1.100 fr. et au-dessus, comme il s'appliquerait aux loyers inférieurs, si ceux-ci ne profitaient pas exceptionnellement du prélèvement opéré sur les produits de l'octroi.

Dans ces conditions nouvelles, le tarif se nomme, non plus progressif, mais *dégressif*, parce qu'il procède par voie de dégrève-

(1) La valeur matricielle représente les quatre cinquièmes de la valeur réelle. Par conséquent, tous les loyers inférieurs à 500 fr. sont exempts de la taxe mobilière.

(2) Le taux maximum de la dernière classe du tarif change tous les ans à Paris en raison des mouvements des contingents, qu'influencent les modifications survenues dans la matière imposable et surtout l'augmentation constante des centimes additionnels. Le tableau suivant montre combien ces taux maxima s'élèvent d'année en année :

1885...................................	10.50	p. 100
1886...................................	11.16	—
1887...................................	11.53	—
1888...................................	11.74	—
1889...................................	11.78	—
1891...................................	11.72	—
1892...................................	12.04	—
1893...................................	12.23	—

ment. Ce n'est plus son taux initial qui croît; c'est son taux maximum qui décroît (1).

Il n'y a donc pas encore là de tarif progressif proprement dit (2).

La France, on le voit, par une prudence instinctive, semble se
garder de l'amorce même du système, dont les développements
abusifs risqueraient de devenir chez elle plus dangereux que chez
ses voisins.

Dans les différents pays, d'ailleurs, que nous venons de passer
en revue, sauf dans les cantons suisses, les exemples de tarif progressif ne constituent que des cas exceptionnels, des dérogations
accidentelles. Il ne s'agit que d'applications modérées, discrètes,
en quelque sorte inavouées. La progressivité existe quelquefois,
mais jamais elle ne règne. Tous les grands États, par l'ensemble
de leurs règles fiscales, continuent à demeurer fermement et ouvertement attachés au principe de la proportionnalité.

§ 3. — *Economistes favorables à la progression. On range à
tort parmi eux Montesquieu et Adam Smith. Opinions de
J.-B. Say, John Stuart Mill, J.-J. Rousseau, etc.*

Le recueil des opinions des économistes nous fournira-t-il une
base plus solide?

Parmi les penseurs qui ont opiné dans le sens de l'impôt progressif, Montesquieu est toujours le premier cité, bien qu'il n'ait
écrit, à ce sujet, que le passage suivant : « La taxe était juste,
« quoiqu'elle ne fût pas proportionnelle. Si elle ne suivait pas la

(1) En divisant le contingent législatif assigné à la ville de Paris, augmenté
du montant des centimes additionnels généraux et locaux, par le total des valeurs locatives imposables, le quotient détermine le centime le franc, lequel,
appliqué ensuite à chaque valeur locative, sert à établir le chiffre des cotes individuelles inscrites aux rôles. Lire à ce sujet les détails exposés au cours de la
question adressée au ministre des finances et la réponse du directeur général
des contributions directes, commissaire du gouvernement, à la séance de la
Chambre des députés du 9 juillet 1892.

(2) On pourrait étendre abusivement le titre de dégressif à tous les tarifs
progressifs dotés d'un maximum. Il suffirait, pour cela, de les considérer de
haut en bas, au lieu de les considérer de bas en haut.

Mais ce point de vue serait forcé, invraisemblable. Pour les tarifs com-
posés autrement que celui de Paris, c'est-à-dire pour les tarifs à maximum
arbitraire, l'hypothèse ne reposerait que sur un pur sophisme.

« proportion des biens, elle suivait la proportion des besoins. On
« jugea que chacun avait un nécessaire physique égal; que ce né-
« cessaire physique ne devait pas être taxé; que l'utile venait en-
« suite et qu'il devait être taxé, mais moins que le superflu; que
« la grandeur de la taxe sur le superflu empêchait le superflu. »
(*Esprit des lois*, livre XIII, chapitre VII.)

Immédiatement après avoir formulé cette appréciation sur la
législation athénienne, Montesquieu passe à une autre question,
celle de l'impôt foncier, et ne revient plus, à aucun moment, sur
la progressivité, ni dans le livre XIII, spécialement consacré aux
taxes, ni dans aucune autre partie de son ouvrage. Ce n'est donc
là qu'une réflexion incidente, jetée, chemin faisant, par l'auteur,
sans développement, sans grande portée par conséquent, de laquelle
même on ne saurait déduire explicitement si l'illustre philosophe
approuve ou non, en définitive, le système athénien.

Il serait donc téméraire, pour si peu, d'inscrire d'emblée, comme
le font cependant beaucoup d'écrivains (1), le nom de Montesquieu parmi les partisans de l'impôt progressif.

D'Adam Smith, également, on ne peut citer que la phrase
suivante en faveur du système : « Il n'est pas très déraisonnable
« que les riches contribuent aux dépenses de l'État, non seulement
« à proportion de leur revenu, mais encore de quelque chose au
« delà de cette proportion. » (*Richesse des nations*, livre V,
« chapitre VI.)

La phrase, ainsi mise en vedette et répétée de bouche en bouche,
semble, à première vue, contenir effectivement une certaine approbation de l'impôt progressif. Mais son véritable sens apparaît
tout autre dès qu'on veut lire la page entière où elle figure.

Adam Smith y suppose (à tort) (2) que le pauvre dépense pro-

(1) Jean-Baptiste Say dépasse donc de beaucoup les limites de la vérité lorsqu'il dit que « Montesquieu adopta *complètement* l'impôt progressif comme le
« seul équitable ». (*Cours d'économie politique*, tome VI.)
Cette adhésion de Montesquieu à l'impôt progressif, transmise ainsi de bouche
en bouche, d'après l'autorité d'un maître, est devenue une légende, que la seule
lecture de *l'Esprit des lois* suffit à dissiper.
(2) Aujourd'hui, d'après les enquêtes poursuivies dans les principales villes
d'Europe, il est démontré, au contraire, que le pauvre consacre à son loyer une
part de son revenu beaucoup plus considérable que l'homme riche, et que, par

portionnellement moins que le riche pour son logement. Il se fé-
licite alors de l'inégalité qui en résulte au détriment du riche. L'aphorisme cité ci-dessus, qu'il formule, à ce propos, loin d'impliquer
aucune sorte d'approbation de l'impôt progressif, consacre donc,
au contraire, les mérites de l'impôt proportionnel, lequel, dans
la circonstance, permettrait spontanément de demander aux
riches un prélèvement supérieur à la moyenne.

Aucun autre passage, de la *Richesse des nations* ne parle
plus de l'impôt progressif.

On saurait d'autant moins, d'ailleurs, ranger Adam Smith
parmi ses partisans (1) qu'au cours de ses maximes sur l'impôt
il s'est très explicitement prononcé dans le sens de la proportionnalité (2).

En résumé, les noms de Montesquieu et d'Adam Smith doivent
être déjà définitivement rayés de la liste des adhérents à la progressivité.

Le nom de Jean-Baptiste Say, par exemple, peut y être maintenu à bon droit, car ses préférences ne sont pas douteuses. Non
pas que le célèbre auteur du *Cours d'économie politique et
pratique* se fasse le champion officiel de l'impôt progressif; mais
il s'attache à réfuter, une à une, toutes les objections émises à
son encontre, et manifeste pour lui, en toute occasion, une incli-
nation non déguisée. Le chapitre spécial qui lui est consacré témoigne explicitement du fond de ses sentiments.

John Stuart Mill partage les mêmes idées, mais en matière de
droits de succession seulement. Nous l'avons déjà indiqué (3).
C'est contre les héritiers dissipateurs exclusivement qu'il pa-
tronne l'établissement de droits progressifs sur les successions.
« Bien que, dans mon opinion, dit il, le principe progressif

conséquent, l'impôt mobilier, s'il n'est pas tempéré par des exemptions à sa base,
pèse beaucoup plus lourdement sur les moins favorisés de la fortune.

(1) Encore ici Jean-Baptiste Say prétend à tort qu'Adam Smith, « qui avait
« des idées bien plus justes encore que Montesquieu sur les véritables intérêts
« de la société », approuve, comme lui, l'impôt progressif.

Beaucoup d'auteurs, à la suite de J.-B. Say, ont continué à comprendre Montesquieu et Adam Smith, sans relire leurs œuvres, parmi les adhérents à
l'impôt progressif. Voir spécialement le *Traité des finances* de Joseph Garnier.

(2) Voir page 27.

(3) Voir page 211.

« puisse soulever des objections comme principe général de ré-
« partition de l'impôt, il serait juste et utile de l'appliquer dans la
« fixation des droits sur les legs et sur les successions. » La situation privilégiée des jeunes gens oisifs, jouissant, à leur entrée
dans la vie, des avantages d'une fortune qu'ils n'ont pas conquise,
choquait vivement l'esprit rigide du philosophe anglais.

L'école saint-simonienne, d'après des considérations analogues,
concluait que « les droits de succession devraient être fortement
« augmentés, suivant une progression croissante très prononcée,
« de manière à diminuer le scandale de ces fortunes énormes
« acquises sans travail (1). »

Jean-Jacques Rousseau, qui, par ordre chronologique, aurait
dû figurer en tête de la nomenclature, si l'on n'avait craint de lui
donner, en économie politique, une primauté supérieure à ses mérites, écrit : « Celui qui n'a que le simple nécessaire ne doit rien
« payer du tout ; la taxe de celui qui a du superflu peut aller au
« besoin jusqu'à concurrence de tout ce qui excède son néces-
« saire. » (Discours sur l'économie politique.) Plus loin, il se résume dans cette formule : « que l'imposition ne doit pas être faite
« seulement en raison des biens des contribuables, mais en raison
« composée de la différence de leurs conditions et du superflu de
« leurs biens. » Cette *raison composée*, assez difficile à saisir au
premier abord, signifie que les tarifs fiscaux doivent suivre progressivement toute la portion qualifiée de superflue.

Léon Faucher, dont les doctrines fiscales sont, en général, très
correctes, dit : « Il paraît équitable que celui qui, grâce à ses ta-
« lents, à ses biens-fonds ou à ses capitaux, se donne et procure
« aux siens toutes les jouissances du luxe, paye à l'État un tribut
« proportionnellement plus considérable que celui qui n'a que le
« produit de son travail quotidien pour nourrir et élever sa fa-
« mille. Je considère l'impôt mobilier comme une taxe légitime-
« ment progressive..., pourvu que la progression n'ait que qua-
« tre ou cinq termes. On peut imprimer le même caractère pro-
« gressif aux impôts de luxe et aux droits prélevés sur les succes-
« sions. »

(1) Voir page 212.

Enfin, Joseph Garnier propose de contrebalancer le caractère progressif à rebours de certains impôts indirects par l'établissement de contributions directes progressives dans le bon sens.
Seulement, dit-il, l'impôt peut être progressif sans être spoliateur : « On peut concevoir une progression lentement progressive
« et limitée à un taux modéré... L'impôt progressif, rationnel,
« sérieux, est celui qui s'accroît, non pas d'une manière illimitée,
« mais qui s'arrête à une limite modérée, qui se perçoit en vertu
« d'un tarif lentement progressif, sans pouvoir dépasser une par-
« tie du revenu... c'est celui que nous qualifions d'impôt *progres-*
« *sionnel.* »

Ces divers auteurs, dont la liste n'est pas épuisée, ont incontestablement adhéré à l'impôt progressif, mais, on le voit, sauf J.-J.
Rousseau et quelques autres de son école, toujours avec beaucoup
de réserves, sans jamais arborer ouvertement son drapeau. Comme
le disait Baudrillart : « On invoque l'autorité de quelques maîtres
« de la science, lesquels ont autrefois adressé un salut sympathi-
« que au principe de la progression. »

§ 4. — *Mérites attribués à l'impôt progressif. Rétablisse-*
ment de la véritable proportionnalité. Egalisation des sa-
crifices.

Dégageons maintenant les principaux arguments de ces citations. Par quelle suite de raisonnements les précédents économistes justifient-ils la progression ? Quels avantages particuliers lui
attribuent-ils ? En quoi leur semble-t-elle préférable à la proportionnalité ?

Deux sortes de mérites sont généralement attribués à l'impôt
progressif.

En premier lieu, dit-on, l'impôt progressif permet de rétablir,
dans l'ensemble du système fiscal, la véritable proportionnalité
que les impôts indirects ont dérangée.

Nous verrons bientôt, en effet, que les impôts indirects, ceux
d'entre eux, du moins, qui pèsent sur les objets de première né-

cessité, constituent une sorte de capitation. Comme disait Jean-Jacques Rousseau : « Le riche n'a qu'un ventre, non plus que « deux jambes, aussi bien qu'un bouvier. » Dès lors, les taxes sur le pain, le vin, le sel, la viande sont acquittées, non pas en raison des fortunes, mais en raison des consommations individuelles ; elles représentent, par rapport aux revenus, une progression de charges qui croît avec la misère. Pour contre-balancer ces funestes effets, il faut qu'une taxe réellement progressive redemande au riche, sous forme de contribution directe, le supplément infligé au pauvre sous forme d'impôt indirect.

« Puisque l'impôt proportionnel se résout en un impôt progres-« sif dirigé dans le sens de la misère, toute la question sociale con-« siste à retourner la progression et à faire que ce même impôt « devienne progressif, au contraire, dans le sens de la fortune(1). »

On ne saurait contester la valeur de ce premier argument, à condition toutefois de ne pas le pousser trop loin. Il est trop vrai que les impôts sur les objets de première nécessité sont, dans une certaine mesure, progressifs à rebours. Dès lors, tant que ces impôts subsisteront, la nécessité d'une contre-partie en impôt progressif peut être légitimement invoquée. Sans doute, cette progression à rebours n'est pas aussi accentuée qu'on le suppose en général : nous le montrerons en temps et lieu (2). Mais, enfin, elle existe dans une certaine mesure. Aussi, aboutirons-nous, au dernier chapitre de ce livre, à demander la suppression complète des impôts qui frappent les objets de première nécessité. Une fois ladite suppression opérée, — et divers peuples en ont donné l'exemple,—l'argument allégué précédemment en faveur de l'impôt progressif perdra toute importance.

La solution de la question de la péréquation fiscale réside donc ailleurs que dans la progressivité.

Mais les partisans du système ne considèrent pas seulement la

<hr>

(1) Ce passage est extrait de la *Théorie de l'impôt* de Proudhon. Mais il faut remarquer que l'auteur met l'argument dans la bouche de ses adversaires. Car il conclut contre l'impôt progressif, comme nous allons le dire.

(2) Nous aurons l'occasion, dans le dernier chapitre, d'atténuer beaucoup la rigueur de l'aphorisme qui attribue aux impôts indirects une influence de progressivité à rebours. Nous traiterons également, dans ce chapitre, la question des impôts établis sur les objets de première nécessité.

progression comme un procédé de péréquation fiscale ; ils veulent
en faire aussi un moyen de réforme sociale destiné à réaliser, avec
le temps, le nivellement des fortunes.

Dans cet ordre d'idées, le rétablissement, si complet soit-il, de
la proportionnalité de l'impôt ne leur suffit plus. Cette proportionnalité ne produira jamais, en effet, l'égalité sociale. Or, c'est
l'égalité sociale qu'il s'agit de conquérir (1).

La souffrance infligée par l'impôt, disent-ils, n'est pas égale pour
le riche et pour le pauvre. Si tous deux payent également le
dixième de leur fortune, la proportionnalité fiscale sera sans doute
obtenue, mais le pauvre subira une privation beaucoup plus intense que celle du riche.

Arracher cent francs à celui qui ne possède que mille francs de
revenu, c'est le dépouiller du nécessaire ; tandis qu'un prélèvement de 10.000 fr. atteint tout au plus dans son superflu l'heureux possesseur de 100.000 livres de rente. Il faut donc s'attacher
exclusivement à la recherche de l'*égalité des sacrifices*. L'égalité
des sacrifices, voilà la formule de la véritable justice, d'après
l'école radicale.

L'impôt, dit-elle, doit occasionner à chacun la même somme de
privations. Or, les privations ne deviendront équivalentes que
lorsque le nécessaire se trouvera entamé, de part et d'autre, dans
la même proportion.

C'est le nivellement des fortunes qui se trouve ainsi proclamé,
et ce nivellement des fortunes, l'impôt progressif se chargera de
le réaliser, en supprimant, ou plutôt en confisquant toute la
partie des revenus qualifiés de superflus (2).

Telle est l'arme terrible que des programmes dès à présent ré-

(1) Dans un discours récent, le rapporteur de la loi des patentes à la Cham
bre des députés s'écriait incidemment : « L'égalité fiscale basée sur la propor-
« tionnalité arithmétique n'est, à mes yeux, qu'une apparence ; elle n'est pas la
« véritable égalité sociale... *Il n'existe pas de commune mesure entre la situa-
« tion du riche et du pauvre*. La proportionnalité dans laquelle nous nous trai-
« tons, faute de mieux, demeure absolument contraire à la justice. » (Applaudis-
« sements à gauche.) » (Séance du 17 février 1893.)

(2) « Avec l'idée de *l'égalité des sacrifices*, on poursuit l'irréalisable ; on rai-
« sonne dans la donnée du communisme et c'est au communisme qu'on aboutit
« nécessairement. Vouloir que le payement d'une dette quelconque impose éga-
« lement à tous le même degré de privation et de désagrément, au fond, qu'on

digés en articles de loi mettent à la disposition des passions ré-
volutionnaires. En dépit des inégalités naturelles des hommes entre eux, ils veulent rétablir l'égalité entre leurs fortunes, au
moyen de l'impôt qui deviendra le niveleur universel. Ces doctrines
préconisées par Rousseau, dans son discours précité sur l'économie
politique, font aujourd'hui le fond des revendications radicales
ou socialistes.

Les vrais socialistes, sans doute, les socialistes intégraux, éliminent de leur monde futur l'impôt sous toutes ses formes, même
l'impôt progressif(1). C'est là ce qui explique pourquoi Proudhon,
dans sa *Théorie de l'impôt*, combat ouvertement l'impôt progressif. Le système, si spoliateur qu'il puisse devenir, ne saurait satisfaire un esprit de sa trempe (2). L'impôt progressif, dit Proudhon, appliqué avec tempérament, ne produirait que des effets insignifiants : « Une fraise jetée dans la gueule du loup ! Vaut-il la
« peine de bouleverser les lois, les idées, les principes, de créer
« des catégories pour un si minime, si misérable résultat ? » D'autre part, poussé à l'extrême, « c'est la désorganisation de la so-
« ciété par l'impôt, la plus brutale qui se puisse imaginer, et sans
« le moindre élément, sans la plus petite étincelle de réorganisa-
« tion. » La véritable réorganisation, aux yeux de Proudhon,
peut exclusivement résulter de la socialisation des biens, du collectivisme des fortunes. Toute autre solution intermédiaire lui paraît un simulacre et une hypocrisie.

Mais beaucoup de politiciens moins intransigeants préfèrent s'a-

« se l'avoue ou non, c'est vouloir qu'il n'y ait plus ni riches ni pauvres... C'est
« tout simplement décréter l'égalité des conditions. »
   Ce passage est extrait d'un article du très regretté Baudrillart sur l'*impôt
radical* dans la *Revue des deux mondes* du 15 novembre 1871, article toujours
prééminent malgré sa date arriérée, tant il contient d'aperçus sages, exprimés
en excellent style. Il eût été bien désirable que M. Baudrillart, avant sa mort,
réunit en volume les remarquables travaux financiers qu'il a publiés dans la
Revue des deux mondes et dans le *Journal des Économistes*.
   (1) Voir notre précédent chapitre LX sur les *impôts socialistes*.
   (2) D'ailleurs, le livre de la *Théorie de l'impôt* ayant été composé, comme on
le sait, à l'occasion d'un concours organisé par le canton de Vaud en 1860,
l'auteur a dû y accepter, pour un instant, la société telle qu'elle se trouvait
constituée : « Or, dit-il, la société, *à tort ou à raison*, s'est établie sur le prin-
« cipe de l'inégalité des fortunes. Dès lors, ce seraient les conditions mêmes de
« la société qu'il faudrait modifier ou transformer pour y introduire l'impôt
« progressif. »

vancer discrètement vers un but plus prochain , où ils ren-
contreront, d'ailleurs, en chemin, sans trop se compromettre,
leurs coreligionnaires socialistes (1) ; le tarif progressif les aide
à franchir une première étape. De là, le grand nombre de projets
d'impôts à combinaisons progressives sur les successions, sur les
revenus, sur le capital, parmi lesquels brille au premier rang le
projet spécial choisi pour type, dont nous avons déjà cité les
tarifs, en analysant ses dispositions (2).

§ 5. — *Le système progressif aboutit fatalement à l'excès. Il
ne saurait être modéré. Le seul véritable principe fiscal est
celui de la proportionnalité.*

Convient-il de réfuter les arguments plus ou moins franchement collectivistes qui viennent d'être invoqués en faveur de la
progression ? Faut-il approfondir, à leur suite, des théories presque étrangères à notre sujet (3) ? Déjà, d'ailleurs, les passages de
Proudhon cités précédemment (4) n'ont-ils pas fait justice de ces
théories ? D'éminents auteurs, moins suspects que Proudhon,

(1) Baudrillart, dans l'article déjà cité, rappelle ce mot d'un membre du congrès de Lausanne en 1860 : « Que craignez-vous? L'impôt ne peut être trop
« progressif. Le plus tôt n'est-il pas le mieux pour accomplir par là dans la
« société un *mouvement général de bascule* en faveur de l'ouvrier prolétaire? »
Il est heureux, ajoute Baudrillart, en forme de commentaire, qu'il se rencontre de ces indiscrets, dans les congrès ou ailleurs. Combien de pareils mots valent mieux qu'un long discours! Qu'attendre de plus après cela ?
(2) Voir les tarifs progressifs afférents aux projets d'impôts sur les successions
page 215, et aux projets d'impôts mixtes sur le capital et sur le revenu,
page 198.
(3) Cependant nous avons abordé le sujet dans le chapitre IX, relatif aux
impôts socialistes. Voir pages 106 et suivantes.
(4) En plus des passages des ouvrages de Proudhon déjà cités contre l'impôt
progressif, ceux-ci sont particulièrement connus : « La question n'est pas de
« savoir comment, à l'aide d'une échelle de progression, on aura le plus tôt fait
« de ruiner les riches en ne demandant rien aux pauvres ; elle consiste, dans le
« régime actuel, à trouver un système d'impôt qui, s'adressant de préférence à
« la richesse, respectant la médiocrité, à plus forte raison, l'indigence, laisse
« subsister néanmoins les rapports sociaux qui sont, comme nous l'avons dit,
« des rapports d'inégalité... Et voilà pourquoi l'impôt progressif, capable tout
« au plus d'alimenter le bavardage des philanthropes et de faire hurler la déma-
« gogie, manque également de sincérité et de valeur scientifique. » (*Théorie de
l'impôt*, chapitre IV.)

n'ont-ils pas clos définitivement le débat(1)? Constatons donc seulement ici, sans plus entrer dans la discussion des principes, à quels excès entraîne, de proche en proche, le système de la progression. Le voilà devenu, dans les mains des réformateurs radicaux, l'instrument du nivellement universel. Destiné uniquement, au début, à rétablir l'égalité fiscale, à contrebalancer la progression à rebours des impôts indirects, peu à peu, on s'empare de lui pour réaliser l'égalité sociale par la suppression de l'hérédité et la confiscation des fortunes au delà du nécessaire. C'est bien là ce que nous redoutions de sa part. Ce sont bien là les dangers extrêmes vers lesquels la logique de son essence devait le pousser fatalement. Dépourvu de règle et de limite, disions-nous, voué à l'arbitraire, il aboutit de lui-même à la spoliation. Nous y sommes arrivés. Nos prémisses n'étaient que trop certaines. La condamnation de la progresssion ressort donc précisément de l'abus de son emploi par les réformateurs utopistes. Jamais la science financière ne saurait approuver un système dont les conséquences possibles sont la suppression des héritages et le nivellement des fortunes.

Quand nous disons les conséquences *possibles*, nous omettons les exemples effectifs que nous offre l'histoire. Au xv⁰ siècle, à Florence, l'impôt progressif fut « le bâton avec lequel les Médicis « assommaient leurs adversaires », suivant le mot de l'historien Guichardin, que rappelle M. Léon Say, dans son livre *les Solutions démocratiques*, si décisif contre l'impôt progressif.

Sous la Révolution, les emprunts forcés et progressifs absorbèrent 50 p. 100 des revenus *abondants* et 100 p. 100, c'est-à-dire la totalité, des revenus superflus. Renouvelés à trois reprises différentes, en 1793, 1795 et 1799, ces emprunts progressifs provoquèrent tant de récriminations qu'on attribua, en grande partie,

(1) Nous renvoyons ici de nouveau à l'ouvrage classique de M. Paul Leroy-Beaulieu, *le Collectivisme, examen critique du nouveau socialisme.*
Lire également l'article de Baudrillart dans la *Revue des deux mondes* du 15 novembre 1871 déjà cité.
Enfin, le rapport du 1ᵉʳ septembre 1848, rédigé par de Parieu, alors membre de l'assemblée nationale, contient, dès cette époque, l'exposé aussi complet que possible des arguments des partisans de l'impôt progressif et leur réfutation dans les termes les plus décisifs. Lire cet excellent travail dans les annexes du *Traité des impôts,* 5ᵉ volume.

au dernier d'entre eux la recrudescence de mécontentement public qui précéda le coup d'État du 18 brumaire (1).

Ces perspectives extrêmes font reculer devant l'application de la progression même modérée. Sans doute, la progression modérée rendrait, à l'occasion, d'incontestables services. C'est elle que tous les économistes précédents saluaient avec sympathie au passage, suivant l'expression de Baudrillart. C'est sur elle exclusivement que Joseph Garnier étaye la théorie de l'impôt *progressionnel*.

Mais ceux qui prônent ici la modération tracent sur le sable un obstacle fragile que leurs successeurs moins prudents effaceront à leur gré. Ils dressent une barrière arbitraire susceptible d'être franchie au premier changement de personnel gouvernemental. La modération ne représente, en réalité, qu'un temps d'arrêt dans la marche en avant fatale de la progression.

« Vous êtes modérés aujourd'hui et vous vous nommez la majo-« rité. Vous serez modérés demain et toujours peut-être. Mais « vous nommera-t-on toujours la majorité? » Ainsi s'exprimait le rapporteur du canton de Neuchâtel en concluant contre l'impôt progressif (2).

Comment classer parmi les procédés réguliers d'imposition une conception ainsi dépourvue de sécurité?

Tout au plus peut-on admettre que, dans certains cas inoffensifs ou paraissant tels, la science financière ferme les yeux, et laisse les gouvernements, suivant le degré de confiance personnelle qu'ils inspirent, mettre, par exception, en pratique, sous leur responsabilité, cet expédient dangereux.

Mais le principe fiscal auquel un pays sage devra toujours se rattacher exclusivement sera celui de la proportionnalité.

(1) Voir notre histoire des *Finances de l'ancien régime et de la Révolution*, chapitre XXVII.
(2) Nous avons déjà cité ces mots de M. Léon Say : « Une imposition progressive, une imposition modérée, ce n'est, en réalité, pas autre chose que de l'arbitraire. » Il ajoute : « On peut vivre sous un gouvernement modéré, sous « un gouvernement qui le serait moins, sous un gouvernement qui ne le serait « pas du tout et sous un gouvernement qui serait le contraire d'un gouverne-« ment modéré. » (*Les Solutions démocratiques de la question des impôts*.)

CHAPITRE XV

GRANDS MONOPOLES FISCAUX

Le mot monopole suscite, dès l'abord, un sentiment très justifié, sinon de répulsion, tout au moins de défiance. Monopole, en effet, signifie accaparement, exclusion, expropriation : c'est la prise de possession par un seul de ce qui devrait appartenir à tous ; c'est le bien commun sortant des mains de ses détenteurs naturels pour entrer dans des mains privilégiées. L'instinct populaire, aussi bien que les déductions des économistes, réprouvent les monopoles dans leur essence même.

La nécessité des services publics, sans doute, justifie exceptionnellement certains d'entre eux, tels que les monopoles des monnaies, des chemins de fer, de la poste aux lettres, des télégraphes et même, aux yeux de quelques personnes, de la banque, des agents de change, des omnibus, etc.

Mais ces considérations de service public n'ont plus rien à faire avec les monopoles fiscaux. Ceux-ci procèdent d'une inspiration beaucoup moins élevée. Le désir du lucre est leur seule raison d'être. L'État ne les institue que pour s'enrichir. Il met la main sur tel commerce ou telle industrie que les particuliers pourraient, sans aucun inconvénient, exercer en toute liberté, uniquement parce que, étant le plus fort, il veut s'en attribuer les profits à titre exclusif.

On peut définir ces monopoles spécialement suspects en disant « qu'ils consistent dans l'accaparement, au profit de l'État, d'un « commerce ou d'une industrie dont les particuliers sont exclus ».

§ 1. — *Monopole des tabacs. Son ancienneté en France, en Autriche-Hongrie, en Angleterre, etc.*

D'où vient cependant qu'en pénétrant dans leurs détails quelques-uns mériteront notre indulgence ? Le monopole des tabacs, par exemple, un des plus notoires, semble universellement accepté en France. Son renouvellement, pour une durée indéfinie, y a été dernièrement voté sans soulever aucune opposition théorique ou pratique (1).

Évidemment, on peut alléguer que les 300 millions et au delà de son revenu *net* annuel suffisent à endormir bien des rancunes. Mais l'économie politique ne désarmerait pas pour cela; la rigueur de ses principes n'a pas l'habitude de s'incliner devant les suprématies pécuniaires. D'autres causes donc l'ont influencée, qu'il faut chercher dans l'origine même de la constitution du monopole.

Le monopole des tabacs, en effet, s'est implanté en France sans secousse, sans violence. Son apparition n'y a suscité aucun trouble, supprimé aucune initiative individuelle, provoqué aucune expropriation. La matière imposable, saisie au début même de ses premiers développements, avant d'avoir eu le temps de connaître les expansions de la liberté, s'est donnée tout entière au fermier, qui, dès 1674, l'a exploitée exclusivement, à ses risques et périls, moyennant une redevance annuelle fixée d'abord à 500.000 fr., puis, d'étapes en étapes, élevée à 30 millions 1/2 au moment de la chute de la monarchie.

---

(1) Jusqu'alors, en France, le monopole des tabacs n'avait été concédé à l'Etat que pour une période limitée, souvent même très courte. Ainsi, en 1824, les Chambres n'accordèrent que cinq ans au Gouvernement, qui en demandait dix. En outre, de longues discussions, quelquefois de vastes enquêtes, précédèrent habituellement les renouvellements de concessions. Cette fois, la loi des douzièmes provisoires du 26 décembre 1891 se borna à insérer parmi ses dispositions un article que beaucoup de députés ne se doutent peut-être pas avoir voté, lequel est ainsi conçu : « Art. 25. L'article 17 de la loi du 29 décembre « 1882 portant prorogation des lois qui attribuent à l'Etat l'achat, la fabrica-« tion et la vente des tabacs dans toute l'étendue du territoire, continuera « d'avoir son effet *jusqu'à ce qu'il en soit autrement ordonné.* »

Après 1789 intervint, sans doute, une ère transitoire de liberté. La Révolution supprima en 1791 l'ancienne ferme, et dégagea les tabacs de toute entrave fiscale jusqu'à l'an VII. Puis, de l'an VII jusqu'à 1810, l'impôt intérieur, établi sur les produits manufacturés, continua, malgré ses formalités, à laisser chacun maître de planter, récolter, fabriquer et vendre à son gré. Mais ces vingt années de liberté (1), entrecoupées, d'ailleurs, de dix années au moins de stagnation des affaires, ne suscitèrent que de rares initiatives. Pendant longtemps, la consommation continua à s'approvisionner à l'étranger. De sorte que, lorsque le décret du 29 décembre 1810 restaura enfin le monopole, un petit nombre d'usines seulement durent être expropriées (2). Quant à la culture indigène, très habilement associée désormais à la nouvelle conception du monopole, la transition ne l'affecta en aucune façon.

On peut donc dire que, depuis le jour de son apparition jusqu'à l'époque actuelle, en vertu d'une mainmise continue, sauf pendant l'intervalle assez inoffensif dont il vient d'être question, le tabac appartint à l'État.

Ce monopole apparaît ainsi sous un aspect exceptionnellement pacifique. Depuis longtemps, le commerce et l'industrie sont habitués à lui réserver sa place; il habite leur domaine sans s'y substituer à personne, qu'on puisse dénommer tout au moins. Les 370 millions de produit brut qu'il s'approprie annuellement ne proviennent pas d'un prélèvement sur les bénéfices d'autrui. Voilà pourquoi les plus intransigeants lui font grâce.

En Angleterre, de même, l'impatronisation du monopole des

_____

(1) Consulter, au sujet de cette époque de transition, notre ouvrage *les Finances de l'ancien régime et de la révolution*, chapitre XIV.

(2) « Si l'on a réussi en France, en 1810, dit M. Léon Say, c'est qu'à l'époque « où le changement de législation a eu lieu, il y avait peu ou point de fabriques « de tabac et que l'industrie de la fabrication des tabacs et des cigares n'avait pas « alors le caractère scientifique qu'elle a revêtu depuis. »
Plus loin, cependant, M. Léon Say ajoute : « En 1812, l'État a payé 10.217.000 « francs pour l'acquisition de seize manufactures de tabac. Le remboursement « des marchandises en magasin à leurs propriétaires a donné lieu aux abus les « plus criants. Les négociants expropriés avaient rempli leurs magasins de produits qui n'avaient du tabac que le nom, comme par exemple des feuilles de « noyer, et plus d'une fortune s'est faite au moyen de supercheries déloyales « de cette espèce. » (Rapport général au nom de la commission des alcools, 31 mai 1888.)

tabacs remonte à 1660. Depuis lors, l'interdiction de la culture indigène y a été maintenue d'une manière absolue, et la totalité de l'approvisionnement intérieur est obligée de traverser les bureaux de douane pour y verser sa redevance annuelle de 254 millions de francs environ (1).

L'Italie, également, dès la fondation de son unité, accapara le monopole de la fabrication et de la vente des tabacs, déjà tout installé, d'ailleurs, dans plusieurs des États qu'elle englobait, duché de Parme, États sardes, États romains, etc. Elle en retire aujourd'hui un de ses plus sûrs revenus, un des seuls qui demeurent progressifs, soit 145 millions net.

En Espagne, le monopole des tabacs, successivement aux mains de l'État et de fermiers, remonte à 1632. C'est le premier en date. Il fournit fort à propos au budget de ce pays besoigneux 120 millions net par an.

En Portugal, le monopole des tabacs remonte à 1664. En Autriche-Hongrie à 1670.

§ 2. — *Monopole des allumettes. Difficultés de son installation.*

Cette première catégorie de monopoles, auxquels est échue, comme on le voit, la bonne fortune de ne jamais troubler l'initiative privée, jouit d'un privilège exceptionnel. Une autre catégorie lui succède, beaucoup moins méritoire. L'imagination fiscale, en effet, trouvant la matière des anciens monopoles forcément épuisée, se voit obligée, pour en inventer de nouveaux, de s'attaquer aux exploitations libres jusque-là, qu'elle ne craint pas alors de saisir d'emblée en pleine activité.

L'exemple qui, dans cet ordre d'idées, s'offre le premier, est celui du monopole des allumettes en France (2). L'assemblée na-

---

(1) Les tabacs, en Angleterre, une fois la frontière franchie, sont fabriqués et vendus librement. Leur rançon de 254 millions est définitivement payée à la douane.

Ces 254 millions résultent du dernier compte rendu des commissaires des douanes pour l'année fiscale finissant le 31 mars 1892. Le monopole anglais réside ainsi uniquement dans le fait de l'interdiction de la culture à l'intérieur.

(2) Nous abordons immédiatement les exemples contemporains, sans parler

tionale de 1871, après avoir essayé d'établir un impôt sur les allumettes, croyant que cet impôt ne réussirait jamais à cause
de la faiblesse, inévitable cependant et passagère, de ses débuts (1),
se décida à le transformer en monopole. Par ce procédé, le budget s'assura, sans doute, un revenu immédiat de 16.030.000 fr.
Mais à quel prix ? Chacun, comme contribuable, ou comme consommateur, a pu suivre l'expérience.

Il a fallu, d'abord, d'après les comptes officiels, exproprier 600
fabriques, nombre considérable, si l'on veut bien y réfléchir. Car
que, du jour au lendemain, 600 établissements viennent à fermer
inopinément leurs portes, quelle immense émotion s'emparerait
du pays !

Sans doute, l'expropriation de ces 600 fabriques donna ouverture à indemnité en faveur de leurs propriétaires ou exploitants.
Les comptes officiels énoncent, de ce fait, une dépense de 32
millions et demi (2). Mais ce n'est pas tout que de payer. Même
quand les 32 millions 1/2 dont il s'agit eussent exactement représenté en bloc la valeur des 600 usines, peut-on affirmer que
chacun des propriétaires ou exploitants a bien reçu, dans ce total,
sa juste part proportionnelle ?

des exemples historiques. Parmi ceux-ci, on pourrait citer spécialement les nombreux monopoles improvisés en Angleterre sous Charles Ier, quand ce prince,
résolu à ne plus réunir les Communes, cherchait à se procurer de l'argent en dehors
d'elles. Alors une quantité de denrées et produits, sels, savons, charbons, fers,
vins, cuirs, amidons, plumes, cartes, dentelles, tonneaux, beurres, potasse, toiles, lunettes, etc., furent concédés, moyennant finance, en monopole.
Cette méthode oppressive de lever de l'argent, ruineuse pour l'industrie, comme
le montre David Hume, eut, en outre, l'inconvénient de ne rapporter presque
rien au Trésor royal. (Voir, à ce sujet, notre ouvrage *le Budget*, 2e édition,
page 13.)

(1) L'impôt sur les allumettes, créé par les lois des 4 septembre 1871 et 22
janvier 1872, rapportait 400.000 francs par mois, soit 5 millions par an environ,
lorsque le monopole lui fut substitué. L'impôt, dit le rapport du 27 juillet 1872,
est inefficace, il aggrave les charges des consommateurs, et trouble profondément l'industrie. La vraie conséquence de ces prémisses eût dû consister, ou
bien dans la suppression de l'impôt, ou bien dans son renforcement. Car la
fausse conclusion à laquelle on aboutit ne fit qu'aggraver les maux qu'il s'a-
gissait de guérir.

(2) Le rapport de la commission législative qui institua le monopole ne pré-
voyait qu'un maximum de 20 millions d'indemnités d'expropriation (27 juillet
1872).

Son estimation se trouva donc dépassée par les faits de plus de 50 p. 100.
Première déception que bien d'autres suivirent.

N'y eut-il pas des enrichis et des appauvris ? des habiles qui présentèrent des livres avantageux, et des simples qui ne surent pas enfler opportunément leurs chiffres d'affaires ? Puis, beaucoup de personnes atteintes par le monopole ne furent-elles pas légalement omises dans la répartition des indemnités? En dehors des fabricants d'allumettes proprement dits, les titulaires d'industries subsidiaires, fabricants de boîtes, de caisses, lithographes, ferblantiers, vernisseurs, coupeurs de bois, colporteurs, etc., plus ou moins dépossédés, n'ont rien reçu. Voilà ce que les comptes officiels ne disent pas (1).

Il ne disent pas non plus quels troubles, quels déclassements suivirent pour ces indemnisés ou non-indemnisés la fermeture subite d'ateliers en activité, les changements de carrière imposés au milieu de la vie, le chômage succédant au travail ! Car, parmi les milliers d'individus que faisait vivre l'industrie libre des allumettes, tous ne purent pas, tant s'en faut, retrouver place dans les usines officielles. La situation géographique des nouvelles fabriques, leur moindre nombre, l'extension de leurs procédés mécaniques, éliminèrent nécessairement une grande partie de l'ancien personnel. D'ailleurs beaucoup de petits fabricants en chambre, de producteurs intermittents, de colporteurs locaux, ne pouvaient pas entrer comme ouvriers dans des ateliers réguliers. Ils constituèrent alors cette armée de fraudeurs qui continua clandestinement et continue encore son ancien métier, son gagne-pain d'autrefois, au préjudice du monopole.

Les traces du profond bouleversement, du douloureux *déclassement* que provoqua la loi du 2 août 1872 se sont donc fait longtemps sentir et ne sont pas effacées aujourd'hui.

Ce ne fut qu'au bout de deux ans et demi de litiges et de difficultés de toute nature que le monopole put entrer en fonctionnement effectif à dater du 1er janvier 1875.

Ces dépenses et ces délais parvinrent-ils, au moins, à cicatriser

(1) Si les comptes officiels sont muets sur ce point, ils mentionnent, du moins, une dépense de 273.573 fr. pour frais judiciaires et autres, qui témoignent de bien des contestations pénibles, de résistances litigieuses, de droits longtemps tenus en suspens.

la blessure causée par l'amputation de tant d'industries florissantes ?
Nullement. L'État, répugnant à se charger lui-même d'exploiter
l'affaire, la remit aux mains d'une compagnie fermière, et celle-ci,
nécessairement, fit passer, dans l'exécution, ses intérêts particuliers,
ou plutôt ceux de ses actionnaires, si l'on veut, avant l'intérêt public. Sans doute, un cahier des charges l'enchaînait. Mais le meilleur des cahiers des charges, surtout pour une entreprise naissante,
est-il jamais complet, et ses stipulations ne se prêtent-elles pas à
des interprétations élastiques ? La compagnie suivit donc fatalement la voie que le législateur aurait dû prévoir. Les illusions cependant n'étaient plus permises en France sur les agissements
possibles des *fermiers d'impôts !*

On accuse souvent les administrations financières régies par
l'État de poursuivre la fraude avec une ardeur excessive, de prendre
le parti du Trésor avec une passion jalouse. Elles apportent, en
effet, quelquefois trop de cœur à l'exercice de leurs fonctions. Mais,
en toutes circonstances, le seul sentiment qui les inspire est celui
de l'intérêt public. Si ce noble sentiment les emporte par hasard
au delà de la juste limite, il suffit de les rappeler, en son nom, à
la modération, pour les voir aussitôt s'incliner respectueusement.

Les compagnies fermières, elles, ne connaissent pas l'intérêt
public. Elles n'ont que leur propre bénéfice pour objectif ; elles ne
voient en perspective que des dividendes à distribuer ; il leur est
interdit de rien concéder à l'État qui soit en désaccord avec l'intérêt de leurs actionnaires. Encore une fois, on ne saurait leur en faire
un reproche : leur essence même le veut ainsi. L'assemblée nationale s'en rendit bien compte lorsqu'elle eut voté, le 28 juillet 1875,
une loi qui autorisait la recherche à domicile des allumettes de
fraude détenues par les particuliers et les établissements publics.
Les agents de la compagnie, armés de ce pouvoir exorbitant, en
profitèrent pour pénétrer partout, sans réserve, ni ménagement. En
quelques mois, 20.000 visites domiciliaires furent pratiquées. Des
communes entières furent fouillées, maison par maison. Les personnes les plus honorables n'échappèrent pas aux perquisitions.
La compagnie, malgré les observations qui lui furent adressées,

s'apprêtait à continuer de plus belle cette guerre intérieure (1), si le gouvernement, par un acte d'autorité, n'y avait mis bon ordre (2).

Aujourd'hui, depuis le 1ᵉʳ janvier 1890 (loi du 27 décembre 1889), l'État a repris personnellement l'exploitation de son monopole, progrès tardif, qui n'en laisse pas moins subsister les graves inconvénients de l'absorption par l'État d'une industrie privée, faite pour vivre en liberté.

Ces inconvénients, en somme, sont de deux natures (en laissant de côté les troubles néfastes de la transition). En premier lieu, l'État se charge de fonctions qui ne lui conviennent pas, pour lesquelles il n'a pas d'aptitudes naturelles, qui nécessitent la création de sa part d'un corps nouveau de fonctionnaires, d'employés et d'ouvriers d'État, dont on devrait plutôt chercher à diminuer qu'à augmenter le nombre. Cette première objection est tellement vraie que c'est uniquement à cause d'elle que l'exploitation du monopole a été concédée pendant quinze ans à une compagnie fermière, malgré la répulsion qu'inspire le nom de *ferme* au pays. On reculait devant l'idée de constituer l'État fabricant d'allumettes !

Encore aujourd'hui bien que l'opinion s'y soit faite petit à petit, on ne peut s'empêcher de sourire en pensant que l'État français fabrique des allumettes! Il est pitoyable d'entendre interpeller le ministre des finances à la Chambre des députés parce que les allu-

---

(1) Le rapport qui demandait à la Chambre des députés l'abrogation de la loi du 28 juillet 1875 s'exprimait ainsi : « L'État et ses employés peuvent faire fléchir la rigueur du droit dans l'intérêt supérieur de la tranquillité publique. ils peuvent user avec modération des pouvoirs que la loi leur confère. Les agents d'une ferme générale ne le peuvent pas ; car leur administration est tenue de prouver à ses actionnaires que, dans l'intérêt du fonds social, elle se sert sans ménagement des armes que la loi lui a données. » (Rapport du 3 juin 1876.)

(2) La compagnie fermière répondait aux observations qui lui étaient adressées en montrant la quantité considérable d'allumettes de fraude saisies presque infailliblement à chaque perquisition, et s'apprêtait à étendre à tous les départements ses fructueuses visites domiciliaires, entreprises seulement jusque-là sur certains points.

« Que deviendront la tranquillité et la sécurité des citoyens, quand ce système « sera appliqué à toute la surface du territoire ! »

Aussi, l'administration, sans faire abroger la loi du 28 juillet 1875, s'empressa-t-elle, par une décision du 15 juillet 1876, de notifier aux agents de la compagnie des allumettes qu'ils ne pourraient dorénavant procéder à des visites domiciliaires qu'avec l'autorisation expresse d'un agent supérieur de l'administration. Dès lors, tout rentra dans l'ordre.

mettes ne *craquent* pas, parce que leur bois casse et que leur
phosphore n'est pas suffisamment adhérent (1).

En second lieu, le monopole nous fait perdre tous les bénéfices
que le développement naturel d'une industrie libre aurait procurés
au pays. En 1872, l'industrie des allumettes commençait à pros-
pérer en France, elle grandissait d'année en année (2). Sa progression normale, si elle avait continué, conformément à ses antécédents, atteindrait certainement aujourd'hui un niveau très
élevé. On en trouve une preuve frappante dans le chiffre de ses
exportations qui montaient, au moment où le monopole s'est in-
terposé, à huit millions de francs. Or, que sont devenus ces huit
millions entre les mains de la compagnie fermière et de l'État? Ils
ont été anéantis. L'exportation des allumettes n'existe plus. Voilà
une perte évidente, perte plus considérable même qu'on ne le suppose à première vue. Car ces huit millions seraient aujourd'hui
devenus vingt ou trente millions. En tous cas, ils représentaient
à eux seuls beaucoup plus de travail que les 24 millions de ventes
à l'intérieur actuels, lesquels sont établis sur des prix majorés destinés à constituer le bénéfice du monopole, tandis que les huit
millions d'exportations, comptés à un prix voisin du prix de revient, s'appliquaient à un nombre d'allumettes considérable (3).

(1) Ainsi, on entend un député s'adresser, en ces termes, au ministre des
finances, à propos du budget des manufactures de l'Etat : « Je m'étonne que
« vous ne puissiez pas, avec tout le personnel si distingué que vous avez sous
« vos ordres, découvrir le moyen de fendre des petits bouts de bois en quatre
« pour en faire des allumettes ! »

Puis, plus loin : « Quand vous craquez une allumette de bois pour allumer votre
« bougie, ou votre pipe, je vous demande pardon de l'expression, le bois casse,
« vous n'allumez rien et vous brûlez votre tapis... Mais souvent l'allumette ne
« prend pas. Je sais bien qu'au point de vue financier, c'est très intelligent.

« — C'est évident ! Cela pousse à la consommation !

« — Au lieu de payer l'impôt une fois, vous le faites payer deux, trois, quatre,
« ou cinq fois... Je ne crois pas que cela soit digne de la fabrication de l'Etat,
« J'ai voté le monopole...

« — Vous devez bien vous en repentir aujourd'hui !

« — Eh ! oui ! c'est un vote qui me pèse... »

(Séance du 10 février 1893).

(2) L'industrie des allumettes, qui commençait à se développer en France au
moment de la guerre de 1870-1871, avait déjà acquis une prépondérance marquée sur les marchés étrangers, notamment en Amérique. Tout cela est perdu
aujourd'hui.

(3) L'Espagne vient d'introduire, par une loi du 30 juin 1892, à partir du 15
février 1893, le monopole des allumettes dans la péninsule et les îles baléares.

L'exemple de la France n'a cependant pas effrayé la Grèce, la Roumanie et l'Espagne, qu'imiteront encore peut-être aussi prochainement, d'après des projets en cours, l'Italie et la Turquie (1).

§ 3. — *Monopole de l'alcool. Ses formes possibles.*

On peut concevoir le monopole des alcools sous trois formes distinctes :

Monopole de fabrication, c'est-à-dire l'État seul chargé de produire et d'importer tous les alcools nécessaires à la consommation intérieure ;

Monopole de rectification, c'est-à-dire l'État faisant passer à travers ses alambics officiels tous les alcools pour les épurer ;

Monopole de vente, c'est-à-dire l'État devenant acquéreur de tous les alcools fabriqués et rectifiés et les vendant lui-même au public.

La commission des alcools de 1887-1888, présidée par M. Léon Say (2), examina successivement ces trois modes d'application du monopole et les repoussa un à un, pour les raisons suivantes :

Le monopole de fabrication lui sembla impossible à établir en France par suite de l'existence des bouilleurs de cru. L'État pourrait peut-être s'emparer aisément des distilleries industrielles ; mais jamais il ne réussira à mettre la main sur les petits producteurs locaux, innombrables et indépendants. On ne saurait d'ailleurs admettre que le gouvernement se constituât le seul acheteur, le seul metteur en œuvre de toutes les matières premières destinées aux alambics, grains, betteraves, mélasses, vins, cidres, marcs, fruits, etc.

Le monopole de la rectification, d'un autre côté, semble inutile, parce que les alcools industriels, centralisés dans un nombre

Le monopole est exercé au nom de l'État par un groupe de fabricants qui s'engage à payer une redevance annuelle de 4.250.000 fr.

(1) Il faut ajouter à cette liste la Suisse, qui se propose de créer chez elle le monopole des allumettes, mais dans un but exclusivement hygiénique.

(2) Le rapport de M. Léon Say, des 31 mai et 21 juin 1888, est un document de plus de 100 pages, où toutes les questions relatives au monopole de l'alcool se trouvent exposées.

relativement restreint d'usines surveillées par la Régie, peuvent être suffisamment contrôlés au point de vue de la rectification, sans qu'il soit nécessaire de recourir au monopole. A l'égard des alcools des bouilleurs de cru, il faut, en tout état de cause, se résigner à les laisser de côté.

Enfin, le monopole de la vente a été jugé invraisemblable. Car comment s'imaginer l'État chef suprême de tous les marchands et débitants d'alcool, régentant cette armée de fonctionnaires d'une nouvelle espèce !

Quant au monopole complet, embrassant à la fois la fabrication, la rectification et la vente, la Commission de 1887-1888 n'a pas eu à s'en occuper, tant la conception paraissait alors monstrueuse. Personne ne pouvait songer d'emblée à supprimer, d'un seul coup, l'industrie et le commerce tout entiers des alcools, pour les transférer en masse aux mains de l'État.

Seulement, il faut bien se persuader que si jamais, sous une quelconque de ses formes, le monopole partiel parvenait à s'installer en France, la force des choses le pousserait infailliblement à devenir monopole complet. Cette force des choses briserait, à bref délai, les divisions factices tracées entre les opérations diverses d'une même exploitation commerciale et industrielle, où tout se tient, se relie, s'enchaîne et ne forme qu'un bloc. Par un entraînement irrésistible, malgré les promesses du début, on irait jusqu'au bout. D'autant plus que ce monopole partiel, au cours de son exécution, révélerait nécessairement de graves imperfections, d'inévitables lacunes, dont le seul remède, aux yeux de ses promoteurs, consisterait à continuer l'expérience en l'agrandissant.

Telle est la tendance constante des socialistes d'État. « Nous avons déjà fait ceci, pourquoi ne ferions-nous pas cela ? » L'insuccès, dit Herbert Spencer, au lieu de détruire chez eux la foi dans les moyens employés, ne fait que leur suggérer l'idée d'en user d'une manière plus large et plus rigoureuse (1). En général, quand une médication ne réussit pas, l'opérateur prudent en sus-

---

(1) *L'individu contre l'État, l'esclavage futur,* par Herbert Spencer.

pend l'application. Ceux-ci, au contraire, doublent la dose. Les difficultés d'application du monopole partiel conduiraient donc fatalement au monopole complet.

§ 4. — *Projet de monopole de l'alcool en Allemagne.*

Pénétrons maintenant dans les faits.

En 1886, M. de Bismark voulut renouveler à l'égard de l'alcool la tentative de monopolisation qu'il n'avait pu faire réussir quatre ans auparavant à l'égard des tabacs.

Son projet du 8 janvier 1886 consistait à accaparer au profit de l'État les opérations d'épuration, de coupage et de vente des alcools. L'Empire devait emmagasiner la totalité des spiritueux fabriqués par l'industrie privée, ou importés, les travailler et les épurer dans ses usines officielles, puis les vendre au public par l'intermédiaire de débitants dépendant directement de la régie du monopole (1).

Le montant des indemnités d'expropriation était évalué à plus de 600 millions ; la recette annuelle à 375 millions de francs net (2).

Le projet soumis au Reichstag, y souleva de violentes objections, parmi lesquelles celle-ci nous intéresse spécialement : « N'était-il « pas dangereux pour l'indépendance politique de la nation de voir « la création d'un nouveau et formidable corps de fonctionnaires « de l'État, plus de 200.000 individus, tous révocables suivant le « bon plaisir de l'administration, devenant forcément ses instru- « ments ? Même les propriétaires de cafés, les restaurateurs, les au-

(1) Les deux premiers articles du projet de monopole soumis au conseil fédéral, le 8 janvier 1886, étaient ainsi conçus :

« Art. 1. L'industrie privée reste chargée de la production de l'alcool brut en « se conformant aux prescriptions édictées par la présente loi.

« Art. 2. L'Empire emmagasinera la totalité des alcools bruts indigènes et « étrangers ; il les épurera, les travaillera pour être employés en boissons al- « cooliques, et, dans les cas prévus par la présente loi, il les vendra directe- « ment ou les fera vendre par l'administration du monopole. »

(2) L'impôt sur l'alcool, portant à cette époque sur la capacité des cuves de fabrication, ou sur le poids des matières premières, ne produisait que 66.350.000 francs dans le réseau fiscal allemand, plus 4.618.000 fr. en Bavière, Wurtemberg et grand-duché de Bade, en tout 71 millions de francs environ pour l'Empire.

« bergistes, sans appartenir à ce corps de fonctionnaires de l'État,
« devaient soumission à l'administration, car la licence pouvait
« leur être retirée (1). »

Le député allemand, M. Richter, disait au Reichstag : « L'empire
« est déjà maître du service des postes et des télégraphes. Lui
« mettre encore entre les mains un des commerces les plus actifs
« qui existent, un commerce qui exige un personnel de cent
« mille agents, ce serait accroître à l'excès son influence et son
« pouvoir (2). »

Ce fut donc surtout le monopole de la *vente* qui effaroucha l'assemblée, parce qu'il risquait de transformer le cabaret en bureau
électoral, et devait, en tous cas, étendre immodérément le personnel déjà beaucoup trop considérable dont dispose l'État.

Définitivement, malgré l'intervention personnelle du chancelier, le projet gouvernemental fut repoussé par le Reichstag, à
une grande majorité (3), le 27 mars 1886.

§ 5. — *Le monopole de l'alcool en Suisse. Ses lacunes.*

La confédération suisse nous offre un autre exemple de monopole de l'alcool bien plus intéressant à étudier, puisqu'il s'agit
ici, non pas d'un simple projet, mais d'une mise en pratique effective.

Dès le 20 octobre 1885, le peuple suisse vota, d'une manière
générale, qu'il convenait d'attribuer à la confédération et aux
cantons « les compétences propres à combattre la propagation de
« l'ivrognerie et à diminuer les abus de l'eau-de-vie ». C'était là
seulement une déclaration de principe, indiquant au législateur le
but vers lequel il devait tendre.

La loi du 23 décembre 1886 ne trouva rien de mieux, pour
réaliser ces tendances, que d'instituer le monopole complet de
l'alcool. Le referendum du 15 mai 1887 la sanctionna.

(1) Mémoire sur la législation allemande, par M. Isidore Sachs, novembre 1887.
(2) Rapport sur le monopole des alcools par M. Emile Jamais, député, novembre 1887.
(3) Majorité contre le projet : 181 voix ; 3 pour, et 37 abstentions.

En disant *monopole complet*, nous répétons les mots habituellement employés.

Mais si le monopole suisse, d'après le frontispice de sa législation, semble englober à la fois, d'une manière complète, la fabrication, la vente et la rectification des alcools, nous verrons que cette mainmise apparente comporte de telles exceptions qu'on ne saurait la qualifier d'universelle (1).

Pénétrons d'ailleurs dans le détail des opérations successives.

La fabrication et l'importation des spiritueux se trouvent, en principe, exclusivement réservées à la confédération.

« Le droit de fabriquer et d'importer les spiritueux, dont la fabrication est soumise à la législation fédérale, appartient exclusivement à la confédération. » Tel est le texte de l'article 1er de la loi du 23 décembre 1886.

Cependant, immédiatement, la même loi attribue à la production indigène la fourniture du quart de la consommation des spiritueux (2).

Les producteurs indigènes, en Suisse, continuent donc, non seulement à subsister, mais à travailler dans les limites d'un contingent légal largement suffisant pour assurer l'écoulement de toute leur fabrication. Celle-ci, en effet, la plupart du temps, ne parvient pas même à remplir le quart qui lui est assigné (3).

Les contrats de livraison sont obtenus par les distilleries indigènes en vertu d'adjudications auxquelles concourent tous les entrepreneurs présentant des garanties suffisantes. Sont déclarés

(1) Evidemment, le gouvernement fédéral a voulu que, théoriquement, le monopole fût complet entre ses mains, afin que les libertés maintenues ne constituassent que des exceptions.
Cette manière de légiférer a l'avantage d'établir avec beaucoup plus de franchise, de force et de précision, les droits de l'Etat.

(2) « Le quart à peu près de la consommation des spiritueux est fourni ou au moyen de contrats de livraison que la confédération doit conclure avec les « producteurs » (Art. 2 de la loi du 23 décembre 1886.)

(3) Ainsi, pendant l'année 1889, les producteurs indigènes n'ont pu livrer que 22.326 hect., sur 24.235 hect. qui leur étaient réservés.
De même, pendant l'année 1890, sur un minimum à fournir de 27.320 hectol., ils n'ont pu présenter à la régie que 24.890 hect., soit 2.430 hect. en moins.
En 1891, les distilleries indigènes n'ont même fabriqué que 22.591 hect. (Rapports de la Régie des alcools pour 1889, 1890 et 1891.)

concessionnaires ceux qui font les offres les plus favorables dans l'ordre des préférences, ou *priorités*, suivantes(1) :

1° Les associations agricoles employant des matières premières indigènes ;

2° Les distillateurs particuliers employant des matières premières indigènes ;

3° Les associations agricoles qui mettent en œuvre des matières premières étrangères ;

4° Les distilleries particulières qui mettent en œuvre des matières premières étrangères.

Un cahier des charges règle les conditions des contrats de livraison conclus pour trois ans (2).

La fabrication intérieure, en Suisse, se trouve donc, comme on le voit, réglementée, classifiée, enrégimentée, placée dans un état de subordination absolue vis-à-vis de son acheteur unique, l'État (3), mais enfin elle subsiste.

Ce qui subsiste encore, malgré le monopole, et doit lui porter une très sérieuse atteinte, c'est la fabrication libre des bouilleurs de cru. On a peine à croire, au premier abord, qu'une telle liberté puisse coexister, en effet, avec les restrictions du nouveau système. N'y a-t-il pas là une contradiction ruineuse ? N'est-ce pas une brèche fatale ? Cependant, la réalité du fait ne saurait être mise

(1) En outre, dans chaque classe, si plusieurs concurrents offrent les mêmes circonstances de priorité, celui qui soumissionne pour le plus petit lot obtient la préférence.

(2) Le cahier de charges stipule, conformément, du reste, aux prescriptions de la loi, que les lots ne devront être ni inférieurs à 150 litres ni supérieurs à 1.000 hectolitres. Ce maximum de 1.000 hectolitres tend à éliminer les usines importantes qui, travaillant toute l'année, pourraient produire beaucoup plus de 1.000 hectolitres. Il existe, en France, des distilleries qui produisent jusqu'à 30, 50 et 60.000 hectolitres. Par contre, ledit maximum favorise les petites distilleries annexées à des établissements agricoles qui ne fonctionnent que pendant quelques mois d'hiver.

Les concessions, d'après les termes du cahier des charges, sont effectuées pour une période de trois années.

(3) Ce réseau de réglementation enserrant les fabriques d'alcool indigènes a produit deux résultats.

D'abord, un grand nombre des distilleries existant au moment de l'établissement du monopole, incapables de supporter le nouveau régime, succombèrent. Sur 1.400 fabriques environ en activité avant 1887, 30 seulement survécurent,

en doute. La distillation, que nous nommons, en France, distillation
des bouilleurs de cru est bien affranchie, en Suisse, de toute formalité, de tout contrôle, de tout payement de taxe. La loi le spécifie
formellement : « La distillation du vin, dit-elle, des fruits à
« noyau ou à pépins, et de leurs déchets, des racines de gentiane,
« des baies de genièvre et d'autres matières analogues est excep-
« tée des prescriptions fédérales concernant la fabrication et l'im-
« pôt (1). » Voilà donc l'exemption clairement formulée : nul, d'ailleurs, n'en conteste l'existence. Seulement, les conséquences en
ont-elles toute la gravité que nous leur attribuons ? Sont-elles
susceptibles d'exercer sur le monopole, en Suisse, une influence
aussi destructive qu'on le suppose ? Les rapports annuels de la
Régie des alcools, dira-t-on, vont, sans nul doute, répondre péremptoirement à ces questions. Car le renseignement est primordial.

On est tout surpris en lisant la collection des rapports dont il
s'agit de n'y trouver, au contraire, aucun renseignement relatif à la
production libre des bouilleurs de cru. Les documents officiels demeurent muets sur ce point. Le rapport de 1887-1888 dit seulement que « dans une mesure impossible à estimer, *mais certai-*
« *nement assez considérable,* la production et la consommation
« des spiritueux affranchis du monopole ont dû augmenter ». Les
rapports postérieurs ne reviennent pas sur le sujet. Tout au plus,
y découvre-t-on, parmi les tableaux annexes, une estimation, dépourvue de commentaires et de clarté (2), de la *consommation
des eaux-de-vie non soumises au monopole.*

auxquelles s'adjoignit, depuis, un nombre à peu près égal de nouvelles fabriques,
ce qui porte leur nombre actuel à 66.

Puis, les prix des alcools indigènes livrés au monopole se sont ressentis lourdement du poids des formalités et restrictions imposées aux usines. Ces prix
atteignent en moyenne 77 fr. 06 par hectolitre d'alcool pur, tandis que, pour les
achats à l'étranger, la moyenne ne dépasse pas 41 fr. 03. C'est une différence
de 36 fr. environ par hectolitre, soit près du simple au double.

(1) C'est non seulement une loi, mais la constitution fédérale, acceptée par la
majorité du peuple et des cantons, le 25 octobre 1885, qui contient, dans son
article 32 *bis*, la formule ci-dessus d'exemption en faveur des alcools de bouilleurs de cru.

(2) L'article, en effet, est ainsi libellé : *Consommation d'eaux-de-vie non soumises au monopole et d'eaux-de-vie fines de provenance indigène soumises au
monopole...* 22.000 hectolitres à 50 degrés.

On voit que deux éléments d'un ordre très différent se trouvent, intention-

17

Cette lacune malencontreuse laisse la porte ouverte à toutes les suppositions. Comment douter que les bouilleurs de vins, fruits à noyau et à pépins, marcs, etc., n'usent et n'abusent de la franchise exceptionnelle qui leur est accordée! Le tout est de savoir dans quelle mesure.

Si, faute d'éclaircissements, on se trouve dans l'impossibilité de préciser, le point d'interrogation qui subsiste dans l'esprit demeure d'autant plus inquiétant.

Au monopole de la fabrication succède le monopole de la rectification. « La Confédération est tenue à ce que les spiritueux « destinés à être transformés en boissons soient suffisamment rec- « tifiés, » dit l'article 1er de la loi constitutive du 23 décembre 1886.

A cet effet, tous les alcools importés par la Régie, ou provenant de lots soumissionnés à l'intérieur, sont analysés et envoyés à l'établissement central de Delèmont, pour y être plus ou moins complètement purifiés.

Nous disons *plus ou moins complètement* parce que l'administration explique, elle-même, que, dans certain cas, la rectification absolue détruirait, sans nécessité au point de vue de la santé publique, les bouquets que recherchent les consommateurs (1). D'ailleurs, la loi parle seulement d'alcools *suffisamment rectifiés*. C'est ce que s'attache à faire, avec beaucoup de science et de juste mesure, l'administration fédérale.

Mais de malheureuses et inévitables exceptions viennent encore ici compromettre son œuvre.

---

nellement ou non, juxtaposés dans le titre et, par conséquent, confondus dans le chiffre placé en regard de ce titre. Les 22.000 hectolitres en question comprennent à la fois des matières dont l'évaluation peut être établie exactement puisqu'elles ont payé la finance du monopole, et des matières, au contraire, dont l'estimation demeurera toujours forcément hypothétique. Le montant de ces dernières devrait, d'abord, être dégagé, puis faire l'objet de quelques commentaires. Du compte ainsi présenté, on ne saurait tirer aucune autre induction que celle du désir de la Régie de laisser le sujet dans l'ombre.

(1) Il s'agit spécialement ici de l'eau-de-vie de pommes de terre dont le *fusel* est très apprécié, notamment dans les cantons de Berne et de Soleure. Or, il a semblé à la Régie qu'il n'y avait pas lieu de s'opposer à ce goût spécial des consommateurs, car, dit-elle, « il n'est pas démontré qu'une proportion « limitée du bouquet de l'alcool de pommes de terre soit plus nuisible pour la

D'abord l'importation des spiritueux de *qualité supérieure*, c'est-à-dire, des eaux-de-vie, rhums, kirsch, bitters, etc. (1), est permise moyennant le simple payement d'une finance de 80 fr. par quintal métrique, poids brut, sans assujettissement au monopole de rectification.

Puis, les spiritueux fabriqués par les bouilleurs de cru jouissent pour l'épuration, comme pour la fabrication, de la liberté dont nous avons parlé.

Mais ces deux premières exceptions sont, à la rigueur, considérées comme peu dommageables.

Celle que nous avons en vue a des conséquences bien autrement funestes. Le monopole de la rectification fédérale, en effet, ne s'étend pas au delà des alcools bruts (2). Une fois l'épuration effectuée, les particuliers ou débitants ont la faculté de couper, aromatiser, transformer les spiritueux à leur gré. Ils peuvent en faire notamment des liqueurs en toute liberté. Or, rien n'est plus dangereux pour l'hygiène publique qu'une liqueur fabriquée avec des ingrédients nocifs. Le caractère toxique des huiles essentielles, aromates, parfums, bouquets, etc., entrant dans la composition de certaines liqueurs a été maintes fois signalé! Les breuvages qui en résultent occasionnent, dit-on, beaucoup plus de ravages que le classique petit verre. Nous reviendrons sur ce sujet à l'occasion des projets de monopole en France. Ajoutons seulement que, les quantités de liqueurs consommées étant, en général, considérables, il est regrettable de voir leurs falsifications rentrer dans le droit commun (3), alors que l'administration fédérale s'est donné tant

« santé que la quantité équivalente du bouquet des autres eaux-de-vie et « liqueurs ». (Rapport du 29 mai 1891.)

(1) On désigne sous le nom de spiritueux de qualité supérieure tous les produits obtenus ou transformés par la distillation et qui peuvent être consommés dans l'état où ils sont importés.

(2) « La Régie ne vend directement ni eaux-de-vie, ni liqueurs, mais seulement « de l'alcool brut d'une pureté déterminée et du trois-six ; en d'autres termes, « elle ne fournit aucune boisson proprement dite, mais uniquement les matières « principales nécessaires à la fabrication des boissons distillées. » (Rapport de la Régie des alcools, du 29 mai 1891.)

(3) Le droit commun les expose, sans doute, à tomber sous le coup de la police cantonale, autorisée à saisir toute denrée malsaine mise en vente ou en étalage dans les débits et marchés.

de peine pour constituer un monopole de rectification des alcools
bruts.

La suite de l'exposé des phases du monopole suisse nous amène,
en dernier lieu, à la vente des alcools. La Régie, par l'intermédiaire
des entrepôts fédéraux, satisfait à toutes les commandes qui lui
sont adressées, pourvu qu'il s'agisse de quantité de 130 kilos
(150 litres) au minimum, et que le payement ait lieu comptant.

Son rôle se borne à cette livraison. Une fois les spiritueux payés
et enlevés des entrepôts, leurs détenteurs en deviennent maîtres.
Il les manipulent et revendent à leurs risques et périls, sans que
la Régie ait plus à s'en préoccuper (1). Par conséquent, le monopole de la vente, ne s'exerçant pas au delà de la sortie des entrepôts, est loin d'être complet en Suisse.

§ 6. — *Bénéfices pécuniaires du monopole en Suisse. Leur
peu d'importance relative.*

Pour calculer maintenant les bénéfices pécuniaires que la Confédération retire de l'exploitation du monopole, il faut d'abord rechercher l'écart existant entre ses prix de revient et ses prix de
vente (2). Cet écart représentera, en effet, son bénéfice net.

Les prix de revient comprennent les frais d'achat des alcools
étrangers (41 fr. 63 l'hectolitre) (3), les frais d'achat des alcools in-

(1) Des enquêtes officieuses ont constaté, en effet, que certains débitants re-
vendaient les alcools de la Régie à des prix 4 fois plus élevés, à emporter, et
7 fois plus élevés, sur place, que les prix maxima du monopole.

(2) Les calculs au moyen desquels nous allons chercher à dégager les prix de
revient et les prix de vente des alcools par hectolitre sont basés exclusivement
sur les données des comptes officiels de la régie des alcools. Seulement, comme
la régie n'établit pas, elle-même, ces prix de revient et de vente par hectolitre,
et que nous avons dû nous charger de les composer, il a semblé nécessaire
d'indiquer, pour chacun d'eux, les chiffres ayant servi à les former.

(3) Coût du trois-six étranger acheté de 1887 à 1891 (franco, frontière suisse,
droits d'entrée non payés, en admettant pour la rectification de l'alcool brut une
prime moyenne de 5 fr.).

Prix moyen par hectolitre d'alcool absolu :

1887...	33 fr. 59
1888...	32 78
1889...	27 98
1890...	27 53
1891...	38 90
1892...	41 63

(Rapport de la Régie du 27 mai 1892.)

digènes (77 fr. 14 l'hectolitre), soit, en tenant compte des quantités respectives des uns et des autres, 63 fr. 45 en moyenne par hectolitre d'alcool absolu (1).

La Régie, outre les prix d'achat, supporte encore des frais de transports, magasinage, expertise, épuration, des frais d'administration et d'entrepôts, etc., plus l'intérêt et l'amortissement des emprunts contractés pour les expropriations et l'installation du monopole (2), dépenses de toute nature, qui ajoutent environ 19 fr. 80 par hectolitre (3), aux 63 fr. 45 précédents. En total donc, 83 fr. 25 de prix de revient par hectolitre d'alcool absolu.

D'un autre côté, les prix de vente des alcools de la Régie sont ainsi déterminés par les tarifs officiels :

Trois-six extra-fin......... 175 fr. le quintal à 95 degrés
— surfin.......... 170 —

(1) Le prix moyen ci-dessus de 63 fr. 45 par hectolitre. pour les alcools achetés par la Régie tant à l'intérieur qu'à l'étranger, s'établit en divisant le montant total des dépenses relatives à ces achats (5.185.783 fr. 75, d'après les comptes officiels) par le nombre d'hectolitres vendus (81.712 hectolitres en 1891).

(2) Le montant total des indemnités payées aux distillateurs à la suite de l'installation du monopole atteint 4.037.950 fr. 89, d'après le dernier compte rendu.

Ce chiffre aurait été beaucoup plus élevé si les industriels dépossédés avaient, comme en France, reçu une indemnité calculée sur les bénéfices précédemment retirés par eux de leur exploitation.

Mais, en Suisse, les propriétaires de distilleries n'ont été indemnisés que de la moins-value résultant, pour les bâtiments et appareils servant à la distillation, de la mise à exécution de la loi, c'est-à-dire de l'interdiction de distiller.

Pour fixer l'indemnité à payer, il a donc suffi de déterminer, d'une part, la valeur des distilleries comme telles, d'autre part, la valeur des bâtiments et appareils pour un usage autre que la distillation. La différence entre ces deux évaluations représente l'indemnité fixée par la loi. Or, la valeur des bâtiments et appareils à indemniser, avant la cessation de leur exploitation comme distillerie, a été estimée à 5.337.745 fr. Une fois le monopole en activité, cette estimation est tombée à 1.642.594 fr., d'où une indemnité de dépréciation montant à 3.695.151 fr., laquelle représente 70 p. 100 de la valeur primitive.

Si à ces 3.695.151 fr. d'indemnités on ajoute les frais subsidiaires, on retrouve les 4.037.950 fr. indiqués ci-dessus.

Les intérêts et l'amortissement de l'emprunt contracté pour se procurer cette somme, ainsi que celle nécessaire à l'installation du monopole, s'élèvent à 775.850 fr.

(3) Les frais de rectification, de transports, d'administration, d'entrepôts, les intérêts et amortissements des emprunts, les entretiens et réparations de bâtiments et d'appareils, etc., sont calculés en divisant le montant total de ces frais (1.630.944 fr. 62 d'après les comptes officiels) par le nombre d'hectolitres vendus (81.712 hectolitres en 1891), soit 19 fr. 80 par hectolitre.

Trois-six fin .... 167 fr. le quintal à 95 degrés (1).

En réduisant le quintal de 95° en hectolitre à 100', et en prenant la moyenne des quantités par catégorie vendues en 1891, le
prix de vente général ressort à 144 fr. 35 environ par hectolitre à
100 degrés. (2)

Il suffit maintenant de soustraire le prix de revient total ci-
dessus, 83 fr. 25, du prix de vente moyen 144 fr. 35, pour aboutir
au bénéfice net, soit : 61 fr. 10 par hectolitre d'alcool pur (3).

La Suisse, on le voit, se contente d'un bénéfice très restreint
par hectolitre d'alcool : 61 fr. 10, tous frais payés ! Les promoteurs
du monopole en France ont de bien autres ambitions. Gagner
seulement 61 fr. 10 par hectolitre leur paraîtrait dérisoire ! Ils
tablent, dans leurs projets les plus modérés, sur 345 fr. au minimum par hectolitre, comme nous le verrons. Notons en passant
cet écart instructif entre les réalités pratiques et les illusions des
faiseurs de projets.

La Régie fédérale des alcools obtient encore quelques recettes
supplémentaires sur la vente des alcools dénaturés. Puis elle encaisse 822.327 fr. de *finance de monopole* sur les spiritueux dits
de qualité supérieure, dont les particuliers peuvent s'approvisionner librement. Enfin, elle recueille diverses sommes accessoires.

---

(1) Le trois-six fin est celui dont la vente est la plus importante. Sur 7.009.115
kilos de trois-six et alcools de toutes sortes vendus en 1891, le trois-six fin entre, à lui seul, pour 4.432.398 kilos.

(2) Le prix moyen de 144 fr. 35 par hectolitre pour la vente des trois-six et
alcools potables s'établit en divisant le montant des recettes provenant de cette
vente (11.798.362 fr. 39, d'après les comptes officiels) par le nombre d'hectolitres vendus (81.712 hectolitres en 1891).

(3) C'est afin de pouvoir aboutir à ce bénéfice net par hectolitre, particulièrement intéressant à dégager, que nous avons transposé les données officielles dans
les calculs précédents.

Il convient, d'ailleurs, de remarquer que si ces calculs ne découvrent qu'un bénéfice net de 61 fr. 10 seulement par hectolitre, c'est qu'ils tiennent compte de
tous les frais quelconques, même de ceux relatifs aux intérêts d'emprunts, réparations d'usines, traitements de l'administration centrale, etc.

En envisageant uniquement l'exploitation annuelle, c'est-à-dire les dépenses et
les recettes d'achats et de ventes d'alcool proprement dits, on obtiendrait, sans
doute, un chiffre de bénéfices plus élevé : 80 fr. environ par hectolitre.

Mais la méthode que nous avons suivie est bien plus exacte et plus instructive.
Elle prend le monopole dans son ensemble, et montre les résultats effectifs du
jeu de tous ses éléments.

En définitive, son bilan s'établit ainsi qu'il suit, en profits nets :

Bénéfice approximatif sur 81.712 hectolitres
vendus en 1892............................   4.992.603 fr.

Finance de monopole sur les spiritueux de
qualité supérieure.......................   822.328

Bénéfice sur les alcools dénaturés, recettes
diverses, etc.............................   198.556

Total des bénéfices nets (1)..............   6.013.487 fr.

La Régie des alcools en Suisse ne parvient donc à gagner que
6.013.487 fr. par an. Au bout de cinq ans d'exploitation, c'est tout
ce qu'elle parvient à retirer de son monopole : un peu plus de
6 millions annuellement.

On a beaucoup discuté pour savoir si la Confédération n'avait pas
autrefois compté sur des bénéfices plus considérables, si le chiffre
ci-dessus ne constituait pas pour elle une déception. Là n'est pas
la question. Il est possible qu'en établissant le monopole l'administration fédérale ait entrevu l'encaissement de plus fortes
sommes. Mais, d'un autre côté, comme le font observer les défen-
seurs du monopole, celui-ci n'a pas été institué uniquement en vue
de procurer de l'argent au Trésor fédéral. Au contraire, l'idée de
restriction de la consommation figure expressément au frontispice
du *referendum* populaire de 1885. Le monopole suisse, en définitive, s'est proposé trois objectifs :

Obtenir des recettes budgétaires,

Restreindre l'alcoolisme,

Favoriser les distilleries agricoles.

(1) Le résumé du bilan de la régie des alcools pour 1891 s'établit, en effet,
d'après les comptes officiels, ainsi qu'il suit :
                                                                    fr.
Total des recettes...................................   14.473.039.45
  —   dépenses....................................   8.459.551.93
Excédent du compte d'exploitation, ou bénéfice net....... 6.013.487.5?
(Rapport de la régie des alcools du 27 mai 1892.)
Voici, d'ailleurs, le tableau des excédents de recettes obtenus annuellement
depuis la mise en vigueur du monopole :
                                                                    fr.
1887-1888..   4.957.841
1889...   5.012.565
1890...   6.307.134
1891...   6.013.487
Soit en quatre ans.................................   221.291.027

Quels que soient les résultats déclarés à la fin de chaque année, l'un de ces trois objectifs contradictoires se trouve toujours avoir reçu satisfaction aux dépens des autres (1). Le mot *déception* ne saurait donc se justifier en aucune hypothèse (2). Ce n'est pas sous l'aspect des prévisions originelles que les 6 millions ci-dessus doivent être envisagés.

Pour apprécier efficacement leur valeur, il faut rechercher ce qu'un tel chiffre représenterait dans un autre pays, à combien, par exemple, il équivaudrait en France.

La France contient 38 millions d'habitants, c'est-à-dire 13 fois plus d'habitants que la Suisse, dont la population ne s'élève pas même à 3 millions d'âmes. En se basant sur cette proportion de 1 à 13, le monopole, tel qu'il fonctionne en Suisse, ne rapporterait donc chez nous que 78.000.000 fr.

Admettons que la richesse de la France dépasse celle de la Suisse au delà de ce qu'indique le rapport ci-dessus des popula-

----

(1) « Le monopole, dit le rapport fédéral de 1887-1888, doit réduire la con-
« sommation des spiritueux, favoriser certains intérêts agricoles, et produire un
« rendement financier. » Le même document ajoute : « Il saute aux yeux qu'il
« existe une certaine contradiction entre ces trois buts différents. Plus la con-
« sommation diminue, plus les prix payés par la régie pour les produits de la
« distillerie indigène sont élevés, plus les intérêts hygiéniques et agricoles, en
« un mot, se trouvent sauvegardés, moindre en devient le rendement financier
« du monopole. »
Un autre rapport fait cependant observer que les trois buts pourraient être
atteints à la fois si, en même temps que la consommation se restreignait, les
achats s'effectuaient à meilleur marché. « Une administration économique se-
« rait en mesure d'obtenir des bénéfices relativement considérables sur un petit
« débit » On ne voit pas cependant, dans cette hypothèse, comment l'agriculture
recevrait satisfaction.
Il pourrait encore arriver, inversement, que le débordement de la fraude, cachée
dans les coins noirs où nous avons essayé de la découvrir, se développât un jour
au point de compromettre simultanément, malgré leur apparente contradiction,
l'intérêt financier, l'intérêt hygiénique et l'intérêt agricole.
(2) M. Etienne Martin a composé sur *l'Alcool en Suisse* un volume apologéti-
que, inspiré surtout par les sentiments de moralisation publique que l'auteur
voudrait propager, avec une louable et sincère conviction. A ses yeux, le monopole entrerait plus vigoureusement qu'aucun autre système en lutte ouverte
contre l'alcoolisme. C'est pour cela qu'il lui consacre des pages pleines de renseignements instructifs, où nous avons souvent puisé avec beaucoup de profit,
sans partager, d'ailleurs, les conclusions auxquelles elles aboutissent.
Lire spécialement, dans les considérations finales de *l'Alcool en Suisse*, le jugement que M. Etienne Martin porte sur les résultats du système dans son ensemble.

tions. Substituons au coefficient 13, celui de 15 ou de 20. Allons même jusqu'à le doubler. Ce ne serait encore que 156 millions de produits nets à attendre de l'installation en France du monopole suisse. Or, qu'est-ce que 156 millions comparés aux 300 millions (1) que rapportent déjà aujourd'hui effectivement dans notre pays les alcools au moyen de l'impôt ? A quoi bon y implanter le monopole, avec tous les embarras qu'il comporte, pour aboutir à perdre 150 millions au moins sur les produits actuels ?

Mais, objectera-t-on, le monopole des alcools, très peu productif en Suisse, sans doute, — voilà précisément déjà la première conclusion que nous voulions faire ressortir, — serait installé en France sur des bases beaucoup plus larges. Alors, ce ne serait plus le monopole suisse. Soit ! Alors il faut laisser l'exemple de côté, et s'abstenir désormais de le citer comme preuve pratique de la possibilité de l'intrusion du système chez nous. Ce point deviendra plus explicite encore tout à l'heure.

Actuellement, nous n'avons qu'à conclure à l'égard de la Suisse de la manière suivante. Le monopole, en tant qu'administration chargée de l'achat, de la rectification et de la vente des alcools, y fonctionne dans les conditions les plus correctes. Les rapports annuels de la Régie sont des modèles de clarté et révèlent les constants progrès effectués dans la gestion des intérêts qui lui sont confiés (2). Ce n'est donc pas ce que cette administration embrasse qui semble inquiétant ; c'est, au contraire, ce qu'elle n'embrasse pas. Son action, en effet, s'arrête devant les bouilleurs de cru, dont on dirait même qu'elle ignore l'existence, malgré les abus nécessaires de leur dangereuse liberté. Sa main, qui épure les alcools bruts, laisse les marchands fabriquer, à leur gré, les liqueurs les plus compromettantes. Enfin, en raison de ces lacunes, et aussi par le fait de la modération de ses tarifs jugée nécessaire, son rendement fiscal

---

(1) En 1892, les droits sur l'alcool ont rapporté 293.622.500 fr. En ajoutant à ce chiffre ceux qui sont épars parmi les recettes diverses, tels que les droits de licences, timbre des expéditions, tax : des acquits à caution, etc., qui concernent encore les alcools, le niveau de 300 millions est facilement dépassé.

(2) Le directeur de la Régie des alcools, M. Milliet, est sans doute l'auteur anonyme de ces intéressants rapports adressés par le Président de la Confédération à l'assemblée fédérale.

demeure de beaucoup inférieur proportionnellement à ce que l'impôt produit dans d'autres pays.

§ 7. — *Projet de monopole de l'alcool en France. Point de vue nouveau sur la question de l'alcoolisme.*

Le projet d'introduire le monopole des alcools en France, soumis actuellement aux Chambres par plus de 140 députés, auquel nous nous attachons spécialement (1), prétend répudier toute analogie avec le système suisse. On va voir cependant qu'il le copie, malgré lui, à peu près textuellement : cela n'a pas lieu d'étonner, parce qu'en réalité les formes possibles du monopole ne sont pas aussi variées qu'on le suppose. Le même type s'impose à peu près forcément.

L'objection principale alléguée contre l'exemple de la Suisse par les auteurs du projet est celle-ci : « Les Suisses pouvaient cher-« cher à réduire la consommation de l'alcool ; la qualité de leur « bière et leur excellente eau rendaient cela possible, de même que « la situation de leurs finances. En France, dans un grand nombre « de départements, nous n'avons rien pour remplacer l'alcool et « nous avons besoin des ressources qu'il fournit. Le but doit donc « être tout autre. *Au lieu de réduire la quantité consommée,* « *nous devons rendre la qualité de l'alcool telle qu'il n'y ait* « *presque plus de danger à le consommer.* »

Une telle déclaration surprend de prime abord. Elle n'a cependant rien d'accidentel, et constitue bien l'idée dominante et maintes fois répétée du projet. D'après lui, le législateur doit prendre son parti des excès de la consommation alcoolique ; il voudrait en vains

---

(1) Proposition de loi ayant pour objet la réforme générale de l'impôt par M. Maujan, député, signée par 141 de ses collègues, 13 mai 1891.

Rapport au sujet de cette proposition, pour la partie qui concerne le monopole de la rectification de l'alcool par l'Etat, par M. Guillemet, député, 9 juillet 1892.

Ces deux documents conçus dans le même esprit se complètent. Le second, contenant plus de renseignements que le premier et des conclusions plus définitives, c'est lui que nous citons, en général. Voir chapitre XI, pages 183 et suivantes.

s'y opposer. « Ce sont des habitudes malheureusement invétérées « et vraisemblablement irréductibles. »

La seule chose dont il faille se préoccuper, dit-il, consiste à ne livrer à la consommation que des alcools bien épurés, de façon à permettre aux populations ouvrières d'en boire sans danger. La combinaison aboutit même à ce résultat, dont ses auteurs se glorifient, « que le « prix du petit verre ne serait pas augmenté, ou tout au moins ne « devrait pas l'être ».

Nous avouons comprendre tout autrement la question de l'alcoolisme. Jusqu'ici l'abus des quantités, même les plus pures, nous apparaissait comme le véritable ennemi à combattre. C'est contre l'ivrognerie, contre ses dégradantes et funestes conséquences morales et physiques, que s'élevait, à juste titre, dans notre pensée, l'indignation des moralistes et des hygiénistes.

L'homme qui s'enivre n'arrive à cet ignoble état qu'en absorbant une trop grande masse de boissons fermentées, quelle qu'en soit la qualité. Il nous semblait que le nombre effrayant de petits verres consommés chaque jour en France (1) constituait un péril national, et que, servît-on de la fine champagne sur les comptoirs de tous les marchands de vin, ce péril national ne serait pas écarté, tant que le nombre des petits verres ne diminuerait pas. Le riche, tout aussi bien que l'ouvrier, devient semblable à la bête, et plus méprisable qu'elle, lorsque sa raison succombe sous l'excès de la boisson. La table du riche cependant ne porte que des produits raffinés.

Nous aurions voulu voir disparaître, s'atténuer tout au moins, le développement de ce honteux fléau de l'ivrognerie et, pour cela, l État, à notre avis, possède des armes puissantes : l'augmentation des prix par l'impôt; puis, surtout, éloignement des tentations, par la réglementation des cabarets, par l'élévation du taux des licen-

(1) 14 à 15 milliards de petits verres par an. Voir notre ouvrage : *l'Impôt sur l'alcool dans les principaux pays*. Berger-Levrault et Guillaumin, in-12, 1886.

Ces 14 à 15 milliards de petits verres, en éliminant la partie de la population incapable d'en boire, représentent une moyenne de près de quatre petits verres par jour et par consommateur, moyenne qui, dans les localités de certains départements normands, s'élève jusqu'au chiffre invraisemblable de 21 ou 22 petits verres par tête et par jour !

ces, par des mesures restrictives de toute nature, destinées à diminuer le nombre des débits, qui ne cesse, au contraire, de s'accroître. De tels procédés ont été employés avec succès dans des pays voisins, et la France aurait pu enfin commencer à suivre cette voie salutaire.

Mais, se plaçant dans un ordre d'idées opposé, le projet que nous étudions, saisi, dès le début, d'un découragement lamentable, s'attache exclusivement à améliorer la qualité même de la boisson qu'il s'agirait de proscrire. On dirait qu'il désire, en débarrassant le public de toute crainte de sophistication, l'encourager à consommer d'avantage.

Sans doute, le caractère nocif des alcools impurs ne saurait être contesté. Trop d'expériences le démontrent. Cependant, combien d'autres denrées également susceptibles de dangereuses falsifications entrent dans la consommation! La lecture d'un certain *Dictionnaire des falsifications* porterait tous les gens soucieux de leur existence à ne plus rien manger ni boire qui ne sorte directement des mains de la nature. Il suffit, d'ailleurs, de se renseigner au laboratoire municipal, de parcourir les rapports des chimistes agréés près les tribunaux, d'avoir eu soi-même l'occasion de provoquer des expertises, pour se convaincre du nombre de matières destructives que découvre éventuellement l'analyse des vins, des vinaigres, des conserves, du pain lui-même et du lait, des bières, des confiseries, des bonbons, etc.! Pourquoi réserver à l'alcool le privilège d'une épuration officielle par le monopole?

Le projet actuel est donc inacceptable dans son point de départ. Il mériterait même une épithète plus sévère, si l'on se laissait aller à soupçonner ses auteurs d'une intention de fausse popularité qu'ils n'ont pas eue probablement.

Ce projet, en tous cas, diffère complètement, par son esprit, du projet suisse, dont l'idée maîtresse consiste, au contraire, à « combattre la propagation de l'ivrognerie et à diminuer les « abus de l'eau-de-vie (1) ».

(1) Vote populaire d'octobre 1885.

§ 8. -- *Analogies du projet français et du système suisse.*
Mêmes lacunes de part et d'autre, particulièrement domma-
geables en France.

En dehors de ces tendances préalables, de ces déclarations de
principe, l'exécution va nous faire constater l'analogie des mesures adoptées ou proposées dans les deux pays.

C'est en vain d'abord que le projet français s'attache à qualifier
son monopole du titre de monopole exclusif de rectification (1).
S'il ne portait exclusivement que sur la rectification, le monopole
en question laisserait libres la fabrication et la vente. Or, il ne le
fait pas plus que ne le fait le système suisse, parce que ces sortes
de disjonctions sont impossibles.

Il faut bien, en effet, pour devenir l'épurateur universel, commencer par attirer à soi tous les produits. Avant de faire traverser
à ceux-ci les ateliers de rectification, il faut bien les avoir
accaparés, les tenir dans ses mains. Or, le seul moyen d'atteindre
un tel but consiste, d'après le projet lui-même, à faire acheter par
l'État tous les alcools bruts fabriqués en France pour les revendre
ensuite épurés. L'exposé des motifs s'en exprime formellement
ainsi : « L'État deviendra alors acheteur, et *le seul acheteur en*
« *France*, pour le chiffre nécessaire à la consommation courante,
« répartissant ses commandes d'une façon impartiale et propor-
« tionnelle, et ses cours d'achat variant entre un minimum et un
« maximum fixés par la loi. »

Voilà donc bien l'État transformé en acheteur exclusif de tous
les alcools! Voilà les cours maxima et minima fixés par la loi!
Voilà par conséquent le monopole de l'achat installé à côté de
celui de la rectification! L'exemple de la Suisse s'impose en dépit
du silence gardé à son égard par les rédacteurs du projet.

On ne saurait plus, dès lors, prétendre sérieusement qu'en
présence de cet acheteur exclusif la fabrication demeurera libre.

(1) « L'État, dit-il, ne se chargera que de la rectification de l'alcool. Nous
« ne touchons pas, dans notre système, à l'initiative individuelle, ni à la liberté
« commerciale. »

Peut-être les distilleries continueront-elles à travailler en France, mais, à coup sûr, elles n'y travailleront plus librement. D'autant plus que, d'après les termes mêmes du rapport, l'État acheteur déterminera officiellement, chaque année, le taux de ses propres prix d'achat (1).

L'industrie se verra donc réduite au rôle de simple satellite de l'astre central duquel émanera toute commande et tout tarif. Plus de cours cotés à la bourse de commerce, plus de marchés à livrer, plus de concurrence, plus d'espoir de hausse, ni de crainte de baisse, plus d'efforts pour conquérir des clients, pour développer les relations, plus de ressort, ni d'initiative, plus d'industrie, par conséquent, dans le vrai sens du mot. C'est l'État seul qu'il faudra désormais satisfaire, implorer même, le cas échéant. Car, à la moindre crise, au premier encombrement des stocks, aussitôt que la surproduction risquera d'abaisser les cours, les fabricants ne sauront plus que se retourner immédiatement vers leur tout-puissant et unique client pour lui demander de les tirer d'affaire. Ainsi, l'État deviendra responsable de la prospérité constante, inaltérable, progressive des distilleries nationales. Celles-ci seront enchaînées à lui, comme il sera enchaîné à elles, personne ne conservant plus sa liberté.

Au delà des distilleries industrielles apparaît, en France comme en Suisse, la fabrication des bouilleurs de cru. La Suisse, au moins, avoue franchement son impuissance à saisir cette sorte de fabrication : elle l'abandonne complètement (2). En France, la même impossibilité de mainmise existe ; seulement le projet légis-

(1) L'article 10 du projet de monopole est ainsi conçu : « Au commencement « de chaque trimestre, l'Etat publiera un tableau des quantités de flegmes dont « il pensera avoir besoin, et *fixera le maximum et le minimum des prix en-* « *tre lesquels pourront osciller les prix d'achats.* » La seule lecture de cet article suffit à faire apprécier le degré de liberté que possédera l'industrie de la fabrication, sous le régime du monopole.

(2) En Suisse, d'ailleurs, d'après le Directeur de la Régie des alcools, l'industrie des bouilleurs de cru n'a pas la même importance que chez nous. Le vin et les fruits, à l'exception des cerises, y trouvent des emplois plus lucratifs que la distillation. Puis, si des abus se produisaient, la réglementation cantonale, en dehors de la législation fédérale, serait en mesure de les réprimer. (Renseignements particuliers dus à l'obligeance de M. le Directeur de la Régie.)

latif ne l'avoue pas. Là réside toute la différence entre les deux
situations.

Le projet français suppose qu'en établissant dans chaque canton
habité par les bouilleurs de cru un petit entrepôt avec usine de
rectification, il sera possible de forcer tous les propriétaires
d'alentour d'y apporter leurs vins, leurs cidres, leurs marcs, ou
leurs fruits, pour y être distillés dans les appareils de l'État.
Voilà de singulières illusions ! Remarquons d'abord qu'il ne
s'agit plus ici de rectification, mais de distillation. Les eaux-de-
vie de vin, de cidre, de fruits, en effet, ne sont pas susceptibles
de rectification, qui leur ferait perdre leur bouquet, leur arome
spécial. Aussi, à défaut de rectification, l'État entreprendrait-il,
lui-même, la distillation des matières premières. Il accaparerait ces
matières premières pour les faire passer dans ses alambics. Et il les
accaparerait sans les acheter, s'obligeant, une fois la distillation effectuée, à en restituer le produit intégral à leurs propriétaires. Que
de complications inextricables et irréalisables! Les habitants des
campagnes consentiront-ils jamais à porter aux chefs-lieux de
canton leurs vins, leurs cidres, leurs marcs, leurs fruits, représentant un volume considérable, pour en ramener ultérieurement
le lot d'eau-de-vie qui en sera extrait ? Voudront-ils, en dehors
des embarras et du coût de ces transports, confier à l'usine officielle
des matières premières provenant de leur propre récolte, qui
demandent à être traitées isolément afin de conserver leur goût
personnel (1) ? Se soumettront-ils, enfin, en plus de ces frais,
de ces dérangements et de ces craintes de mélange, à payer les
droits de monopole fort élevés que stipule le projet ? Déjà l'exercice des bouilleurs de cru à domicile, sous le régime de l'impôt ,
si logique soit-il , semble une opération tellement scabreuse
que le législateur jusqu'ici a reculé devant elle (2). Comment

(1) Le projet dit : « Les vignerons amèneraient leur vin à l'usine de l'État qui
« le distillerait *sous leurs yeux.* » Le projet suppose donc que les usines officielles pourraient distiller chaque lot au moment même où il lui serait remis !
Que d'allées et venues, au contraire, que de retours infructueux, que d'attentes
pour le pauvre vigneron qui désirera voir effectivement distiller *sous ses yeux*
le produit de sa vigne!

(2) Le vote du 12 juillet 1893, par lequel la Chambre des députés a disjoint

s'illusionner jusqu'à croire que ces mêmes bouilleurs de cru
supporteront patiemment l'organisation quasi-militaire de la
distillation à déplacements forcés qui vient d'être décrite, infiniment plus coercitive que l'exercice !

Encore une fois, la Suisse, en évitant d'affronter ces écueils,
nous a bien indiqué d'avance qu'ils étaient infranchissables.

Au point de vue de la vente, le monopole projeté en France,
comme le monopole suisse, se borne à livrer ses produits aux
acheteurs par l'intermédiaire d'entrepôts administratifs. Au delà
de ces entrepôts, dans les deux pays, les mélanges, les prix, les
manipulations deviennent libres, et alors, en France comme en
Suisse, se dresse la question de la fabrication des liqueurs dont
nous avons déjà parlé.

« L'État, dit le projet législatif français, ne peut pas se faire
« liquoriste. » — « L'État ne deviendra pas marchand de char-
« treuse, d'absinthe, de cognac... Il sera vendu aux commerçants
« en gros pour leurs mélanges, pour la fabrication des liqueurs de
« tous genres, une sorte de matière première, de l'alcool parfaite-
« ment rectifié, pouvant servir sans danger de base à toutes les
« manipulations des liquoristes. »

Il est bien certain que l'État ne peut s'adonner à l'industrie de la
fabrication des liqueurs, laquelle a besoin de sa pleine liberté pour
multiplier à l'infini le nombre et la variété de ses produits, pour
les transformer, les ajuster au goût des consommateurs, pour
inventer sans cesse de nouvelles combinaisons et les lancer dans le
public à ses risques et périls (1). Le plus hardi monopole sent
qu'il perd pied sur ce terrain. Mais, dit le projet, à quoi bon s'y
aventurer? La sécurité de l'hygiène ne se trouvera-t-elle pas suffisamment garantie, si l'État demeure seul chargé de fournir l'alcool

définitivement du budget de 1894 la réforme des boissons montre jusqu'à quel
point le législateur recule devant l'exercice des bouilleurs de cru.

(1) On se rend compte de la liberté nécessaire à ce genre de fabrication rien
qu'en lisant les noms pittoresques dont les liquoristes ornent leurs différents produits pour allécher le public. Voici quelques-uns de ceux que la douane suisse
admet en libre importation, moyennant la finance du monopole :

Crème d'ananas, Parfait amour, Rosoglio, Liqueur des dames, Crème de
moka, Byrrh, Elixir de coca, Liqueur chaussepied, Essence de perles, etc., etc.

bien rectifié destiné à servir de base à toutes les liqueurs en question ? Malheureusement cela ne suffira pas.

En admettant même que toutes les liqueurs soient fabriquées
avec l'alcool bien rectifié de la Régie, — et la chose est très douteuse, parce que les liqueurs masquent trop facilement le goût
originel de leur matière première, pour ne pas devenir le principal réceptacle des alcools de fraude, — le danger de leur sophistication ne serait pas écarté. Cela n'empêcherait pas d'introduire,
après coup, dans ledit alcool épuré les ingrédients les plus nocifs.
La plupart des liqueurs communes (1), en effet, ornées d'éti-
quettes voyantes, qui s'étalent aux devantures des marchands de
vins, résultent d'un simple mélange de trois-six avec le contenu
de certaines fioles d'essences ou d'élixir concentré. Le débitant
opère lui-même la mixtion : une instruction détaillée lui enseigne
la manière de s'en servir. Or, ces essences de liqueurs, ces élixirs
concentrés représentent le plus souvent des produits chimiques
d'une extrême toxicité, de véritables poisons. L'injection sous-cuta-
née d'un centigramme de quelques-unes de ces compositions délé-
tères suffit, d'après des enquêtes officielles, à produire la mort
immédiate d'un gros chien de Terre-neuve (2). Du reste, le rapport
législatif, lui-même, s'en exprime ainsi : « Avec cinq grammes
« d'un bouquet composé de benzonitrile et d'aldéhyde, substances
« toxiques au premier degré, on produit cette excellente lique urde
« noyau qui facilite les digestions... Jadis, la reine des prés entrait
« dans la composition des vermouth et bitter ; on lui a substitué un
« agréable bouquet d'aldéhyde salicylique, aldéhyde phénol, qui
« se prépare en faisant agir une partie de bichromate de potasse
« et huit parties d'eau sur un mélange d'acide sulfurique et d'eau ! »

---

(1) D'après l'annexe IV du rapport de M. Claude (des Vosges), sénateur, président de l'enquête sur la consommation de l'alcool, les liqueurs ordinaires et demi-
fines sont habituellement préparées au moyen de simples mélanges de teintures,
sirops, sucs, ou jus, ajoutés à l'eau-de-vie, directement, sans le secours de
la distillation.

(2) Déposition de M. Charles Girard, chef du laboratoire municipal, devant la
commission d'enquête présidée par M. Claude (des Vosges), sénateur, à propos
des bouquets de cognac : « Ce bouquet est extrêmement toxique : avec une in-
« jection hypodermique de un centigramme, un chien de Terre-neuve meurt en
« onze minutes. » (Séance du 14 avril 1886.)

Il semble inutile d'insister sur les détails trop connus de ces constatations de laboratoire, desquelles il résulte que les liqueurs contrefaites constituent, parmi les boissons alcooliques, de beaucoup les plus dangereuses pour la santé publique. Ce sont cependant ces liqueurs que, par la force des choses, dans l'impossibilité de faire autrement, le monopole, en Suisse comme en France, est obligé de laisser libres. Une aussi grave lacune mérite réflexion. De nouveau, comme à l'égard de la Suisse, on se demande, en s'adressant aux promoteurs même les plus ardents du monopole de rectification, s'il vaut vraiment la peine de l'installer, quand de tels produits doivent fatalement lui échapper?

§ 9. — *Troubles profonds qu'occasionnerait l'installation du monopole au sein du commerce et de l'industrie des alcools.*

Ces diverses objections, dirimantes, à notre avis, plus encore pour la France que pour la Suisse, supposent le monopole en plein fonctionnement. Mais n'aurions-nous pas dû, dès l'abord, reculer devant le fait seul de son établissement, devant l'hypothèse même de sa mise en fonctionnement. Le régime du monopole peut-il être substitué d'emblée à celui de la liberté? La transition ne présente-t-elle pas des difficultés insurmontables? Questions essentielles qu'il fallait vider, en effet, préalablement à toute discussion des détails d'application.

Seulement cet ordre logique eût, dès le début, provoqué, comme nous le prévoyions, des conclusions qui nous auraient empêché de poursuivre notre exposé. Monopoliser l'alcool, supprimer le développement de commerces et d'industries séculaires en pleine activité, eût immédiatement constitué, à nos yeux, une proposition tellement inacceptable, que nous n'aurions pu, comme nous le désirions cependant, étudier les projets en cours.

D'ailleurs, le sujet, déjà élucidé sous ses faces principales, va pouvoir maintenant être plus aisément traité.

On a vu ce qu'avait coûté en argent, en délais, en procès, en déclassements individuels, en troubles de toute nature, l'expropriation des fabriques d'allumettes chimiques. Il ne s'agissait pourtant alors que d'aboutir à 16 ou 18 millions de produits annuels.

Le produit attendu du monopole des alcools s'élèverait, au contraire, à 900 millions ou un milliard par an (1). Immédiatement une telle aggravation de chiffres permet de mesurer l'aggravation de dépenses d'expropriations, de délais litigieux, de déclassements, de troubles excessifs qui résulteraient de son impatronisation.

Notre pays possède actuellement 3.576 distilleries industrielles ou agricoles, 27.354 marchands en gros, 413.141 débitants, 400.000 bouilleurs de cru, qui tous, sans exception, se trouveraient atteints par la mise à exécution du nouveau projet. Tous ne seraient pas expropriés, mais tous subiraient une atteinte très grave. Les uns disparaîtraient complètement, les autres ne continueraient à vivre que de la vie de l'État, c'est-à-dire, d'une vie factice et dépendante. Le commerce et l'industrie proprement dits, en tant qu'on entend par ces mots l'initiative, l'ingéniosité, l'audace qui réussit, la routine qui succombe, la lutte ardente pour le gain, la concurrence au profit de tous, seraient anéantis sans retour.

La France ne verrait plus fleurir sur son territoire qu'une industrie et un commerce d'État, honorables, sans doute, dont les

_____

(1) Le dernier rapport du 9 juillet 1892 sur le monopole des alcools évalue son bénéfice net à 919 millions par an. Les calculs sont ainsi établis :

L'hectolitre d'alcool pur, achat et rectification compris, coûtera   État 55 fr. L'État le revendra 400 fr. D'où un bénéfice net, par hectolitre d'alcool pur, de 345 fr.

Appliqué à 2.200.000 hectolitres d'alcool d'industrie, ce béné-   fr. fice de 345 fr. par hectolitre donnera........................   759.000.000

En plus, les eaux-de-vie naturelles de vin, cidres, marcs et fruits, taxées à 200 fr. l'hectolitre , donneront pour 800.000 hectolitres...   160.000.000

    Total du bénéfice net.........................   919.000.000

Sans discuter tous ces chiffres, remarquons seulement qu'ils comportent une estimation de la consommation portée à 3 millions d'hectolitres, alors que la consommation actuellement taxée n'atteint pas 2 millions d'hectolitres (1.735.367 hectolitres en 1892).

La proposition primitive du 13 mai 1891 évaluait le rendement net du monopole à un milliard par an, en calculant le prix de revient de l'hectolitre à 73 fr. 50 et le prix de vente à 700 fr.

agents vraisemblablement resteraient laborieux et capables, mais
qui jamais ne saurait communiquer au pays la vitalité, l'énergie,
le développement continu de ses forces productives, qui seuls
peuvent lui maintenir son rang prédominant au milieu des nations
rivales.

Un tel tableau n'a rien d'exagéré pour quiconque a suivi dans
ses détails les combinaisons du projet législatif précédemment exposées, combinaisons inhérentes, du reste, à tout projet de même
nature, quel qu'il soit.

L'installation du monopole sur les ruines de l'industrie privée
est une opération analogue à celle qu'accomplirait le bûcheron
abattant une antique forêt et défrichant la terre qui la portait. Les
racines de la séculaire futaie s'entrecroisaient et consolidaient le
sol ; ses rameaux vigoureux, spontanément renouvelés de leur propre semence, étendaient leur ombre au loin.

Mais la hache a débarrassé le terrain de cette végétation luxu-
riante ; aucune trace ne subsiste plus de son ancien état ; sur
l'emplacement artificiellement approprié et nivelé s'élève maintenant l'édifice rectiligne du monopole. Beau monument officiel,
sans doute, bâti d'un seul jet par de savants ingénieurs, qui
jamais cependant n'égalera en puissance, en richesse, en éternelle
solidité, en force indéfiniment progressive, l'œuvre libre du temps
et de la nature.

Beaucoup d'exemples de monopoles fiscaux pourraient être
ajoutés à ceux des tabacs, des allumettes et des alcools. Le sel,
les poudres à feu, l'opium, les denrées les plus diverses en Égypte,
en Tunisie et dans l'extrême Orient, la loterie encore aujourd'hui
dans divers pays d'Europe, le pétrole dans les projets de budget
italien, etc., sont constitués en monopoles. Seul de cette nomenclature, le monopole des tabacs paraît excusable à cause de son
origine lointaine qui lui confère une prescription exceptionnelle.
En dehors de là, tous représentent une usurpation condamnable
de la part de l'État.

La société, en effet, n'a permis à l'État de se procurer de l'argent au delà de ses revenus domaniaux que par l'impôt. Le droit de lever des taxes, quand les recettes domaniales deviennent insuffisantes, constitue le seul droit fiscal des gouvernements. C'est beaucoup déjà que de pouvoir puiser dans la bourse des particuliers pour y prélever, sous forme d'impôt, une part de leurs profits annuels. Au moins faut-il respecter la source même de ces profits, et ne pas monopoliser, parce qu'on est le plus fort, les instruments de production qui appartiennent à tous.

TROISIÈME PARTIE

GRANDES DIVISIONS FISCALES

DANS LE SEIN DES SYSTÈMES EXISTANTS

———

Parmi les projets de réforme étudiés jusqu'ici, ceux dont la mise en pratique semblait improbable ont été classés à part dans une première série; les autres, susceptibles d'application, viennent de composer la seconde série.

Sortons maintenant de ces projets de réforme plus ou moins réalisables pour aborder l'examen des systèmes d'impôts existants dans leurs grandes divisions fiscales.

Ce sont donc les grandes divisions fiscales des systèmes existants que nous allons définir et analyser d'abord, puis discuter au point de vue de la prédominance qu'il convient d'attribuer à chacun de leurs éléments. Ici encore surgiront d'importantes théories, très controversées, d'un caractère particulièrement actuel, lesquelles nous conduiront spontanément à notre conclusion.

Les grandes divisions fiscales dont il s'agit seront traitées dans l'ordre suivant :

Impôts directs et indirects,

Impôts de répartition et de quotité,

Impôts sur les valeurs foncières et sur les valeurs mobilières,

Impôts sur la propriété et sur les consommations. (A propos de cette division, un chapitre spécial traitera la question de l'incidence de l'impôt.)

Impôts sur les objets de première nécessité

CHAPITRE XVI

IMPOTS DIRECTS ET INDIRECTS

§ 1. — *Définitions.*

Dans la construction des systèmes d'impôts modernes apparaît tout d'abord la grande séparation intérieure qui distingue les impôts directs, d'une part, et les impôts indirects, d'autre part.

Pour définir ces deux catégories de taxes, l'Instruction générale des finances fournit la formule administrative suivante :

« La contribution directe s'entend de toute imposition qui est « assise directement sur les personnes et sur les propriétés, qui « se perçoit en vertu de rôles nominatifs et qui passe immédiate- « ment du contribuable cotisé à l'agent chargé de percevoir.

« Les impôts indirects sont ainsi nommés parce que, au lieu « d'être établis directement et nominativement sur les personnes, « ils reposent, en général, sur des objets de consommation ou sur « des services rendus et ne sont, dès lors, qu'indirectement payés « par celui qui veut consommer les choses ou user des services « frappés de l'impôt (1). »

Sauf le style, qui sent un peu son origine administrative, sauf l'excessive dimension des phrases, sauf quelques inexactitudes que nous essayerons de corriger et quelques lacunes que nous essayerons de combler, cette définition semble encore la meilleure.

En fait d'inexactitudes, l'Instruction générale a tort de dire que l'impôt indirect est toujours *indirectement* payé par celui qui veut

---

(1) L'*Instruction générale sur le service et la comptabilité des receveurs généraux et particuliers des finances, des percepteurs des contributions directes, etc...*, remonte au 20 juin 1859. Cette date seule indique combien il serait nécessaire de la reviser.

consommer les choses ou user des services. Les droits de succession, de donation, de vente, par exemple, sont, au contraire, *directement* payés par les débiteurs, héritiers, donataires, acqué-
reurs, lesquels, mandés nominativement au bureau d'enregistrement, viennent y verser, eux-mêmes, le montant des droits dont
ils sont redevables.

En outre, l'Instruction générale omet de signaler certain caractère essentiel, à notre avis, qui, plus que tous autres, singularise
les impôts directs et indirects. Il s'agit, pour les uns, de la permanence des éléments imposables, et, pour les autres, de leur intermittence. M. de Foville a très heureusement commenté les idées
cachées sous ces mots, dans son cours à l'école des sciences politiques (1) : « L'impôt direct, dit-il, vise et atteint chez le contri-
« buable ceux des éléments imposables qui ont un caractère du-
« rable, constant, ou, du moins, continu, comme l'existence, la
« possession, ou la profession.

« Exister, posséder, exercer un commerce ou une industrie,
« voilà chez l'homme des données permanentes, que l'administra-
« tion peut suivre dans leur cours et mettre en coupe réglée, pour
« ainsi dire, par des impôts nominatifs ou périodiques.

« Les impôts indirects, au contraire, portent, non pas sur des
« qualités ou des possessions, mais sur des circonstances, sur des
« faits particuliers, sur des actes intermittents.

« En deux mots, le verbe *faire* appellerait l'impôt indirect, le
« verbe *être* ou *avoir* appellerait l'impôt direct. »

M. de Parieu avait déjà dit : « Le législateur atteint par l'impôt
« direct les situations normales, relativement stables, la possession
« ou la jouissance des richesses. C'est à cause de la permanence
« des faits auxquels il se réfère que l'impôt direct comporte des
« rôles nominatifs. »

L'idée de permanence ou d'intermittence des éléments imposables doit donc figurer dans la définition des impôts directs et in-

(1) Ce passage, emprunté au cours de M. de Foville à l'École des sciences
politiques, a été reproduit en partie par lui dans un article de l'*Economiste
français*, du 1ᵉʳ septembre 1883.

directs. Elle en fait partie intégrante. Libellons ainsi, conséquemment, cette définition, dans son ensemble :

« Les contributions directes, frappant certains faits permanents,
« périodiquement constatés, sont perçues au moyen de rôles no-
« minatifs.

« Les impôts indirects, frappant certains faits intermittents,
« constatés au jour le jour, sont perçus en vertu de tarifs imper-
« sonnels. »

Deux particularités distinguent, en résumé, les impôts directs
des impôts indirects : l'assiette d'abord, reposant soit sur des
faits permanents, soit sur des faits intermittents ; l'instrument
de perception ensuite, consistant ici en rôles nominatifs, là en
tarifs impersonnels.

Cette analyse suffit déjà à faire entrevoir que les expressions
impôts directs et indirects reçoivent dans le langage courant une
interprétation abusive lorsque, par routine, on les considère comme
similaires d'impôts sur la propriété et sur les consommations. Rien
n'est moins exact qu'une telle assimilation. Les taxes sur la propriété et sur les consommations forment une division fiscale beaucoup plus étendue que celle dont nous nous occupons en ce moment, laquelle est cantonnée à peu près exclusivement, — la formule précédente l'indique bien, — sur le terrain des formalités
administratives.

Évitons donc toute confusion entre elles, suivant les conseils de
M. Paul Leroy-Beaulieu. « On ne saurait croire, dit-il, les ravages
« que font dans l'esprit, les confusions qu'y produisent ces deux
« vocables mal interprétés. » (*Économiste français*, 13 novembre 1886.) La discussion, en effet, perd pied juste au moment où
sa précision acquiert le plus d'intérêt.

Seulement, M. Paul Leroy-Beaulieu accuse peut-être à tort l'administration d'avoir créé « par ses classifications tout empiriques »
la confusion dont il s'agit. L'administration est bien innocente
d'un tel méfait : elle a modestement défini de son mieux, sans
penser à mal, les impôts directs et indirects. C'est à nous, bien
prévenus, que revient le soin de ne pas tirer de fausses consé-

quences de ces définitions. Aussi, afin d'éviter tout chevauchement d'idées, réserverons-nous, pour un chapitre ultérieur (1), l'étude des impôts assis sur la propriété et sur les consommations, ne voulant parler ici exclusivement que des impôts directs et indirects limités à leur sens le plus strict.

§ 2. — Solidité des impôts directs. Exemples divers. L'impôt des 45 centimes.

Les mérites réciproques des taxes directes et indirectes peuvent se résumer en deux aphorismes :

1° La perception des impôts indirects est plus facile que celle des impôts directs ;

2° Le produit des impôts directs est plus sûr, mais il est moins progressif que celui des impôts indirects.

Ce qui revient à dire que chaque nature de contributions possède les qualités particulières suivantes :

Solidité pour les impôts directs ;

Facilité de perception et élasticité de rendement pour les impôts indirects.

La solidité des impôts directs résulte de leur nature même. Elle est évidente à l'égard de ceux d'entre eux qui sont de répartition, puisque le montant des sommes recouvrables, déterminé d'avance, en bloc, par l'autorité législative, doit alors, de gré ou de force, rentrer intégralement dans les caisses du Trésor (2).

Elle est garantie non moins sérieusement à l'égard des impôts de quotité, en même temps, du reste, qu'à l'égard des impôts de répartition, par la forme nominative des rôles; les rôles nominatifs, en effet, tels que les spécifie la définition ci-dessus, assignent à chaque contribuable une cote fixe, notifiée par avertissement spécial, recouvrable, au besoin, par les voies de droit, sans échappatoire possible (3).

(1) Le chapitre XIX fera mieux comprendre les différences existant entre ces deux grandes divisions fiscales.
(2) Voir, au chapitre suivant, la définition des impôts de répartition et de quotité.
(3) A moins de délaisser son bien, comme il arrive trop souvent en Italie.

Qu'elles procèdent donc par voie de répartition ou de quotité, les contributions directes, en vertu de leur contingent et de leurs rôles nominatifs, reposent toujours sur des bases certaines, inébranlables. Dès lors, loin de s'effaroucher, à la moindre alerte, comme leurs brillants rivaux, on les retrouve, en toute circonstance, prêtes à fournir exactement au Trésor les sommes qu'il attend d'elles. C'est bien là leur caractère prédominant, leur qualité essentielle (1).

Cette précieuse vertu de solidité leur a permis, à diverses époques, de rendre aux budgets des services remarquables, services qu'il n'aurait pas fallu demander aux impôts indirects (2).

Les épisodes de la Révolution de 1848 en fournissent un exemple frappant. Après le 24 février, les affaires étaient suspendues, le crédit supprimé, la confiance absente. Partant, les taxes indirectes perdirent pied et s'effondrèrent. Au contraire, les contributions directes, non seulement continuèrent à fournir avec régularité leur rendement primitivement prévu, mais on put les surcharger de 190 millions par l'impôt des 45 centimes additionnels.

Garnier-Pagès, alors ministre des finances, s'en exprime ainsi :

Voir, au sujet de la statistique des expropriations fiscales de ce pays, un intéressant article, dans la *Réforme sociale* du 16 novembre 1891, du professeur Santangelo Spoto Ippolito, traduit par M* A. Le Play, et un autre article du même auteur dans le numéro du 16 septembre 1892. On y constate qu'en 1889, 22.415 ventes judiciaires d'immeubles furent prononcées en Italie, pour une dette fiscale de 1.326.717 fr. 60, non compris les amendes et dépenses judiciaires. Sur ces 22.415 ventes judiciaires, les enchères ont été désertées pour 18 592 d'entre elles, soit 82.94 p. 100, dont l'Etat est resté adjudicataire. Si aucun soumissionnaire ne s'est présenté, cela tient, sans doute, à ce que, eu égard au taux des impôts, ces propriétés ont paru trop petites, ou trop ingrates, pour être exploitées dans des conditions rémunératoires. Le surplus seul, soit 4.823, ou 17,06 p. 100, a trouvé preneur. De tels résultats font réfléchir sur la situation de la petite propriété foncière en Italie au regard du fisc.

(1) M. Thiers disait en 1833 : « L'impôt direct a pour caractère essentiel la « solidité. Il résiste même en temps de guerre. Tandis que l'impôt indirect ne « résisterait pas, il fléchirait sous le fardeau qu'eût supporté l'impôt direct. » (Discours du 15 avril 1833.) Le mot solidité, employé par M. Thiers, est bien le mot propre. Nous l'avons adopté d'après lui.

(2) « Lorsque, dans des circonstances imprévues, on est obligé d'accroître tout « à coup le revenu de l'Etat, une contribution indirecte ne peut point promet- « tre un résultat prochain assuré... De plus, les contributions indirectes peu- « vent diminuer la consommation, être vaincues par la fraude, ne pas trouver « de soumission. Tout y est incertain et problématique. » (Discours de M. de Barante, directeur général, au sujet de la loi du 28 avril 1816).

« Après avoir tout examiné, tout considéré, tout pesé, nous reve-
« nions au point de départ, c'est-à-dire : ou demander à la France
« de se sauver par un grand effort, ou laisser passer la banque-
« route ! » La situation, on le voit, était extrême. Aussi, les don-
neurs de conseils affluaient-ils, comme toujours en pareilles circonstances. Les médecins et empiriques se pressaient au chevet du
moribond et chacun d'eux offrait un milliard, toutes les 24 heures,
au Trésor. « Quand tout l'équipage se jette en désordre à la ma-
« nœuvre, c'est que le navire est en plein naufrage. Nous n'avions
« plus le temps d'imaginer de nouvelles combinaisons de lest, d'a-
« ménagement, ou de voilure ; il fallait boucher tout de suite la
« voie d'eau par où le navire sombrait. » Peut-être la comparaison maritime est-elle ambitieuse et pêche-t-elle dans son ordonnance, mais elle exprime bien l'état de détresse dans lequel le
pays était tombé. Que faire, alors ? L'impôt restait comme l'unique ressource. Mais quel impôt ? « Serait-ce l'impôt indirect ?
« Tout le monde sait que cet impôt a pour base la consommation ?
« Or, à la suite de toute révolution, la consommation s'arrête for-
« cément. »

A défaut de l'impôt indirect, l'impôt direct offrit heureusement
sa précieuse réserve : « Bon gré, mal gré, j'étais donc rejeté de
« de position en position à une seule et dernière issue : *l'impôt*
« *direct*, dont les rôles étaient distribués et dont la perception pou-
« vait avoir lieu le lendemain (1).»

L'impôt direct, seul ainsi, dans cette terrible crise, fut en mesure de fournir à l'État le supplément de ressources qui lui permit d'éviter la banqueroute, supplément considérable puisqu'il
atteignit 190 millions effectivement recouvrés (2).

(1) Ces différents passages sont extraits d'une petite brochure in-18 publiée
par Garnier-Pagès et intitulée *l'Impôt des 45 centimes*.
  Le même auteur dit encore ailleurs : « Le gouvernement de la République
« pouvait-il songer à surélever l'impôt indirect qui a pour base la consomma-
« tion et qui, pesant spécialement sur le travail, frappe proportionnellement
« plus sur le pauvre que sur le riche ? C'eût été mentir à son origine...
  « L'impôt des 45 centimes était donc une mesure de salut, non de fiscalité.
« C'était la vraie solution, simple, sensée, légère au travailleur et au pauvre. »
(*Histoire de la Révolution de 1848*, t. VII.)
  (2) On sait que les 45 centimes en question furent ajoutés, non pas seulement

« Si l'impôt des 45 centimes, a-t-on dit, a tué la République, il a
« sauvé le gouvernement. » —« Grâce à l'impôt des 45 centimes, on
« a pu payer la rente, les caisses d'épargne, les bons du Trésor,
« les cautionnements, etc., réorganiser l'armée, continuer les tra-
« vaux publics, rétablir la tranquillité, faire face à tous les servi-
« ces. Grâce à l'impôt des 45 centimes, le gouvernement provisoire
« a sauvé la France de la guerre civile et de la banqueroute (1) ! »

De même, en 1870, 1871 et 1872, on vit les contributions directes maintenir leur position, sans fléchir sous le coup des événements. Elles rapportèrent, chacune de ces années de trouble, exactement les sommes pour lesquelles elles avaient été évaluées aux
budgets de prévisions, un peu plus même quelquefois, soit :

En 1870 : 586.000.000 francs,

En 1871 : 581.300.000   —

En 1872 : 604.500.000   —

Les seules différences avec les évaluations furent les suivantes :
Impôts directs, 1870. — En plus aux recouvrements... 3.251.000

—   1871 — En moins aux recouvrements.. 12.868.580

—   1872 — En plus aux recouvrements.. 5.034.000

Pendant ce temps, les impôts indirects, en pleine déroute, se
soldaient par des moins-values de plus de 150 millions.

De même, au cours de la crise, moins intense sans doute, qui
sévit sur nos budgets après 1880, la stabilité des impôts directs fut
encore remarquable :

Impôts directs :

1883 — En plus aux recouvrements...... 7.745.000 fr.

1884 — En plus aux recouvrements...... 3.675.000

1885 — En moins aux recouvrements..... 2.756.000

1886 — En moins aux recouvrements..... 2.786.000

au principal, mais au bloc tout entier des contributions directes, centimes additionnels compris, tels qu'ils figuraient en total dans les rôles.

(1) Même brochure : *l'Impôt des 45 centimes.* L'auteur y ajoute, à un point
de vue plus personnel : « L'impopularité sembla alors attachée à un nom, à un
« homme. Un homme, c'est peu ! on le sacrifia. Cet homme ce fut moi. Quoi
« de plus naturel ? J'étais devenu l'homme des 45 centimes. Il est des époques
« où le pouvoir c'est le martyre ! Je me suis volontairement offert en sacrifice
« aux nécessités d'une situation terrible. Mais l'injustice n'a qu'un temps ! »

Les oscillations des impôts indirects, au contraire, s'accentuèrent dans le sens de la baisse d'une manière continue :

Impôts indirects :

1883 — En moins aux recouvrements.... 68.021.000 fr.
1884 — En moins aux recouvrements.... 47.963.880
1885 — En moins aux recouvrements.... 31.943.940
1886 —En moins aux recouvrements..... 65.621.940

D'ailleurs, le fait seul du poids des centimes additionnels dont les contributions directes supportent normalement la surcharge, poids sans cesse progressif, qui en est arrivé aujourd'hui à dépasser de beaucoup le principal (1), suffirait à prouver leur singulière solidité.

Sans doute, quand la richesse du pays se développe, quand la prospérité sourit, on se laisserait volontiers aller à préférer les brillantes évolutions des impôts indirects, dont nous allons parler. Mais qu'une guerre, qu'une révolution surviennent, que la moindre crise même se produise, aussitôt on se remet à apprécier la solidité des contributions directes, dont les contingents et les rôles nominatifs continuent, sans s'émouvoir, à procurer au Trésor un chiffre égal de perceptions, plus que jamais nécessaires.

§ 3. — *Facilités de perception et progression du rendement des impôts indirects.*

Aux mérites des impôts directs (2), les impôts indirects oppo-

---

(1) Principal des contributions directes................. 359.198.000 fr.
Centimes additionnels au profit de l'Etat................. 104.047.803
Centimes additionnels au profit des départements et des communes, etc., environ............................... 345.000.000

Total général........................ 808.245.803

(Budget de 1893.)
La proportion des centimes additionnels par rapport au total des contributions directes atteint ainsi aujourd'hui 57,3 p. 100, c'est-à-dire que le montant des centimes additionnels dépasse notablement maintenant le principal. Cette situation s'est produite progressivement. En remontant à 50 années en arrière, la même proportion ne dépassait pas 24 p. 100.

(2) Nous ne mentionnons pas ici, parmi les qualités des impôts directs, celle qui leur permet de pratiquer de larges dégrèvements à leur base en faveur des

sent leurs deux qualités suivantes : facilité de perception, et progression de rendement.

La définition même des impôts indirects explique la facilité de leur perception. Naissant à l'occasion d'une consommation ou d'un service rendu, ils ne surprennent personne. Au contraire, le public vient à leur rencontre, son argent à la main. Celui qui achète, hérite, plaide, voyage, chasse, fume, etc., est prêt à payer le prix de la chose profitable pour lui, qu'on lui remet en échange de ses fonds.

Sous un aspect bien différent apparaît l'impôt direct, avec ses rôles à échéance périodique, tombant toujours mal à propos et ne laissant au contribuable, en compensation de son versement, que la quittance extraite du livre à souche du percepteur.

L'habileté que met l'impôt indirect à dissimuler sa présence facilite, d'ailleurs, encore ses perceptions. Ses tarifs se confondent toujours avec la valeur même des marchandises ou des services rendus. Beaucoup de ménagères ne se doutent pas qu'il existe une taxe de douane sur le café : très peu d'entre elles connaissent exactement le montant des droits sur le sucre, sur le sel, sur les bougies, etc. Elles acquittent leur note chez l'épicier sans chercher à distinguer la part qui revient en propre à ce commerçant, et celle dont il est redevable vis-à-vis du Trésor. Combien de voyageurs prennent leurs billets de chemin de fer, ou payent leur cocher, sans se rendre compte des prélèvements opérés par le fisc sur les entreprises de transport !

Hippolyte Taine, dans les *Origines de la France contemporaine*, a décrit ces phénomènes mieux qu'aucun financier de profession ne l'a jamais fait : « Sur toute la surface du territoire, « dit-il, dans chaque ville ou village, regardez la boutique du dé- « bitant. Tous les jours, et toute la journée, les consommateurs « s'y succèdent : incessamment leurs gros sous, leurs petites

contribuables à faible revenu, parce que nous devons en parler plus loin à propos des impôts sur la fortune assise. De même, nous renvoyons encore au chapitre XIX, où sera traitée cette division fiscale, pour citer une autre qualité des impôts directs consistant dans ce fait que leur assiette repose toujours sur une propriété au soleil. Les taxes directes et les taxes sur la propriété se confondent par certains points qu'il est impossible de dégager, d'une manière absolument complète, avant le chapitre XIX.

« pièces blanches sonnent sur le comptoir. Dans chaque petite
« pièce, dans chaque gros sou, il y a, pour le fisc, tant de centimes.
« C'est là sa part, et il est bien sûr de l'avoir, car il la tient déjà,
« il l'a touchée d'avance... Vous aurez beau dire au public con-
« sommateur que, sur les 40 sous que lui coûte une livre de café,
« l'État prend 15 sous, que sur les deux sous que lui coûte une
« livre de sel, l'État prend cinq centimes, ce n'est là pour lui
« qu'une idée nue, qu'un chiffre en l'air. Son impression serait
« tout autre, si, à côté de l'épicier qui lui pèse son sel et son café,
« il voyait, de ses yeux, l'employé des douanes et des salines ra-
« masser sur le comptoir les cinq centimes et les quinze sous...

« L'acheteur qui vient se faire tondre ne voit pas les ciseaux,
« ou, du moins, il n'en a pas la sensation distincte. Or, chez
« l'homme du peuple, chez le mouton ordinaire, c'est la sensation
« directe, actuelle, animale, qui provoque les cris, les soubre-
« sauts convulsifs, les coups de tête, l'effarement et l'affolement
« contagieux (1). »

Encore ici, tout autre est l'impôt direct dont le bordereau annuel énonce crûment au contribuable le montant de sa dette, sans
lui laisser le bénéfice d'aucune illusion (2).

A ces premières supériorités : facilité de payement et aptitude à
cacher la main du fisc (3), l'impôt indirect en ajoute une autre
résultant de la progression incessante de son rendement.

L'impôt indirect, en effet, atteignant, dans leurs manifestations
quotidiennes, les éléments mêmes de la richesse publique, s'associant, d'une manière intime et constante, à leurs oscillations, suit

(1) Il faut lire dans son ertier la description à la fois imagée et précise que
H. Taine trace des impôts directs et indirects. On se réjouit alors de voir comment, sous la plume d'un éloquent interpréte, les finances peuvent prendre leur
rang dans l'histoire.
(2) « Percevoir l'impôt direct, dit encore H. Taine, c'est pratiquer sur le con-
« tribuable une opération chirurgicale qui lui enlève un morceau de sa subs-
« tance. Il en souffre et ne s'y soumet que par contrainte. » (Origines de la
France contemporaine.)
(3) L'impôt indirect mérite bien cette apostrophe qui lui fut adressée en
Prusse, à l'époque de la discussion de la suppresion de l'impôt sur la viande (loi
du 25 mai 1873) : « C'est un excellent moyen de chloroformiser le patient pour
« le saigner sans qu'il le sente. » (Discours de M. Virchow. Annuaire de la société de législation comparée. 1874.)

19

avec elles, jusqu'au bout, sans entraves, la progression que leur
imprime la prospérité du pays. Comme, en définitive, les périodes
prospères, malgré de trop fréquentes défaillances, sont encore les
plus durables dans presque tous les pays, le tableau des recouvrements des impôts indirects présente les merveilleuses plus-values
suivantes (1) :

Produits des impôts indirects de 1830 à 1889.

1830	574.572.000	fr.
1847	824.982.000	
1852	810.310.000	
1869	1.328.915.000	
1889	2.385.000 000	

Taux de la progression par rapport à la première année de chaque période.

De 1830 à 1847	43.50	p. 100
De 1852 à 1869	64.00	p. 100
De 1869 à 1889	79.00	p. 100

Ces chiffres deviendraient encore plus instructifs, si l'on en dégageait la partie résultant exclusivement de la marche *spontanée*
de l'impôt, en dehors de l'effet des modifications ou créations de
taxes. Le ministre des finances, grâce au concours, indispensable
en cette matière, des bureaux de la comptabilité publique, a pu
donner les résultats d'une telle ventilation pour la période 1869-
1889, dans son exposé des motifs du budget en 1893. D'après
lui, au cours de cette période de vingt années, sur une augmentation totale de 770 millions, les impôts indirects ont gagné spontanément, par le seul fait de leur développement naturel, 376
millions. Les 394 millions restants sont dus aux mesures législatives, créations ou augmentions de taxes.

« L'influence des mesures législatives, dit le ministre, l'empor-
« terait légèrement jusqu'en 1889 sur celle du développement
« régulier de la richesse nationale ; mais l'exercice 1890, à lui seul,

(1) Ces chiffres, extraits du *Compte général des finances*. ne sont pas com-
posés des mêmes éléments que les chiffres de l'exposé ministériel du budget
de 1893 cité plus loin, avec lesquels, dès lors, ils ne concordent pas.

« a compensé et au delà cette différence, et les abondantes plus-
« values de 1891 achèveraient, s'il en était besoin, la démons-
« tration. Elle est d'autant plus concluante que la France a au-
« jourd'hui moins de territoire qu'en 1869 et qu'elle n'a pas plus
« d'habitants.

« Ainsi, c'est un fait irrécusable : l'augmentation des revenus
« publics, depuis la chute de l'Empire, a été due moins au législa-
« teur qu'au contribuable. » (Exposé des motifs du budget de
1893, 10 mars 1892.) (1).

Voilà donc le mérite remarquable des impôts indirects bien
mis en lumière. Depuis trente ans, la force intrinsèque de progression renfermée dans ces appareils fiscaux leur a fait gagner spontanément 376 millions, soit plus de 35 p. 100 par rapport à leur
point de départ.

Si l'on se reporte immédiatement aux impôts directs que l'exposé des motifs du budget de 1893 soumet à la même épreuve, on
constate, sans peine, l'infériorité de leur marche (2). De 1869 à
1889, les recouvrements effectués pour le compte de l'État par
l'administration des contributions directes ont passé de 340 millions à 471 millions. L'augmentation totale ne dépasse donc pas
131 millions par rapport à l'année 1869. En déduisant de cette
augmentation totale la partie spontanée de la progression, celle
qui provient d'une plus-value propre à l'impôt lui-même, on reste
en présence de 77 millions seulement (les 54 millions de surplus
provenant de mesures législatives). Or, ces 77 millions de plus-
value spontanée ne représentent que 22, 6 p. 100 par rapport au
point de départ, et non plus 35 p. 100 comme pour les impôts indirects.

Partout les impôts indirects jouissent de la même faculté d'ex-

(1) Le ministre des finances a présenté corrélativement le tableau de la progression des divers éléments de la richesse publique, dont la progression des
impôts indirects n'est que la conséquence.
(2) Les calculs ci-dessus embrassent non seulement les quatre grandes contributions directes, mais aussi les taxes assimilées.
Dans un autre travail (*Dictionnaire d'économie politique*, v° *Impôt*), ne parlant
que des quatre contributions directes, nous avions donné les chiffres suivants :
1869 .... 329.500.000 fr.
1889 .... 407.913.000
Progression depuis le début de la période : 26 p. 100.

pansion (1). Si, à première vue, dans les statistiques budgétaires de l'Angleterre et des États-Unis, leur masse semble demeurer stationnaire ou même décroître d'année en année, cela tient uniquement aux larges dégrèvements pratiqués dans chacun de ces deux pays.

Ainsi, en Angleterre, le montant des impôts indirects pour 1876-1877 s'élève à 1.447 millions de francs, tandis que, quinze ans après, pour 1890-1891, il n'atteint plus que 1.443 millions. Mais, dans cet intervalle, les droits sur le thé, sur les transports par chemin de fer, sur les tabacs, sur l'argenterie, etc., ont été diminués ou supprimés ; plus de 180 millions de perceptions ont été abandonnés aux autorités locales à partir de 1888, et inversement très peu de droits ont été relevés. La baisse apparente des produits indirects se transforme, dès lors, en plus-value considérable aussitôt qu'on élimine l'effet législatif des dégrèvements. Pour 1891-1892, par exemple, comparé à 1890-1891, les deux années ne comportant à peu près aucun changement de tarif, apparaît une plus-value nette de 48.690.000 francs, rien que pour les droits intérieurs. La douane, de son côté, fournit une autre plus-value de 8.580.000 fr. Soit, au total, en une seule année, 57 millions de plus-value provenant à peu près exclusivement de la progression spontanée des revenus.

Aux États-Unis, de même, à l'époque de la grande prospérité financière antérieure à la présidence de M. Harrisson, les droits indirects progressaient par bonds annuels de 35.000.000 de dollars ou 175 millions de francs (2).

En résumé, comme l'a dit M. Thiers : « L'impôt direct ne donne « que ce qu'on lui demande. L'impôt indirect, au contraire, varie « comme la prospérité. *C'est la corne d'abondance qui donne* « *plus qu'on ne s'y attendait.* » (Discours du 15 avril 1833.)

(1) M. Beernaert, ministre des finances, disait dernièrement à la Chambre des représentants de Belgique : « La contribution foncière est restée à peu près ce « qu'elle était il y a un demi-siècle ; la contribution personnelle ne s'est pas ac-« crue non plus. Ce qui a augmenté, ce sont les contributions indirectes parce « que celles-ci grossissent avec les besoins. » (Séance du 19 juillet 1893.)
(2) Progression de 1886-1887 par rapport à 1885-1886 : 34.940.000 dollars.

§ 4. — *Proportion dans laquelle les impôts directs et indirects doivent réciproquement composer un budget régulier. Opinions de Thiers, de M. Gladstone, etc. Exemples dans différents budgets. Impossibilité de résoudre la question par une formule.*

Cette description des qualités réciproques des impôts directs et indirects amène logiquement à rechercher quelle place proportionnelle doit occuper, dans un budget bien ordonné, chacune des deux catégories de taxes. Malheureusement, la question ne comportera pas de réponse précise.

Sans doute, on peut affirmer, tout d'abord, la nécessité d'utiliser conjointement les services des impôts directs et indirects. L'énormité des budgets actuels ne saurait permettre de se passer de leur concours simultané. Même les projets radicaux, partisans nés à titre exclusif des taxes directes, admettent le maintien d'un lot souvent considérable de taxes indirectes.

L'exemple de l'assemblée nationale de 1789, d'ailleurs, n'encourage pas à exclure les impôts indirects, puisque c'est de la suppression des barrières, prononcée sous le coup des révoltes populaires, que datent les déficits du Trésor, prélude des assignats et de la faillite. « Et tout cela, dit Thiers, parce qu'on avait cru pou-« voir faire exister un État comme la France sans impôts de « consommation. »

« Quelle fut, continue Thiers, la première pensée de Napoléon « qui ramena l'ordre en France ? Ce fut de suppléer au vide des « impôts indirects. On n'accusera certainement pas Napoléon d'a-« voir été anglomane, d'avoir partagé les théories d'un pays comme « l'Angleterre, où l'on aime mieux l'impôt indirect que l'impôt di-« rect !... Cependant, comme il y avait nécessité de pourvoir à « toutes les insuffisances, Napoléon créa d'abord l'impôt du sel, et « bientôt après l'impôt des boissons, etc.

« Je dis que, dans tous les pays bien constitués, il faut d'une « part l'impôt direct et de l'autre l'impôt indirect, ou de consom-« mation.

« Ces deux bases sont essentielles.

« Il faut, d'un côté, l'impôt direct à cause de sa solidité, qui lui
« permet de résister en temps de guerre, et, de l'autre, l'impôt
« indirect, parce que, sous l'influence du soleil de la paix, permet-
« tez-moi cette expression, il s'épanouit, il s'étend. » (Discours
sur l'impôt du revenu, 15 avril 1833.)

Des déclarations analogues pourraient être extraites des ouvrages de presque tous les économistes.

Citons encore seulement les expressions imagées, par lesquelles
un homme à la fois théoricien et chef de gouvernement, M. Gladstone, s'est refusé à faire choix entre l'impôt direct et l'impôt indirect, parce qu'il les juge tous deux également nécessaires. Dans
un discours célèbre, il les compare à « deux sœurs également
« pleines d'attraits, ayant pour père et pour mère le besoin et l'in-
« vention, introduites dans la société de Londres, chacune avec une
« riche dot, susceptibles d'avoir, toutes deux, leurs admirateurs
« particuliers..., mais auxquelles le chancelier de l'Échiquier doit
« rendre des hommages absolument semblables, sans aucune pré-
« férence pour l'une ou pour l'autre. » (Discours de M. Gladstone
du 15 avril 1861.)

Léon Faucher, ancien ministre, dit également : « A quoi bon
« débattre, comme en champ clos, les mérites respectifs de l'im-
« pôt direct et indirect, puisque nous avons besoin de l'un et de
« l'autre? Tout au plus pourrait-on invoquer la convenance de dé-
« velopper en temps de paix les taxes indirectes et de réserver pour
« les cas de guerre la pesée à faire porter sur les taxes directes ou
« foncières, auxquelles la fortune acquise ne peut pas se dérober. »
(Mélanges d'économie politique et de finances.)

Ces préambules ne font qu'aggraver la difficulté de la solution.
Car, si la coexistence dans les budgets des impôts directs et indirects est reconnue indispensable, la nécessité d'y déterminer leur
proportion réciproque semble plus impérieuse que jamais. Cependant nous allons être contraint d'avouer qu'aucune règle précise
ne saurait être formulée sur ce point. Tout au plus pourrons-nous
extraire des réflexions contenues dans le présent chapitre certaines

indications instructives, certaines directions utiles, mais forcément très vagues.

Par exemple, de la qualité de solidité attribuée aux impôts directs, nous déduirons, en ce qui les concerne, l'idée générale suivante.

Les impôts directs, susceptibles de devenir aux époques de crise une précieuse réserve, ne pourront remplir ce rôle efficacement qu'à la condition d'avoir été soigneusement ménagés en temps normal. Loin donc de pousser leur rendement à l'excès, il faut alors, au contraire, le modérer avec parcimonie. La règle ici consisterait conséquemment à créer des cadres très étendus, en les garnissant le moins possible au cours des années prospères, afin de se trouver en mesure de les renforcer jusqu'à la limite des besoins imprévus, dans les années de crise.

L'*income-tax* anglais offre, à cet égard, un parfait modèle. Au premier jour, ses 335 millions de produits actuels se transformeraient, sans aucune difficulté, en plus de 800 millions, par le simple jeu d'un changement de tarifs. Il suffirait, alors, d'en élever le taux (très atténué actuellement pendant la période de paix) au même niveau qu'en 1854 et 1855, à l'époque de la guerre d'Orient (1).

En France, malheureusement, les contributions directes, moins prudemment aménagées, ne seraient peut-être plus capables de renouveler l'effort exceptionnel de 1848.

Un autre motif, d'ailleurs, engage à modérer la tension des impôts directs : c'est leur forme nominative. L'aspect brutal des rôles et des avertissements risque trop d'effaroucher le contribuable et de provoquer ses résistances pour qu'il semble prudent d'exagérer leur montant. Aussi constate-t-on, avec curiosité, mais sans surprise, dans les tableaux statistiques dressés par les soins de M. Guiseppo Cerboni, directeur général de la comptabilité italienne, le taux à peu près constant de 12 fr. par habitant, que la

---

(1) Aujourd'hui que le penny de l'*income-tax* vaut 56 millions de francs, un tarif de 14 ou 16 pences, comme en 1854 et en 1855, produirait immédiatement 770 millions, ou 880 millions de francs. Voir page 142.

plupart des gouvernements, par une sorte d'accord tacite, ont assigné au niveau de leurs contributions directes (1).

Proportion des recettes de l'impôt direct par habitant.

Autriche-Hongrie..............	12 fr.	04
France......................	12	43
Angleterre...................	12	95 .
Italie.......................	12	89
Allemagne...................	7	20
Espagne.....................	15	57

L'uniformité de cette moyenne de 12 fr. en Autriche-Hongrie, en France, en Angleterre et en Italie est un fait au moins singulier, et qu'il serait difficile d'expliquer autrement que par les considérations précédentes.

Les impôts indirects suscitent des idées tout à fait différentes. Ils brillent, avons-nous dit, par la facilité de leur perception et l'élasticité de leur rendement. Voilà plus qu'il n'en faut pour tenter les financiers officiels.

Mais pourquoi parler ainsi de tentations, lorsque nous avons à rechercher, au contraire, des règles et des proportions rationnelles. C'est qu'ici les seules règles, les seules proportions rationnelles sont déterminées impérieusement par les besoins des budgets. L'énormité des dépenses entraîne forcément l'énormité des impôts. Tout est là.

Or, comme les impôts directs, par leur constitution même, sont

(1) Au contraire, en considérant, dans la suite des mêmes tableaux, la situation des impôts indirects, on y constate les variations considérables suivantes :

	PROPORTION DES RECETTES PAR HABITANT	
	Impôts indirects sur les consommations et monopoles.	Timbre, enregistrement, succession, droits sur les transports, etc.
Autriche-Hongrie.................	11 fr. 64	6 fr. 93
France..	36 18	20 81
Allemagne......................	13 12	4 75
Angleterre.....................	29 88	10 32
Italie.........................	19 93	9 79
Espagne.....	18 47	8 76

(*Statistica comparata*, par Giuseppe Cerboni, directeur général de la comptabilité publique. Rome, 1889.)

limités, il faut bien, pour aller au delà, réclamer le surplus aux
impôts indirects. Ceux-ci, en raison de leur perception facile et de
leur rendement spontanément progressif, ne demandent pas
mieux, dans les pays riches, que de marcher de l'avant. Ils favorisent ainsi, ils provoquent même l'abus qu'on fait d'eux. Ils
constituent de dociles instruments entre les mains des fauteurs
du développement incessant des dépenses publiques.

Comment, par exemple, résister à l'offre de 59.000.000 (1) que
les impôts indirects de 1891 sont venus, en fin d'exercice, déposer
aux pieds du ministre des finances, 59 millions de bénéfices
gagnés au delà des prévisions, éclos spontanément, sans lois
nouvelles, sans réglementation coercitive, sans relèvement de
tarif! Les contribuables les ont apportés d'eux-mêmes au Trésor.
On leur demandait 2.592 millions; ils ont versé 2.651 millions.
Personne ne songe à refuser une telle aubaine! Au contraire, ces
plus-values deviennent le point de départ d'évaluations nouvelles,
qui permettent aux budgets de l'avenir d'accroître encore le chiffre
de leurs dépenses permanentes.

M. de Bismarck disait en 1881 : « Quand je pense que l'impôt
« des boissons en France rapporte 450 millions de francs, que le
« tabac rapporte presque autant, le timbre et l'enregistrement
« davantage, j'en éprouve une certaine humiliation et je me dis :
« Est-ce que nous serions moins intelligents, est-ce que nous
« aurions moins le sens des affaires que les Français? » (Land-
tag prussien, 4 février 1881.) Depuis longtemps, d'ailleurs, le
chancelier ne dissimulait pas ses préférences : « Vous savez,
« disait-il, que je suis opposé aux contributions directes et parti-
« san des impôts indirects, que j'aspire sur ce point à une réforme
« complète, qui changera en richesse la pauvreté actuelle de l'em-
« pire. » (Reichstag, 22 février 1878.)

Aussi vit-on l'Allemagne transformer profondément ses impôts

(1) L'exercice 1891 a donné 107.853.000 fr. de plus-values par rapport aux
prévisions. Mais dans ce chiffre figurent certaines augmentations exclusivement
dues aux modifications survenues dans la législation (droits de douane sur les
riz, maïs, mélasses, droits sur les raisins secs, sur les sucres, etc.). La plus-value résultant du développement normal de la matière imposable ressort net à
58.867.500 francs.

sur le sucre et sur l'alcool, perfectionner ses impôts sur les tabacs, les sels, les bières, etc., de manière à leur faire produire des centaines de millions de plus-values (542 millions de francs en treize ans, ou 179 p. 100) (1), destinés à couvrir un nombre égal de centaines de millions de dépenses militaires, maritimes et autres.

Le débordement des impôts indirects constitue donc un fait fatal dans certains pays (2), au sujet duquel on ne peut formuler d'autre règle que celle de l'économie dans les dépenses. Règle bien vague, sans doute, bien banale, comme nous en faisions d'avance l'aveu, mais seule applicable dans la circonstance. Les appétits budgétaires, en somme, déterminent la mesure des impôts indirects. Vouloir réduire ceux-ci équivaut logiquement à vouloir réduire les dépenses publiques, lesquelles inversement ne peuvent s'accroître qu'au moyen de l'extension des impôts indirects.

On comprend mieux maintenant pourquoi la proportion budgétaire des deux sortes de taxes directes et indirectes ne saurait être fixée *a priori* par un chiffre précis, par une formule didactique. Cette proportion dépend, d'une manière intime, des événements, des milieux, des tendances, de l'esprit particulier de chaque peuple.

Qu'un pays en pleine prospérité développe, ou laisse se développer, chez lui, les impôts indirects, il y a là un fait, peut-être très dangereux, mais dans une certaine mesure inévitable, étant donnée la poussée en avant de l'instinct civilisateur (3).

(1) En treize ans, de 1878-79 à 1891-1892, les impôts indirects ont progressé en Allemagne de 433.864.100 m., ou 542.330.000 fr., soit, par rapport au point de départ, de 179 p. 100.
Corrélativement, les dépenses de l'armée, de la marine, des pensions, de la dette publique, etc., ont augmenté dans la même mesure. (Extrait de l'A B C libéral de M. Richter.)
(2) Fatal dans certains pays seulement. Car l'Angleterre a eu la sagesse, au cours de ces dernières années, de résister à cette soi-disant fatalité. Déjà, en 1885, le cabinet Gladstone tomba devant le refus du Parlement de sanctionner ses projets d'augmentation des impôts indirects. On fit alors remarquer que cette solution « *sonnait, pour ainsi dire, le glas de l'impôt indirect* ».
Aussi, en 1893, pour combler le déficit de 43 millions du budget 1893-1894, le chancelier de l'Echiquier du nouveau cabinet Gladstone a-t-il proposé et fait adopter la création d'un penny supplémentaire sur l'impôt direct, l'*income-tax* (28 avril 1893).
Il y a là un exemple utile à rappeler.
(3) Thiers, dans son livre sur *la Propriété* (écrit en 1848), a beaucoup exa-

Qu'un autre pays, au contraire, plus arriéré, à visées plus modestes, à besoins plus restreints, se contente d'un faible surplus de taxes indirectes au delà de son contingent de taxes directes, ce sera peut-être la sagesse, mais non pas le progrès tel que le conçoivent les grands Etats contemporains. Chacun agit, en cette matière, d'après son tempérament, ses moyens d'action et son ambition propres.

On en trouve la preuve, d'ailleurs, dans la diversité effective des proportions d'impôts directs et indirects que contiennent les budgets des principaux pays.

Le premier des tableaux suivants ne comprend que des pays avancés en civilisation, également accablés de charges militaires, désireux, quand même, de pourvoir à toutes sortes d'autres besoins coûteux (1). Aussi, malgré certaines différences dans les chiffres, déjà cependant très significatives, y voit-on, d'une manière générale, l'impôt indirect toujours prédominer de beaucoup, et, par contre, l'impôt direct relégué au second plan.

---

géré cette idée : « L'impôt indirect, dit-il, est l'impôt des pays avancés en civi-
« lisation, tandis que l'impôt direct est celui des pays barbares. La première
« chose qu'un gouvernement sait faire, c'est de demander à chaque homme, à
« chaque terre, une certaine somme. Les Turcs, le bâton à la main, savent bien
« percevoir le *miri*... Mais tandis que la Turquie vit du miri, l'Angleterre vit de
« l'excise et des douanes, après avoir aboli l'impôt foncier. En un mot, pays
« pauvre, pays esclave et impôt direct. Pays riche, pays libre et impôt indi-
« rect. »

Evidemment, M. Thiers, dominé par le désir de combattre les projets désordonnés qui se produisaient à cette époque sous forme de nouveaux impôts directs, a excédé sa propre pensée. Cependant, en atténuant la forme et le fond de cette tirade, on reconnaît que l'impôt indirect est, en effet, l'apanage des pays civilisés.

(1) Nous n'avons pas compris la Prusse dans ce tableau, parce que les chiffres qui la concernent ne peuvent être fournis sans explications. A première vue, en effet, la proportion entre les impôts directs et indirects y ressort ainsi :

Impôts directs.. 71 p. 100
— indirects.. 29 p. 100

C'est le renversement des données afférentes aux autres pays. Mais ce résultat n'est qu'apparent, parce que les taxes du budget de l'Empire perçues sur le territoire de la Prusse, lesquelles sont exclusivement indirectes, modifient de fond en comble la proportion indiquée ci-dessus. Celle-ci doit ressortir, en réalité, à environ 28 p. 100 pour les impôts directs et 72 p. 100 pour les impôts indirects. Mais ces résultats ne peuvent être indiqués que d'une manière tout à fait approximative.

Proportion pour cent, par aperçu (1), du produit des impôts directs et indirects dans le total des produits fiscaux des principaux budgets.

	Impôts directs.	Impôts indirects.
Angleterre.......	22 p. 100....	78 p. 100
Russie.	15 —	85 —
France..........	19 —	81 —
Autriche (budget	—	—
cisleithan).....	18 —	82 —
Belgique........	28 —	72 —
Italie..........	34 —	66 —

Le second tableau, consacré à des pays plus primitifs ou plus besoigneux (2), fait ressortir, au contraire, une égalité proportionnelle presque complète entre les deux sortes de taxes.

	Impôts directs.	Impôts indirects.
Espagne (3)..	47 p. 100...	53 p. 100

(1) Nous disons *par aperçu* seulement afin de formuler d'avance toutes nos réserves au sujet de chiffres dont l'exactitude est forcément discutable. Il est presque impossible, en effet, de spécifier avec une sûreté absolue le total des impôts directs et indirects d'un pays. Par exemple, parmi ces derniers, devraient figurer, à la rigueur, pour une certaine portion, les monopoles fiscaux. Mais comment déterminer cette portion? Comment distinguer la partie commerciale et la partie fiscale d'un monopole? Dans le doute, nous avons éliminé complètement leur rendement.

De même, nous avons laissé de côté les produits divers, produits de péages, produits d'exploitations, recettes accidentelles, revenus des postes et télégraphes, des chemins de fer, de la loterie, etc., qui contiennent souvent cependant un lot de perceptions indirectes.

(2) Les budgets des pays primitifs ou besoigneux sont trop obscurs, en général, pour se laisser facilement décomposer. Aussi, avons-nous jugé suffisant de citer, à titre d'exemple, ceux de l'Espagne, du Japon et de la Tunisie, où, par exception, la répartition entre les impôts directs et indirects se trouve toute faite.

(3) En Espagne, sur un total de recettes de 746.958.080 fr., les contributions directes entrent pour 255.384.247 fr. et les contributions indirectes pour 282.556.742 fr.

Le surplus, au delà de ces 537.940.989 fr., est fourni par les monopoles, les revenus des domaines, etc. Si, à la place de ces chiffres extraits des résultats de l'exercice 1890-1891, nous avions pris les prévisions du budget de 1891-1892, la proportion eût été de 48 p. 100, contre 52 p. 100, à peu près égale à la précédente, sauf une légère tendance à l'augmentation des contributions directes. C'est là qu'on puise, en effet, pour tenter de combler les déficits.

Impôts directs.   Impôts indirects.

Tunisie (1).. 52 p. 100... 48 p. 100
Japon   (2).. 59 — ... 41 —

Sans quitter la France, d'ailleurs, il suffit de remonter à trois
quarts de siècle en arrière, alors que les services publics exigeaient
des subsides beaucoup moins excessifs qu'aujourd'hui, pour y
trouver corrélativement des taux de proportion très différents de
ceux du premier tableau, se rapprochant, dès lors, de ceux du
second. Ainsi, en 1816, les impôts directs, en France, atteignaient
un niveau à peu près égal à celui des impôts indirects,
45 1/2 p. 100 contre 54 1/2 p. 100 approximativement. Mais, dès
1831, la proportion des contributions directes commence à
s'abaisser à 34 p. 100 contre 66 p. 100 (3).

D'autres considérations, d'autres exemples pourraient encore
être développés au sujet des rapports réciproques des taxes directes
et indirectes, sans aboutir jamais cependant, comme beaucoup
de personnes le trouveraient commode, à l'énoncé d'une règle
précise et définitive.

La science financière, en résumé, se refuse à chiffrer les proportions dont il s'agit. Non qu'elle craigne de se compromettre,
mais parce qu'elle juge impossible de fixer des taux immuables
pour des éléments essentiellement variables suivant les pays et
suivant les temps.

Que de questions ainsi ne parviennent pas à trouver leur solution toute faite dans une formule automatique! Ce serait trop

(1) Le budget de l'exercice 1893, en Tunisie, sur un total de recettes de
26.000.000 fr., comprend 7.880.000 fr. de contributions directes et 7.175.000 fr.
de contributions indirectes. Le complément au delà de ces 15.055.000 fr. est
fourni par les revenus des domaines, des forêts, des postes et télégraphes, des
monopoles, etc. (*Journal Officiel* du 3 août 1893.)

(2) Le budget du Japon, pour 1892-1893, comprend 39.650.000 *yen* d'impôts
directs (foncier et sur le revenu) et 27.240.000 d'impôts indirects de diverses
natures. Au delà de ces 66.890.000 *yen* le surplus est composé de produits des
postes et télégraphes, des chemins de fer de l'Etat, des forêts, etc. (Le *yen* vaut
5 fr. 39 c)

(3) En 1846, cependant, Léon Faucher pouvait encore écrire : « En France,
« l'impôt direct est la base principale du revenu. » (*Mélanges d'économie politique et de finances.*)

simple. La plupart, au contraire, comme la présente, ne se résolvent que par des appréciations d'espèce, ce qui les rend, d'ailleurs, d'autant plus scientifiques. Car alors, pour être rationnellement établies, lesdites appréciations d'espèce impliquent une science préalable approfondie, dont elles doivent émaner spontanément. Le législateur, par exemple, désireux de discerner, dans les budgets soumis à son examen, la juste proportion applicable aux impôts directs et indirects, n'y réussira qu'à la condition de se pénétrer intimement des théories exposées ci-dessus, de connaître à fond le fort et le faible de ces deux natures de taxes telles que nous avons essayé de les décrire plus haut. Peut-être, à l'égard des budgets actuels, trop engagés déjà par les précédents, ses tentatives de péréquation, si savantes soient-elles, ne pourront-elles aboutir qu'à déterminer une orientation pour l'avenir. Mais les enseignements du présent chapitre lui fourniront, à coup sûr, dès maintenant, les moyens de combattre énergiquement et efficacement aussi, nous l'espérons, les projets de réformes inconsidérées, à l'ordre du jour, qui tendent à charger avec excès, d'une manière presque exclusive, l'un ou l'autre plateau de la balance.

CHAPITRE XVII

IMPÔTS DE RÉPARTITION ET DE QUOTITÉ

Dans le sein même des impôts directs, que nous venons de com-parer aux impôts indirects, existe une subdivision importante à laquelle il a été déjà fait allusion. Les contributions directes, en effet, se distinguent en contributions de répartition et en contributions de quotité.

§ 1. — *Définitions et caractères généraux.*

Voici comment l'Instruction générale des finances, précédemment citée, définit les unes et les autres.

« L'impôt de répartition est celui dont la somme totale, fixée « d'avance par la loi de finances, se répartit de degrés en degrés « entre les départements, les arrondissements, les communes et les « contribuables.

« L'impôt de quotité est celui dont les taxes résultent de l'appli-« cation à des éléments variables de tarifs ou de quotités détermi-« nées et dont, par conséquent, les produits ne peuvent être évalués « que d'une manière approximative au budget de l'État. »

A cette formule un peu longue, on peut, sans autres commen-taires, substituer la suivante :

« L'impôt de répartition est celui dont le montant total, déter-« miné d'avance et réparti ensuite de groupe en groupe jusqu'au « contribuable, doit être intégralement recouvré.

« L'impôt de quotité est celui dont l'autorité législative se borne ç à évaluer le produit, après en avoir déterminé les tarifs (1). »

---

(1) Dans la pratique, il arrive que certains impôts de répartition contiennent un mélange de quotité. Par exemple, les constructions nouvelles sont cotisées à l'impôt mobilier sur le pied de 5 p. 100 de leur valeur. Mais ces rectifications de détail n'infirment en rien la valeur des définitions théoriques précédentes.

Ainsi, pour l'un, la loi détermine la somme totale à recouvrer, pour l'autre, elle se borne à déterminer les tarifs. Le produit du premier se composera exactement du montant total de la somme fixée d'avance par la loi. Le produit du second se composera des résultats éventuels de l'application des tarifs aux matières impo-.ées. Telles sont les distinctions fondamentales des deux sortes de taxes directes.

Les mérites de l'impôt de répartition ont été très contestés depuis quelques années. On lui reproche d'abord de constituer un procédé barbare, parce que, dit-on, « c'est la forme par excellence « de la contribution de guerre, de celle dont le vainqueur frappe « le pays vaincu : c'est un procédé indigne d'un peuple civilisé, « soucieux de ne faire supporter à chacun que la part qui lui in- « combe réellement dans l'ensemble des charges publiques ». (*Rapport* de M. Ballue *sur l'assiette de l'impôt*, 26 novembre 1886) (1). M. Paul Leroy-Beaulieu considère de même l'impôt de répartition comme une sorte de rançon imposée au contribuable « Ce sont, dit-il, des taxes barbares dignes des gouvernements ru- « dimentaires. » (Société d'économie politique, 5 novembre 1885).

Les gouvernements rudimentaires dont il s'agit commettent effectivement un acte barbare, lorsque, par impuissance ou par faiblesse, ils assignent arbitrairement un tribut global à chaque division de leur territoire, sans s'inquiéter des procédés de recou- vrement. Mais tout autres furent les sentiments de l'assemblée nationale de 1789, en organisant l'impôt de répartition. Elle voulut alors, au contraire, délimiter rationnellement, d'après les nou- veaux principes constitutionnels, les attributions réciproques de l'État et des particuliers en matière de taxe. A l'État fut dévolu le droit de fixer le total des recettes et de désigner la nature propre de chaque impôt. Aux contribuables eux-mêmes revint ensuite le pouvoir de répartir librement dans leur sein le montant des impôts déterminés par la législature.

(1) On n'en finirait pas à citer toutes les épithètes dont l'impôt de répartition se trouve accablé par ses adversaires : il est, d'après eux, étroit, grossier, im- puissant, empirique, injuste, sauvage, etc.

« Avec le système de la quotité, disait La Rochefoucauld, la
« fixation de la cote de chaque contribuable est un procès entre
« lui et le percepteur (1). Au contraire, la surveillance s'établit
« tout naturellement lorsque chacun est intéressé à ce que son
« voisin paye ce qu'il doit payer. Votre comité a donc pensé à cet
« égard que la contribution doit être d'une somme déterminée.»
(*Rapport* du 11 septembre 1790.) En conséquence, la constitution
de 1791 put insérer, parmi ses dispositions,cette maxime libérale :
tous les citoyens ont le droit de concourir à l'établissement des
contributions.

Si donc certains émirs orientaux ou certains conquérants bru-
taux ont abusé de la forme de la répartition, la Révolution, de
son côté, l'a élevée au rang de ses grands principes.

La question, on le voit, sous cet aspect général, demeure au
moins très controversée.

Aussi l'aborderons-nous maintenant plus efficacement en précisant les reproches et les éloges que méritent habituellement
chacune des deux formes de l'impôt direct.

Les adversaires de l'impôt de répartition, en premier lieu, l'ac-
cusent d'être à la fois moins proportionnel et moins productif que
l'impôt de quotité. Un seul de ces griefs suffirait à discréditer le
système. Car, pour un impôt, pécher soit par la proportionnalité,
soit par la productivité, c'est pécher par la base.

Étudions donc avec soin ces chefs d'accusation.

§ 2. — *Défaut de proportionnalité des impôts de répartition.*

Le défaut de proportionnalité résulte ici du fait même de l'exis-

---

(1) Turgot déjà avait dit, en termes plus succincts, que, dans le système de
la quotité, « l'Etat est seul contre tous ».

L'assemblée constituante, d'ailleurs, fit valoir en faveur de la répartition un
autre ordre de considérations. « Votre comité, disait La Rochefoucauld, a pensé
« que les besoins de l'Etat doivent être la seule mesure des contributions, que,
« ces besoins étant variables, la somme des contributions doit y rester toujours
« exactement proportionnée... qu'il fallait donc s'en tenir à ce principe que la
« contribution doit être fixée d'après les besoins de l'Etat, reconnus et déclarés
« par les représentants du peuple et que, par conséquent, la contribution doit
« être d'une somme déterminée. » (Rapport du 11 septembre 1790.)

tence des contingents (1). Les contingents législatifs, en effet, déterminés *a priori*, puis répartis en masse de circonscription en circonscription, ne s'associent que de loin à la matière imposable et, par conséquent, ne s'y proportionnent pas. Ils ne se rapprochent d'elle qu'au dernier degré de leur échelon, celui qui touche au contribuable, trop tard alors pour en recevoir utilement l'influence. Ce défaut de relations opportunes entre les contingents et les revenus imposables sépare les deux éléments par un écart sans cesse grandissant. D'un côté, les revenus individuels, poussés en tous sens par les mille causes diverses qui les affectent, croissent ou s'abaissent dans des proportions variables sur tous les points du territoire; de l'autre, les contingents continuent impassiblement à sortir tout armés du cerveau du législateur, avec leurs chiffres immuables.

De loin en loin, seulement, l'énormité de la disproportion se révèle, quand l'opinion publique, émue des inégalités exorbitantes qui frappent éventuellement ses yeux, provoque une enquête générale. Les résultats de ces enquêtes dépassent alors toutes les prévisions. A tel point que, pendant la durée du second Empire, les travaux des contrôleurs en 1851 furent prudemment tenus par le gouvernement à l'abri des regards indiscrets. Ils n'en ont pas moins été découverts plus tard (2).On connaissait déjà, d'ailleurs, les chiffres de l'enquête de 1821, et l'on connaît maintenant ceux, plus extraordinaires encore, de l'enquête de 1879. Il suffit de citer quelques-uns de ces derniers.

Les revenus imposables de la propriété foncière non bâtie, de 1851 à 1879, ont progressé de 764 millions, ou 41,89 p. 100 (3).

(1) Les contingents sont, on le sait, la somme annuellement et préalablement fixée par l'autorité législative. Ils représentent « ce montant total déterminé « d'avance et réparti ensuite » dont parle la définition. Les contingents appartiennent essentiellement au mécanisme de la répartition, puisque ce sont eux-mêmes qu'on répartit.

(2) C'est en 1872 seulement, après la chute de l'Empire, que les volumes de l'enquête de 1851, conservés par M. Wolowski, ont été produits au jour.

(3) Revenus imposables :

1851.......................................	1.824 millions de francs
1879.......................................	2.588 millions —
Progression.....................	764 millions —

Les chiffres de 1879 ont été très intelligemment ramenés à des termes compa-

Pendant ce temps, les contingents en principal demeurèrent absolument stationnaires et même rétrogradérent un peu (1).

Voilà pour les chiffres en bloc : d'une part, marche en avant de 764 millions, représentant près de 42 p. 100 par rapport au point de départ, de l'autre, immobilité complète.

Mais, en outre, au sein de cette marche en avant globale des revenus, quelle diversité de situations individuelles ! Certains d'entre eux, très loin en tête, ont dépassé de beaucoup la moyenne ; d'autres, au contraire, se sont attardés ; quelques-uns même sont restés en arrière. Un petit nombre seulement a maintenu son allure aux environs de la progression générale de 42 p. 100.

De sorte que, vis-à-vis de chacun de ces cas particuliers, l'impôt, qui n'a participé ni aux fluctuations locales ni aux fluctuations d'ensemble, exagère encore son improportionnalité. Il en arrive à frapper de taux incohérents les différents lots de revenus soumis à ses coups sur la surface du territoire.

Pour les départements, par exemple, tandis qu'ici son taux s'abaisse à 2,50 p. 100, là, au contraire, il monte à 7,21 p. 100.

Dans tel arrondissement, son taux descend à 0,74 p. 100 ; dans tel autre, il dépasse 9,40 p. 100. Dans les cantons, l'écart s'étend de 1 p. 100 à 25,57 p. 100. Plus les circonscriptions se rétrécissent, plus les moyennes s'espacent. En aboutissant à la commune, on arrive à constater moins de 1 p. 100, et plus de 30 p. 100 ! Qu'eût révélé l'enquête si elle avait pu pousser ses investigations jusqu'aux cotes individuelles ? On le suppose, ou plutôt on n'ose pas le supposer, d'après les données précédentes (2).

rables, par le directeur général, M. Boutin, en éliminant les départements de la Savoie, Haute-Savoie et des Alpes-Maritimes. Dans le même but, les chiffres de 1851 ne comprennent pas les départements de l'Alsace-Lorraine. En outre, de part et d'autre, la Corse est laissée de côté.

(1) Contribution foncière des propriétés non bâties en principal :

1851.. 117.395.562 fr.
1879.. 117.349.181

Ces chiffres sont établis dans les tableaux statistiques de l'administration, déduction faite des mêmes départements que précédemment.

(2) Au sein des communes, où le taux moyen atteint 20, 25 ou 30 p. 100, on est en droit de supposer que les cotes individuelles, dont ces moyennes sont composées, peuvent, dans certains cas extrêmes, représenter un taux d'imposition de 50 ou 60 p. 100 au moins.

Les enquêtes (1) démontrent donc péremptoirement l'improportionnalité essentielle de l'impôt de répartition.

Sans doute, une fois le mal constaté officiellement, les pouvoirs
publics s'efforcent de le réparer. Aux enquêtes dont nous venons
de parler succèdent les revisions. Mais ces revisions jusqu'ici n'ont
jamais constitué que des palliatifs passagers, susceptibles, tout au
plus, comme en 1890, de ramener une sorte d'égalité momentanée
entre les grandes circonscriptions départementales, sans faire descendre le nivellement jusqu'aux arrondissements, aux cantons,
aux communes, et surtout jusqu'aux contribuables. Pour obtenir
un résultat complet, il faudrait se résoudre à procéder à l'opération
longue et coûteuse de la réfection du cadastre (2). Et encore, une
fois le cadastre refait, pendant le temps même consacré à sa réfection, le travail serait à recommencer, parce que les revenus ne
suspendront jamais leur éternel mouvement oscillatoire (3).

L'impôt de quotité n'a pas de telles défaillances. Sa proportionnalité, au contraire, est pour ainsi dire automatique. S'adressant
directement à la matière imposable, ajustant son tarif à la valeur des propriétés, il conserve toujours son exacte relation avec
elle. Sous ce point de vue, il revêt à peu près l'allure des impôts
indirects, dont il est l'image affaiblie.

Ainsi, en France, l'impôt sur la propriété bâtie, devenu de
quotité depuis 1890, frappe désormais celle-ci d'une taxe proportionnelle fixée à 3,20 pour 100. Dès lors, son rapport avec le
revenu, pour chaque maison, dans chaque cote individuelle,
équivaudra toujours sûrement, sauf erreur accidentelle et répa-

(1) Nous n'avons parlé ci-dessus que de l'enquête relative à l'impôt foncier
sur la propriété non bâtie. Des résultats analogues pourraient être fournis par
l'enquête relative à la propriété bâtie, et par celle qui se poursuit à l'égard de
la contribution personnelle et mobilière.

(2) L'opération de la réfection du cadastre coûterait plus de 300 millions et
exigerait de nombreuses années. Quelques communes ont procédé isolément au
renouvellement de leur cadastre. Mais le nombre en est peu considérable, 2.300
environ.

(3) Les inégalités de la répartition compromettent aujourd'hui l'existence
même de l'impôt foncier. Car, ne sachant plus par quel moyen rétablir sa proportionnalité, on va jusqu'à parler de sa suppression, ou de son abandon aux
communes ou aux départements. Voir les projets déposés par M. Léon Say,
député, et par M. de la Martinière et ses collègues (83 signataires), le 31 mai
1890.

rable, à 3,20 p. 100 (1). Les écarts inhérents au système de la répartition ne sont donc plus ici à redouter.

§ 3. — *Faculté de progression du rendement des impôts de quotité.*

Les mêmes caractères qui dotent l'impôt de quotité de cette vertu de proportionnalité lui attribuent corrélativement, toujours comme aux impôts indirects, une précieuse faculté de progression, dont nous allons voir inversement l'impôt de répartition dépouillé. Du moment que, par le système de quotité, la matière imposable se trouve saisie directement et suivie de près par le tarif, le rendement de l'impôt, participant ainsi intimement aux progrès de la richesse publique, doit nécessairement s'élever avec elle d'une manière constante et rapide.

Au contraire, disions-nous, le système de la répartition est, par lui-même, à peu près exclusif de toute progression. Car la détermination de son montant dépend, non pas des mouvements de la richesse publique, dont il se tient éloigné, mais de la seule volonté préalable du législateur. Or, le législateur n'exerce presque jamais sa volonté dans le sens de l'augmentation des contingents. Il ne peut, pour ainsi dire, pas augmenter les contingents, sauf dans des cas tout à fait exceptionnels. D'abord, par crainte de l'impopularité, très redoutable en matière de contributions directes, et très redoutée des élus du suffrage universel. Puis, par l'impossibilité, en toute conscience, d'aggraver le poids d'une charge aussi mal répartie. Cette seconde raison se lie aux considérations antérieures : l'improportionnalité même de l'impôt de répartition constatée précédemment le condamne à un rendement stagnant. Bien heureux encore quand les revisions qui suivent les enquêtes n'aboutissent pas à diminuer les chiffres de ce

---

(1) Pendant les dix premières années d'application de la loi du 8 août 1890, cependant, les estimations des valeurs locatives imposables ne devant pas être revisées, la proportionnalité de l'impôt pourra, surtout vers la fin, s'en trouver atteinte. Mais ce n'est là qu'un délai exceptionnel d'entrée en matière.

rendement, comme en 1821, et en 1890, où 13 millions 1/2 et
15 millions ont été déduits des contingents (1).

Voilà donc, à deux points de vue essentiels, celui de la proportionnalité et celui de la productivité, l'impôt de répartition condamné et l'impôt de quotité, au contraire, préconisé.

Ces conclusions ne sont que trop réelles. Loin de chercher à en
dissimuler le bien fondé, nous allons les renforcer encore de quelques exemples.

§ 4. — *Substitution, en 1831, du système de la quotité à celui
de la répartition. Recensements de 1841. Transformation
en 1890 de l'impôt sur la propriété bâtie.*

En 1831, l'impôt des portes et fenêtres et l'impôt personnel furent transformés en impôts de quotité. L'expérience ne dura qu'un
an (2). Ce court délai néanmoins suffit à faire découvrir pour
4 millions passés de portes et fenêtres omises. Sous le régime
de la répartition, les contrôleurs des contributions directes
n'avaient taxé que 33.949.468 portes et fenêtres. Avec le régime
de la quotité, du jour au lendemain, ils en saisirent 38 millions,
soit 12 p. 100 passés en plus.

(1) Depuis le début du siècle, le principal des impôts de répartition aurait
beaucoup diminué si le législateur n'avait eu la précaution de ramener à lui,
par un habile procédé automatique, les constructions nouvelles au fur et à mesure qu'elles apparaissaient. (Lois du 17 août 1835 et du 4 août 1844). Quoi qu'il
en soit, la plus-value des impôts de répartition, de 1869 à 1889, n'a pas dépassé 15 p. 100, tandis que, dans la même période, la progression des fonds
généraux des impôts de quotité (c'est-à-dire des patentes qui les composaient
presque exclusivement) a atteint 50 p. 100. Sans doute, cette progression de
50 p. 100 demeure encore inférieure à la progression des taxes indirectes, cotée
à 80 p. 100 environ, on s'en souvient. Mais, dans le sein des contributions directes, elle révèle, sans contestation, la supériorité du rendement du système de
quotité.

En prenant une période plus étendue, de 1838 à 1893, par exemple, les résultats deviennent encore plus significatifs. Pendant ces 55 années, la plus-value
des impôts de répartition ne dépasse pas 28.600.000 fr. soit 10 p. 100 environ,
tandis que celle des impôts de quotité s'élève à 66.804.000, ou 220 p. 100 par
rapport au point de départ.

(2) La loi du 26 mars 1831 transforma en impôt de quotité la contribution
personnelle et celle des portes et fenêtres. Mais la loi du 21 août 1832 abrogea
la précédente et rétablit ces deux contributions sous la forme de répartition.
Nous reparlons plus loin de ces deux lois de 1831 et 1832.

De même, les recensements exceptionnels pratiqués en 1841, dont il sera question plus loin, firent reconnaître d'emblée l'existence de 547.232 propriétés bâties qui échappaient à l'impôt sous l'empire de la répartition. Le ministre des finances, Humann, le déclarait ainsi à la tribune : « L'opération a révélé l'existence de « 547.232 propriétés bâties qui ne payaient pas l'impôt et que j'ai « fait imposer... La quotité n'a été si vivement attaquée que parce « qu'elle rectifiait des inégalités intolérables. » (Discours du 25 janvier 1842.)

Au cours des grandes dicussions qui précédèrent le vote de la loi du 8 août 1890, les adversaires mêmes de la quotité reconnurent ses incontestables mérites.

« L'impôt de quotité, fut-il dit, comme instrument fiscal, a deux « avantages : il opère automatiquement la péréquation, puisque « l'impôt, étant assis sur les valeurs elles-mêmes, atteint sûrement « les facultés contributives de chacun... Il a un autre avantage. « Par cela seul qu'il suit les mouvements de la matière imposable, « il conduit à des plus-values. » (Rapport au Sénat du 30 juillet 1890) (1). Ce sont là précisément les deux ordres d'idées traités dans les deux divisions de notre exposé ci-dessus.

Le ministre des finances ajoutait, après avoir cité l'opinion des économistes en faveur de la quotité (2), qu'en fait cette forme de taxation se trouvait aujourd'hui adoptée à peu près partout (3) à

(1) Ce rapport concluait cependant contre la substitution proposée de l'impôt de quotité en impôt de répartition, laquelle triompha néanmoins dans la loi du 8 août 1890.

(2) Parmi les opinions des économistes, on peut citer notamment celle de M. Paul Leroy-Beaulieu qui s'exprime ainsi : « Le système de la quotité est « plus proportionnel au revenu ou à la valeur des propriétés ; il permet de tirer de « l'impôt un revenu plus élevé parce qu'il peut suivre plus exactement le déve- « loppement de la richesse... Dans un pays de développement agricole, un im- « pôt foncier de quotité peut rapporter infiniment plus qu'un impôt de réparti- « tion. »

(3) Le ministre des finances allait même jusqu'à prétendre qu'en 1790 l'as- semblée constituante avait voulu créer un impôt foncier de quotité parce qu'alors un maximum destiné à rectifier les inégalités de la répartition avait été assigné au taux des taxations. Mais, en fait d'abord, ce maximum ne fonctionna pas. Puis même, en se tenant aux intentions, on ne saurait jamais dire que la Cons- tituante ait répudié le système de la répartition, lequel fut, au contraire, exclu- sivement et expressément prôné par elle, en toute occasion, dans les termes ci- tés plus haut. Voir, d'ailleurs, à ce sujet notre histoire des *Finances de l'ancien régime et de la Révolution*, 1er vol. pages 155 et suiv.

l'égard de la propriété bâtie. Sauf quatre exceptions, toutes les nations civilisées du monde occidental l'ont mise en pratique (1).

Il est naturel, en effet, qu'un procédé de taxation capable de procurer aux budgets des ressources sans cesse croissantes, et de maintenir, en même temps, une exacte proportionnalité dans le taux de l'impôt, obtienne les préférences universelles sur le procédé inverse absolument dépourvu des mêmes mérites.

La théorie, appuyée sur la pratique, enseigne donc incontestablement jusqu'ici que le système de quotité doit être substitué au système de la répartition, toutes les fois que ladite transformation est possible.

Mais est-elle toujours possible? Voilà où nos conclusions si péremptoires vont subir une atténuation nécessaire, commandée par la force des choses supérieure aux raisonnements.

§ 5. — *Cas exceptionnels dans lesquels il faut renoncer à la quotité, malgré ses mérites. Impôt sur la terre en France. Avantages de la répartition.*

Cette force des choses résulte du caractère de certaines matières imposables spécialement délicates, spécialement impressionnables, vis à-vis desquelles des ménagements extrêmes deviennent indispensables. Parmi elles figurent en première ligne les propriétés foncières non bâties. Le propriétaire terrien, le cultivateur, le paysan, en France tout au moins, ne supporteraient pas aisément une taxe directe, munie d'un tarif proportionnel aux revenus, qui aurait la prétention de suivre , d'une manière incessante et précise, les mouvements de ces revenus.

« Transformer l'impôt foncier en un impôt sur le revenu des

---

(1) « En Europe dans 17 Etats, en Egypte, aux Etats-Unis, soit dans 19 Etats, « l'impôt foncier est un impôt de quotité. Il n'a la forme de répartition que « dans quatre Etats seulement qui sont la Russie, la Serbie, le Portugal et « l'Espagne. » (Discours de M. Rouvier, ministre des finances. Sénat, 5 août 1890.)

Consulter, d'ailleurs, l'enquête dirigée à ce sujet par le ministère des affaires étrangères, sur la demande de l'administration des contributions directes et que le Bulletin de statistique des finances a publiée dans ses numéros de septembre 1890 et suivants.

« terres est chez nous, dans notre état social politique et adminis-
« tratif, une impossibilité absolue, » dit M. Léon Say dans sa brochure sur *le Dégrèvement de l'impôt foncier* (1882) (1).

Tout au plus a-t-on pu songer à introduire le système de la quotité à l'égard des propriétés bâties. Celles-ci, en effet, se prêtent
beaucoup mieux à l'application d'un tarif, parce qu'elles se trouvent, d'abord, entre les mains d'un nombre beaucoup moindre et
d'une espèce toute différente de propriétaires. Puis, leurs revenus
plus apparents, moins assujettis aux variations des saisons, de la
température et des mercuriales que ceux de la terre, offrent à
l'imposition une base relativement certaine et constante, que les
taxateurs peuvent presque toujours évaluer spontanément.

Aussi, avons-nous applaudi à la réforme réalisée à leur égard
par la loi du 8 août 1890. Les pays étrangers, d'ailleurs, nous
avaient tracé la route (2).

Mais étendre la quotité à l'impôt sur la propriété non bâtie, assujettir la terre à un tarif, mettre le cultivateur en rapport direct
et annuel avec l'agent du fisc, voilà ce qu'on ne rencontre plus,
ni en Belgique, ni en Italie, ni en Bavière, ni en Prusse, et ce qui
serait impraticable en France !

« Je considère, disait encore M. Léon Say dans un discours du
« 4 mars 1881, que le gouvernement qui entreprendrait une pa-

(1) L'administration des finances s'exprimait, elle-même, ainsi dans sa réponse au projet de M. Ballue : « L'impôt de répartition a pour avantage d'assu-
« rer au Trésor des ressources certaines et indépendantes des fluctuations de la
« fortune publique, en même temps qu'il constitue une véritable sauvegarde pour
« le redevable par l'abonnement qu'il établit avec lui. L'impôt de quotité sou-
« lèverait la défiance des populations et, par suite, l'assiette en serait extrême-
« ment difficile. »

(2) *L'impôt sur le revenu*, par exemple, bien que l'Italie au début en ait fait
un impôt de répartition, est, par sa nature même, un impôt de quotité. Aussi
le ministre des finances, Sella, lorsqu'il proposa, en 1862, la forme de répartition pour l'impôt sur la richesse mobilière, eut-il soin de prévenir que la
mesure, dans sa pensée, n'avait qu'un caractère tout à fait transitoire.

« L'impôt sur le revenu est, de sa nature, un impôt de pure et de simple
« quotité. Je ne pouvais l'ignorer. Tel je l'aurais proposé si l'état de nos finan-
« ces nous permettait de remettre à une autre année la perception pleine du pro-
« duit qu'il est capable de donner au Trésor. Vous comprendrez combien j'ai dû
« sourire à l'idée d'un contingent déterminé capable d'assurer immédiatement
« un produit déterminé. » (Exposé des motifs du 18 novembre 1862.)

Aussi, dès 1866, la taxe sur la richesse mobilière revêtit-elle la forme de quotité qu'elle n'a plus perdue depuis.

« reille tâche, dût-il l'accomplir ´et surtout s'il l'accomplissait, ne
« pourrait pas y survivre... La seule pensée de soumettre les cul-
« tivateurs de toute la France à une sorte d'exercice, analogue à
« celui que n'ont pas pu supporter les bouilleurs de cru, c'est, au
« point de vue administratif comme au point de vue politique, une
« entreprise qui ne supporte même pas l'examen. »

Le procédé de la répartition réussit seul ici à se rendre acceptable.
Seul il s'adapte au tempérament des propriétaires terriens, par le
fait même de ses défauts, ou plutôt des qualités qui contrebalan-
cent ses défauts. Ces qualités, dont nous n'avons pas encore osé
parler parce qu'elles semblaient négligeables en présence des reproches dominants d'improportionnalité et d'improductivité que
méritait l'ensemble du système, reprennent alors leur valeur.

La première d'entre elles consiste à épargner aux contribuables
toute relation directe et inquiétante avec les agents de l'État.
Le travail de la répartition, s'effectuant par les soins des intéressés eux-mêmes, la main du fisc n'y apparaît pas, ou presque pas.

Or, cette main du fisc est forcément lourde, rigide, implacable.
Elle ne sait ni ne peut se plier délicatement aux milieux et aux
circonstances. La puissance du mécanisme mis en mouvement
par les administrations publiques résulte précisément de son in-
flexibilité et de son uniformité. Les administrations locales, au
contraire, rapprochées et issues des contribuables, connaissent
leurs besoins, désirent les satisfaire, un peu trop inertes quelquefois,
mais conciliantes par tempérament et par intérêt, elles atténuent autant que possible la brutalité spontanée des mouvements
de l'appareil (1). Sans doute, l'impôt de répartition manié par elles
ne suit pas de très près les revenus individuels, et devient rapidement improportionnel. C'est la contre-partie des qualités aux
défauts que nous mentionnons plus haut. Mais, au moins, il ne
moleste pas, il n'inquiète pas, il se ferait presque oublier, n'était

---

(1) Nous n'attribuons aux administrations locales ce caractère inoffensif qu'au
regard de l'impôt foncier de répartition, parce que celui-ci ne se prête pas à
l'arbitraire. Il n'en serait plus de même si les administrations locales étaient
chargées d'asseoir l'impôt sur le revenu au gré de leurs passions politiques et
de leurs rancunes de clocher.

sa note annuelle. Grâce à cette tactique, il parvient à s'acclimater au sein d'une population rurale, inquiète, avant toutes choses, de sa tranquillité (1).

L'impôt de répartition possède une seconde qualité très appréciée du contribuable, sa constante fixité. La permanence des contingents et l'absence de revision du cadastre maintiennent aux évaluations une base à peu près invariable. Si les centimes additionnels ne surchargeaient pas incessamment le principal, le montant des avertissements annuels ne changerait pas. D'ailleurs, les changements produits par l'aggravation des centimes additionnels semblent beaucoup moins pénibles au contribuable que ne le seraient les changements résultant de revisions portant sur les bases mêmes des cotisations. Les mesures générales, dont tout le monde souffre uniformément, surrexcitent beaucoup moins les esprits que les rehaussements sélectifs, où chacun se croit plus mal traité que son voisin. Rien ne paraît plus intolérable que l'instabilité des cotes individuelles.

Encore ici les défauts de la répartition deviennent la source de ses qualités. Son absence de progression lui assure une existence calme, rassurante, et remarquablement stable, que certains théoriciens, même, érigent en principe parce qu'elle encourage les progrès de la culture, et réserve à leur auteur le bénéfice intact de ses efforts, sans partage avec l'État.

Les très réelles et fécondes vertus de la quotité ne sauraient donc réussir dans tous les terrains. Tout dépend des milieux.

On l'a bien vu, d'ailleurs, par les expériences dont nous avons déjà parlé, tentées en France en 1831-1832 à l'égard des contributions personnelle et des portes et fenêtres, qui présentaient cependant beaucoup plus de chances de succès qu'elles ne pour-

(1) « La forme actuelle de la répartition, malgré ses inconvénients, a, au « moins, cet avantage que c'est la plus favorable de toutes pour les pauvres, « parce qu'il est de l'intérêt des collecteurs d'avoir des débiteurs solvables. »)Remontrances de la cour des aides de Paris, du 7 juillet 1768.)

raient le faire à l'égard de la contribution foncière sur les propriétés non bâties. L'échec n'en fut pas moins complet.

L'exposé des motifs de la loi du 26 mars 1831 (1), en faveur
du système de la quotité, justifiait certainement la nécessité de
cette transformation par les arguments les plus solides : il n'était
que trop évident que le procédé de la répartition privait l'État de
revenus importants et maintenait entre les cotes individuelles les
plus graves inégalités. Néanmoins, au bout d'une année, bon
gré mal gré, on dut revenir sur la mesure, parce que le redresse-
ment des injustices et la recherche des intérêts du Trésor entraî-
naient de la part des agents de l'État des perquisitions, des contacts directs et multipliés avec le public, que celui-ci refusa de
supporter plus longtemps.

En 1841, le gouvernement, voulant, comme nous l'avons dit
également (2), renouveler la tentative avortée de 1831, fit procéder
à des recensements préalables sur divers points du territoire.
Mais ces recensements provoquèrent de telles résistances à Bordeaux, à Clermont-Ferrand, à Toulouse (3), qu'il fallut braquer
des canons sur les places publiques de cette dernière ville. Bref,
encore une fois, on s'empressa de renoncer à l'opération (4).

(1) Le baron Louis s'exprimait ainsi dans l'exposé des motifs de cette loi de
1831 : « L'impôt de répartition a l'avantage d'épargner au Gouvernement toutes
« les difficultés de la perception et tous les hasards des non-valeurs, en laissant
« aux communes le soin du recouvrement. Mais cet avantage, plus apparent
« que réel, ne saurait être mis en balance avec les avantages nombreux et in-
« contestables attachés à l'impôt de quotité.
« Ce dernier ne présume pas d'une manière arbitraire, comme l'autre, le pro-
« duit de l'impôt. Il ne demande pas à une localité beaucoup plus ou beaucoup
« moins qu'elle ne doit payer. Il taxe exactement les contribuables... Il suit les
« variations de la matière imposable... En un mot, il est simple, équitable et
« aussi conforme à l'égalité due aux particuliers que favorable à l'intérêt de l'Etat. »
(2) Voir ci-dessus page 311.
(3) C'est à Toulouse surtout, en juillet 1841, que l'émeute prit de graves proportions. Pendant un mois entier les pouvoirs publics y furent suspendus, on
fit des barricades, les désordres les plus regrettables se produisirent, la troupe
dut intervenir, il y eut du sang versé. Enfin, lorsqu'à la fin de juillet les membres de la municipalité révoltée eurent été suspendus et même arrêtés, le recensement continua sous la protection des canons braqués au milieu des places
publiques.
(4) Ces événements confirment bien nos observations antérieures sur la puissance de résistance des contribuables, dès qu'une même sorte de taxe les atteint en masse. Alors, si quelque incident provoque d'une manière trop intense
leur mécontentement, grâce à leur nombre, ils mettent le fisc en déroute.

Certaines taxes spécialement sensibles ont donc besoin de ménagements exceptionnels (4), que la forme de la répartition peut seule procurer. C'est pour elles une question vitale. L'assemblée constituante l'avait bien compris, et l'on commettrait une grave imprudence en revenant aujourd'hui, par un excès d'amour pour l'uniformité, sur ses sages conceptions.

En dehors de ces cas particuliers que le tact gouvernemental permet d'apprécier suivant les pays et les temps, il est bien évident, d'après l'ensemble de cet exposé, que les qualités primordiales du système de la quotité, proportionnalité et progressivité, doivent lui concilier toutes les préférences, et que cette forme d'impôts possède, par elle-même, des mérites très supérieurs à la précédente.

(1) En l'an X, Rœderer proposait de pousser les ménagements en faveur de la contribution foncière jusqu'à lui annexer une loterie, dont les primes surprendraient agréablement, tous les ans, un certain nombre de cultivateurs : « Chacun d'eux, disait-il, en donnant son argent au percepteur et en recevant « sa quittance, recevrait, non plus un triste papier, mais un billet de loterie « fécond en espérances. » (*Opuscules*, par Rœderer, in-8, an X.)

CHAPITRE XVIII

Une nouvelle division, moins administrative que les précédentes, répartit les taxes en deux catégories suivant qu'elles frappent les valeurs mobilières ou les valeurs foncières, double source de richesses qui passent pour rivales, entre lesquelles règne un prétendu antagonisme, dont chacune, dès lors, réclame l'égalité de la taxation à son profit (1).

Cependant l'égalité de la taxation n'offre pas ici l'intérêt qu'on lui suppose, parce que la propriété foncière et la propriété mobilière ne sont pas réellement ennemies. Elles ont trop de points communs pour entrer en conflit. A peine même souvent distingue-t-on la ligne qui les sépare. Sans doute, en allant au fond des choses, certaines propriétés sont bien exclusivement immobilières, telles que les maisons, les bois, les champs, etc. Mais il est presque impossible, d'un autre côté, de découvrir aucune propriété exclusivement mobilière. Ainsi, les titres de bourse, *meubles* par excellence, d'après le Code civil, ne possèdent le plus souvent que l'apparence de cette qualification. La détermination de la loi la leur confère seule, « encore que des immeubles dépendants de ces « entreprises appartiennent aux compagnies, » dit textuellement l'article 529 du Code civil. Les sociétés mobilières de gaz, de transports, de métallurgie, de fournitures, de mines, de canaux,

(1) La propriété foncière formule ses revendications non seulement contre la propriété mobilière, mais aussi contre la propriété industrielle en matière de tarifs douaniers. A ce dernier point de vue, sa campagne depuis 1881 lui a procuré de beaux succès : établissement de droits sur les objets d'alimentation, blés, orges, farine, pain, bestiaux, viandes, etc., considérés jusque-là comme intangibles ! Désormais, elle partage avec l'industrie les bienfaits de la protection, c'est-à-dire que, elle aussi, a l'avantage de vivre aux dépens du consommateur.

etc., par exemple, détiennent, du fait même de la nécessité de leur exploitation, des terrains, des bâtiments, des ateliers, des domaines fonciers, formant généralement le plus clair de leur actif (1). Les sociétés de crédit, de banque et d'escompte, uniquement adonnées, semble-t-il, aux opérations mobilières, participent, sans cesse, à des opérations immobilières.

Il est donc à peu près impossible, comme nous le disions, de découvrir des propriétés personnifiant assez exclusivement les valeurs mobilières à l'encontre des valeurs immobilières, pour entrer sans réserves en antagonisme avec celles-ci.

Il n'est pas moins à peu près impossible aussi de découvrir, parmi les propriétaires, des détenteurs exclusifs de l'une ou de l'autre de ces richesses (2). Les fortunes aujourd'hui sont presque toujours mixtes. Dans les campagnes, l'agriculteur le plus attaché à la terre garnit son portefeuille de rentes et d'obligations. Dans les villes, le plus assidu client des agents de change place ses réserves en maisons ou en domaines ruraux.

A vrai dire, ni valeurs ni individus ne se trouvent ainsi en mesure de représenter exclusivement soit la propriété foncière, soit la propriété mobilière, et de batailler, par conséquent, avec autorité, au nom de l'une ou de l'autre. Partout les lignes de démarcation

(1) Le rapport fait au Tribunat par Goupil-Préfeln, sur le titre du Code civil relatif à la distinction des biens, justifie le caractère mobilier des parts d'intérêts dans les sociétés immobilières, en disant que « chacun des sociétaires « ou intéressés, tant que dure la société, n'est pas propriétaire de sa portion de « l'immeuble dont il ne peut user, mais de sa portion dans *la valeur* de cet im- « meuble » (29 nivôse an XII).

(2) « Est-ce que vous connaissez beaucoup de gens qui soient simplement pro- « priétaires du sol? En connaissez-vous beaucoup qui ne possèdent que des im- « meubles, ou d'autres qui, faisant le commerce, se gardent d'avoir la plus « modeste parcelle de terre, ou de placer jamais un peu de leurs épargnes en « obligations, ou en rentes sur l'État? » (Discours de M. Rouvier, ministre des finances, Sénat, 12 juillet 1892.)
Déjà M. Gladstone avait dit, en 1853, dans ses grands discours sur l'*income-tax*, avec beaucoup d'*humour* : « Il y avait autrefois une croyance très répandue « sur l'apparition de monstres, et maintenant vous trouverez encore. çà et là, des « individus qui croient en une création de ce genre qu'ils appellent *porteurs de* « *fonds publics* et qu'ils se représentent comme un personnage au cœur de « pierre, roulant sur l'or et vivant dans une indolence indigne, de la sueur et « du travail de ses compatriotes. Il est facile de découvrir que l'existence de ce « monstre est plutôt une fiction qu'une réalité. » (Chambre des communes, 18 avril 1853.)

sont franchies, partout le mélange des intérêts se produit. La ri-
valité signalée au début ne saurait se manifester que dans des
conditions très atténuées et très confuses. Tout au plus peut-on
dire que certaines classes de la société éprouvent des préférences
en faveur de telle ou telle nature de richesses, et y consacrent plus
habituellement leurs fonds, mais sans exclusion.

Du moment cependant que le principe de l'égalité de la taxation
est réclamé, on ne saurait y contredire. Car, si, dans la circonstance, son application semble moins impérieusement commandée
qu'on ne le suppose par les intéressés, il n'en est pas de même au
point de vue du fisc. Le fisc gagne toujours à égaliser le traitement de chacune des matières soumises à ses coups, à ne laisser
aucun de ses tarifs ni trop en arrière, ni trop en avant, à les
maintenir tous à un niveau commun. Ses revenus progressent
d'autant plus qu'ils sont mieux répartis.

Examinons donc ce qui a été fait à l'égard des valeurs mobilières et immobilières pour atteindre cette égalité fiscale.

§ 1. — *Taxation des valeurs mobilières sous l'ancien régime,
la Révolution, et pendant la première moitié du siècle.*

Autrefois, le faible développement des richesses mobilières ne
permettait guère de poser la question de leur imposition proportionnelle. Sans doute, aux dix-septième et dix-huitième siècles,
quelques gros financiers, possesseurs de valeurs de portefeuille,
émergeaient, mais en petit nombre et, chose curieuse, leur grande
fortune, acquise dans les spéculations mobilières, finissait par se
transformer, pour une notable partie au moins, en terres, en maisons, châteaux et domaines. Il suffit de lire les biographies des
principaux traitants du dernier siècle, Samuel Bernard, les frères
Pâris, La Popelinière, Bouret, de Beaujon, de Sainte-James, Gri-
mod de la Reynière, Ouvrard, etc. (1), pour constater avec étonne-

_____

(1) Lire au sujet de la fortune des financiers du dix-huitième siècle *les
Financiers d'autrefois* par la V^{sse} Alix de Janzé, 1886, in-8, et *les Derniers
fermiers généraux*, par Pierre Clément et Lemoine, 1872, in-12. « L'on peut
« dire, écrit Pierre Clément à propos de Bouret, qu'une partie des plus beaux
« châteaux de France furent bâtis par les manieurs d'argent. »

ment l'importance des propriétés foncières détenues par eux.
Quant au public il ne connaissait, en fait de valeurs mobilières,
que les billets d'État, les rentes publiques, les loteries, les prêts
chirographaires, les titres d'acquisition de charges et offices, et
quelques actions, telles que celles de la compagnie des Indes, de
la Caisse d'escompte, de la banque Saint-Charles, etc. (1). La terre,
les maisons et les rentes foncières formaient toujours le fond des
fortunes particulières, et demeuraient les seules matières imposables, en dépit des intitulés des édits qui prétendaient atteindre
la totalité des revenus.

Aussi Necker, dans son livre de *l'Administration des finances*,
en 1784, constate-t-il que les biens mobiliers sont frappés seulement dans la proportion de 16 pour 100 par rapport aux biens immobiliers, lesquels supportent 84 pour 100 des impôts directs (2).
Il signale une telle situation sans la commenter tant elle lui semble
naturelle, proposant même de supprimer les *vingtièmes d'industrie*, établis sur les biens mobiliers, afin de donner plus de certitude à l'assiette de l'impôt, désormais reportée exclusivement sur

(1) L'excellent livre de M. Claudio Jannet, *le Capital, la spéculation et la
finance au XIXᵉ siècle* (Paris, in-8°, 1892), consacre un de ses chapitres à l'histoire de la finance au XVIIᵉ et au XVIIIᵉ siècle. D'après lui, « la Bourse de Paris
« avait pris une importance considérable à la veille de la Révolution ». Cependant les valeurs négociées alors à cette bourse n'étaient au nombre que de 17,
savoir : les actions de la *Compagnie des Indes*, 14 fonds de l'État, les actions
de la *Caisse d'Escompte* et les actions des *Eaux de Paris*. En outre, la coulisse
négociait des actions de la *Banque de Saint-Charles* et de la *Compagnie des
Philippines*, le tout pour une valeur de 200 à 300 millions. Seulement, on verra
plus loin combien ces chiffres sont insignifiants par rapport aux mille valeurs
cotées aujourd'hui à la Bourse de Paris, pour un montant de transactions annuelles dépassant 100 milliards.

(2) Necker, dans son livre de *l'Administration des finances*, n'établit pas lui-
même les proportions de 16 p. 100 et de 84 p. 100 indiquées ci-dessus. Ces proportions se déduisent seulement des chiffres qu'il fournit, chiffres qu'on ne saurait trouver ailleurs. En voici le tableau :

	Produit des impôts directs		
	Sur les biens fonciers	*Sur les biens mobiliers*	*Totaux*
Tailles.............	81 millions	10 millions	91 millions
Vingtièmes.........	74 —	2 1/2 —	76 1/2 —
Capitation..........	22 —	20 —	42 —
Totaux...	177 —	32 1/2 —	209 1/2 —

D'après les déclarations mêmes de Necker, cette répartition est arbitrée très
hypothétiquement.

21

les biens fonciers. Les aphorismes des Physiocrates tendaient également à faire supporter tout le fardeau fiscal à la terre. Le sentiment de la régularité administrative uni à la théorie conduisait donc alors à éliminer de l'assiette des taxes sur le revenu toute la partie arbitraire et inquisitoriale assise sur les facultés personnelles. La transformation des tailles et des vingtièmes en contribution exclusivement foncière représentait, au moment de la Révolution, le dernier mot du progrès.

Aussi ne faut-il pas s'étonner que l'assemblée constituante n'ait pas inscrit, dans son programme de réformes fiscales, la question de l'égalité des taxes sur les valeurs mobilières et foncières. La Révolution n'aborda que des problèmes déjà posés avant elle (1). Elle n'improvisa, pour ainsi dire, jamais. Elle ne mit en œuvre, que des matériaux préparés par ses prédécesseurs. Dès lors, la taxation des valeurs mobilières, n'étant pas à l'ordre du jour sous l'ancien régime, ne s'y trouva pas davantage sous la Constituante. Lorsque celle-ci, après avoir estimé le montant des revenus fonciers à 1.440 millions, eut fixé la contribution foncière à 300 millions (2), son œuvre fiscale parut terminée. L'abolition des maîtrises et des jurandes fournit encore l'occasion de créer un impôt spécial sur le commerce et l'industrie, très rudimentaire, d'ailleurs, à son début. Quant aux valeurs mobilières proprement dites, elles furent, en dernier lieu, recueillies pour la taxation sans précautions scientifiques, sans études particulières, sans statistiques, dans un impôt frappant les loyers d'habitation nommé impôt mobilier. On se borna à supputer que lesdites valeurs mobilières pourraient bien fournir annuellement 60 millions. C'était le cinquième du produit de la contribution foncière. Cette relation du cinquième entre le produit des deux impôts fut-elle déduite d'une relation équivalente entre les deux natures de revenus? Nullement. Dans la pensée du législateur, d'ailleurs, les uns et les autres revenus ne devaient pas payer le même taux. Tandis que la propriété foncière était

_____

(1) Notre ouvrage *les Finances de l'ancien régime et de la Révolution* développe spécialement cette idée et en fournit des preuves à propos de toutes les réformes fiscales alors entreprises ou ajournées.

(2) 240 millions en principal, soit 16,66 p. 100 des revenus estimés 1.440 millions.

taxée au sixième de son revenu environ, soit 16 pour 100, la proportion d'un vingtième seulement, ou 5 pour 100 (1), fut assignée à l'impôt mobilier. A ce taux de 5 pour 100, les 60 millions d'impôt mobilier eussent représenté 1.200 millions de revenus, chiffre invraisemblable pour l'époque.

Du moment donc qu'aucun document ne livre le secret des calculs de l'assemblée constituante, qu'aucun discours, aucun rapport, aucune statistique ne permettent de découvrir la raison d'être scientifique ou expérimentale des 60 millions de rendement prévus sur les revenus mobiliers, tout porte à croire que cette assignation fut arbitraire. Le budget avait besoin de 60 millions, pour compléter les 240 millions demandés à la propriété foncière ; la propriété mobilière fut chargée de les fournir, sans autre examen.

La question de l'imposition des valeurs mobilières demeura également dans l'ombre lors de la restauration financière qui suivit le 18 brumaire. Beaucoup d'auteurs ont même remarqué que le Code civil avait très imparfaitement légiféré à l'égard de cette catégorie de biens (2). C'est qu'en effet les valeurs mobilières continuaient alors à ne pas mériter qu'on s'occupât beaucoup d'elles.

Jusqu'en 1816, la Bourse de Paris ne cotait guère plus de sept natures de titres environ. En 1821, après les mouvements

(1) Ce taux du sou pour livre, ou 5 p. 100 (susceptible d'être porté au 18ᵉ), ne concernait que la portion *mobilière* seulement de l'impôt. Si l'on y ajoute la cote d'habitation au 300ᵉ, les taxes somptuaires sur les domestiques et les chevaux, et la taxe de citoyen actif, le taux de 5 p. 100 des revenus présumés, que nous indiquons ci-dessus, serait dépassé. Nous le maintenons cependant parce qu'il est expressément indiqué dans la loi, et qu'il serait impossible de lui en substituer un autre.

« Art. 16 de la loi du 13 janvier 1891 : La partie de la contribution qui sera « établie sur les revenus d'industrie et de richesses mobilières sera du *sou pour* « *livre* de leur montant présumé d'après les loyers d'habitation, et pourra même « être portée au dix-huitième. »

(2) Rossi observe que si la révolution sociale après 1789 se trouvait accomplie, il n'en était pas de même de la révolution économique. « La France, pendant « quelque temps encore, devait rester un pays essentiellement et presque exclu- « sivement agricole. Aussi la propriété territoriale, quoique morcelée, était tou- « jours, aux yeux du législateur, placée au premier rang ; elle était toujours con- « sidérée comme le fondement de la richesse nationale... » (Observations sur le droit civil français considéré dans ses rapports avec l'état économique de la société.) Les rédacteurs du Code civil témoignent à chaque ligne combien était loin de leur esprit, en 1800, la prévision du développement futur des valeurs mobilières.

de capitaux provoqués par les emprunts de la liquidation financière, ce nombre s'éleva à 15. En 1826, 42 valeurs seulement sont
inscrites. De 1830 à 1836, 88 valeurs environ (1). C'est de 1836 à
1841, que commença à s'épanouir, dit M. Paul Leroy-Beaulieu (2),
« une grande floraison de sociétés en commandite ». Environ 300
valeurs alors apparaissent, parmi lesquelles les actions des nouvelles compagnies de chemin de fer, et surtout une formidable
quantité de menues sociétés industrielles. Il faut lire, dans *la Répartition des richesses*, la pittoresque description de ces entreprises de bitumes et d'asphaltes, de produits chimiques, de sucre-
ries, de bougies, de savonneries, etc., transformées en sociétés par
actions et poussées à des cours vertigineux. « Nulle époque, dit
« M. Paul Leroy-Beaulieu, n'a été plus féconde en fondations extra-
« vagantes que l'année 1838. » Aussi, ajoute-t-il, la cote de la
Bourse ne représenta-t-elle bientôt qu'une vaste nécrologie.
Pendant ce temps, les affaires sérieuses, celles dont l'avenir a confirmé la solidité, les actions des compagnies de chemins de fer, de
gaz, d'assurances, n'obtenaient que des prix modérés, sans prime,
demeurant même au-dessous du pair; mais elles s'installaient pour
longtemps à la cote et prenaient une place définitive et sans cesse
agrandie dans les portefeuilles des capitalistes. De là date le commencement du développement réel des valeurs mobilières en
France.

A ce développement des valeurs mobilières vit-on correspondre
immédiatement une transformation de la législation fiscale? Pendant plusieurs années encore les anciennes et insuffisantes dispositions de la Révolution subsistèrent intactes.

Même la contribution mobilière se trouvait avoir perdu le caractère spécial que lui attribuait la Constituante en 1791, puisque,
depuis l'an VII, elle s'étendait indistinctement à tous les revenus
mobiliers ou immobiliers.

(1) Lire *une Nouvelle évaluation des valeurs mobilières en France*, statistique très documentée, par M. Alfred Neymarck, 1893.
(2) Dans son ouvrage *la Répartition des richesses*, M. Paul Leroy-Beaulieu
trace un tableau des progrès successifs de la Bourse de Paris auquel nous em-
pruntons spécialement le passage qui s'applique à la période de 1836 à 1841.
L'auteur s'appuie sur des chiffres extraits des travaux de M. Alph. Courtois,
qu'il commente et met en œuvre.

Ce fut seulement à dater de 1848 que le mouvement d'opinion en faveur de l'égalité de la taxation acquit une certaine énergie. Des projets d'initiative individuelle et même des projets officiels rédigés par les ministres des finances Goudchaux et Hippolyte Passy, proposèrent des mesures nouvelles de taxation sur les valeurs mobilières. Mais ces projets n'aboutirent pas. On redoutait trop alors les exagérations du parti socialiste pour oser se lancer à sa suite dans une campagne fiscale contre les capitaux! Quand Proudhon (1) s'écriait très justement : « On n'a rien fait depuis « 56 ans pour taxer les revenus des capitalistes! », l'assemblée répondait par des « rires », d'après le procès-verbal, et Proudhon ajoutait : « On verra bien qui rira le dernier! »

§ 2. — *Taxation des valeurs mobilières depuis 1850 jusqu'à aujourd'hui.*

En 1850 seulement (2) fut inaugurée la série des transformations fiscales qui devaient aboutir à constituer le régime actuel d'imposition des valeurs mobilières.

Une loi du 18 mai 1850 rétablit d'abord, vis-à-vis des droits de succession, l'égalité du tarif entre les deux natures de richesses. Jusque-là, les valeurs mobilières, par une anomalie injustifiée, payaient seulement le quart de ce que l'on exigeait des valeurs foncières. Ainsi, les droits de succession en ligne directe étaient ainsi fixés :

Immeubles. . . . .   1.00 p. 100
Meubles. . . . .   0. 25   —

(1) En 1848, Proudhon proposa la création d'une nouvelle taxe sur les revenus de tous les biens mobiliers et immobiliers, dont les produits devaient se partager également entre l'Etat d'une part et les fermiers, locataires, débiteurs de créances hypothécaires et chirographaires, d'autre part, moitié à l'un, moitié aux autres. Le tarif de un tiers de la valeur (33, 3 p. 100) devant rendre trois milliards, un milliard et demi serait échu à celui-ci, un milliard et demi à ceux-là ! De cette combinaison fantastique, Proudhon n'hésitait pas à conclure : « La « perception de cet impôt sera facile puisqu'elle sera confiée à la diligence des « fermiers, locataires, débiteurs hypothécaires et chirographaires. » Il n'y a rien de tel que les auteurs d'utopies invraisemblables pour aplanir les obstacles devant lesquels échoue l'expérience pratique !

(2) Les projets Goudchaux et Hippolyte Passy furent alors retirés, et le nouveau ministre des finances, Achille Fould, promit de les remplacer par d'autres dispositions conçues dans le même sens. De là l'origine des lois de 1850.

Une telle différence de traitement ne se comprend plus aujour-
d'hui. Elle ne reposait, en effet, sur aucun motif plausible. On
pouvait, à la rigueur, tarder de créer des taxes spéciales sur l'ensemble des valeurs mobilières, mais rien n'autorisait à les dégrever dans l'actif des successions !

La même loi du 18 mai 1850 assujettit aux droits de mutation
par décès et de donations entre vifs les inscriptions sur le grand livre
de la dette publique, exemptées jusqu'alors, toujours sans raison
plausible; car la question de l'imposition de la rente n'avait rien à
faire ici. On le reconnut aisément au cours de la discussion.

Ces premières mesures sont d'autant plus utiles à rappeler qu'elles
découvrent, d'une manière très typique, la singulière partialité qui
persistait encore dans la législation au profit des valeurs mobilières.

Bientôt, d'ailleurs, des taxes d'un ordre nouveau vinrent les
frapper, d'une manière spéciale, afin d'élever plus effectivement
l'ensemble de leurs charges au niveau des charges des valeurs
foncières.

Ce fut l'œuvre des lois des 5 juin 1850 et 23 juin 1857. La première créa un droit du timbre, la seconde un droit de transmission
sur les actions et obligations des compagnies, sociétés, entreprises quelconques, financières, industrielles, commerciales ou
civiles, départements, communes, etc.

La loi du 2 juillet 1862 y ajouta un petit droit sur les bordereaux
d'agents de change, et la loi du 13 mai 1863 un droit de timbre
sur les titres de rente, emprunts et autres effets publics des gouvernements étrangers (1).

On arrive ainsi aux années qui suivirent les événements de 1870-
1871, pendant lesquelles le système fiscal, sous le coup des nécessités
budgétaires, devint l'objet de discussions approfondies. Le résultat
de ces grandes discussions, quelquefois confuses en apparence,
mais très savantes et très perspicaces en réalité, fut de constater
que le juste équilibre entre les valeurs foncières et mobilières

---

(1) Le droit de timbre sur les emprunts des gouvernements étrangers fut réduit au-dessous du taux normal par la loi postérieure du 25 mai 1872, afin
d'attirer ces valeurs sur le marché français.

exigeait que ces dernières fussent surchargées encore d'une manière sensible.

Dans la seconde moitié de l'Empire, en effet, leur développement avait fait de nouveaux et considérables progrès. La fondation de la plupart des grandes sociétés de crédit remonte à cette période (1). L'essor des affaires de bourse (2) assurait au marché de Paris la primauté sur tous les marchés de l'Europe. Les chiffres des escomptes à la Banque de France, des fonds déposés aux caisses d'épargne, des valeurs successorales, etc., révélaient l'abondance croissante des capitaux mobiliers.

Dès lors, l'assemblée nationale, malgré les besoins du Trésor, crut devoir épargner absolument la propriété foncière et fit retomber tout le poids des augmentations d'impôts reconnus nécessaires sur la fortune mobilière (3). A cet effet, les droits de timbre

---

(1) Après le Comptoir d'escompte, créé en 1848, voici les dates de fondations des grandes sociétés de crédit :

Crédit mobilier..	1852
Crédit foncier...	1856
Crédit industriel et commercial............................	1859
Crédit lyonnais...	1863
Société des dépôts et comptes courants...................	1863
Société générale...	1864

(2) En 1856, Proudhon, dans le *Manuel du spéculateur à la Bourse* (4ᵉ édition), évaluait déjà à 20 milliards de francs la masse des valeurs cotées à la Bourse de Paris, dont 10 milliards de fonds publics français, 3 milliards passés de titres de chemins de fer, plus d'un milliard et demi d'actions de Banques diverses, deux milliards et demi de titres de sociétés d'assurances, de transports, de gaz, de mines, de ponts et canaux, etc.

« C'est avec cette artillerie, s'écriait-il, que la féodalité nouvelle mitraille à « bout portant la multitude organisée des petites industries et des petites for-« tunes, qu'elle bat en brèche les garanties créées par la Révolution et toutes les « libertés publiques. »

Il est curieux d'entendre, dès cette époque, le grand redresseur de torts tonner contre des abus dont notre époque croit posséder le monopole : « Oh! sa-« chez le une fois ! Les faits et gestes de la Bourse ont fait table rase de l'hon-« nêteté commerciale. Nous n'existons plus que par la police et par la force... « La féodalité industrielle réunit tous les vices de l'anarchie et de la subalterni-« sation, toutes les corruptions de l'hypocrisie et du scepticisme...

« Cette époque a pris pour décalogue la Bourse et ses œuvres, pour philoso-« phie la Bourse, pour politique la Bourse, et pour église la Bourse ! » (*Manuel du spéculateur à la Bourse*, par P.-J. Proudhon.)

(3) Sauf, bien entendu, la partie des surtaxes et taxes nouvelles qui atteignit les consommations, alcools, vins, cafés, tabacs, papiers, bougies, etc. Au delà de ces taxes et surtaxes sur les consommations, le surplus frappa les valeurs mobilières, à l'exclusion des valeurs immobilières.

et de transmission frappant déjà les titres mobiliers furent notablement augmentés.

En plus, la loi du 29 juin 1872 créa une taxe nouvelle de 3 p. 100
sur les coupons d'actions et d'obligations, taxe portée récemment
à 4 p. 100 (loi du 29 décembre 1890).

L'innovation de la loi du 29 juin 1872 provoqua, au sein de
l'assemblée nationale, de vives controverses, dont la conclusion se
trouve très bien résumée dans ce passage du discours de M. Pierre
Magne : « De quoi s'agit-il en ce moment? De niveler notre bud-
« get... Voilà la situation dans laquelle nous nous trouvons :
« rien à prendre sur les droits de consommation, rien à prendre
« sur les droits de mutation, tout à prendre sur les revenus mobi-
« liers. Il fallait bien choisir la portion de ce revenu mobilier au-
« jourd'hui affranchie, avant de songer à aggraver davantage le
« sort de la propriété foncière, qui est déjà surchargée. Le projet
« d'impôt sur le revenu mobilier est une œuvre de justice... Jus-
« qu'au moment où vous aurez imposé le revenu mobilier sous
« forme d'impôt sur le revenu, vous rencontrerez toujours l'opi-
« nion publique qui vous criera : mais, de ce chef, les valeurs
« mobilières ne supportent rien (1)! »

La seule objection sérieuse contre le nouvel impôt sur le revenu
des valeurs mobilières consista dans l'exemption maintenue en
faveur des rentes sur l'État français et des rentes des gouverne-

(1) M. Pierre Magne terminait son discours par cette belle péroraison, qui
rappelle ce que nous avons dit précédemment sur l'œuvre de la Révolution:
« Lorsqu'en 1789 on entreprit d'imposer les revenus fonciers..., supposez que
« les valeurs mobilières, à ce moment-là, eussent pris droit de cité en France,
« comme elle l'ont fait aujourd'hui, de telle sorte que ces valeurs eussent été
« égales ou supérieures aux propriétés foncières. Supposez, dis-je, qu'en 1789
« ces législateurs si profonds et si habiles eussent eu dans leurs mains ce re-
« venu si facile à déterminer sans cadastre et pouvant se percevoir sans le con-
« cours du débiteur, croyez-vous qu'ils se seraient dit : il faut frapper le re-
« venu de la terre, mais il faut épargner le revenu mobilier, qui a pourtant le
« même intérêt à la sécurité publique et un plus grand intérêt dans le maintien
« du crédit? Non ! ils se seraient dit : il faut être juste pour les deux éléments
« de la richesse, il faut les traiter également. Ne devez-vous pas faire ce qu'ils
« auraient fait ? » (Séance du 29 juin 1872.) Ces derniers mots décidèrent le vote,
après avoir soulevé les applaudissements unanimes de l'assemblée. M. Pierre
Magne n'était, à ce moment, que simple membre de la commission du budget.
Il redevint ministre des finances en 1873.

ments étrangers, exemption qui subsiste encore aujourd'hui et sur laquelle nous reviendrons plus loin.

Enfin, la loi de finances du 28 avril 1893, à la suite de longues discussions (1), vient de créer sur les opérations de bourse une taxe inconnue jusqu'ici en France. Dotée d'un tarif très modéré de 0,05 c. par 1.000 fr. (2), cette nouvelle imposition mobilière ne produira vraisemblablement qu'un petit nombre de millions. Mais l'amorce d'une expérience susceptible de développements aventureux est posée.

(1) Les discussions préparatoires de la loi du 28 avril 1893 ont surtout porté sur l'organisation du marché, actuellement partagé, on le sait, entre la compagnie des agents de change et la *coulisse*. Certains projets voulaient confirmer et rendre effectif le privilège des agents de change ; d'autres assurer à la coulisse la reconnaissance officielle de son existence. Finalement, le texte adopté, au moyen d'expressions générales, n'a reconnu ni proscrit personne, tout en frappant également de l'impôt les opérations des coulissiers aussi bien que celles des agents de change.

(2) Le tarif adopté de 5 centimes pour mille est inférieur de moitié à celui de un dixième pour mille établi en Allemagne par la loi du 29 mai 1885. En outre, la loi allemande frappe d'une taxe de deux dixièmes pour mille les opérations sur marchandises, que la loi française ne vise pas. Les transactions inférieures à 600 marks sont affranchies de toute redevance en Allemagne. En France, pas de minimum.

Quant au mode de perception, il repose, chez nos voisins, sur la rédaction obligatoire d'un bordereau à l'appui de toute transaction, lequel document, revêtu d'un timbre à annuler par le contribuable, et divisé en deux parties, doit servir de preuve, de signe extérieur de l'impôt.

Chez nous, la rédaction d'un bordereau obligatoire n'a pu être édictée, parce que, les agents de change possédant seuls légalement le droit de dresser des bordereaux d'achat et de vente, une telle prescription les eût rendus maîtres exclusifs du marché. C'est au vu des répertoires, dont les extraits sont remis à l'enregistrement, que cette administration, investie, d'ailleurs, de divers moyens subsidiaires de contrôle, effectue ses perceptions.

L'impôt sur les affaires de bourse ne rapporte pas, en Allemagne, les millions que ses auteurs avaient prévus. Cependant, maintenant que les courtiers, commissionnaires et agents de change sont habitués à son mécanisme, il ne paraît pas y soulever de plaintes, ni entraver les affaires.

En France, l'innovation est trop récente pour qu'il soit possible d'indiquer son produit et de prévoir ses effets.

§ 3. — *Recherche de l'équilibre entre les valeurs foncières et mobilières. Procédés de l'enquête anglaise de 1886. Décomposition des taxes qui frappent exclusivement l'une ou l'autre propriété dans les budgets.*

A la suite de ce mouvement de progrès incessants de l'imposition des valeurs mobilières, mouvement tardivement engagé, sans doute, mais très accentué depuis 1850, et surtout depuis 1872, l'égalité de leur taxation vis-à-vis des valeurs foncières est-elle enfin conquise aujourd'hui ? Question essentielle, qu'à toute époque le législateur devrait pouvoir résoudre dans une sorte d'examen de conscience. Là réside le critérium même du résultat de ses efforts. Malheureusement, comme nous allons le voir, ce criterium ne fonctionne que très imparfaitement.

Beaucoup d'écrivains ont tenté d'apprécier le poids comparatif des charges de la propriété mobilière et de la propriété immobilière. Nous pourrions nous référer à leurs travaux s'ils n'étaient, en général, suspects de partialité, soit en faveur de la propriété mobilière, soit plus habituellement en faveur de l'agriculture.

La plupart, d'ailleurs, veulent embrasser dans leurs calculs la totalité des impôts, pour répartir ensuite leur masse en deux catégories : impôts mobiliers et impôts immobiliers.

Or, rien n'est plus hypothétique qu'une telle répartition globale : lesdits auteurs, du reste, le reconnaissent incidemment eux-mêmes. Comment, par exemple, dans l'ensemble des droits sur les boissons, sur le sel, sur les transports, sur les cafés, sur les marchandises diverses tarifées à la douane, etc., assigner une part rationnelle à l'agriculture d'un côté et aux détenteurs de valeurs mobilières de l'autre ?

Les taxes de consommation ont une incidence beaucoup trop anonyme, beaucoup trop mélangée, pour qu'on réussisse jamais à localiser leurs effets, à désigner expressément la classe de contribuables qui en subit le poids et à déterminer l'intensité relative de ce poids.

Il semble donc préférable, dès l'abord, de se débarrasser d'une telle cause d'erreur, ou, tout au moins, d'arbitraire. Dans ce

but, écartons tous les impôts mixtes, pour nous attacher exclusivement aux impôts qui atteignent d'une manière directe et spéciale,
soit les valeurs mobilières, soit les valeurs immobilières. Ce procédé, sans doute, ne décomposera pas, aussi brillamment que le
précédent, l'ensemble du budget en deux parts mathématiques,
mais ses bases moins étendues gagneront en certitude.

C'est, d'ailleurs, ainsi qu'a opéré récemment le bureau de la
Trésorerie pour obtempérer aux ordres du Parlement qui désirait
connaître la répartition des impôts sur la fortune mobilière et
immobilière en Angleterre. Son enquête de 1886 a été « expressé-
« ment limitée aux taxes qui frappent *exclusivement* les immeu-
« bles et les capitaux mobiliers ». En conséquence, après avoir
laissé de côté les droits sur les consommations, les licences, les
droits de timbre, autres que les taxes successorales, etc., la Trésorerie a soumis uniquement à ses calculs de décomposition les
impôts directs suivants : *income-tax, probate, legacy, succession duty, landtax* et *inhabited house duty* (1).

Dans cet ordre d'idées, voici, pour la France, d'après la loi de
finances de 1894 (2), le bilan des impôts qui frappent, d'une
manière exclusive et nominative, d'abord, les biens fonciers :

Impôts établis à titre exclusif sur les biens fonciers.

Impôts directs.

Impôt foncier. Propriétés non bâties..........	118.519.000
— Propriétés bâties............	78.203.000
Impôt des portes et fenêtres...............	57.205.000
Redevance des mines...................	4.129.000
Droits de mainmorte...................	6.636.000
Frais d'avertissement, environ.............	1.000.000
A reporter......	265.692.000

(1) Malgré ces précautions, la Trésorerie, dès le début, fait toutes réserves au
sujet de l'exactitude de ses chiffres. « Elle croit de son devoir de spécifier que,
« dans beaucoup de cas, les bases de ses calculs ont été nécessairement arbi-
« traires et que ses évaluations sont forcément conjecturales. On ne peut arri-
« ver, en ces matières, à des chiffres exacts. »
Evidemment, comme la Trésorerie anglaise, et, à bien plus juste raison qu'elle,
nous faisons aussi toutes réserves au sujet des chiffres qui vont suivre.
(2) Loi du 26 juillet 1893.

Report..... 265.692.000

Impôts d'enregistrement (1).

Droit sur les ventes d'immeubles.............. 148.000.000

—   donations d'immeubles.......... 10.500.000

—   successions immobilières........ 90.000.000

—   baux et locations.... .... 8.000.000

Droits d'hypothèques...................... 6.000.000

Total............... 528.192.000

Il ne semble pas qu'on puisse découvrir d'autres taxes que les précédentes directement et exclusivement assises sur les propriétés foncières. Tout le surplus des recettes du budget, si l'on veut bien parcourir ses colonnes, concerne soit les valeurs mobilières dont nous allons parler, soit les impôts mixtes que nous devons laisser de côté.

Il n'y aurait doute qu'au sujet des centimes additionnels aux contributions directes affectés aux besoins locaux. Mais le produit de ces centimes n'étant pas destiné au budget de l'État, nous avons cru ne pas devoir le compter. Cependant comme il affecte la propriété foncière, nous pouvons, tout au moins, mettre son chiffre en réserve, pour le citer au besoin : il s'élève, pour 1894, à 218.000.000 fr. (2).

Si nous passons maintenant aux impôts qui frappent exclusivement et nominativement les valeurs mobilières, leur bilan s'établit comme il suit.

Impôts établis à titre exclusif sur les biens mobiliers :

Droits sur les ventes de meubles.......... 18.000.000 fr.

Droits sur les donations mobilières........ 10.000.000

A reporter..... 28.000.000

(1) Pour les droits d'enregistrement, comme la loi de finances de 1894 ne fournit pas de subdivisions suffisantes, il a fallu ventiler les chiffres ci-dessus au moyen des statistiques plus détaillées établies pour les exercices expirés. Les chiffres alors deviennent approximatifs.

(2) Soit :

Contribution foncière. Propriétés bâties............... 72.400.000 fr.

Propriétés non bâties............................ 114.300.000

Contributions des portes et fenêtres.................. 32.200.000

Total des centimes additionnels assis sur la propriété foncière au profit des localités. 218.900.000

Report.........	28.000.000 fr.
Droits sur les successions mobilières.......	103.000.000
Droits sur les transmissions de titres d'actions et d'obligations..........................	42.000.000
Droits sur les effets de commerce, warrants, etc....................................	15.000.000
Droits sur les titres d'actions et d'obligations et titres des gouvernements étrangers.........	23.000.000
Droits sur les chèques et sur les obligations du Crédit foncier, etc.....................	1.000.000
Droits sur les opérations de bourse.......	mémoire
Impôt sur le revenu des valeurs mobilières..	69.000.000
Total (1)......	281.000.000 fr.

En évaluant hypothétiquement, en plus, le rendement du nouvel impôt sur les opérations de bourse à 4 millions, le total ressortirait à 285 millions.

Encore ici, la liste paraît complète. On pourrait peut-être y ajouter le droit de 0,10 sur les quittances ; mais il nous a semblé que les 20 millions produits par ce droit appartenaient aussi bien aux opérations foncières qu'aux opérations mobilières. De même pour les taxes sur les lettres de voitures, récépissés de chemins de fer, connaissements. De même aussi pour les taxes sur les assurances, plus particulièrement foncières en général.

La seule omission, intentionnelle d'ailleurs, susceptible d'être remarquée est celle des patentes. Les 122.645.000 fr. de patentes perçus au profit du Trésor pèsent, sans doute, sur les fruits du travail, sur le rendement des capitaux, sur ce qu'on nomme, à juste titre, les produits mobiliers. Nous les avons néanmoins laissés de côté, parce que leur introduction dans les calculs qui vont suivre serait devenue trop gênante. Les patentes, en effet, s'abstiennent de frapper les salaires, les émoluments, les traitements, les gains de beaucoup d'industries libérales, certaines

---

(1) Ces chiffres, comme les précédents, sont puisés dans les colonnes de la loi de finances de 1894 toutes les fois que les indications en sont suffisamment détaillées. A son défaut, nous avons encore recouru aux comptes définitifs des derniers exercices.

petites industries, etc. Dès lors, on ne saurait mettre en regard
de leur faible produit l'immense total des bénéfices provenant de
l'ensemble des commerces, des industries et du travail. Le mieux
nous a donc semblé d'éliminer, de part et d'autre, ces éléments
qui ne sont pas en corrélation.

Nous trouvons donc définitivement, à la suite de ce dépouillement budgétaire, d'une part, 528.000.000 fr. de taxes exclusivement foncières, et, d'autre part, 285.000.000 fr. de taxes exclusivement mobilières.

§ 4. — *Comparaison des taxes avec les revenus en France et en Angleterre.*

Pour apprécier maintenant la proportionnalité de ces deux
groupes, il s'agit de comparer le premier au montant des revenus
fonciers, et le second au montant des revenus mobiliers. Mais qui
déterminera les chiffres des dits revenus ? Là commencent les difficultés presque insurmontables du problème, car les revenus
individuels, soit mobiliers, soit immobiliers, ne figurent dans
aucune statistique : ils n'ont jamais fait et ne pourront jamais
faire l'objet d'un recensement précis, ni dans leur total, ni dans
leurs subdivisions. Quelques économistes seulement, heureusement pour nous, ont tenté de les évaluer, mais *grosso modo*, avec
beaucoup de réserves et de défiance, d'autant plus de réserves et
de défiance que ces économistes étaient plus perspicaces et plus
savants. Encore n'ont-ils osé émettre que des appréciations en
bloc sur l'ensemble des revenus du pays, sans répartition, ni
subdivision détaillées. MM. Leroy-Beaulieu et de Foville, par
exemple, s'arrêtent, en général, au chiffre de 25 milliards pour
l'ensemble du revenu national (1). Quelle est, dans ces 25 milliards, la part distincte de chacun des revenus dont nous désirons
spécialement connaître le montant ? Nous en sommes réduits à
tenter de le rechercher nous-mêmes.

En ce qui concerne la propriété foncière, on peut, à la rigueur,

(1) *La France économique*, et le mot *Richesse*, dans le *Dictionnaire des finances*, par A. de Foville.

utiliser les résultats des enquêtes administratives poursuivies par les contrôleurs des contributions directes à l'occasion des récentes péré_quations de l'impôt foncier prescrites par les lois de 1879 et de 1885.

Ces enquêtes aboutissent, pour le revenu des propriétés non bâties et des propriétés bâties à un total approximatif (1) de 4 milliards 500.000.000 fr., aussi réduit que possible en considération des dernières crises agricoles.

Le bilan des revenus mobiliers ne rencontre plus aussi oppo r-tunément que le précédent l'appui de grandes enquêtes officielles. Tout au plus la sttatisque administrative des titres de bourse, assujettis à la taxe de 4 p. 100 se laisse-t-elle alors consulter ainsi que le relevé budgétaire des arrérages de rentes sur l'État, des pensions civiles et militaires, et autres valeurs du Trésor. En dehors de là, ce ne sont plus qu'hypothèses incertaines, chiffres aventureux et discutables, choisis, sans garantie aucune, parmi ceux que les divers auteurs mettent en avant.

Voici le tableau composé dans ces conditions :

Revenu des valeurs mobilières soumises à la taxe de 4 p. 100.................... 1.778.360.000 fr.

Intérêts de la dette publique consolidée.   761.668.000

Intérêts de la dette remboursable à terme ou par annuités qui sont directe-ment servis au public................   215.000.000

Intérêts de la dette publique viagère...   222.972.000

Revenu des fonds d'État étrangers et autres titres étrangers non compris dans l'énumération précédente (2)..........   500.000.000

A reporter....   3.478.000.000

(1) Nous disons *approximatif* parce que les résultats de ces enquêtes admi-nistratives, dont le travail a été exécuté cependant avec la plus grande perfec-tion possible, ne peuvent jamais posséder qu'une valeur actuelle, variable d'an-née en année, sans cesse revisable, comme l'administration, elle-même, d'ailleurs, a soin de le déclarer. Les 4 milliards et demi ci-dessus sont un minimum.

(2) M. Alfred Neymarck, dans le très intéressant travail qui complète la série de ceux qu'il poursuit avec tant de compétence sur le même sujet, évalue à 1.200 ou 1.300 millions le revenu des valeurs étrangères possédées par les Fran-çais. Il ne s'agit ici que des valeurs étrangères, fonds d'État et autres, que l'im-

Report...... 3.478.000.000

Revenu des créances hypothécaires et
chirographaires....................... 600.000.000

Total approximatif des revenus mobi-
liers................................. 4.078.000.000 fr.(1)

En résumé, sans discuter davantage la valeur des chiffres précédents, qu'il faut bien, faute de mieux, accepter tels quels, nous
trouvons, d'un côté, 4.500 millions de revenus immobiliers et, de
l'autre, 4.078 millions de revenus mobiliers (2).

Pour conclure, nous n'avons maintenant qu'à placer d'abord, en
regard des 4.500 millions de revenus immobiliers, les 528.000.000
de taxes exclusivement foncières énumérées précédemment. La
proportion de l'imposition spéciale du revenu foncier ressort alors
à 11,73 p. 100 ou 12 p. 100.

De même, en regard des 4.078 millions de revenus mobiliers,
nous plaçons les 285 millions de taxes exclusivement mobilières,
ce qui donne une autre proportion de 7 p. 100 environ.

D'après ces données, si nos calculs étaient exacts, la propriété
foncière se trouverait imposée sur le pied de 12 p. 100, tandis que
la propriété mobilière ne serait imposée que sur le pied de 7 p. 100.

___

pôt de 4 p. 100 n'atteint pas déjà. Or, ces 1.200 à 1.300 millions d'intérêts
annuels supposeraient, au taux de 4 p. 100, un capital de 30 milliards ou
32 milliards 1/2, ce qui semble tout à fait excessif. Il est peu probable que
nous possédions, en fonds d'Etat étrangers, un capital supérieur de près de
dix milliards à celui de nos propres rentes 3 p. 100 et 4 1/2 p. 100.

D'un autre côté, le chiffre de 500 millions que nous inscrivons, en l'empruntant à d'autres statistiques, représente un capital de douze milliards 1/2, à
4 p. 100, déjà considérable intrinsèquement, et qui semble peut-être suffisant.
(Une nouvelle évaluation du capital et du revenu des valeurs mobilières en
France, par M. Alfred Neymarck, 1893.)

(1) M. Alfred Neymarck, dans le travail précité, aboutit à un total de 4 milliards à 4 milliards 200 millions de revenus mobiliers. Ce serait exactement
notre résultat si M. Alfred Neymarck comprenait dans ses calculs le revenu des
créances chirographaires et hypothécaires. Comme il les laisse de côté, nos
chiffres se trouvent, en définitive, inférieurs aux siens de 600 millions.

(2) En ajoutant à ces 8.578 millions le montant des salaires, traitements, gains,
bénéfices commerciaux et industriels, etc., habituellement comptés pour 15 milliards très approximativement, on arrive à reconstituer les 25 milliards de
revenu national supputés par M. de Foville.

On se souvient que nous avons laissé de côté les 15 milliards de revenus
commerciaux et industriels dont il s'agit, concurremment avec leur corrélatif
trop évidemment imparfait, les droits de patente.

Il en résulterait un avantage manifeste au profit de cette dernière, une injustice flagrante au détriment de la première, se chiffrant par une différence de 5 p. 100 !

Mais, encore une fois, nos calculs sont-ils exacts ? Ce n'est pas faute cependant d'avoir très sincèrement cherché à éliminer les cas douteux, à proscrire, par une méthode rationnelle, tous les éléments controversables, à éviter les répartitions arbitraires, à mettre en mouvement la moindre quantité possible de chiffres, afin de les rendre plus précis, en restreignant les chances d'erreurs. Autant que les données nécessairement hypothétiques en cette matière l'ont permis, notre procédé semblait, plus que tout autre, devoir serrer de près la vérité.

D'ailleurs, tous les auteurs qui, par des combinaisons différentes des nôtres, ont essayé de déterminer le taux réciproque de la taxation des propriétés foncières et mobilières, ont constaté, comme ci-dessus, que la propriété immobilière paraissait surchargée, par rapport à sa concurrente, souvent dans des conditions encore beaucoup plus exagérées (1).

D'où vient néanmoins que nous révoquons en doute nos propres calculs, en même temps que les calculs analogues ? N'est-ce pas à désespérer de la solution ? Peut-être bien.

Le vice essentiel qui entache tous les résultats précédents, les nôtres compris, découle du défaut absolu de corrélation existant

(1) M. Le Trésor de la Rocque, dans une communication à la Société des agriculteurs de France en 1882, très remarquée, comme toutes ses productions, évaluait les charges de la propriété agricole à 25 p. 100 de son revenu, les charges de la propriété bâtie à 20 p. 100 et celles des valeurs mobilières à 8,01 p. 100. (*L'Agriculture et les dégrèvements*.) M. Blavier, au Sénat, en 1887, divisait le budget des recettes en trois parts, 35 p. 100 payés par les propriétés foncières, 27 p. 100 payés par la propriété mobilière, 37 p. 100 consistant en impôts mixtes de consommation. (Séance du 18 février 1887.)

En 1882, à la Chambre des députés, au cours d'une discussion, il était déclaré que les valeurs mobilières payaient 9 p. 100 de leurs revenus et l'agriculture 24 p. 100. (Discours de M. Marion et interruption de M. de Roys, 6 décembre 1882.)

M. Jametel, député, faisait ensuite ressortir, comme conclusion d'une étude très détaillée, que le revenu de la terre supportait un ensemble de prélèvements s'élevant à 20 p. 100, tandis que, pour les valeurs mobilières, ce prélèvement ne dépassait pas 10 p. 100. (Séance du 7 décembre 1882.)

M. Vacher, député, dans une communication à la Société de statistique de Paris, le 16 janvier 1889, estimait que la charge fiscale de l'agriculture était quatre fois plus considérable que celle du capital mobilier. La propriété rurale, d'après lui, payait 21 p. 100 de son revenu net, et la fortune mobilière 4,90 p. 100 seulement de ce même revenu net.

entre les termes mis en parallèle. Déjà la disproportion a paru tellement exorbitante à l'égard des patentes et des revenus provenant des gains, profits commerciaux et industriels, salaires, traitements, etc., que, d'emblée, il a fallu laisser de côté les uns et les autres. Mais, après cette première élimination, beaucoup d'autres analogues restent à effectuer, si l'on veut obtenir un équilibre régulier, surtout dans la classe des revenus et impôts mobiliers, comme nous allons le voir.

A l'égard de la propriété immobilière, en effet, la concordance s'établit encore assez exactement entre les revenus et les impôts qui les frappent. D'un côté, le total du produit des terres et des maisons, de l'autre, le total de l'imposition de ces terres et de ces maisons : la balance semble ici suffisamment juste pour qu'il soit possible d'accepter la proportion approximative spécifiée ci-dessus de 12 p. 100.

Au contraire en abordant les valeurs mobilières, on découvre immédiatement qu'un grand nombre de revenus manquent de contre-partie en impositions. Par suite du défaut d'universalité du système fiscal actuel, la corrélation entre le revenu et les taxes devient boiteuse, et l'équilibre se trouve manifestement rompu.

Ainsi, voilà les rentes sur l'État et tous autres arrérages servis par le Trésor figurant sur la liste des revenus mobiliers pour plus de 1.200 millions, qu'aucune taxe n'atteint directement. De même les créances hypothécaires et chirographaires et certains titres étrangers évalués au tableau précédent pour 1.100 millions demeurent complètement à l'abri de l'impôt (1). Le total des revenus imposables s'en trouve enflé d'autant, sans que le total corrélatif des impositions en soit affecté. Les deux termes de la proportion, comme nous le disions, n'étant plus adéquates, le rapport de 7 p. 100, qui résulte de leur rapprochement, ne saurait servir de base à aucune conclusion rationnelle.

En Angleterre, où l'*income-tax* atteint tous les revenus supérieurs à 3.750 fr. sans exception, la Trésorerie a pu, dans le travail précité de 1886, mener à bon terme la répartition que le Parle-

(1) Voir plus bas la liste complète des revenus mobiliers non saisis par l'impôt en France. Voir aussi au chapitre X, page 168.

ment l'avait chargée de dresser. Ses résultats se chiffrent ainsi :

Capitaux de la propriété immobilière.   94.460 millions de fr.

Impôts spéciaux sur la propriété immobilière.............................   211   —

Proportion des impôts aux capitaux
immobiliers.......................   0,223 p. 100

Capitaux de la propriété mobilière...   140.800 millions de fr.

Impôts spéciaux sur la propriété mobilière............................   242   —

Proportion des impôts aux capitaux
mobiliers.........................   0,165 p. 100

D'après ces données, la propriété immobilière en Angleterre se trouverait assez fortement surtaxée.

Sans doute, comme nous l'avons dit déjà, les membres du bureau de Trésorerie font les plus expresses réserves au sujet de l'exactitude de leurs chiffres. Il les qualifient, eux-mêmes, de nécessairement arbitraires et conjecturaux. M. Robert Giffen, le statisticien éminent, en examinant le tableau publié par la Trésorerie, déclare « qu'il n'y a pas, en statistique, de problème plus « *insoluble* que l'évaluation des consistances respectives de la pro- « priété personnelle ».

Néanmoins, en dépit de ces réserves et de ces restrictions, absolument justifiées, d'ailleurs, en pareille matière, on comprend, à la rigueur, que l'Angleterre, où tous les revenus mobiliers sans exception sont soumis à l'*income-tax* et plus ou moins effectivement taxés par lui (1), parvienne à dresser une comparaison re-

---

(1) L'*income-tax* anglais et l'impôt sur la richesse mobilière, en Italie, englobent bien, dans leur assiette officielle, l'universalité des revenus mobiliers.
Mais ils ne saisissent qu'avec beaucoup de peine celles de ces valeurs qui ne sont pas *ostensibles*, telles que les créances chirographaires, les revenus des titres étrangers, etc. De sorte que les omissions du système français n'ont pas toujours la gravité exceptionnelle qu'on leur reproche à première vue.
Ainsi, M. Giffen, dans ses analyses des données de l'*income-tax*, estimait que les 725 millions de revenus de capitaux déclarés en 1878 correspondaient à une existence réelle de 1.750 millions environ, soit une dissimulation de plus d'un milliard de revenus.

lativement satisfaisante entre le montant des impôts existants et la masse des revenus ou capitaux mobiliers et immobiliers.

Mais en France, où l'*income-tax* universel n'existe pas, où les rentes sur l'État, les créances hypothécaires et chirographaires et autres valeurs énumérées plus loin échappent officiellement à l'impôt, l'idée même d'entreprendre pareille statistique globale ne saurait se concevoir.

§ 5. — *Exemples individuels desquels il est possible de déduire des conclusions effectives.*

A défaut des comparaisons en bloc auxquelles il faut, on le voit, définitivement renoncer, nous pouvons, comme dernière ressource, nous réfugier dans les exemples individuels. En choisissant des cas bien précis, bien équilibrés, nous serons sûrs, au moins alors, d'aboutir à des résultats partiels sans doute, mais suffisamment certains, et susceptibles de généralisation puisqu'ils serviront de type.

Abordons ce nouveau mode de calcul par l'étude d'une des valeurs figurant le plus habituellement dans le portefeuille des capitalistes, l'obligation 3 p. 100 des grands chemins de fer français.

Le revenu de ces obligations est facile à déterminer, puisqu'il figure en toutes lettres sur le libellé même des coupons semestriels. En face de ce revenu, plaçons les impôts qui l'affectent, dont le relevé est également facile à dresser exactement, et voyons si du rapprochement de ces éléments, d'une précision rigoureuse, ne ressortent pas des proportions très différentes de celles qui sont ci-dessus indiquées.

L'obligation de chemins de fer en question, au taux nominal de 500 fr., rapportant 15 fr. d'intérêts, paye à l'État annuellement les taxes spéciales suivantes :

	fr.
Droit de timbre(0,06 p. 100) sur le montant nominal du titre (Loi de 1850)........................	0.30
Droit de transmission par abonnement (0,20) sur la valeur réelle, 465 fr. environ (Loi de 1857)........	0.93
Impôt de 4 p. 100 sur le revenu de 15 fr. (Lois de 1872 et de 1890)....................................	0.60
Total...........................	1.83

Par rapport à 15 fr. de revenu, 1 fr. 83 représentent déjà 12,20 p. 100. A ces taxes annuelles il convient d'ajouter les taxes éventuelles d'enregistrement et de timbre, en cas de mutation entre vifs et par décès. Le montant de ces taxes éventuelles serait assez délicat à évaluer si un document administratif ne nous en évitait la peine. « Les impôts ordinaires de donation et de succession, dit-il, « perçus à des époques variables représentent une charge annuelle « de 0,23 par obligation de chemin de fer au porteur (1). » (Observations de la Direction générale de l'enregistrement sur le projet Ballue, 1884.)

En ajoutant ces 0,23 c. aux 1 fr. 83 précédents, le total de 2 fr. 06 représente le poids d'impôt annuel prélevé sur les 15 fr. de revenu des titres mobiliers en question, lequel, rapproché des dits 15 fr. (ici la corrélation des deux termes, nous le répétons, est rigoureuse) aboutit à un taux d'imposition de 13,73 p. 100, presque 14 p. 100.

Les mêmes calculs appliqués à des actions de chemins de fer français, du Nord (2) ou de Paris-Lyon-Méditerranée (3), donnent

(1) Cette quotité de 0,23 c. est, d'ailleurs, notoirement insuffisante. Elle s'obtient en supposant que les droits de mutation sont perçus tous les 30 ans sur un cours de 465 fr., au taux moyen de 1,50 p. 100. Or, le taux moyen des droits de succession et de donation dépasse de beaucoup 1,50 p. 100; il ressort à plus du double, 3,50 p. 100 environ. A ce taux de 3,50 p. 100, les 0,23 c. ci-dessus se transformeraient en 0,45. (Lire à ce sujet la proposition de loi de M. René Gillet, député, du 1er juin 1889).

Nous n'en maintenons pas moins le chiffre de 0,23, moins favorable à notre démonstration, sans doute, que ne le serait celui de 0,45, mais qui a l'avantage de nous mettre à l'abri derrière un document administratif.

(2) Action de la Compagnie des chemins de fer du Nord.
Droit de timbre (0,06 p. 100) sur un capital nominal de 400 fr......   0.24
Droit de transmission (0,20 p. 100) sur un cours de 1875 fr..........   3.75
Impôt de 4 p. 100 sur un revenu de 70 fr..........................   2.80
Evaluation annuelle des droits de succession et de donation..........   0.94
                                            Total.................   7.73

Ces 7 fr. 73 d'impôts, par rapport à un revenu de 70 fr., représentent un taux d'imposition de 11 p. 100.

(3) Action de la Compagnie des chemins de fer de Paris-Lyon-Méditerranée.
Droit de timbre (0,06 p. 100) sur un capital nominal de 500 fr......   0.30
Droit de transmission (0,20 p. 100) sur un cours de 1.550..........   3.10
Impôt de 4 p. 100 sur un revenu de 55 fr..........................   2.20
Evaluation du montant annuel des droits de succession et de donation.   0.775
                                            Total.................   6.375

les taux un peu moindres de 11 à 11 1/2 p. 100. A l'égard de certaines obligations industrielles, de compagnies maritimes, d'omnibus, etc., la proportion se relève à 12,20 p. 100 (1).

Les 11 p. 100, 12 p. 100 et même 13, 73 p. 100 précédents représentent donc le taux effectif d'imposition perçu sur les valeurs mobilières dites de bourse. Ici, pas de doute possible, ni de chance d'erreurs : chacun peut s'assurer, lui-même, que tel est bien le prélèvement opéré semestriellement sur ses propres coupons (2).

Dès lors, la propriété foncière ne saurait plus se prétendre surchargée vis-à-vis des valeurs mobilières en question, puisque le taux de leur imposition spéciale atteint et dépasse même celui des impôts immobiliers, qui, on s'en souvient, s'élevait à 12 p. 100.

L'égalité apparaît ainsi presque complète depuis qu'au lieu d'opérer en bloc sur des revenus taxés ou non, on a circonscrit, dans chaque équation, un lot corrélatif de matière imposable et d'impôt, c'est-à-dire, rendu les termes comparables.

Le travail de recherches et de décompositions successives auquel nous venons de nous livrer comporte, en définitive, diverses conclusions instructives. Il montre d'abord combien les statistiques sont ici dangereuses, non seulement à cause de l'incertitude de leurs chiffres, forcément hypothétiques surtout en matière d'évaluation des revenus nationaux, mais, en outre, parce qu'elles conduisent à englober pêle mêle des éléments disparates, dont la comparaison ne fait ressortir que des moyennes générales irrationnelles, démenties par les exemples précis tirés de la réalité des faits.

Ces 6 fr. 375 d'impôts, par rapport à un revenu de 55 fr., représentent une proportion de 11,59 p. 100.

(1) Obligation de la Compagnie des messageries maritimes, remboursable à 500 fr., donnant 20 fr. d'intérêt annuel.

Droit de timbre	0.30
— de transmission	1.04
— de 4 p. 100 sur le revenu	0.80
Evaluation des droits de succession et de donation	0.30
Total	2.44

Ces 2 fr. 44 d'impôts annuels, par rapport à l'intérêt de 20 fr., représentent une proportion de 12,20 p. 100.

(2) Sauf le droit de timbre que la plupart des compagnies gardent à leur charge sans le faire payer aux créanciers, et qu'il faut, dès lors, ajouter au montant des retenues semestrielles.

En second lieu, ces exemples précis tirés de la réalité des faits prouvent, à l'égard d'une classe importante de valeurs mobilières, que le poids de leur taxation équivaut pour le moins à celui des propriétés foncières.

Dès lors, si le législateur veut relever encore dans l'avenir la moyenne générale de l'imposition des valeurs mobilières, ce n'est plus à cette classe déjà surchargée qu'il devra s'adresser, laquelle ne saurait continuer à payer pour les autres.

Ou bien, alors, il se décidera à étendre aux rentes sur l'État, aux pensions, aux traitements, aux créances hypothécaires et chirographaires, etc., la taxation qui les a épargnés jusqu'ici (1), en établissant une sorte d'impôt général sur tous les revenus sans exception (2). Ou bien, considérant que, dès à présent, la péréquation existe largement à l'encontre des seules valeurs susceptibles d'être atteintes facilement par le fisc, il s'abstiendra de la poursuivre plus complètement.

Déjà la surtaxe de l'impôt sur les coupons, portée de 3 à 4 p. 100 en 1890, a pu très justement sembler excessive (3). L'impôt sur les opérations de bourse vient d'aggraver la situation. Aller au delà serait excéder la mesure, et risquer de créer, dans le sens in-

---

(1) La liste des valeurs mobilières omises par l'impôt en France semble pouvoir être établie de la façon suivante d'une manière à peu près complète :

Rentes sur l'Etat,

Intérêts des diverses valeurs du Trésor, pensions et rentes viagères servies par l'Etat,

Salaires, traitements et gains personnels de certaines professions libérales,

Intérêt des créances hypothécaires,

Intérêt des créances chirographaires,

Revenu des fonds d'Etat etrangers,

Revenu des titres étrangers non cotés à la Bourse et ne circulant pas en France.

Parmi ces diverses valeurs, les unes échappent à l'impôt parce que le législateur ne veut pas les taxer, comme les rentes sur l'Etat, les intérêts des valeurs du Trésor, les traitements, pensions, etc.; les autres, parce que l'Etat ne croit pas pouvoir réussir à les saisir, comme les créances hypothécaires, les créances chirographaires, les valeurs étrangères, etc. (Voir ci-dessus, page 168.)

(2) Tel est le but vers lequel tend le Rapport de la commission législative concernant l'assiette de l'impôt rédigé par M. Ballue, député, 20 novembre 1886.

(3) Lire spécialement les éloquents plaidoyers de M. Paul Leroy-Beaulieu, dans l'*Economiste français*, contre l'augmentation de l'impôt sur le revenu des valeurs mobilières de 3 à 4 p. 100, en 1890. Lire aussi l'intéressante brochure de M. Raphaël Georges Lévy et Jacques Siegfried, *Du relèvement du marché financier français*, 1890.

verse à celui que l'on poursuivrait, de très dangereuses inégalités.

§ 6. — *La péréquation entre les valeurs foncières et mobilières doit-elle être, d'ailleurs, rigoureusement poursuivie ?*

Jusqu'ici nous avons cherché à montrer : 1° que le taux réciproque d'imposition des valeurs foncières et mobilières reposait sur des statistiques beaucoup trop incertaines pour être déterminé avec succès dans aucun pays ; 2° que, cependant, d'après divers exemples individuellement étudiés, l'équilibre paraissait avoir été atteint, en France, entre les propriétés mobilières et certains lots particuliers de valeurs mobilières.

Mais les raisonnements précédents ont toujours admis *a priori* comme l'idéal d'une juste taxation l'établissement d'un équilibre exact entre l'imposition des valeurs mobilières et celle des valeurs immobilières.

Est-ce bien là la vérité fiscale ?

Si jamais le législateur, par une grâce du ciel, parvenait à posséder une statistique irréfragable des valeurs foncières et mobilières, devrait-il régler la proportion de leurs impositions dans le sens d'une égalité absolue ?

Terminons par l'examen de cette délicate question.

Les valeurs mobilières, à notre avis, malgré leur éclat apparent, leurs développements inouïs, leurs plus-values exceptionnelles, offrent inversement de tels risques d'insécurité que, pour ce premier motif déjà, il semble juste de les traiter avec plus de ménagements que leurs rivales.

Sans doute la terre, elle aussi, réserve souvent de graves mécomptes à ses détenteurs. Nous avons vu l'agriculture, à la suite de longues années prospères, subir des crises pénibles. Mais, en général, le propriétaire du sol n'éprouve que des suspensions ou des réductions de revenus. Le fonds demeure toujours là. Tandis que le porteur de valeurs mobilières se trouve subitement dépouillé, en de trop fréquentes circonstances, d'une manière irrémédiable, à la fois de son fonds et de ses revenus. Les exemples abondent

malheureusement à l'appui d'une telle assertion (1). En laissant
de côté les quantités d'affaires suspectes qui sombrent journellement, des valeurs très sûres en apparence, que la prudence ne
déconseillait nullement de posséder, ont englouti, tout récemment encore, des fortunes considérables : obligations du canal de
Panama, autorisées par un vote du Parlement, actions du Comptoir
d'escompte de Paris, dont les notaires recommandaient l'acquisition aux familles, obligations du chemin de fer d'Orléans à
Châlons jouissant de la garantie de l'État, actions de la société
des dépôts et comptes courants, obligations des chemins de fer por-
tugais, etc., même certains fonds d'États renommés par leur cheva-
leresque bonne foi, disaient les prospectus d'émission.

Ces déchets inévitables et constants, subis à coup sûr par tout
détenteur d'un portefeuille tant soit peu panaché, semblent déjà
susceptibles, en toute équité, de provoquer la compassion du fisc,
et d'arrêter la rigueur trop égalitaire de ses coups.

Un motif d'opportunité engage encore à modérer la taxation
des valeurs mobilières. Celles-ci, en effet, ne sont pas, comme
leurs rivales, immobilisées, attachées à la terre, mais, au contraire, essentiellement instables et fugaces. Ennemies de la contrainte, elles y échappent à leur gré, soit en se raréfiant, soit en
émigrant. Lorsque l'Italie, en 1874, voulut créer un droit gradué
sur les bordereaux de ventes et d'achats des titres de bourse, son
marché se resserra immédiatement, et la taxe en fut rendue responsable. Aussi, après beaucoup de remaniements, sa suppression fut-elle considérée par M. Luzzati, dès son arrivée au pouvoir,
comme indispensable, malgré les besoins du Trésor, précisément
à cause de ces besoins. Un droit fixe de 0,10 c. l'a remplacée
à partir de 1891.

De même, en 1856, le Gouvernement français tenta d'établir une
modique perception de 1 fr. par personne à l'entrée de la Bourse
de Paris. L'échec de l'emprunt émis alors par la ville lui apprit, à
ses dépens, que le délicat mécanisme du crédit public ne pouvait

(1) Lire, dans le travail déjà cité de M. Neymarck, le curieux chapitre : *les
pertes de l'épargne.*

devenir impunément l'objet d'expériences vexatoires. Les tourni-
quets, en conséquence, disparurent sans délai.

Actuellement, les marchés de Berlin, Hambourg et Londres font
une trop puissante concurrence à celui de Paris pour que les
dangers de tout excès imprudent à l'égard des valeurs mobilières
ne risquent pas de se manifester clairement, sans qu'il soit besoin
d'insister (1).

La justice elle-même, en dernier lieu, plaide la cause de la
modération en faveur des valeurs mobilières, qui déjà, le plus
souvent, se trouvent surchargées de taxes immobilières (2).

Ainsi en est-il surtout des titres des sociétés particulièrement
adonnées aux prêts immobiliers et à l'exploitation de domaines
immobiliers, dont la cote de la Bourse de Paris contient une
longue liste : Compagnie foncière, Rente foncière, Société foncière lyonnaise, Société des immeubles de France, etc. Ces diverses
compagnies, en même temps qu'elles acquittent tous les droits
mobiliers afférents à leurs actions, obligations et coupons, n'en
payent pas moins aussi tous les impôts fonciers afférents aux
immeubles constituant leur actif industriel.

La Compagnie foncière, qui détient pour une valeur capitale

(1) On pourrait encore invoquer en faveur des valeurs mobilières la fréquence
de leurs mouvements, qui les expose constamment aux coups du fisc. M. Claudio Jannet, dont nous avons déjà cité le récent ouvrage, s'exprime ainsi à ce
sujet : « Comparativement aux droits qui frappent les mutations immobilières
« entre vifs à titre onéreux, ces droits paraissent faibles. Mais, sans justifier
« l'exagération des droits fiscaux sur la propriété foncière qui sont un des plus
« grands vices de notre régime financier, il faut dire que le législateur ne doit
« pas établir le même taux de mutation sur toutes les natures de biens. Il doit
« tenir compte de la fréquence des mutations. Or, tandis que les immeubles en
« France ne changent de mains que tous les cinquante ans, ou tous les qua-
« rante-quatre ans par aliénation à titre onéreux, il ressort, au contraire, du
« rapport établi entre le droit de mutation sur les titres au porteur et les titres
« nominatifs que le tiers des valeurs mobilières est censé changer de mains
« chaque année. Cette mobilité est un de leurs principaux avantages et il serait
« très grave d'y porter atteinte par l'établissement d'un nouvel impôt s'il ne
« devait pas être léger.» (Le Capital, la spéculation et la finance, 1892, par
Claudio Jannet.)

(2) « Les valeurs mobilières, disait le ministre des finances, actions et obli-
« gations, ne sont pas autre chose que la mobilisation de titres de propriété,
« c'est-à-dire d'immeubles, de machines, d'outils, d'entreprises quelconques,
« qui ont déjà payé la totalité des droits que les entreprises privées payent elles-
« mêmes. » (Chambre des députés, 12 décembre 1892.)

de près de 60 millions de maisons énumère dans ses rapports les lourds impôts fonciers qu'elle paye de ce chef, sans préjudice des impôts mobiliers qu'elle supporte d'autre part. De même pour la Société des immeubles de France, qui possède 169 immeubles ayant coûté 64.879.000 fr.; tout son capital-actions et obligations étant représenté par des immeubles, elle acquitte sur la totalité de son avoir sans exception une série de taxes foncières et une autre série de taxes mobilières. Doubles emplois absolument destructifs de la proportionnalité!

Les sociétés immobilières ne sont pas seules dans ce cas; nous retrouvons la même situation, à un degré moins excessif, chez les sociétés de mines, de métallurgie, de gaz, de transports, etc. Toutes possèdent forcément d'importants lots d'immeubles, nécessaires à leur exploitation même, et assujettis aux taxes foncières. Il n'est pas jusqu'aux pures sociétés de crédit, que l'on pourrait croire exemptes de mélange immobilier, puisqu'elles tracent dans l'air ce chemin idéal dont parle Adam Smith, et qui cependant supportent aussi leur part d'impôt foncier. Dans les bilans de la *Société générale*, par exemple, figurent, en toutes lettres, les rubriques suivantes :

Siège central. Impôt foncier............ 15.723 fr. 90
    —   Impôt des portes et fenêtres. 2.789 fr. 75
Agences   Impôt foncier............. 1.670 fr. 18
    —   Impôt des portes et fenêtres. 3.313 fr. 61
                            Total.... 23.497 fr. 44 (1).

Les considérations par lesquelles nous débutions engagent donc à ne pas pousser trop rigoureusement la distinction entre les

_____

(1) En plus de ces 23.497 fr. 44 de taxes foncières, la Société générale acquitte encore annuellement 355.941 fr. de taxes spéciales sur ses titres et sur ses coupons, puis 440.564 fr. de patentes et d'impôt locatif, 50.786 fr. de timbres divers, plus 197.624 fr. d'impôts sur les bureaux de quartier non détaillés, et quelques redevances, en tout 1.069.811 fr. 88. Ce total de 1.069.811 fr. 88 de taxes est considérable, comme on en peut juger facilement, si on le compare aux bénéfices distribués, montant, pour 1891, à 3.200.000 fr., juste l'intérêt à 5 p. 100 du capital versé. Ainsi voilà une société qui, malgré son ancienneté, ne parvient à donner à ses actionnaires que 5 p. 100 de leur argent, et à laquelle cependant l'État réclame un chiffre d'impôts égal au tiers de ses bénéfices distribués! C'est 4 fr. 45 environ de prélèvement par action, en regard d'un dividende de 12 fr. 50!

fortunes mobilières et les fortunes immobilières, toujours plus ou moins mélangées, disions-nous. On ne saurait découvrir aucun revenu mobilier qui ne soit simultanément immobilier à quelque degré, et surtout aucun impôt mobilier qui ne soit doublé de taxes immobilières (1). Cette idée a dominé implicitement tout notre exposé, et trouve ici sa dernière application.

Pour trois motifs donc, provenant du caractère fugace et instable des valeurs mobilières, de leurs risques aléatoires et de la surcharge d'impôts immobiliers qui les affecte en double emploi, motifs d'opportunité et de justice, cette sorte de propriété mérite d'être épargnée par le fisc.

Est-il possible maintenant d'indiquer le point exact où le fisc doit s'arrêter, la limite d'une telle modération ? Cela n'est pas plus possible qu'il ne l'a été tout à l'heure de chiffrer, au simple point de vue statistique, le taux même des taxations réciproques. Toujours ici on restera dans le domaine de l'imprécis.

Heureusement, un guide plus sûr que les stricts chiffres s'offre au législateur de bonne foi. C'est celui que M. Magne suivait, en 1872, dans le discours précité, lorsqu'il affirmait que l'opinion publique criait : « mais les valeurs mobilières ne supportent pas « leur part d'impôt ! » Alors, en effet, l'inégalité était patente à leur profit.

Plus récemment, le ministre des finances a pu inversement déclarer, toujours sans recourir aux statistiques : « La vérité est « que les valeurs mobilières sont plus lourdement chargées en « France qu'à l'étranger... Vous avez beau protester, c'est là un « fait qui n'est pas contesté par les personnes compétentes... Bien « souvent les maisons de banque se sont plaintes d'être obligées de

(1) Comme disait l'enquête précitée de la Trésorerie anglaise de 1886 : « Il « est difficile de déterminer la proportion dans laquelle les mines, canaux, « entreprises diverses, doivent être comptés soit dans la fortune mobilière soit « dans la fortune immobilière. *Lorsque ces entreprises sont gérées par une « société, les actions et intérêts sont considérés comme biens mobiliers. Au « contraire, lorsqu'elles appartiennent à une seule personne, elles sont immeu-« bles.* »

« faire leurs affaires à l'étranger, parce que les frais qui pèsent sur
« la place de Paris sont trop lourds... Les valeurs mobilières ne
« sont pas ménagées par la législation fiscale... » (Discours de
M. Rouvier, ministre des finances, 12 décembre 1892.)

Toute personne clairvoyante et expérimentée connaît ou plutôt
sent, d'une manière suffisante, par les mille indices qui frappent
son esprit, par les nombreux exemples qui s'offrent journellement
à ses yeux, par les avis des gens compétents, par la nature des
récriminations du public, par le degré de résistance des contribuables, quelle est véritablement la situation réciproque des
valeurs mobilières et immobilières au regard de la taxation. Mieux
que les chiffres, impuissants, d'ailleurs, dans la circonstance, le
tact fournit ici une mesure certaine. C'est lui qui saura indiquer,
non seulement le niveau de l'égalité absolue, mais le quantum
de réduction au-dessous de ce niveau dont il semble opportun de
favoriser éventuellement les valeurs mobilières.

En somme, les longues controverses, les décompositions budgétaires, les statistiques aventureuses, les raisonnements com-
pliqués de ce chapitre aboutissent à se résumer dans cette simple
formule : la question de l'imposition des valeurs mobilières est
une question de tact et de modération.

CHAPITRE XIX

IMPOTS SUR LA PROPRIÉTÉ ET SUR LES CONSOMMATIONS

Nous avons réservé, on s'en souvient, en traitant des contributions directes et indirectes, une autre classification établie entre les impôts sur la propriété et les impôts sur les consommations, possédant de grandes affinités avec la précédente, mais d'une portée beaucoup plus élevée. Nous allons lui consacrer les développements qu'elle mérite.

Commençons par extraire nominativement les éléments qui la composent de la liste des recettes budgétaires.

§ 1. — *Eléments qui composent chacune de ces deux classes d'impôts.*

Les impôts sur la propriété, ou, si l'on préfère, sur la fortune acquise, comprennent d'abord le lot tout entier des contributions directes, qui, par leur nature même, frappent nominativement les détenteurs de richesses effectives, de biens au soleil, champs, bois, prairies, maisons, usines, établissements, logements, meubles, chevaux, voitures, etc., revenus et capitaux de toute nature, soumis aux atteintes des divers impôts foncier, mobilier, des patentes, etc., ou des impôts plus généraux sur le capital et sur le revenu. Ce sont là des valeurs certaines, nettement caractérisées, éminemment taxables, sur lesquelles le fisc, sans remords, prélève sa juste part (1).

En plus de la totalité des contributions directes, la classifica-

(1) Les impôts directs et indirects, comme on l'a vu, ne se distinguent entre eux que par leurs procédés administratifs de perception, lesquels procurent aux premiers une grande stabilité et aux seconds une rentrée facile et une progression féconde. Leurs caractères ne s'élèvent pas au-dessus de ces questions, intéressantes sans doute, mais relativement secondaires, de recouvrement. Voir pages 280 et suivantes.

tion des impôts sur la propriété embrasse, parmi les taxes indirectes, les droits de successions établis sur la fortune même que
l'héritier s'apprête à recueillir ; les taxes sur les donations entre
vifs, atteignant également la richesse au moment où celle-ci change
de mains ; les droits sur les ventes mobilières et immobilières frappant l'objet vendu lorsque l'acquéreur en devient propriétaire ; les
droits de timbre et de transmission sur les actions et obligations
des compagnies, sociétés et entreprises diverses, acquittés par les
possesseurs de ces capitaux mobiliers ; les droits sur les coupons
touchés par les porteurs desdites valeurs ; les droits sur les contrats de mariage, marchés, adjudications, formations de société,
liquidations, partages, constitutions d'hypothèques, ouvertures de
crédit, procès, jugements et autres actes spécifiant la possession
ou la mutation de valeurs déterminées. On peut ajouter à cette nomenclature les licences exigées des divers assujettis de la régie, en
raison de leur établissement industriel.

En résumé, les impôts sur la fortune assise se composent de
toutes les contributions directes et d'une partie de droits indirects,
spécialement des droits d'enregistrement et de timbre. On peut dire,
pour les définir, qu' « ils frappent certaines richesses dans les
« mains de leurs détenteurs ».

Le surplus des droits indirects, non compris dans la liste précédente, forme la classe des impôts sur les consommations. Tels
sont les droits intérieurs ou de douane sur les vins, cidres, bières
et alcools, pétrole,sels, sucres, cafés, thés, céréales, bestiaux, viandes, fers, tissus, bougies, tabacs, poudres à feu, allumettes, transports, objets d'or et d'argent, cartes à jouer, etc.

Ici, le fisc se trouve en présence, non plus d'un contribuable
détenant une richesse déterminée, mais d'une marchandise (1)
dont le véritable destinataire lui est inconnu. Il effectue son prélèvement sans savoir quelle personne en supportera définitivement
le poids, sans même s'en inquiéter. Une fois l'objet taxé dans les
mains du producteur ou des intermédiaires, il laisse le consom-

(1) Le mot marchandise embrasse ici, à la fois, les *objets* et les *services*
atteints par les impôts sur les consommations. A la rigueur, il semble pouvoir être pris dans ce double sens.

mateur, quel qu'il soit, riche ou pauvre, acquitter ultérieurement le surcroît de prix résultant de la taxation.

En conséquence, on peut dire que « les impôts sur les consom- « mations frappent certains objets de consommation, indépen- « damment de la personne du consommateur (1) ».

Pour plus de clarté, nous allons chiffrer les indications qui précèdent.

En France, le total des produits fiscaux du budget de 1894, 2.860 millions environ (2), peut être réparti entre les impôts sur la propriété et les impôts sur les consommations de la manière suivante :

Taxes sur la propriété.

Francs.

Contributions directes (foncière, portes et fenêtres, personnelle-mobilière et patentes)..... 465.761.000

Taxes assimilées sur les biens de mainmorte,
mines, chevaux et voitures, cercles, billards,
vélocipèdes, etc........................ 35.257.000

Total des contributions directes........ 501.018.000

---

(1) *Impôts réels et personnels.* — On induirait à tort du texte des définitions précédentes qu'il s'agit, dans le premier cas, d'impôts personnels et, dans le second cas, d'impôts réels. Sans doute, les contributions foncières, des portes et fenêtres, les patentes, les droits sur les successions, sur les donations, mutations, titres et actes divers, qui composent les impôts sur la fortune assise s'adressent à des personnes déterminées. Mais ces personnes ne sont ainsi cotisées individuellement qu'en raison des richesses ou valeurs qu'elles détiennent, lesquelles richesses ou valeurs forment l'objet exclusif de la taxation. De leur côté, les droits sur les consommations sont non moins réels, puisque, comme nous l'avons dit, ils s'attachent seulement à saisir au passage les objets imposés et ignorent la personnalité du consommateur.

D'une manière générale, du reste, la distinction entre les impôts réels et personnels trouve rarement et difficilement son application exacte. Dès que l'on veut aller au fond des choses, on découvre presque toujours une richesse, une valeur, un signe extérieur, une réalité, en un mot, sur laquelle la taxe est assise. Seuls, les impôts de capitation sont des impôts personnels proprement dits. En dehors d'eux, il n'existe plus guère que des impôts réels. Or, comme aujourd'hui les impôts de capitation tendent généralement à disparaître, — nous l'avons montré précédemment, — la classification perd, en grande partie, sa raison d'être. Aussi avons-nous omis intentionnellement de lui consacrer un chapitre spécial.

(2) Ce total de 2.860 millions de recettes fiscales peut ne pas concorder avec ceux qui seront établis par d'autres procédés. Ici, nous avons évalué les produits des monopoles fiscaux *au net*, ce qui atténue leurs chiffres de plus de 80 millions, et nous avons laissé de côté les recettes diverses, qui sont plutôt, en général, des redevances que des taxes.

Droits de successions, de mutations entre vifs,
judiciaires, droits sur les obligations, contrats, actes divers, soumis à l'enregistre-
ment.. .   550.000.000

Droits de timbre sur les actes judiciaires, sur
les contrats, sur les valeurs mobilières, sur
les permis de chasse, etc...... ....   113.500.000

Droit de 4 p. 100 sur le revenu des valeurs mobilières........................... ....   69.249.000

Licences de divers assujettis..... ....   13.613.000

   Total des impôts indirects.............   746.362.000

   Report du total des impôts directs.......   501.018.000

   Total général des taxes sur la propriété...   1.247.380.000

Taxes sur les consommations.

                                          Francs.

Droits de douanes sur les cafés, thés, sels, cacaos, blés, bestiaux, fers, tissus, pétrole, et
marchandises diverses...................   465.726.000

Contributions indirectes sur les vins, bières,
cidres, alcools, sels, huiles, bougies, vinaigres, transports, matières d'or et d'argent,
cartes à jouer, etc......................   570.000.000

Droits sur les sucres.................. ....   203.393.000

Monopoles fiscaux sur les tabacs, les poudres
et les allumettes. Leur produit *net* approximativement évalué....................   325.000.000

Droits de timbre pour la portion non comprise
dans la classe précédente, sur les lettres de
voiture, sur les passeports, sur les affiches
et divers...............................   48.285.000

   Total général des taxes sur les consommations.................................   1.612.404.000

   Total général des recettes fiscales du budget de 1894..........................   2.859.784.000

D'après ces données, les taxes sur la propriété représentent

44 p. 100 et les taxes sur les consommations 56 p. 100 environ du total des produits fiscaux des budgets en France.

En Angleterre, d'après un tableau dressé par le Chancelier de l'Échiquier, dans son exposé financier du 30 avril 1885, les impôts pour l'année financière 1885-1886 se répartissaient ainsi, au point de vue qui nous occupe :

Income-tax...........................	250.000 000 fr.
Land-tax et impôt sur les habitations........	75.000.000
Droits de mutation par décès..............	175.000.000
Taxes somptuaires.......................	18.000.000
Total des impôts sur la propriété......	518.000.000 fr.
Droits sur les boissons....................	697.000.000 fr.
Licences...............................	48.000.000
Tabacs.................................	230.000.000
Autres articles (café, chicorée, thé, raisins secs, etc.)..............................	133.000.000
Total des impôts sur les consommations.......	1.108.000.000 fr.

Soit 31 p. 100 pour les impôts sur la propriété et 69 p. 100 pour les impôts sur les consommations, par rapport au total des recettes fiscales.

M. Childers, comparant ce tableau avec des tableaux analogues dressés par lui pour trois périodes antérieures choisies dans le dernier quart du siècle, arrivait à démontrer que, « durant les « trente années antérieures, la situation des consommateurs, par « rapport à celle des propriétaires, a été progressivement et sage- « ment améliorée ». Ce qui veut dire que le poids des impôts a de plus en plus passé des consommations sur la propriété (1).

« Il faut persévérer fermement dans cette politique, » ajoutait-il.

(1) Voici les chiffres par périodes fournis par M. Childers, en 1885 :

Années fiscales	Impôts sur les consommations. fr.	Impôts sur la propriété. fr.	Proportion des impôts sur la propriété.
1858-59	993.500.000	330.200.000	24. 9 p. 100
1868-69	1.028.000.000	411.800.000	28. 5 p. 100
1875-76	1.132.700.000	329.300.000	22. 5 p. 100
1885-86	1.108.100.000	518.000.000	31. p. 100

(Exposé financier du 30 avril 1885.)

Depuis 1885, en effet, le budget anglais semble avoir accompli à ce point de vue de nouveaux progrès. Car, si l'on analyse les recettes des dernières années financières, on arrive aux résultats suivants :

Impôts sur la propriété.

Land-tax............................	26.000.000 fr.
Inhabited house duty...................	35.250.000
General property and income-tax........	336.750.000
Taxes somptuaires sur les domestiques mâles, les armoiries, les voitures, etc............	20.000.000
Taxes à cause de mort, taxes sur les effets de commerce, les billets de banque, les contrats, les compagnies, les quittances, les assurances, etc..............................	340.000.000
Total des taxes sur la propriété.......	758.000.000

Impôts sur les consommations.

Droits de douanes sur les tabacs, alcools, thés, cafés, vins, etc........................	492.800.000 fr.
Droits d'excise sur les bières, spiritueux, chemins de fer, établissements divers.........	634.200.000
Total des taxes sur les consommations........	1.127.000.000
Total général des produits fiscaux du budget anglais..............................	1.885.000.000

(Balance finale de l'année financière 1892-1893.)

Soit 40 p. 100 pour les taxes sur la propriété et 60 p. 100 pour les taxes sur les consommations. Les premières auraient donc gagné 9 p. 100 et les secondes perdu autant, depuis 1885.

Il est curieux de remarquer, en terminant, quelle analogie, par une sorte de force des choses, fait osciller dans les deux pays, France et Angleterre, ces proportions générales, à peu près uniformément, autour de 40 et de 60 p. 100.

§ 2. — *Caractères réciproques des impôts sur la propriété
et des impôts sur les consommations. Leurs avantages et
leurs inconvénients.*

Une fois les éléments de la classification ainsi définis, énumé-
rés et chiffrés, il s'agit de déterminer leurs caractères réciproques.

Là réside, en somme, le véritable but de nos recherches.

Quels avantages possèdent d'abord les impôts sur la propriété ?

Les impôts sur la propriété ont le précieux mérite de s'adresser toujours à des valeurs certaines, à des richesses bien déterminées. Ils ne demandent de l'argent que là où il y en a. Sans doute,
les apparences peuvent faire illusion ; tel immeuble, telle usine,
tel magasin, tel train d'équipages, tel contrat, dissimulent quelquefois la pauvreté ou la ruine, derrière l'opulence qu'ils étalent.
On connaît la comédie de la *Poudre aux yeux*, où deux familles,
à la recherche d'un riche mariage, se trompent l'une l'autre par
un luxe menteur. Mais ce sont là des cas exceptionnels. D'une
manière normale, on peut affirmer que terres, bois, maisons, manufactures, chevaux et voitures, successions, donations, ventes,
partages, actes de société, contrats de mariage, etc., révèlent un
degré de richesse à peu près corrélatif aux valeurs qu'ils représentent ou qu'ils expriment. L'impôt qui les frappe, en général,
est assuré de ne pas frapper à faux. Il ne demande une part de leur
bien qu'à ceux-là mêmes qui détiennent ce bien. Si, en outre,
une juste proportionnalité règne dans les tarifs, la perfection fiscale se trouverait réalisée, puisque la richesse serait taxée directement et proportionnellement.

Tout au contraire, les impôts sur les consommations agissent
en aveugles sans savoir qui se trouve devant eux. Comment ici
le fisc discernerait-il la portée de ses coups, puisqu'il ne fait que
saisir au passage des marchandises ou des services anonymes, dont
les consommateurs n'existent pas encore ? Plus tard seulement, au
moment de l'achat des marchandises, ou de l'utilisation des services en question, les contribuables apparaîtront. Alors, riches ou

pauvres devront délier leur bourse, payer l'impôt, ou s'abstenir.
Dure alternative, dans ce dernier cas, surtout lorsqu'il s'agira
d'objets de première nécessité, comme nous le dirons bientôt.

Les impôts sur la propriété, outre ce premier avantage d'atteindre la richesse d'une manière certaine dans les mains de ses
véritables détenteurs, en possèdent un second, qui leur permet
d'opérer, à leur base, de justes et bienfaisants dégrèvements au
profit des classes les moins favorisées. Sachant, en effet, à qui
ils s'adressent, ces sortes d'impôts ont la faculté d'orienter et de
modérer leur incidence. Ils peuvent, à leur gré, épargner telle ou
telle catégorie de contribuables.

C'est ainsi que l'*income-tax*, en Angleterre, exempte les revenus
inférieurs à 3.750 francs et atténue son tarif à l'égard des revenus
inférieurs à 10.000 francs ; que l'impôt mobilier, dans certaines
villes en France, dispense les faibles loyers ; que les indigents sont
laissés en dehors de la contribution personnelle; que les petits
patentables, les ouvriers travaillant seuls, les commerçants des
dernières classes dans les petites villes, etc., sont déchargés en
totalité ou en partie; que, dans certains pays, les successions de
peu d'importance sont exonérées ; que les successions en ligne
directe sont partout favorisées ; que les ventes judiciaires d'immeubles de minime valeur sont affranchies des droits ; que l'*einkommensteuer* en Prusse laisse indemnes les revenus de 1125 fr.
et au-dessous, etc.

Les impôts sur les consommations, on l'a compris déjà, avec
leurs tarifs impersonnels, ne sauraient se prêter à des combinaisons de cette nature : ils ne peuvent faire acception de personnes,
puisqu'ils ignorent les situations individuelles. Si pauvre que soit
le consommateur d'une denrée ou d'un service taxés par eux, le
fisc demeure incapable de l'épargner. Son mécanisme ici, une fois
en mouvement, manœuvre impitoyablement. Quiconque s'y engage subit forcément le sort commun. La définition donnée plus
haut l'a suffisamment expliqué.

En résumé, les impôts sur la fortune assise sont dotés de deux
vertus prééminentes : ils atteignent la richesse dans les mains
de ses véritables détenteurs et permettent d'opérer à leur base

de bienfaisants dégrèvements en faveur des classes pauvres.

L'éclat de ces vertus a rallié autour d'eux des partisans passionnés. Une certaine école même voudrait les voir régner seuls dans les budgets, soit à titre de taxes sur le revenu, soit à titre de taxes sur le capital, à l'exclusion des impôts sur les consommations.

Malheureusement, une telle exclusion est irréalisable. Aucun pays aujourd'hui ne modère assez ses dépenses pour se contenter d'impôts sur la fortune assise. Ceux-ci, en effet, malgré leurs qualités, en raison même des caractères qui donnent naissance à leurs qualités, ne sont pas susceptibles d'extension excessive. Nous avons déjà vu, en parlant des contributions directes, qu'il est impossible de pousser trop loin les demandes adressées directement et personnellement au public. Les rôles nominatifs ont leurs avantages, mais en même temps, par corrélation, ils trouvent assez rapidement leur limite. Ces considérations, développées, à l'occasion des contributions directes (1), s'appliquent également aux droits sur les successions, sur les valeurs mobilières, etc.

Quand on songe que, pour remplacer tous les impôts sur les consommations, il faudrait, dans le budget français comme dans le budget anglais (2), plus que doubler le rendement des impôts sur la propriété, on reconnaît immédiatement l'impossibilité pratique d'une telle transformation.

D'ailleurs, les impôts sur les consommations, de leur côté, possèdent en propre certaines qualités très recherchées, qui se trouvent décrites dans le chapitre consacré aux impôts indirects : facilités de payement et plus-values incessantes. Ce sont là des avantages trop précieux aujourd'hui, dans la situation des finances européennes, pour qu'on puisse s'en passer (3).

---

(1) Voir pages 283 et 291.

(2) En effet, les impôts sur les consommations représentent, on l'a vu, 56 p. 100 en France et 60 p. 100 en Angleterre du total des recettes fiscales. Il faudrait donc, pour les remplacer, plus que doubler, presque tripler les taxes sur la propriété.

(3) A un point de vue plus secondaire, d'ailleurs, les impôts sur les consommations sont encore nécessaires ; car, sans eux, beaucoup de richesses ne correspondant à aucune propriété apparente échapperaient complètement au fisc. Les étrangers, par exemple les voyageurs, les nomades, les personnes qui, par

Mais si une bonne organisation fiscale doit se garder d'éliminer radicalement de son sein les impôts de consommation, ce n'est pas une raison pour méconnaître leurs graves inconvénients. Nous devons, au contraire, revenir sur l'exposé déjà esquissé de ces inconvénients et y insister avec d'autant plus d'énergie que notre conclusion en dépend.

En conséquence, afin de mieux découvrir le point faible desdits impôts de consommation, nous allons les diviser en trois classes, suivant le degré d'estime qu'ils méritent. Dans la première classe figureront ceux qui frappent les objets qualifiés de superflus; dans la seconde, ceux qui frappent les objets d'une utilité relative; dans la troisième, enfin, ceux qui atteignent les matières indispensables à la vie.

§ 3. — *Taxes de consommation sur les objets qualifiés de superflus.*

A l'égard des taxes de consommation assises sur les objets qualifiés de superflus, les inconvénients généraux signalés plus haut se transforment presque en qualités. Qu'importe, en effet, lorsqu'il s'agit de spiritueux, de boissons enivrantes, de tabacs (1), de cartes à jouer, de matières d'or et d'argent, de poudre de chasse, etc., que le fisc puisse ou non connaître préalablement la situation de ses contribuables ! Quel besoin de dégrever le consommateur indigent de marchandises superflues, souvent même nuisibles ? Si l'alternative dont nous avons parlé aboutit, en fin de compte, à provoquer l'abstention d'une partie du public, c'est un service qui lui sera rendu, la plupart du temps. En cas de payement, au

---

avarice ou par genre de vie, dissimulent leur fortune, pourraient, sans rien payer, profiter de tous les avantages sociaux, s'il n'existait que des impôts sur la propriété.

(1) Pour le tabac, cependant, le secrétaire du Trésor, aux États-Unis, proposait de l'exempter de tous droits « parce que, dit-il, quoi que l'on puisse alléguer, « le tabac est actuellement nécessaire au riche comme au pauvre ». (*Rapport au Congrès des États-Unis*, 4 décembre 1889) Il ne faut pas oublier que la situation des finances fédérales était, à cette époque, tellement prospère que la préoccupation de chaque parti consistait à trouver les moyens de réduire le montant des recettes fiscales.

contraire, le Trésor bénéficiera sans remords d'un prélèvement opéré sur des jouissances plus ou moins licites.

Cette première catégorie de taxes de consommation, à l'abri des critiques, constitue un lot important de recettes budgétaires, atteignant 618 millions environ en France (1) et à peu près 840 millions en Angleterre (2).

§ 4. — Taxes de consommation sur les objets d'une utilité relative.

Les objets composant la classe suivante sont qualifiés d'objets d'une utilité relative parce que, suivant l'usage auquel leur destinataire les affecte, ils méritent d'être rangés soit parmi les articles superflus, soit parmi les articles de première nécessité, sans qu'il semble possible, *a priori*, de leur conférer l'une ou l'autre de ces qualifications.

Ainsi, le sucre, consommation de luxe dans bien des cas, est considéré cependant aujourd'hui, à juste titre, comme de première nécessité pour les petits ménages. Le vin, dès qu'on en abuse, dès qu'on recherche les meilleurs crus, lorsqu'il paraît sur les tables

(1) Les 618 millions ci-dessus du budget français se décomposent ainsi, en chiffres ronds, d'après les derniers comptes rendus des administrations fiscales :

		fr.
Droits sur les alcools et vins alcoolisés :		280.000.000
—	tabacs (évaluation du produit net)...........	300.000.000
—	poudres de chasse (évaluation du produit net).	4.000.000
—	permis de chasse........................	6.800.000
—	cartes à jouer.......................... ..	2.200.000
—	matières d'or et d'argent..................	4.800.000
Divers droits de douanes (eaux-de-vie, fruits de table, épices, tissus de soie, tabacs de luxe, etc.)......................		20.200.000
	Total............	618.000.000

(2) Les 840 millions afférents à l'Angleterre se composent *grosso modo* des éléments suivants, extraits des comptes rendus relatifs à l'année fiscale 1891-1893 :

		fr.
Droits sur les spiritueux...............................		539.000.000
—	tabacs............................	248.700.000
—	vins................................. .	32.300.000
—	cartes à jouer.........................	500.000
—	chiens. la chasse, les armes à feu...........	14.500.000
Divers droits de douanes sur les fruits et denrées de luxe...		5.000.000
	Total............	840.000.000

somptueuses, ou même seulement lorsqu'il égaye les parties
de plaisir, noces, repas de corps, etc., est un objet de luxe. Au
contraire, employé journellement à réparer les forces des travailleurs dans les villes ou dans les campagnes, il demeure objet de
première nécessité. La bière, le thé, le café revêtent la même
diversité d'aspects, suivant les circonstances. Les instruments de
transport favorisent les voyages d'agrément, les relations plus ou
moins lointaines de famille et d'amitié, les approvisionnements de
denrées, de meubles, de vêtements, etc., dont la nécessité est souvent discutable. D'un autre côté, ils constituent l'élément essentiel
de la vie industrielle et commerciale. On pourrait poursuivre les
mêmes distinctions à l'égard des objets d'éclairage et de chauffage,
du charbon de terre, coke, gaz, des bougies, du pétrole, des allumettes, etc.

Sans doute, certains théoriciens, ne tenant pas compte des emplois abusifs que nous venons de citer, rangent d'emblée la plupart de ces consommations parmi celles de première nécessité.
Mais, à les suivre dans cette voie, on risquerait d'énoncer un fait
souvent exagéré, ou tout au moins très contestable. Le mieux semble donc, comme nous l'avons fait, de laisser ici chacun opérer
la répartition à son gré d'après les cas individuels et les circonstances, sans se prononcer d'avance *ex professo*. La dernière
classe n'en sera que plus strictement limitée et notre conclusion
plus certaine.

Dans cette présente catégorie intermédiaire peuvent figurer
environ 608 millions de perceptions, année moyenne, pour le
budget français (1), et à peu près 356 millions pour le budget

(1) Ces 608 millons environ de taxes établies sur les objets d'une nécessité
relative se décomposent ainsi dans les comptes des exercices expirés : fr.
Droits sur les vins, cont. ind....			137.500.000
—	— douanes....		18.500.000
—	cidres....		9.500.000
—	bières, cont. ind....		22.500.000
—	— douanes....		1.500.000
—	transports....		51.000.000
—	sucres...		196.000.000
—	le thé....		1.500.000
—	le café....		106.000.000
		A reporter....	544.000.000

anglais (1). Quant à la troisième catégorie d'impôts sur les consommations reposant sur les objets de première nécessité, nous ne pouvons en aborder l'étude sans avoir, au préalable, traité un sujet qui s'y rattache intimement, celui de l'incidence de l'impôt.

Report		544.000.000
Droits sur le cacao		14.500.000
— le pétrole		41.500.000
— les bougies		8.500.000
Total		608.500.000

(1) Dans le budget anglais, les 356 millions ci-dessus se décomposent ainsi, en chiffres ronds :

	fr.
Droits sur la bière	245.000.000
— le thé	85.500.000
— le café	4.500.000
— le cacao	2.700.000
— la chicorée, sur les médicaments brevetés, et divers	6.000.000
— les chemins de fer	8.300.000
Droits divers de douanes (raisins secs, éthers, savons, etc.)	4.000.000
Total	356.000.000

CHAPITRE XX

INCIDENCE DE L'IMPÔT

Le sujet de l'incidence de l'impôt a été laissé de côté jusqu'ici, tant la matière paraissait complexe, décevante, sans conclusion possible, par conséquent, peu engageante. Nous l'abordons cependant *in extremis*, afin d'éclairer les chapitres suivants. Chemin faisant, d'ailleurs, beaucoup de vérités utiles à connaître seront élucidées.

§ 1. — *Définitions. Incidence légale et incidence effective*

Commençons par les définitions. « L'incidence de l'impôt est le « fait en vertu duquel l'impôt atteint une personne déterminée. » On serait tenté, au premier abord, de dire *une personne ou une chose déterminées*. Mais il faut avoir soin de ne pas confondre l'*incidence* et l'*assiette*, mots qui ne sont pas synonymes, comme va le montrer la définition de cette dernière.

« L'assiette représente la matière imposable sur laquelle repose « l'impôt. » Tout impôt, en effet, frappe, nécessairement, une matière imposable, de laquelle il tire son produit. L'assiette est *personnelle* quand la matière imposable est une personne, comme dans le cas de capitation. L'assiette est *réelle* quand cette matière imposable est une richesse, une marchandise, un objet, etc., atteints par le fisc indépendamment de leur détenteur, comme les terres et les maisons, les chevaux et voitures, les boissons, sels, sucres, etc. (1).

---

(1) Aujourd'hui, sauf la contribution personnelle et les prestations, il n'existe en France que des impôts réels, atteignant les terres, les maisons, les actes, les marchandises, etc.

En Angleterre, on ne rencontre aucun impôt personnel.

Voir page 352 la note qui traite spécialement le sujet des impôts personnels et réels.

L'incidence, contrairement à l'assiette, vise toujours exclusivement le contribuable. Elle dérive des opérations de recouvrement, lesquelles succèdent aux opérations d'assiette. Que la taxe alors ait été réelle ou personnelle, assise sur les terres, les maisons, les hommes ou les choses, toujours et nécessairement un débiteur quelconque sera chargé de l'acquitter. Qui sera ce payeur ? Quel sera ce débiteur ? La difficulté de la question de l'incidence consiste précisément à le découvrir.

Pour y parvenir, dans la mesure du possible, nous distinguerons deux sortes d'incidences : l'incidence *légale* et l'incidence *effective*.

L'incidence légale s'attache uniquement à déterminer quel contribuable sera personnellement le premier tenu de payer l'impôt entre les mains du collecteur, en vertu du texte même des lois. La découverte de l'incidence légale n'offre aucune difficulté, en dehors de celles que peut présenter l'interprétation judaïque des règlements officiels. Car ces règlements prévoient, avec la plus grande précision, toutes les questions de recouvrement.

Ainsi, l'impôt foncier, d'après la loi de l'an VII, est dû par le propriétaire, par l'amphytéote ou par l'usufruitier. Il n'est dû ni par le fermier, ni par le locataire (sauf exceptions spéciales), ni par le nu propriétaire. De même, pour les portes et fenêtres, la loi du 4 frimaire an VII énonce expressément que le recouvrement des cotisations s'effectuera exclusivement à l'encontre du propriétaire. C'est à lui seul que s'adressera le percepteur. Cependant la même loi ajoute que « les propriétaires auront un recours « contre les locataires pour le remboursement des sommes dues « à raison des locaux par eux occupés ». Ici, l'incidence légale se dédouble donc. La loi désigne, d'une part, celui qui fera l'avance de l'impôt; d'autre part, par une sorte de substitution, celui qui remboursera le premier payeur de son avance. Pour l'impôt mobilier, le locataire seul est chargé de son acquittement, en vertu de la loi de 1832. Cependant, si le locataire déménage furtivement, le propriétaire devient légalement responsable. De même, en ce qui concerne les timbres de quittances à 0,10 c.;

leur prix est mis à la charge du débiteur par la loi du 23 août 1871 ; toutefois, le créancier qui donne reçu, décharge ou quittance sans apposition de timbre se trouve personnellement tenu du montant des droits.

L'énumération pourrait être poursuivie successivement et minutieusement à l'égard de toutes les lois d'impôts sans exception. C'est une affaire de recouvrement, avons-nous dit. Or, en matière de recouvrement, les règles possèdent nécessairement une extrême précision, puisqu'il faut toujours placer en face du collecteur un contribuable explicitement désigné comme responsable de l'impôt.

Cette première sorte d'incidence, parfaitement définie, ne manque pas d'importance, malgré son aspect terre à terre, car il n'est pas indifférent, comme nous le verrons, de faire, ou non, l'avance de l'impôt.

§ 2. — *Phénomène de la translation de l'impôt. Qui supporte définitivement son poids? Opinions d'Adam Smith, de Ricardo, etc. La loi de l'offre et de la demande, seule règle en cette matière.*

L'incidence légale cependant ne forme, on le pressent, que le prologue du sujet. Elle permet seulement de passer en revue la première ligne des contribuables, le front de leur armée. Il s'agit de pénétrer plus avant dans leur masse profonde et d'y suivre les innombrables répercussions du choc initial, de constater, en un mot, l'incidence effective, beaucoup plus étendue que la précédente, plus multiple et plus mystérieuse.

Le phénomène de la translation de l'impôt a été souvent décrit dans les traités d'économie politique. Il dérive de la propension qu'éprouve tout individu taxé à rejeter sur les épaules de son voisin la plus grosse partie possible de la charge qui pèse sur les siennes propres. L'impôt se disperse alors d'épaules en épaules, chacun finissant seulement par conserver, d'une manière définitive, la part du fardeau dont il n'a pu se débarrasser sur autrui.

Cette dispersion de proche en proche, qui s'étend à l'infini, aboutit à l'incidence effective.

Est-il possible d'en saisir la trace, d'en découvrir les aboutissements ? Peut-on suivre ses mille contre coups, au sein de l'enchevêtrement incessant des relations sociales ? Peut-on, tout au moins, reconnaître ses étapes principales et fixer ses limites extrêmes ? Divers auteurs l'ont essayé.

Les uns, tels que les physiocrates, ont déclaré que la terre seule, source et réservoir de toute richesse, acquittait nécessairement, en fin de compte, l'impôt tout entier, quels qu'aient été, au préalable, les circuits de l'incidence.

Ricardo affirme, au contraire, que l'impôt est toujours payé par les consommateurs : « L'impôt sur les produits agricoles, écrit-il, « n'est payé ni par les propriétaires, ni par les fermiers, parce que « ceux-ci ne peuvent supporter une augmentation de frais sans « être obligés de renoncer à leur exploitation. C'est le consomma- « teur qui, payant les denrées plus cher, acquitte l'impôt... Un « impôt sur le blé tombe donc sur le consommateur. » (*Des principes de l'économie politique et de l'impôt.*)

D'autres, envisageant non plus seulement la terre, comme Ricardo, mais toutes les marchandises, ont pensé aussi que la classe des consommateurs, du moment qu'elle achetait sans vendre, ne pouvait trouver personne à qui repasser sa part de taxes, et se trouvait forcée, par conséquent, de la garder tout entière à sa charge.

Dans cet ordre d'idées, on a même été jusqu'à prétendre qu'en somme, ici comme ailleurs, par une loi naturelle, les plus faibles devaient être dévorés par les plus forts. Or, les plus forts sont les marchands, les banquiers, les patrons, les propriétaires, qui oppriment et opprimeront éternellement les consommateurs, actionnaires, clients, salariés et locataires. Le fardeau fiscal retombera donc toujours fatalement sur les épaules les moins aptes précisément à le supporter. Le destin le veut ainsi.

Mentionnons encore l'axiome assez imprudemment émis par Adam Smith, à savoir que, dans toute vente, le vendeur supporte forcément la charge définitive de l'impôt. « Les impôts sur les

« ventes de terres tombent en totalité sur les vendeurs, parce que
« le vendeur est presque toujours dans la nécessité de vendre et,
« dès lors, obligé de prendre le prix qu'il peut avoir... L'acheteur,
« au contraire, n'est presque jamais dans la nécessité d'acheter
« et ne donne donc que le prix qu'il lui plaît de donner. » (*Richesse des nations.*)

Ces subtilités, dans lesquelles les anciens économistes se com-
plaisaient, ne visent toujours que des cas exceptionnels, combinés pour les besoins de l'argumentation, et nullement des cas
d'une application universelle, ce qui seul pourrait leur donner
l'autorité d'une loi.

Ainsi, pour revenir à l'hypothèse d'Adam Smith, il n'est pas
exact qu'en toute circonstance le vendeur subisse les conditions
de son acheteur. Le contraire se produit très souvent. Que la propriété foncière, par exemple, rentre en faveur, que le domaine mis
en vente soit particulièrement recherché, le vendeur alors, devenant le plus fort, se débarrassera de l'impôt sur son acheteur.

De même, aussitôt qu'une réaction se produit dans les prix, dès
qu'un resserrement se manifeste dans la consommation, acheteurs, locataires, actionnaires, salariés, etc., savent très bien,
à leur tour, peser sur leurs fournisseurs, propriétaires, patrons,
etc. Il suffit à ces opprimés d'hier de s'abstenir, sans même avoir
besoin de discuter les prix, pour amener spontanément leurs pré-
tendus oppresseurs à composition.

On ne saurait donc classer d'emblée telle ou telle catégorie de
contribuables parmi les victimes prédestinées de l'impôt.

La véritable solution de la question ne réside pas ailleurs que
dans la loi de l'offre et de la demande. Seule, la loi de l'offre
et de la demande règle, en somme, les mouvements de l'incidence.
A chaque transaction, le niveau des prix se charge de décider
auquel des contractants incombera la charge de l'impôt et quelle
part il en supportera. D'une manière incessante, la situation du
marché fait pencher la balance tantôt d'un côté, tantôt de l'autre(1).

(1) Toutes les matières imposables ont des cours oscillatoires plus ou moins
explicitement relevés dans des statistiques. Les prix d'achats et de ventes de

Les prix sont-ils en hausse, une certaine quotité de taxes restera vraisemblablement à la charge de l'acquéreur. Sont-ils en baisse, la mauvaise chance, au contraire retombera éventuellement sur le vendeur.

Seulement, ces influences essentiellement mobiles, constamment oscillataires, qui ag-tent en tous sens l'incidence réelle de l'impôt, ont pour résultat de la rendre insaisissable. Non pas que la cote des valeurs et marchandises imposées ne fasse l'objet de statistiques en général très bien établies. Mais quel sens exact attribuer à ces statistiques? Quelle part d'impôt emporte avec lui un écart déterminé des cours, en hausse ou en baisse? Comment, à chaque étiage des mercuriales, spécifier la proportion d'après laquelle l'impôt va se répartir à nouveau entre les contractants? Peut-on, en un mot, à chaque fluctuation, préciser pour quelle quotité l'incidence se déplace?

Ces constatations, seules permettraient de toucher du doigt le phénomène de la translation de l'impôt, d'assister à son mouvement de va-et-vient, de saisir sur le fait sa dispersion. Du moment qu'elles sont impraticables, l'obscurité survient précisément au point décisif. On se rend bien compte de l'existence des oscillations, on aperçoit bien qu'une corrélation les unit à l'incidence des taxes, mais personne ne parvient jamais à dégager en chiffres exacts, en données certaines et tangibles, le fait de cette corrélation. D'autant moins que des influences étrangères annulent et même contredisent souvent l'effet de l'impôt (toujours subsistant au fond cependant), à tel point que les plus clairvoyants cessent d'en découvrir la trace.

§ 3. — *Exemples tirés des mouvements des cours à la suite de divers rehaussements ou créations de taxes sur les valeurs mobilières en France, en Italie, en Autriche.*

Quelques exemples vont mieux faire comprendre ces anomalies.

tous objets ou services se règlent d'après les mouvements de ces cours, même quand il n'existe ni marchés, ni mercuriales pour les constater. Dans un but de clarté, cependant, nous ne parlons ci-dessus que des objets qui ont un marché et se cotent dans des mercuriales.

Lorsque la loi du 26 décembre 1890 eut élevé le taux des droits sur le revenu des valeurs mobilières en France de 3 p. 100 à 4 p. 100, il semblait que la détermination de l'incidence exacte de cette surtaxe de 1 p. 100 ressortirait aisément à la simple inspection de la cote de la Bourse. Le degré de baisse survenue dans les cours des valeurs surtaxées devait permettre, supposait-on, de traduire en chiffres précis la proportion d'après laquelle le nouvel impôt allait se répartir entre le détenteur, l'acheteur, le vendeur, l'émetteur, ou le souscripteur.

Mais, au lieu d'une baisse des cours, si minime fût-elle, la cote de la Bourse enregistra, au contraire, une hausse ininterrompue. L'observation se trouva, dès lors, absolument déroutée.

Par exemple, l'obligation de chemin de fer (1) cotée, à la fin de novembre 1890, 440 fr. environ, atteignit en janvier 1891, après la mise en application de la surtaxe de 1 p. 100, le cours de 446 fr. (2).

Ce mouvement, en sens inverse de la logique, au point de vue qui nous occupe, déjoua d'emblée les calculs mis en batterie pour saisir les effets de l'incidence. L'impôt nouveau, s'était-on dit dans ces calculs préalables, correspondant à une réduction de 5 fr. environ sur la valeur capitale du titre (3), une baisse de la totalité de ce chiffre de 5 fr. démontrera que c'est exclusivement sur le détenteur que retombe l'intégralité de la surcharge, et que l'acheteur en demeurera indemne. Si la baisse se maintient dans la limite de 2 fr. 50, on devra en conclure que l'acheteur et le détenteur se partagent par moitié le poids de la surtaxe, et qu'à l'avenir l'émetteur et le souscripteur pâtiront par parties égales. A chaque étiage de la baisse correspondaient ainsi des prévisions d'incidence quasiment certaines et mathémati-

(1) L'obligation de chemin de fer que nous prenons pour exemple est celle de Paris-Lyon-Méditerranée, fusion nouvelle, dont les intérêts se payent en avril-octobre. Les constatations se trouvent ainsi dégagées, pour les cours de décembre et janvier, de l'influence du détachement du coupon.

(2) Les cours, depuis lors, n'ont pas cessé de poursuivre leur mouvement ascensionnel et les obligations en question sont cotées actuellement 460 fr. environ.

(3) La surtaxe de 1 p. 100 représente une retenue de 0,15 sur le revenu annuel de l'obligation, laquelle retenue de 0,15 correspond à une réduction de capital de 5 fr., en calculant l'intérêt à 3 p. 100, taux habituel de ces valeurs.

24

ques. La hausse mit à néant, comme il a été dit, ces belles hypothèses et rendit la cote de la bourse indéchiffrable.

Pourquoi cependant cette hausse se produisit-elle, contrairement
à la logique fiscale ? Parce que des causes étrangères à l'impôt,
qu'il serait trop long de rechercher ici (1), prévalurent assez puissamment pour faire monter les cours, quand ils auraient dû baisser. Par suite de l'influence de ces causes étrangères, la baisse,
on le voit, n'eût pas été plus démonstrative que la hausse. Elle
aurait semblé moins invraisemblable, voilà tout. Les statisticiens
se seraient donné carrière, sans plus de résultats. Impuissants,
dans un cas comme dans l'autre, à dégager les mouvements
exclusivement propres à l'incidence fiscale, leur bonne foi aurait
dû finalement reconnaître que jamais cette incidence n'émerge
clairement et ne se laisse prendre sur le fait.

Voici un autre exemple. Parmi les objections soulevées contre
l'imposition de la rente, on a dit que l'État, en taxant le revenu
de ses propres fonds, dépréciait d'autant leur valeur capitale, et
s'exposait, pour ses emprunts à venir, à ne plus trouver de prê-
teurs à des taux aussi favorables qu'autrefois. La conséquence
semble irréfutable : le public évidemment ne voudra plus payer
qu'un prix moindre une valeur qui rapportera moins. Mais si la
restriction doit se produire fatalement, elle n'en demeurera pas
moins, le plus souvent, latente, implicite, méconnaissable.

En 1868, l'Italie frappa ses coupons de rente d'une retenue de
8,80 p. 100, élevée en 1870 au taux considérable de 13,20 p. 100
(loi du 13 août 1870). Or, la rente italienne qui ne valait que 57 fr.
en 1868, avant tout impôt, monta, après les deux taxes et surtaxes
de 1868 et 1870, à 75 fr., et aujourd'hui elle dépasse le cours de
80 fr. Que sont devenues, dans cette marche en avant, inverse
aux prévisions, les positions réciproques assignées par la logique
aux acheteurs, vendeurs et détenteurs ? Le détenteur, qui devait
être sacrifié, a vu, au contraire, son capital progresser spontané-

_____

(1) Sans analyser ici les causes de cette hausse, on peut dire qu'elle provient :
1° de l'abondance de l'argent ; 2° de la raréfaction des valeurs de placement ;
3° à titre subsidiaire, du remorquage exercé par la rente, exempte d'impôt,
sur tous les autres titres, en dépit de leurs surcharges spéciales.

ment de plus d'un tiers! L'acheteur, qui devait, au moment des emprunts publics, bouder ou faire ses conditions à l'État, n'a pas hésité à débourser un capital presque double pour acquérir un revenu amoindri ! L'État émetteur, qui devait pâtir du fait de sa taxation, a placé ses titres plus brillamment que jamais.

Au fond, cependant, les effets scientifiquement prévus se sont ponctuellement réalisés : ils pèsent encore aujourd'hui de tout leur poids sur la rente italienne. Si les coupons du 5 p. 100 italien ne subissaient pas de retenue, l'acheteur payerait plus cher ses titres, l'État émettrait ses emprunts plus avantageusement. La logique ne perd pas ses droits. Ses déductions seulement, masquées par d'autres déductions non moins logiques et plus énergiques, cessent d'apparaître aux yeux. L'impôt sur la rente, en effet, eut pour résultat d'assurer l'équilibre des budgets italiens; les cours montèrent, dès lors, en raison de la prospérité financière succédant aux déficits du début (1). Ils montèrent moins cependant que si la rente n'eût pas été taxée. Mais qui pourra jamais chiffrer ces *plus* et ces *moins*, et mettre distinctement en relief les mouvements propres à chacune des influences contradictoires qui se sont combattues dans la détermination des prix !

L'Autriche, en 1868, a établi aussi sur ses coupons une taxe de 16 p. 100, sans que les cours de sa dette en aient paru impressionnés. Au contraire, une hausse importante suivit la taxation.

Dans un autre ordre de faits, l'impôt de 0,30c. par kilogramme sur les bougies et la stéarine, créé par la loi du 29 décembre 1873, aurait dû normalement rehausser d'autant les prix de la marchandise (2). Or, c'est l'inverse d'une hausse de prix qui s'est produit. Aujourd'hui, la livre de bougie ne se vend pas plus cher qu'au temps où elle était indemne.

(1) Lire à ce sujet, dans les *Annales de l'Ecole des sciences politiques*, un très intéressant travail de M. Albert Delatour, intitulé *l'Incidence de l'impôt sur l'intérêt des capitaux*, extrait d'une étude qui a remporté en 1887 le prix Rossi à l'Académie des sciences morales et politiques. (Troisième volume des *Annales de l'Ecole*.)

(2) Corrélativement à l'établissement de l'impôt, les progrès de la fabrication et surtout l'utilisation plus lucrative des dérivés de la stéarine, spécialement de la glycérine, ont amené dans les prix de revient une baisse qui a compensé l'aggravation résultant de l'impôt.

Toujours donc l'incidence définitive des taxes se dérobe aux constatations et le phénomène de la translation de l'impôt demeure impénétrable. Dans cette immense dispersion qui succède à l'incidence légale, quels courants, quels remous entraînent le flot des charges publiques au delà du cercle des premiers payeurs, pour le ramener et le rejeter incessamment jusqu'aux extrémités du corps social, aucun statisticien, si consommé soit-il, ne le notera jamais. Dans un milieu agité par tant de fluctuations contradictoires, nul sillage ne laisse de traces reconnaissables.

Ce sont bien là les conclusions décevantes que nous prévoyions au début.

§ 4. — *L'enseignement certain que dégage l'étude de l'incidence est que l'impôt se répartit spontanément avec le temps.*

Cependant, si le problème est insoluble, ne regrettons pas de l'avoir abordé. L'action de l'incidence, tout en suivant ses chemins cachés, produit des résultats positifs d'une extrême importance. Grâce à elle, l'impôt, subdivisé à l'infini, répartit son poids entre un tel nombre de contribuables qu'il devient presque insensible. Grâce à elle encore, l'impôt, après avoir promené son fardeau d'épaules en épaules, finit, avec le temps, par le déposer sur celles qui peuvent s'en accommoder le mieux. L'action de l'incidence, donc (sans découvrir les mouvements de son mécanisme), aboutit à rendre les taxes aussi légères et aussi proportionnelles que possible.

Ces qualités ont séduit à l'excès certains théoriciens, et les ont conduits à prétendre qu'en somme le choix des impositions importe peu, que toutes se valent, puisque toutes, par le fait de l'incidence, possèdent la faculté spontanée de se répartir avec légèreté et équité. Il suffit, disent-ils, de s'adresser à une matière imposable quelconque, pourvu qu'elle soit d'un usage universel, et de la doter d'un tarif raisonnable. Alors, livrée à elle-même, cette matière imposable réussira, mieux qu'aucun taxateur, à récolter l'impôt sans gênes ni froissements, comme elle sait déjà recueillir ses propres prix de vente, sur ceux-là seulement qui, en définitive, sont aptes à les payer.

Le sophisme sera réfuté au chapitre suivant. C'est même uniquement en vue de mieux préparer les éléments de cette réfutation que le sujet de l'incidence a été préalablement intercalé ici. Car il convient de faire ressortir péremptoirement l'imprudence des doctrines sceptiques qui, se refusant de la sorte à distinguer les bonnes impositions des mauvaises, voudraient laisser le champ libre aux taxes sur les objets nécessaires à la vie, dont le poids écrase sans merci ceux qu'elle frappe en premier.

Mais, en dehors de ces conclusions condamnables, dont nous reparlerons beaucoup plus amplement, le phénomène de la translation, tel qu'il vient d'être décrit, communique aux impôts qui subissent son influence prolongée des qualités incontestables. Aussi avons-nous célébré, dans la première partie de cet ouvrage (1), les mérites de l'impôt ancien, parce que l'ancienneté de l'impôt permet à l'incidence de poursuivre à loisir jusqu'au bout son œuvre d'allégement et de proportionnelle répartition.

Nous ne faisons que confirmer ici ces précédentes conclusions par de nouveaux arguments, en les recommandant encore une fois aux méditations des innovateurs téméraires.

(1) Voir le chapitre III, pages 36 et suiv.

CHAPITRE XXI

Les impôts sur les objets de première nécessité forment une troisième classification, beaucoup plus importante que les précédentes, qui nous retiendra, dès lors, plus longtemps, en nous conduisant à la conclusion même de ce travail.

Il s'agit exclusivement ici des objets strictement essentiels à la vie, de ceux dont personne ne saurait se passer, sous peine de cesser d'exister. On se souvient que, pour mieux dégager cette dernière classe, nous avons eu soin de ranger préalablement à part les consommations discutables, d'une utilité relative, susceptibles, sans doute, de passer pour nécessaires, mais dont l'abus dénature trop souvent la destination; ainsi en est-il, avons-nous dit, des vins, bières, sucres, cafés, thés, transports, etc. De même pour le vêtement, qui, malgré son caractère de nécessité, franchit fréquemment la limite de l'indispensable. Quant au logement, sa taxation s'effectuant sous forme de contribution directe (1) sort de notre cadre actuel.

La nomenclature à laquelle nous aboutissons comprend donc exclusivement les objets de toute première nécessité, incapables ou plutôt difficilement capables, par leur nature même, de recevoir une extension abusive au delà du strict nécessaire. La discussion ainsi restreinte acquiert une précision rigoureuse.

En tête de la liste, figure l'aliment essentiel par excellence, le pain. Vient ensuite, la viande sous toutes ses formes. Puis le sel, le lait, le beurre, les œufs, les poissons frais et secs, les légumes, etc.

(1) Grâce à cette forme de contribution directe, les petits logements à faible loyer peuvent être, dans la plupart des villes, exemptés ou dégrevés partiellement d'impôt.

§ 1. — *Les impôts sur les objets de première nécessité restent le plus souvent à la charge des personnes dénuées de ressources qui les ont payés.*

A l'égard de ces matières absolument indispensables à la vie, le rôle des impôts de consommation cesse de demeurer inoffensif.

Les impôts dont il s'agit, en effet, d'après leur définition générale donnée plus haut, frappent en aveugles devant eux, sans pouvoir discerner la portée de leurs coups, sans pouvoir suspendre ou modérer opportunément l'action de leurs tarifs. De tels caractères appliqués aux objets de première nécessité produisent des résultats particulièrement redoutables. L'universel et impitoyable renchérissement qu'ils provoquent atteint le pain quotidien lui-même, et contraint la classe la plus nombreuse de la nation (1), celle dont le salaire assure déjà tout juste l'existence, à restreindre ses consommations essentielles.

Sans doute, l'économie politique enseigne que l'élévation normale du taux des salaires ne tardera pas à venir compenser les prélèvements du fisc. Il faut bien vivre, en somme, et les restrictions sur les objets nécessaires à l'existence ne sauraient se prolonger. Le riche, alors, dit-on, l'employeur de services, le patron, suivant les lois générales de la translation de l'impôt décrites au chapitre précédent, finira par payer la taxe primitivement réclamée au salarié (2).

Combien déjà un tel détour est, par lui-même, coûteux et péni-

(1) Voir, au sujet de la très petite proportion de ceux qu'on nomme les gens riches par rapport au reste de la nation, les statistiques développées au chapitre VIII, relatif aux impôts sur le luxe, pages 98 et suiv.

M. Thiers exprimait cette vérité très énergiquement en 1848, dans son grand discours sur le droit au travail : « Je vais vous dire ce qui embarrasse tous les « financiers : c'est qu'en définitive le Trésor est toujours le Trésor des pauvres « et non pas celui des riches, parce que les riches sont très peu nombreux... De « quelque manière que vous vous y preniez, en remaniant les impôts, vous ne « faites rien que de vous adresser d'un pauvre à un autre. » (*Assemblée constituante*, 14 septembre 1848.)

(2) M. de Bismark a dit : « Dans la paire de bottes que je porte je paye ma « part de la bière que boit mon cordonnier. » (Reichstag, 22 novembre 1875.)

ble ! Coûteux, à cause des déperditions de forces qu'impose à la masse du pays ce va-et-vient de payements et de remboursements successifs. Pénible, car comme le dit M. Léon Say : « On ne sau- « rait prétendre que ce soit une chose indifférente d'être percep- « teur de l'impôt ou de ne pas l'être (1). »

Mais ce remboursement même est-il toujours assuré ? L'aug- mentation du taux des salaires prévue par la science économique corrélativement à l'augmentation du prix des objets de première nécessité fonctionne-t-elle avec une régularité absolue ? Nous voici arrivés au point décisif qui va permettre de compléter les ensei- gnements relatifs à l'incidence contenusdans le chapitre précédent.

La question se pose, en effet, de savoir si le salarié, comme l'af- firme placidement la théorie, réussit bien, en toute circonstance, à rejeter sur son employeur le poids supplémentaire de l'impôt ? Malheureusement, les exemples suivants démontrent, d'une manière péremptoire, que la loi de la répercussion commet de fréquentes et cruelles omissions.

D'abord, le nivellement prévu entre les objets de première né- cessité et le taux des salaires ne s'opère jamais que lentement, par étapes insensibles et prolongées. Pour s'amoindrir successivement, l'écart n'en aura donc pas moins déjà subsisté pendant un long intervalle, très dur à franchir.

Puis, même en supposant le nivellement parvenu à son terme, la situation redevenue normale comportera nécessairement encore d'incessants mouvements de hausse et de baisse, résultant des oscillations forcées de l'offre et de la demande. La baisse pourra donc de nouveau ramener temporairement le taux des salaires au- dessous du minimum nécessaire à l'entretien de la vie, et, pendant toute la durée de cette dépression, le salarié conservera à sa charge une partie, sinon même la totalité, de l'impôt sur les objets de pre- mière nécessité.

---

(1) M. Léon Say, dans son ouvrage *les Solutions démocratiques de la ques- tion des impôts*, ajoute, comme nous allons le dire plus loin : « Après avoir fait « l'avance de l'impôt, on risque de ne pas être remboursé du tout. Vienne le « chômage, l'ouvrier n'a plus personne devant lui à qui demander le rembourse- « ment de l'impôt : il l'a payé, il en garde le poids. »

Enfin, des situations individuelles particulièrement graves sont à prévoir.

Quand le chômage survient, quand les maladies, les déplacements, les infirmités, les fermetures d'ateliers, etc., occasionnent les suspensions de travail si fréquentes dans la vie de l'ouvrier, quand le salaire, en un mot, n'existe plus, la répercussion qu'on invoque cesse immédiatement faute d'objet, et les droits retombent de tout leur poids, sur le malheureux qui ne peut leur échapper. Dans cette cruelle impasse, celui-ci doit ou payer, ou s'abstenir. L'alternative à laquelle déjà nous avons fait allusion se dresse ici sous son aspect le plus terrible. Car si, faute d'épargne ou de secours, payer ne devient pas possible, s'abstenir des matières de première nécessité ne le sera pas davantage. S'abstenir, dans le cas présent, c'est prendre sur sa vie, ce serait, si l'on osait prononcer le mot, littéralement mourir de faim (1).

Conséquence extrême et trop réelle des impôts sur les objets de première nécessité, terrible responsabilité qu'encourent ses promoteurs! De tels impôts prélèvent une part sur l'existence même des membres de la nation! Ils aident, dans la mesure du surcroît de prix provenant de leur fait, le pauvre sans ouvrage à mourir de faim (2) !

§ 2. — *Opinions des économistes. Théorie de la progression à rebours.*

Aussi, ne faut-il pas s'étonner de voir les économistes, unani-

---

(1) « La difficulté de se nourrir, dit Malthus, est un obstacle toujours subsis-
« tant à l'accroissement de la population humaine. Cet obstacle se fait sentir
« partout où les hommes sont rassemblés et s'y présente, sans cesse, sous les
« formes variées de la misère et du juste effroi qu'elle inspire. » (*Principe de
population.*)

(2) Combien parmi ces infortunés, dont si fréquemment les *Faits divers*
nous décrivent la fin tragique dans un grenier, faute de pain, après épuisement
de leurs dernières ressources, au centre même du Paris civilisé, à la grande
stupeur des journaux et de l'assistance publique, auraient prolongé leur existence de quelques jours (suffisants peut-être pour les sauver) si le pain coûtait un
sou de moins le kilogramme! C'est précisément ce sou par kilogramme qu'a
prélevé l'impôt.

mes au moins dans la circonstance (1), répudier sans hésitation
ces sortes de taxes. Seulement, pour motiver leur condamnation,
beaucoup, surtout parmi les anciens auteurs, invoquent des raisons connexes aux précédentes, mais d'un ordre différent.

D'après eux, les impôts sur les objets de première nécessité
rep résentent des taxes de capitation progressives à rebours. Les
q uantités consommées par chaque individu en pain, viande, sel,
etc., étant supposées égales ou à peu près, il en résulte que les plus
misérables payent autant de droits que les plus fortunés sur ces
denrées essentielles. Dès lors, la proportionnalité se trouve rompue
dans le sens le plus fâcheux. — « Ce sont, disent-ils, des droits
« progressifs sur la misère. » — « Le pauvre y contribue, non en
« raison de ses ressources, mais de ses besoins. » Nous avons
déjà exposé ces considérations à propos de la capitation et de l'impôt progressif.

Mais s'il est vrai que la capacité de l'homme, riche ou pauvre,
soit limitée à un maximum déterminé de consommation en pain,
sel, viande, etc., il importe d'observer que, chez l'homme riche,
par gaspillage ou par raffinement, les quantités employées pour la
confection d'une même ration sont beaucoup plus considérables
que ne le comporte le strict nécessaire. Le même homme riche
nourrit, d'ailleurs, à sa suite une clientèle nombreuse. Ces faits ont
été remarquablement mis en lumière par M. Paul Leroy-Beaulieu
dans son *Traité de la science des finances*. Dès lors, même
pour ces sortes de consommations égales en apparence, la proportionnalité se trouve beaucoup moins violée qu'on ne le suppose
habituellement (2).

---

(1) Mac-Culloch, cependant, dans son *Traité sur la taxation*, a eu tort d'insérer cette phrase : « On ne peut pas douter que des taxes modérées ne puissent
« être mises sur une foule d'articles qui sont maintenant importés francs d'impôt.
« Les bêtes à corne, les moutons et autres animaux, et toutes sortes de provisions
« nous paraissent de cette catégorie.
« Il n'est pas à alléguer, comme objection à ce qu'ils soient taxés, que ces ob-
« jets forment la nourriture des basses classes. Ces dernières n'ont pas plus de
« droit que les hautes classes d'être exemptées des taxes. »
(2) C'est dans la préface de la 3ᵉ édition du *Traité de la science des finances*
(préface reproduite dans les éditions successives jusqu'à la 5ᵉ qui est la dernière
actuellement) que M. Paul Leroy-Beaulieu a montré, chiffres en mains, qu'au-

Que l'argument de la progressivité à rebours perde ainsi une partie de la rigueur que les anciens économistes avaient coutume de lui attribuer, cela n'infirme en rien la condamnation prononcée contre les impôts sur les objets de première nécessité. Seulement cette condamnation ressort encore plus logiquement des premiers motifs invoqués au paragraphe précédent.

§ 3. — *Progrès accomplis par les divers Etats, Italie, Prusse, Etats-Unis, Angleterre et France, dans le sens du dégrèvement des objets de première nécessité.*

En même temps que les théoriciens s'accordent, pour des motifs différents, à répudier les impôts sur les consommations de première nécessité, la plupart des États modernes se sont efforcés de les éliminer de leur système fiscal.

L'Italie, à la suite de la constitution de son unité, avait cru nécessaire, pour l'équilibre de son budget, de créer un droit sur la mouture, c'est-à-dire sur la conversion du blé en farine, en un mot, sur le pain. Ce droit, comme tous les droits à large base, produisit, pendant sa durée, un revenu considérable, 83 millions par an, dont il semblait que les finances italiennes ne pourraient plus se passer. Cependant, en présence des violentes attaques dont il fut justement l'objet, la Chambre des députés n'hésita pas à le sacrifier dès 1878. Le Sénat, en 1880, se rangea à l'avis itéra-

jourd'hui, en France, l'homme riche payait sur son revenu une part d'impôts proportionnellement supérieure à celle que paye un simple ouvrier.

Pour les impôts directs, la chose était certaine d'avance, puisque les petits revenus sont exemptés de la contribution personnelle et de la contribution molière. Mais, même pour les impôts indirects, en raison de la manière de vivre et de la clientèle de l'homme riche, le poids de l'impôt devient à son égard proportionnellement plus élevé qu'à l'égard de l'ouvrier. Ainsi la famille jouissant de 80.000 livres de rentes prise pour exemple consomme plus de sel (10 fr. d'impôt sur le sel par an), que la famille ne possédant que 3.400 fr. de salaires (3 fr. 60 d'impôt sur le sel par an). Dans son ensemble, le revenu de la première famille subit un prélèvement de 17 p. 100, tandis que le revenu de la seconde n'est taxé que jusqu'à concurrence de 10, 80 p. 100.

« Il est inexact, dit M. Paul Leroy-Beaulieu, que les impôts indirects soient « des impôts de capitation. Cela n'est vrai d'aucun d'eux, pas même de celui « sur le sel ; car à la consommation personnelle de l'homme riche il faut join- « dre celle de ses domestiques, de ses convives, de ses hôtes. »

tivement exprimé par les députés, et, à partir du 1er janvier 1884, l'impôt sur la mouture a été définitivement rayé du budget des recettes de l'Italie.

De même, en Prusse, subsistèrent, de 1820 jusqu'en 1873, des taxes sur la mouture et sur l'abatage, c'est-à-dire sur le pain et la viande. Déjà les idées libérales propagées en 1848 avaient porté au maintien de ces taxes une grave atteinte. Cantonnées alors dans 132 villes seulement, puis dans 87 à la suite de la réforme de 1850, elles disparurent enfin complètement, comme nous le disions, en 1873.

L'impôt sur le sel est aboli en Angleterre depuis 1825, aux États-Unis depuis 1868, en Belgique depuis 1870, en Russie depuis 1880, en Portugal depuis 1886. Voilà cinq pays qui, définitivement, sans esprit de retour, sauf peut-être le Portugal, ont renoncé à taxer cette denrée de première nécessité. En Prusse, le monopole a pris fin à partir de 1867; une simple taxe y est perçue aujourd'hui au profit de l'empire. En Italie, le monopole subsiste encore, mais ses prix ont été considérablement réduits. Pour le sel commun, par exemple, de beaucoup le plus usuel, le tarif de vente au public, fixé à 55 fr. les 100 kilog. en 1866, ne s'élève plus aujourd'hui qu'à 35 fr., soit une diminution de 36,30 p. 100.

En France, l'impôt, par lequel fut remplacée la Gabelle de l'ancien régime, a vu son taux tomber de 0,30 le kilogramme à 0,10 depuis 1848. Même après 1870-1871, le sel ne fut pas surtaxé. Tout au plus, essaya-t-on en 1875, sans même oser le nommer, de l'englober dans une création générale de centimes additionnels. Les centimes additionnels, à son égard, furent supprimés dès 1876, à la suite d'une solennelle discussion (1).

C'est surtout en Angleterre, de 1842 à 1846, sous l'administra-

---

(1) Le tarif du droit de consommation sur le sel fixé à 20 fr. les 100 kilos par la loi du 24 avril 1806, élevé temporairement à 40 fr. par la loi du 17 décembre 1814, ramené à 30 fr. à partir du 1er janvier 1815, demeura à ce taux jusqu'à la loi du 28 décembre 1848, qui le réduisit à 10 fr. En 1875, des décimes généraux créés par la loi du 2 juin 1875 le portèrent à 12 fr. 50. Mais depuis la loi du 25 décembre 1875 qui a supprimé ces décimes, son tarif n'a plus dépassé 10 fr. les 100 kilogrammes.

tion de Robert Peel, qu'il faut chercher les modèles les plus significatifs de réforme au point de vue qui nous occupe.

Ces réformes germaient depuis longtemps dans les esprits.
Dès avant 1830, Huskisson disait : « Examinez votre excise et vos
« douanes, les trois quarts du revenu provenant de ces deux sources
« sont fournis par des articles nécessaires à l'alimentation, à
« l'habillement, ou aux humbles conforts de l'ouvrier. »

Sir Henry Parnell, dans un ouvrage alors très répandu, continua de propager ces idées après 1830 : « Ce qu'il y a d'assuré, écri-
« vait-il, c'est que certains impôts qui portent sur les matières
« premières et qui pèsent d'une manière trop forte sur les princi-
« paux articles de consommation, le tout ensemble produisant
« un revenu net de 275 millions de francs, sont aussi préjudicia-
« bles que des impôts peuvent l'être. » Sous cette inspiration, le
ministère whig ajouta quelques revisions de tarif à celles qu'avait
déjà réalisées Huskisson (1).

Ce n'étaient là que des avant-coureurs des projets que Robert
Peel put enfin mettre à exécution de 1842 à 1846. Sans entrer
dans le détail de ces faits historiques bien connus, il suffit de rappeler que plus de sept cents droits de douane et d'excise, frappant
les matières premières et les consommations de première nécessité,
furent dégrevés ou supprimés et remplacés par un impôt sur la
propriété, l'*income-tax*, comportant à sa base l'exemption complète des faibles revenus. Puis, quelques années après, les droits
sur les grains, les *corn-law*, véritables taxes sur le pain, dispa-

(1) Les faits financiers de cette cette mémorable époque peuvent être spécialement étudiés dans les ouvrages suivants :

Histoire de la réforme commerciale en Angleterre, par Henry Richelot,
2 vol. in-8, 1853.

Les Finances de l'Angleterre depuis les réformes de Robert Peel, 1842-1870,
par M. A. Calmon, in-12, 1871.

Cobden et la ligue, par Frédéric Bastiat, 1845.

*Du commerce et des progrès de la puissance commerciale de l'Angleterre et
de la France*, par Charles Vogel, 2 vol. in-8, 1867.

Sir Robert Peel, par M. Guizot, in-8, 1856.

Sir Robert Peel, dans les *Mélanges économiques* de M. Frédéric Passy, 1857.

Résultats de la réforme financière en Angleterre, dans le *Traité de finances*
de Joseph Garnier, 1872.

Cobden, ligue contre les lois-céréales et discours politiques, par Léon Say,
in-18, 1892. (Petite bibliothèque économique.)

rurent à leur tour. Une vaste ligue s'était formée sous la direction de Cobden, Bright, Fox, Wilson, etc., pour délivrer le pays de ce code de la famine, comme l'appelaient les orateurs des immenses meetings qui soulevèrent alors l'opinion publique en Angleterre : « Voyez, disaient-ils, cette femme, entourée de son mari et de ses « enfants : elle a été chercher les deux pains nécessaires à leur « nourriture, et n'en rapporte qu'un seul : le fisc a pris l'autre ! »

Robert Peel subit l'ascendant de cette agitation passionnée que l'amour du bien public inspirait; sur sa proposition, après de violents débats, les droits protecteurs qui renchérissaient le pain furent définitivement abolis le 26 juin 1846.

Aujourd'hui, aucun impôt sur les objets de première nécessité n'existe plus en Angleterre, à moins de comprendre dans cette catégorie les droits sur le thé et sur la bière. En dehors de là, toutes les denrées désignées en dernier lieu, pain, viande, sel, etc., même le sucre en plus, sont exempts de toute taxe. La devise du *déjeuner franc d'impôt* règne, à peu de chose près, en toute vérité, chez nos voisins.

C'est ce que M. Gladstone exprimait en 1889, lorsque, jetant un regard sur le passé, il récapitulait les changements survenus dans la condition des ouvriers depuis 70 ans : « Vous connaissez les « réformes qui ont eu lieu en ce qui concerne les impôts. A part les « stimulants que le fisc n'a aucune raison d'épargner, il n'y a plus « guère parmi les consommations de l'ouvrier qu'un article, le thé, « qui soit taxé. Le café fait bien l'objet de certains droits. Mais je « crois que le thé est le seul article de consommation nationale (1) « qui reste fortement imposé. Eh bien ! c'est là un état fort diffé- « rent de celui que j'ai connu dans ma jeunesse. L'ouvrier était

(1) On peut se rendre compte de l'importance de la consommation du thé en Angleterre par les chiffres suivants.

Consommation du thé par tête dans la Grande-Bretagne :

1874..	4 livres	21
1880..	4	57
1888..	4	95
1892..	5	1/2

Ce qui représente près de deux kilogrammes et demi par tête et par an. Or, en France, la consommation moyenne du thé, par tête et par an, ne dépasse pas 14 grammes. C'est 175 fois moins.

« alors imposé, non pour les besoins de l'État, mais, j'ai le regret
« de le dire, pour l'enrichissement des propriétaires. Il payait plus
« que de raison son pain et sa viande... (1). »

(Discours prononcé par M. Gladstone, le 26 octobre 1889, à Salt-
ney, faubourg de Chester, près Hawarden.)

Le thé, d'ailleurs, que M. Gladstone signale comme le seul aliment de consommation essentielle imposé aujourd'hui en Angleterre, a profité, depuis le début du siècle, d'une suite ininterrompue
de détaxes. Les efforts successifs des chanceliers de l'Échiquier
se sont concentrés sur la réduction de ses tarifs (2), qui, un jour
ou l'autre, succomberont tout entiers (3). En attendant, M. Goschen vient encore de les abaisser de 6 pences à 4 pences la livre
anglaise, ce qui fait qu'actuellement ils ne représentent plus que
o fr. 88 environ par kilogramme (4).

Malgré le nombre de nos révolutions, aucune d'elles n'a encore

(1) Cette situation de l'Angleterre avant 1842 ressemble singulièrement à la
situation de la France actuelle. Ce serait donc bien le moment d'inaugurer chez
nous des réformes analogues à celles que Robert Peel a si heureusement réalisées pour le bien de son pays.
(2) En 1826, le thé était imposé à 2 fr. 60 la livre anglaise.
En 1857, ce tarif fut réduit à 1 fr. 75 par M. Gladstone.
En 1863, la réduction fut portée à 1 fr. 25, encore par M. Gladstone qui, en
1865, deux ans après, abaissa de nouveau le tarif jusqu'à o fr. 60, infligeant par
à une perte de 57.500.000 fr. au Trésor.
Enfin, en 1890, M. Goschen fit descendre le tarif de 0,60 c. à 0,40 c., ce qui
coûta 37.500.000 fr. au budget.
Avant 1890, la taxe représentait, par rapport à la valeur vénale du produit
(4d à 4d 1/2 par livre en entrepôt), une proportion de 130 p. 100 environ. Cette
proportion s'élevait autrefois jusqu'à 250 p. 100.
Actuellement, elle est encore de 100 p. 100 à peu près.
Lire une intéressante monographie sur *l'Impôt du thé en Angleterre*, par
M. Paul Claudel dans les *Annales de l'Ecole des sciences politiques*, 4ᵉ année,
1889.
(3) A la dernière discussion du budget, en Angleterre, le droit sur le thé a
été violemment attaqué. « Il est impossible, dit un membre, de sanctionner le
« bill qui maintient encore l'impôt sur le thé. Cet impôt a été établi en 1660,
« et alors le thé était un objet de luxe. Aujourd'hui c'est un article de consom-
« mation journalière, même pour les classes les plus pauvres. » Le Chancelier
de l'Echiquier n'a pas défendu le droit sur le thé. Rien ne lui serait plus agréable que de pouvoir s'en passer. Mais il faut se résigner à le conserver cette
année, à cause du déficit. (Séance des communes du 28 avril 1893.)
(4) Les 202 millions de livres de thé importées en Angleterre représentent, à
6 gallons environ par livre, 1.212 millions de gallons, ou 5 milliards et demi de
litres, lesquels, comptés seulement à 6 tasses par litre, font 33 milliards de tasses.
Appliqué à ces 33 milliards de tasses consommées annuellement en Angle-

même tenté de réaliser chez nous les réformes qu'accomplit si
heureusement l'Angleterre de 1842 à 1846 (1).

Certains progrès n'en peuvent pas moins être constatés en
France.

Ainsi, depuis 1848, le sel, comme il a été dit déjà, n'y est plus
imposé qu'à 0,10 au lieu de 0,30 par kilogramme. En vertu du
décret réglementaire de 1870, la farine et divers autres objets
d'alimentation de première nécessité se trouvent officiellement
exclus des tarifs d'octroi (2).

Enfin, chose remarquable, après les malheurs de 1870-1871,
lorsqu'il s'est agi de créer plus de 750 millions de taxes nouvelles,
aucune d'elles, de parti pris, n'a porté sur des objets de première
nécessité. Le ministre des finances a pu très justement alors s'en
glorifier : « Notre système a été de ne mettre aucun droit sur l'ali-
« mentation de l'homme, de faire en sorte qu'il se procure les
« choses indispensables à sa nourriture, le pain, la viande, le sel,
« sans aucune augmentation de prix, du fait de l'impôt... Toutes
« les fois que nous nous sommes trouvés en présence d'un impôt
« de capitation frappant autant l'homme pauvre que l'homme
« riche dans ses besoins essentiels, indispensables, nous l'avons
« rejeté. » (Discours du ministre des finances, 18 janvier 1872.)

terre, le droit ci-dessus de 0.88 c. par kilogramme paraît infinitésimal, puisqu'il ajoute à peine au prix de chaque tasse un supplément de 2 millimes.
  Mais la statistique peut être présentée d'une manière moins favorable à l'impôt. Voici, par exemple, celle que dresse le *Financial Reform almanack* de
1890 : « En supposant, dit-il, la consommation d'une famille pauvre de une
« demi-livre par semaine, pour une valeur en gros de 9 shellings 9 deniers par
« an, chaque famille payera 13 shellings d'impôt pour le privilège de boire cette
« boisson, soit 130 p. 100 (La réduction de 1890 n'était pas alors encore ope-
« rée.) La proportion est beaucoup moindre pour les familles aisées qui consom-
« ment des qualités supérieures.
  « La grande injustice de cette taxe sur le thé, c'est qu'elle pèse plus lourde-
« ment sur le pauvre que sur le riche. »
  (1) Cette révolution s'est continuée en Angleterre bien au delà de la période
1842-1846. Il a fallu encore de longues séries d'années pour effacer des codes
de la douane et de l'excise toutes les taxes établies sur les matières premières.
C'est seulement après 1860 que la production et la consommation ont conquis
la pleine liberté dont elles jouissent aujourd'hui.
  (2) Voir plus loin la liste des prohibitions d'imposition contenues dans le décret
réglem "taire du 12 février 1870.

§ 4. — *Taxation des céréales et des bestiaux en France. Répercussion des droits de douane sur le prix du pain et de la viande. Tarifs d'octroi.*

La France, à certains moments, parut donc suivre, assez timidement d'ailleurs, la tendance générale des pays modernes vers le dégrèvement des objets de première nécessité. Mais voilà que, depuis quelques années, loin de continuer cette marche en avant, elle rétrograde démesurément. Les lois de 1885 et 1887, en effet, n'ont pas craint de s'attaquer directement aux céréales, aux farines, aux bestiaux, etc., c'est-à-dire aux objets de première nécessité par excellence (1), le pain et la viande.

Vainement prétend-on qu'il s'agit exclusivement ici de droits de douane, établis à la frontière sur des produits étrangers, et non de droits intérieurs susceptibles d'affecter la consommation nationale. Les droits de douane, à moins qu'ils ne soient exceptionnellement mal combinés, ont précisément pour objet et pour résultat de surélever les cours des produits indigènes.

Nous disons : à moins qu'ils ne soient exceptionnellement mal combinés, ce qui constitue une hypothèse invraisemblable. Sans doute, les cours du blé à l'intérieur ne monteront jamais jusqu'au niveau extraordinaire de 50 ou 55 fr. les 100 kilos, à la suite d'un tarif irrationnel de 25 ou 30 fr. (2). Mais qu'au contraire le droit en question habilement déterminé, comme l'intérêt privé n'omet jamais de savoir le faire, surcharge de 3 ou 5 fr. les produits étrangers qui veulent quand même pénétrer en France, et repousse ceux qui tentent de s'y introduire en excès, alors son poids intégral retombera logiquement sur la consommation (3).

(1) Objets que M. Guizot, en 1846, lorsqu'il appréciait précisément les réformes de Robert Peel, nommait très justement des *denrées vitales.*

(2) On ne saurait cependant prévoir jusqu'à quel niveau extrême un tel tarif pourrait élever les cours en cas de disette, disette qu'il occasionnerait spontanément dans les années de mauvaise récolte, puisqu'il fermerait les frontières. On verrait alors se reproduire les cours de famine du XVIII° siècle.

(3) En résumé, il ne faudrait pas dire, d'une manière générale, que tous les tarifs de douane se répercutent forcément, pour leur montant intégral, sur les prix intérieurs, parce que les tarifs mal combinés peuvent manquer ce but.

Les rédacteurs des lois de 1885 et 1887, d'ailleurs, en décrétant les droits précités de 3 fr. et de 5 fr., n'ont pas dissimulé leur volonté de *relever les cours avilis*. Des déclarations expresses, officielles même, en font foi. Le premier tarif de 3 fr. ayant paru insuffisant pour cet objet, un second tarif de 5 fr. lui a été substitué afin de mieux garantir les bénéfices de l'agriculteur, afin de lui assurer dans ses prix de vente la majoration plus large que l'on avait jugé nécessaire de lui attribuer.

Il semble donc incroyable aujourd'hui de voir les promoteurs des dites lois de 1885 et 1887 contester l'existence de faits qu'ils ont préconisés autrefois en perspective, et répudier les résultats obtenus conformément à leur attente.

Le prix du pain ne pouvait manquer de ressentir la pleine influence des droits *bien combinés* dont nous venons de parler. On en acquiert la certitude par la consultation des mercuriales, non pas des mercuriales intérieures seulement, dont les cotes subissent des fluctuations diverses sous l'influence de causes générales (1), mais des mercuriales internationales, qui permettent des comparaisons simultanées de pays à pays.

Le dépouillement de ces mercuriales internationales, pour aboutir à des résultats rationnellement comparables, exige beaucoup de tact et d'expérience. Aussi faut-il vivement remercier l'auteur érudit qui a mené cette œuvre à bonne fin. Grâce à lui, on

---

Mais les tarifs bien combinés — et la grande majorité d'entre eux l'est nécessairement — réussissent logiquement à ajouter aux cours intérieurs le montant même de leur chiffre.

(1) Cours moyen du blé en France avant et depuis les lois de protection.

1883	—	25 f. 05	par 100 kilog.	Droit de 0.60
1884	—	23 78	—	—
1885	—	21 91	—	Droit de 3 fr.
1886	—	21 63	—	—
1887	—	26 92	—	Droit de 5 fr.
1888	—	23 85	—	—
1889	—	24 41	—	—
1890	—	24 15	—	—
1891	—	25 46	—	Droit de 3 fr. de juil-
1892	—	25 10	—	let 1891 à juin 1892.
Août 1893	—	21 50	—	—

peut maintenant affirmer, d'une manière explicite, chiffres en
mains (1), ce qu'on ne faisait que supposer logiquement jusque-
là (2), à savoir que les tarifs de douane en France ont exercé
leur plein effet sur les prix du blé, que l'écart entre les cours des
marchés français et ceux des pays où le blé pénètre en franchise représente précisément le montant des droits (3), lesquels retombent, en conséquence, de tout leur poids sur le
consommateur.

Pour déterminer exactement la surcharge résultant en France
des tarifs de douane sur le blé, il suffirait dès lors de multiplier ces
tarifs par le nombre de quintaux consommés. Comme ceux-ci
s'élèvent à 93 millions en moyenne, ce serait une somme de 465
millions que payeraient chaque année les consommateurs français
pour cet aliment essentiel (4).

(1) Nous faisons ici allusion au travail très remarqué de M. Charles Lesage
publié dans les *Annales de l'Ecole des sciences politiques* (n° du 15 avril 1891).
L'auteur y discute d'abord les conditions particulières dans lesquelles se
meuvent les marchés de Paris, Londres et Bruxelles. Puis, après avoir établi la
concordance des cotes de ces trois marchés aux époques antérieures à 1885,
alors que le blé n'était taxé dans aucun des trois pays (sauf le droit minime de
0,60 existant en France), il montre, d'après les chiffres mêmes des mercuriales,
comparées date à date, l'influence immédiate et constante des nouveaux droits
établis en France. L'écart en hausse survenu sur le marché de Paris, à la suite
des lois de 1885 et 1887, comparativement aux cotes des marchés de Londres
et de Bruxelles où le blé demeure franc d'impôt, se trouve tellement égal au
montant des droits, que le résultat « paraît invraisemblable » par sa précision.
L'impôt de douane retombe ainsi, comme nous l'indiquions, de tout son poids,
sur le consommateur.
(2) Les gens compétents cependant ne l'ignoraient pas plus alors qu'ils ne
l'ignorent aujourd'hui, témoin le passage suivant d'un des excellents articles
agronomiques de M. Daniel Zolla : « Il existe toujours, écrit-il, un écart d'au
« moins *cinq* francs entre les chiffres inscrits sur les cotes françaises et ceux
« des mercuriales de Londres, d'Anvers, d'Amsterdam ou de Bruxelles. Cette
« différence est même plus élevée, puisque le prix du quintal tombe à 15 fr. 75
« sur le marché de Londres, et à 16 fr. sur celui d'Anvers ou d'Amsterdam,
« tandis qu'il s'élève à 21 fr. 40, en moyenne, pour la France entière. » (*Journal des Débats* du 29 mai 1893.)
(3) Déjà en 1887, pour bien démontrer aux agriculteurs les bienfaits du tarif
de 3 fr. établi par la loi de douane précédente, le rapporteur au Sénat disait : « Il suffit de comparer les mercuriales pour constater que le prix du blé
« étranger livrable à Londres ou à Anvers est moins élevé que le prix du même
« blé livrable au Hâvre, et que la différence représente environ le droit d'en-
« trée. » (Rapport de M. Emile Labiche, sénateur, 21 mars 1887.)
(4) En 1832, à propos des lois-céréales en Angleterre, sir Henry Parnell

Le kilogramme de pain (en convertissant les droits sur le blé en taxe sur le pain) (1), se trouverait ainsi surtaxé de 0,05 c. De sorte que valant 0,30 c. et vendu 0,35 c. à cause de l'impôt, il supporterait une charge de 16,50 p. 100. Pour chaque individu, la moyenne annuelle de la taxe ressortirait à 12 fr. 50. Une famille de quatre personnes, quelle que soit sa situation sociale, acquitterait une capitation de 50 fr. par an pour son pain (2) !

Si nous énonçons ces résultats, tout certains qu'ils soient, au mode conditionnel, c'est uniquement par crainte de les envisager trop en face. Se peut-il, en effet, à une époque où les questions sociales agitent tant d'esprits, où tant de patronages, de congrès, de sociétés, d'œuvres diverses se préoccupent du sort de l'ouvrier, qu'un tel fardeau légal pèse sur celui-ci, que le pain, dernière ressource du malheureux qui veut continuer à vivre, se trouve surchargé d'un impôt de 16,50 p. 100, qu'une famille, même la plus humble, se voie condamnée à payer, pour sa nourriture vitale, 50 fr. par an (3) !

Plus ces chiffres paraissent monstrueux, plus ils auront de chances de provoquer un jour quelque réaction salutaire (4).

écrivait : « Le résultat de la loi agraire est de faire payer au public un supplé-« ment de charges annuelles de 312 millions de francs. »

(1) Jusqu'à la loi du 11 janvier 1892, le tarif des douanes n'avait pas osé comprendre nominativement le pain parmi les matières taxées. De sorte que la relation entre le tarif du blé et celui du pain ne pouvait s'obtenir que par des déductions, en calculant que 100 kilog. de farine produisent 140 kilog. de pain. La taxation du pain ressortait ainsi à cinq centimes le kilogramme.

Aujourd'hui que le mot pain figure en toutes lettres au tarif, on a la confirmation officielle de cette évaluation, qui s'élève bien à 0,05 le kilog.

(2) D'après les enquêtes poursuivies par le Board of trade sur les budgets ouvriers, dans les petits ménages, de 700 fr. à 1.000 fr. de revenus, la dépense du pain et de la farine atteint une proportion de 34,56 p. 100.

Elle descend à 6,07 p. 100 dans les ménages possédant 3.750 fr. de revenus.

De même, en ce qui concerne la viande. La proportion de la dépense s'élève jusqu'à 16,55 p. 100 du total des petits budgets de 700 fr. à 1.000 fr. Elle n'est plus que de 6.93 p. 100 pour les budgets de 3.750 fr.

(3) « Telle n'est pas la leçon que nous donne le Livre sacré que les monopo-« leurs eux-mêmes font profession de révérer. Il nous enseigne à demander « le pain de chaque jour, et nos maîtres taxent le pain de chaque jour ! » (Discours de Fox au cours de la campagne contre les lois-céréales, 1844.)

(4) « Le sort du pauvre ouvrier, ne peut être amélioré que si on le met en « état de se procurer plus de denrées alimentaires. » (Malthus, Principe de la population.)

D'ailleurs, en restreignant notre examen aux simples perceptions effectuées par la douane sur les blés importés, sans parler davantage du surcroît de prix réellement payé par le consommateur, les chiffres posséderont encore une suffisante éloquence (1). Pendant les douze mois de la campagne 1891-1892, au cours de laquelle cependant le droit de 5 fr. a été temporairement remplacé par celui de 3 fr.(2), les perceptions douanières sur les blés encaissées par le Trésor ont dépassé 100 millions.

Or, percevoir, en une année, plus de 100 millions sur le blé, c'est-à-dire sur le pain, enrichir d'autant le budget à cette source, appauvrir d'autant les moins fortunés, voilà qui prouve suffisamment, comme nous le disions au début, que la France a reculé dans la voie du véritable progrès fiscal.

Les mêmes considérations s'appliquent aux droits de douane établis sur les bœufs, moutons, porcs, etc, c'est-à-dire aux droits sur la viande.

Tous les hygiénistes déplorent déjà la faible consommation de la viande en France. Tandis que les Anglais en absorbent, en moyenne, 47 kilog. par tête et par an, chez nous, cette moyenne ne dépasse pas 35 kilog.

Il y a loin de là au minimum réglementaire de 300 grammes quotidiens attribué à l'armée, soit 109 kilog. par tête et par an. Si tous les adultes, en France, consommaient la ration jugée indispensable aux soldats, ce n'est pas 1.300 millions, mais 3 milliards de kilogrammes environ qu'exigerait l'alimentation annuelle. Les efforts des pouvoirs publics devraient donc tendre à

(1) *Perceptions effectuées par la douane sur les céréales introduites en France.*

1886	21.100.000 fr.
1887	41.100.000
1888	68.400.000
1889	61.900.000
1890	51.300.000
1891	72.018.000
1892	64.932.000

(2) Le droit de 5 fr., en raison de l'élévation des cours, a été suspendu du 10 juillet 1891 au 1er juin 1892, et remplacé dans cet intervalle par le droit de 3 fr.

faciliter la propagation de cette nourriture essentielle dont dépend la vigueur des générations de travailleurs, et qui, en tous cas, avec le pain, constitue un objet de première nécessité.

Cependant, depuis 1881, et surtout depuis 1887 et 1892 (1), les bœufs, moutons, porcs, volailles, charcuterie, etc. (2), subissent à la frontière des taxes qui surélèvent leurs prix dans une proportion moyenne de 13 à 14 p. 100 environ (3). Sur l'ensemble de la consommation nationale, le prélèvement total peut être évalué à plus de 150 millions.

Mais nous ne voulons compter encore ici que les perceptions effectuées au profit du Trésor sur les marchandises importées de l'étranger, s'élevant à 4 millions, année moyenne, depuis 1886 (4).

(1) La loi du 7 mai 1881 a inauguré la tarification des bestiaux, presque exempts jusque-là. Cette tarification a été relevée successivement par les lois des 25 mars 1885, 5 avril 1887 et 11 janvier 1892.

(2) Les tarifs de douane sur les viandes sont ainsi fixés, par 100 kilog.:

Bœufs...	10 fr.
Veaux....	12
Moutons..	15 50
Porcs......	8 »
Volailles............................	20 »
Viandes fraîches de :	
— mouton ...	32 »
— bœuf.....	25 »
— porc.....	12 »
Viandes salées de :	
— porc........	25 »
— bœuf.....	30 »
Charcuterie fabriquée................	25 »
Volailles........	20 »

(Loi du 11 janvier 1892.)

(3) Voir le rapport préparatoire de la loi du 11 janvier 1892 relativement au tarif des bestiaux et de la viande abattue, par M. Viger, député, du 19 février 1891.

(4) *Droits d'entrée perçus sur les bestiaux.*

1886...	5.600.000 fr.
1887.....	5.300.000
1888...	5.400.000
1889...	3.100.000
1890...	2.100.000
1891...	2.279.000
1892...	3.822.000

Ce tableau ne contient que les perceptions effectuées sur les bestiaux. Il faut y ajouter celles, moins importantes, qui proviennent des droits sur les viandes abattues, sur les volailles, sur la charcuterie, etc.

En ce qui concerne les bestiaux, les produits ci-dessus seraient plus élevés si

Le sel se prête plus aisément aux statistiques, puisque le droit qui le frappe est un droit intérieur, établi à la sortie même des lieux de production, sur toutes les quantités destinées à la consommation sans exception. Son tarif de 10 fr. les 100 kilog. multiplié par 3.300.000 quintaux aboutit à la perception effective de 33 millions de francs réalisée chaque année (1).

Déjà nous avons expliqué que le dit tarif de 0,10 par kilog. équivaut à peu près à la valeur marchande du produit et, par conséquent, en double le prix.

L'énumération des taxes sur les objets de première nécessité s'arrête ici, à la rigueur, en ce qui concerne le budget de l'État. Malheureusement, les finances locales puisent encore à cette source au moyen des octrois, lesquels comprennent dans la liste des matières sujettes la viande, la charcuterie, les poissons de mer et d'eau douce, les œufs, les fromages, toutes denrées nécessaires à l'existence des plus pauvres.

Ainsi, à Paris, la viande paye à la barrière 9 fr. 735 les 100 kilos, ce qui élève son prix de près d'un sou la livre (2). Quand on songe aux efforts de marchandage des malheureuses ménagères pour économiser chaque matin à l'étal des bouchers un sou sur la livre de viande, on se rend compte de l'énormité de ce sou. D'ailleurs, le prélèvement total s'élève à 18 millions. C'est donc 18 millions de dépenses supplémentaires imposées aux habitants de la capitale sur cet objet de première nécessité.

Pour la France entière les prélèvements effectués par l'octroi sur la viande atteignent 55 millions environ. En ajoutant à la

la majorité des bœufs n'arrivait d'Algérie en exemption de droits. D'ailleurs, la France se suffit presque complètement en animaux de l'espèce bovine et ne tire guère de l'étranger que des reproducteurs ou des vaches laitières. La situation n'est plus la même en ce qui concerne les moutons, dont l'importation alimente, d'une manière prépondérante, les perceptions de douane sur les bestiaux.

(1) La douane perçoit sur les sels des marais salants 21.424.000 fr. et les contributions indirectes sur les salines de l'intérieur 11.438.000 fr., soit au total 32.862.000 fr. (Loi de finances du 28 avril 1893.) Pour 1894, les prévisions sont portées au total de 33.168.400 fr.

(2) En évaluant le prix moyen du kilogramme de viande à 1 fr. 50, le tarif de 0,09735 représente un taux d'imposition de 6 1/2 p. 100.

viande, la charcuterie, les volailles, les fromages, les poissons, etc., le total des perceptions sur ces divers objets essentiels s'élève à 75 ou 80 millions (1).

§ 5. — *Récapitulation des taxes sur les objets de première nécessité en France.*

Le résumé des perceptions fiscales effectuées en France sur les objets de stricte première nécessité aboutit aux chiffres suivants:

Impôts sur les céréales...............	60.000.000 fr. (2)
— la viande.................	4.000.000
— le sel....................	33.000.000
— d'octroi sur l'alimentation.....	80.000.000
	177.000.000

Bien entendu, comme il est expliqué plus haut, les chiffres des deux premiers articles représentent seulement le montant des perceptions douanières encaissées par le Trésor, et non pas le montant décuple environ des perceptions réellement effectuées sur l'ensemble des consommateurs nationaux.

Malgré cette réserve, les budgets français n'en contiennent pas moins le total énorme de 177 millions de recettes prélevées à leur profit sur des objets de toute première nécessité.

(1) La disparition des taxes d'octroi établies sur les objets de toute première nécessité, la viande notamment, n'exigerait donc, on le voit, qu'un sacrifice de 75 à 80 millions. Ce serait peu par rapport au résultat à obtenir, si les finances publiques étaient moins obérées. Ce serait moins, en tous cas, que les 300 millions dont les promoteurs de la suppression totale des octrois réclament, sans hésiter, la radiation immédiate.

La solution actuelle de la question des octrois réside exclusivement, à notre avis, dans ce sacrifice de 75 à 80 millions. Effacer les objets de toute première nécessité de la liste des matières sujettes à l'octroi, dès qu'on le pourra, réaliserait, en somme, la seule partie de la réforme véritablement urgente. Pour la mettre à exécution, il suffirait d'étendre la nomenclature des objets que déjà le décret réglementaire du 12 février 1870 interdit de taxer. Rien ne serait plus simple en pratique, si l'on parvenait à économiser ou à remplacer 75 à 80 millions de perceptions!

(2) Pour les céréales, en raison des considérables variations des perceptions annuelles, nous avons pris la moyenne des six dernières années.

D'après le cadre suivi jusqu'ici, nous devrions maintenant extraire des budgets anglais la statistique des droits sur les objets de première nécessité, pour l'opposer à celle des budgets français. C'est ainsi qu'il a été procédé précédemment à l'occasion des consommations qualifiées de superflues et des consommations d'utilité relative.

Mais en ce qui concerne les objets de première nécessité, les budgets anglais ont le singulier mérite de se dérober à la comparaison. Grâce aux réformes poursuivies depuis le milieu de ce siècle par Robert Peel et M. Gladstone, réformes exposées plus haut (1), la douane et l'excise anglais se trouvent complètement débarrassés aujourd'hui de toute taxe sur le pain, la viande, le poisson, le lait, les œufs, le sel, etc. On ne saurait donc découvrir dans leur sein aucun chiffre (2) à mettre en regard des 177 millions que les budgets français prélèvent si malencontreusement sur les matières les plus essentielles à l'existence.

(1) Voir le § 3 du chapitre XXI.
(2) Sous réserve des explications qui ont été fournies, pages 382 et suiv., au sujet des taxes sur la bière et sur le thé, et du déjeuner franc d'impôt.

CHAPITRE XXII

RÉSUMÉ ET CONCLUSION

§ 1. — *Classement des réformes fiscales particulièrement
recommandables.*

Les diverses réformes fiscales dont l'indication est éparse dans
les chapitres de ce livre, et que patronnent couramment, d'ailleurs, les économistes de l'école libérale, toutes désirables évidemment, si l'état des finances permettait de les réaliser, peuvent,
en attendant, faire l'objet du classement suivant :

L'exagération des droits de transmission établis sur les ventes
d'immeubles semble, en premier lieu, particulièrement choquante.
L'impôt devrait, à titre général, ménager, autant que possible, les
transactions, dont le développement constitue à la fois l'indice (1)
et le résultat des progrès de la civilisation. Lorsque, cependant, les
besoins de l'État ne permettent pas d'exempter complètement ces
manifestations de la richesse, au moins faudrait-il que les tarifs
qui les frappent n'atteignissent pas un niveau presque prohibitif,
comme le fait en France le tarif sur les ventes d'immeubles.

Quand on pense que sur chaque transmission à titre onéreux de
champs, bois, moulins, maisons, etc., le fisc prélève deux années
environ de revenu (le tarif est de 6,875 p. 100, près de 7 p. 100 de

___

(1) Il se peut que, dans certains moments de crise, le nombre et l'importance
des transactions devienne exceptionnellement un indice de malaise et non de
prospérité. Ainsi en est-il lorsque les ventes forcées, les dissolutions de sociétés,
les faillites, les concordats, etc., se multiplient, comme M. Paul Leroy-Beaulieu
l'explique très savamment à propos des mouvements périodiques des droits
d'enregistrement. Mais, d'une manière normale, l'augmentation des transactions
accompagne spontanément les progrès de la civilisation.

la valeur),on comprend la vérité du mot prohibitif qui vient d'être
employé. Il en résulte que la propriété rurale se classe mal, qu'elle
s'immobilise entre des mains inhabiles à en tirer parti, que ses
perfectionnements se trouvent entravés, qu'elle perd, en un mot,
tous les bienfaits d'une libre évolution. Le budget contient là une
centaine de millions qui sont mal gagnés.

Le même ordre d'idées, celui de la faveur que méritent les transactions, indiquerait comme seconde réforme la réduction, sinon
même la suppression complète des droits sur les transports. Sans
doute, en France, les droits sur la petite vitesse ont déjà disparu,
ainsi que les droits de navigation; les droits sur les voitures de
terre ont été très intelligemment remaniés et ceux sur les chemins
de fer viennent d'être fortement abaissés.

Mais ces progrès suffisent-ils ? N'est-il pas illogique, lorsque
l'État s'est chargé seul, à grands frais, de la construction et de
l'entretien des routes, de le voir immédiatement après en entraver
l'usage par l'impôt? Les sacrifices énormes qu'il a consentis dans
le but de faciliter les transports sont annulés en partie par la taxe
exceptionnelle (1), dont il accable, en plus de la patente, précisément les industriels adonnés aux entreprises mêmes de transports!

Chaque année, il est distribué aux compagnies de chemins de
fer, sous forme de garanties d'intérêt et d'annuités, beaucoup
plus d'argent que n'en recueille le fisc au moyen de ses taxes sur
les voyageurs.

On dirait qu'un esprit différent inspire le budget des dépenses
et celui des recettes. Tandis que le premier se saigne pour encourager le trafic des voyageurs et des marchandises sur les voies
publiques, le second s'attache, au contraire, à en restreindre l'essor.

A tous les points de vue, d'ailleurs, les impôts sur les transports
sont en contradiction avec l'esprit moderne qui veut abaisser les
distances.

(1) La taxe est bien *exceptionnelle* à l'encontre des entrepreneurs de voitures
publiques. Car, s'il existe un impôt sur les voitures et chevaux appartenant aux
particuliers, ce n'est qu'un impôt somptuaire, frappant même les voitures non
circulant, à titre d'indice de la richesse. En outre, les attelages des patentables
ne payent qu'un demi-droit et les voitures agricoles demeurent complètement
exemptées.

Les droits de timbre et d'enregistrement établis sur les actes judiciaires viennent aggraver le taux déjà exorbitant des frais de procédure, dans un pays où la gratuité de la justice figure cependant au frontispice des conquêtes révolutionnaire de 1789. Une loi récente de 1892, sans doute, a transformé en droits proportionnels une grande partie des anciens droits fixes, dont l'accumulation devenait écrasante pour les petites affaires, mais l'ensemble des perceptions judiciaires n'en continue pas moins à figurer au budget des recettes pour le chiffre considérable de 3o ou 35 millions.

Quant à la contribution foncière, les monstrueuses inégalités de sa répartition subsistent toujours, en dépit des dernières lois de péréquation. Si, d'un autre côté, on doit renoncer à lui attribuer la forme de quotité, il faudra, un jour ou l'autre, soit entreprendre la coûteuse opération de la réfection du cadastre parcellaire, soit, comme certains projets fortement motivés le demandent aujourd'hui, délaisser son principal au profit des communes.

Enfin, les formalités établies pour la garantie des taxes sur les boissons, exercices chez les débitants, vérifications des chargements en cours de transport, visites aux portes des villes, etc., deviennent, à tort ou à raison, aux yeux de beaucoup de personnes, inconciliables avec les droits et la dignité des citoyens dans les sociétés modernes. Force sera donc, plus ou moins prochainement, de tenir compte de ces sentiments, en inscrivant la suppression des formalités de contributions indirectes et d'octroi sur la liste des réformes nécessaires.

Cette liste, bien qu'incomplète, car elle pourrait être beaucoup prolongée, comporte déjà, on le voit, une importante série de dégrèvements (1), généralement justifiés par des motifs plausibles, souvent même impérieux.

(1) Les diminutions de recettes qu'entraîneraient ces diverses réformes sont, en effet, considérables. La réduction des droits sur les ventes d'immeubles peut être évaluée à 100 millions; la suppression des taxes de transports à 85 millions; la diminution des frais de justice à 35 millions; la péréquation de l'impôt foncier au moyen de la réfection du cadastre représente une dépense au minimum de cent millions, la suppression des formalités de contributions indirectes et d'octroi, avec les suppressions de droits sur les vins et les cidres, qui en seront la

§ 2. — *Prééminence de la réforme consistant à dégrever les objets de première nécessité.*

Cependant, au-dessus de ces réformes très recommandables, sans doute, nous persistons à placer celle dont nos conclusions antérieures ont fait ressortir les mérites éminents. Dégrever les objets de première nécessité constituerait, à notre avis, par son caractère bienfaisant et son universalité, une évolution financière de beaucoup supérieure aux précédentes.

Ni la réduction des droits sur les ventes d'immeubles, ni la suppression des taxes sur les transports, ni la diminution des frais de justice, ni l'abolition des formalités de contributions indirectes et d'octroi ne semblent pouvoir lui être comparées. Le premier rang appartient d'emblée à la transformation fiscale dont l'avènement aurait pour conséquence de faciliter l'existence essentielle et quotidienne de la majorité des membres de la nation.

§ 3. — *Résumé des considérations développées dans les chapitres successifs de ce livre.*

Telle est la conclusion qui découle de l'ensemble même des considérations développées dans ce livre, comme va le montrer le résumé suivant.

L'impôt, avons-nous dit, représente une nécessité sociale, à laquelle aucun État moderne ne saurait plus songer à se soustraire. Ses qualités fondamentales sont celles qu'Adam Smith a définies dans ses célèbres maximes de justice, de certitude, de commodité et d'économie, maximes révélées par l'expérience d'alors et que l'autorité du maître a transformées en axiomes. L'expérience contemporaine permet d'y ajouter l'énoncé de quelques principes subsidiaires : l'impôt doit éviter les contacts trop fréquents et trop di-

conséquence, effacerait plus de 500 millions des budgets de l'État et des communes, sans parler des moins-values résultant de l'extension de la fraude sur les alcools. Au total, 720 millions de recettes seraient perdus, et une dépense de plus de 100 millions deviendrait nécessaire. On a beau jeu à préconiser des réformes quand on n'est pas chargé de pourvoir à leur déficit.

rects entre les contribuables et les agents du fisc; son rôle exclusif
est de pourvoir aux besoins des budgets; il ne devient relativement
parfait qu'avec le temps, lorsqu'il est ancien.

Dans le sein de chaque nation, l'impôt a revêtu et peut revêtir
des formes très diverses. Il est payé soit en nature, soit en argent;
il atteint le capital ou le revenu; les valeurs mobilières ou immobilières; il est perçu par voie de capitation, ou bien repose sur
des tarifs proportionnels, ou même sur des tarifs progressifs; il
s'efforce en vain de réprimer le luxe; il est direct ou indirect; de
répartition ou de quotité; enfin il frappe la propriété ou les consommations.

Cette dernière classification nous a semblé particulièrement remarquable par son caractère rationnel et l'importance des conséquences qui s'en dégagent. Les taxes assises sur la propriété ostensible, en effet, mériteraient de composer à elles seules la totalité des
recettes des budgets modernes, si le développement de ceux-ci ne
forçait de recourir aux rendements élevés et progressifs des taxes
sur les consommations. Les taxes sur les consommations ainsi
impatronisées par nécessité possèdent, d'ailleurs, intrinsèquement
certaines vertus très recommandables tant qu'elles ne s'adressent
qu'aux objets superflus; elles demeurent encore excusables quand
elles atteignent les objets d'une utilité relative. Elles ne deviennent
absolument condamnables qu'en s'étendant jusqu'aux objets de
première nécessité. Alors leur abolition doit constituer la réforme
primordiale.

Les mêmes considérations présentées sous une autre forme syn-
thétisent encore les déductions de ce livre.

Lorsque l'autorité investie du pouvoir d'établir les taxes envi-
sage la matière imposable, soit pour la pressurer davantage, soit
pour en mieux distribuer les charges, deux groupes distincts
s'offrent successivement à ses regards.

D'abord, celui des propriétés ostensibles réparties sur la surface
du pays, terres, prés, bois, maisons, manufactures, établissements
commerciaux et industriels, numéraire, meubles et objets divers,
titres, effets, contrats, actes de toute nature, représentant ou spé-

cifiant ces propriétés. Les matières imposables de cette première catégorie constituent des richesses certaines, ou en révèlent l'existence. On risque peu de se tromper en les frappant, pourvu, toutefois, que la proportion du prélèvement ne devienne pas excessive.

Le taxateur découvre ensuite devant lui une autre catégorie de matière imposable composée de la masse même des contribuables, propriétaires ou non, riches ou pauvres, pêle-mêle, offrant simplement leurs personnes aux atteintes du fisc, soit par voie de capitation, soit par le procédé plus moderne des impôts sur les consommations.

Or, comme il est malheureusement avéré que, dans toute société, les consommateurs en majorité ne possèdent guère pour vivre que le fruit de leur travail quotidien, non seulement la bienfaisance, l'idée chrétienne dans l'impôt, comme disait un ministre des finances de l'empire d'Allemagne, mais le strict intérêt fiscal lui-même, commandent d'épargner les consommations indispensables à la vie. Car taxer ces sortes de consommations, au cas où la répercussion de l'impôt sur les salaires trop aisément invoquée ne fonctionnerait pas, ce serait attenter à l'existence même de ceux que leurs faibles ressources préservent déjà tout juste de la faim, ce serait précipiter les conséquences extrêmes de la misère, ce serait risquer de décimer la nation. Un simple fermier des taxes publiques, dépourvu de tout sentiment de philanthropie, guidé par le seul amour du lucre, mettrait ces idées en pratique, puisqu'elles tendent à favoriser le développement de la population et de l'aisance, sources de la taxation.

Ainsi, la finance, étudiée dans ses vrais principes, s'associe spontanément aux plus nobles sciences, sur le terrain de la justice et de la morale.

La mesure qui consiste à dégrever les objets de première nécessité ne soulève, d'ailleurs, dans son exécution, aucune difficulté. Sans bouleversement radical, sans combinaisons utopiques, elle deviendra réalisable, par parties successives, progressivement, au fur et à mesure des possibilités budgétaires, aussitôt qu'une fois pour toutes la politique financière du pays s'orientera dans son sens.

Personne, évidemment, ne se fait d'illusion sur les chances prochaines, dans notre pays, d'un tel revirement. Le jour viendra néanmoins, où l'opinion publique reconnaîtra, trop violemment peut-être même, la vérité. Alors, la France, à l'exemple de l'Angleterre, rejetant enfin du sein de ses budgets les taxes qui renchérissent le prix des consommations indispensables à la vie, pourra se glorifier, comme sa puissante voisine, d'avoir, dans la mesure où peut s'exercer l'influence de l'action gouvernementale, accru l'aisance des classes laborieuses et développé les forces vitales de la nation.

FIN

SYSTÈMES GÉNÉRAUX D'IMPOTS

TABLE ALPHABÉTIQUE DES MATIÈRES

(Les chiffres romains indiquent les pages de la préface
et les chiffres arabes les pages de l'ouvrage)

26

TABLE GÉNÉRALE DES MATIÈRES

PREMIÈRE PARTIE

SYSTÈMES UTOPIQUES D'IMPÔTS

DEUXIÈME PARTIE

SYSTÈMES D'IMPOTS EXISTANTS OU SUSCEPTIBLES D'APPLICATION.

TROISIÈME PARTIE

GRANDES DIVISIONS FISCALES DES SYSTÈMES EXISTANTS.

Poitiers, Imprimerie BLAIS, ROY et Cⁱᵉ, 7, rue Victor-Hugo.

www.ingramcontent.com/pod-product-compliance
Lightning Source LLC
Chambersburg PA
CBHW071955270326
41928CB00009B/1441